世界银行贷款中国经济改革促进与能力加强技术援助项目
（TCC6）

中国企业

协同创新发展

实践研究

国务院国有资产监督管理委员会研究中心

著

机械工业出版社
CHINA MACHINE PRESS

本书立足全球科技发展趋势和中国新时代发展需求，理顺中国协同创新发展的理论依据和政策体系，通过分析中国协同创新实践的典型案例，总结提炼出经验教训，归纳、对比美国、德国等发达国家的协同创新实践及其经验做法，找准借鉴和改进的关键，研究提出关于中国企业协同创新发展路径的建议。

图书在版编目（CIP）数据

中国企业协同创新发展实践研究 / 国务院国有资产监督管理委员会研究中心著 . —北京：机械工业出版社，2021.10
ISBN 978-7-111-69250-8

Ⅰ . ①中… Ⅱ . ①国… Ⅲ . ①企业管理 – 研究 – 中国 Ⅳ . ① F279.23

中国版本图书馆 CIP 数据核字（2021）第 196865 号

机械工业出版社（北京市百万庄大街 22 号 邮政编码 100037）
策划编辑：戴思杨 责任编辑：刘 洁 戴思杨
责任校对：李 伟 责任印制：李 昂
北京联兴盛业印刷股份有限公司印刷
2021 年 10 月第 1 版第 1 次印刷
170mm×242mm · 19.5 印张 · 1 插页 · 410 千字
标准书号：ISBN 978-7-111-69250-8
定价：69.00 元

电话服务 网络服务
客服电话：010-88361066 机 工 官 网：www.cmpbook.com
010-88379833 机 工 官 博：weibo.com/cmp1952
010-68326294 金 书 网：www.golden-book.com
封底无防伪标均为盗版 机工教育服务网：www.cmpedu.com

撰写委员会

主　　　　任：麻　健

副　主　任：黄吉海

执行副主任：贾尽裴　王佳佳

委　　　员：黄大千　贾默骐　任昊天

　　　　　　常　燕　尚成波　郭　越

序　言

当今世界正处于百年未有之大变局中，全球格局正在进行深度调整，世界经济进入科技创新驱动发展的新纪元。科技是国家强盛之基，创新是社会进步之魂。当前，中国经济社会发展和民生改善比过去任何时候都更加需要科学技术解决方案，都更加需要增强创新这个第一动力。

协同创新提升科技水平已成为当今世界创新发展的重要范式之一。党的十九届五中全会强调，坚持创新在我国现代化建设全局中的核心地位，把科技自立自强作为国家发展的战略支撑，并把完善科技创新体制机制作为坚持创新驱动发展、全面塑造发展新优势的重要内容。会议对科技创新进行了专章部署，将其放在规划任务的首位，这在国民经济和社会发展五年规划的历史上是第一次，彰显了以习近平同志为核心的党中央对科技创新前所未有的高度重视，彰显了以改革促创新、以创新促发展的重要性和紧迫性。

协同创新是中国经济实现高质量、可持续发展的必然选择，是实现人民高品质生活的需要，是构建新发展格局的需要，是实现新发展阶段目标的重要抓手。

国务院国有资产监督管理委员会研究中心（简称国资委研究中心）作为研究国资国企改革发展监管和党的建设的专业研究机构，指导国资国企改革创新也是当前主要工作任务之一。本着促进国企创新和经济体制改革的目的，国资委研究中心有幸承接了"世界银行贷款中国经济改革促进与能力加强技术援助项目"（TCC6）中的子项目"促进国有企业与民营企业协同创新、混合发展"，该项目旨在促进国有企业和民营企业在数字化经济体系中协同创新，深化经济体制改革，加强机构与人员能力建设。经过精心准备、周密筹划与全面调研，国资委研究中心联合清华大学创新发展研究院、德勤华永会计师事务所、浙江之江协同创新研究院三家咨询研究机构，邀请国资央企系统多位领导和专家共同推进 TCC6 子项目，为本书编制提供了重要智力和案例支撑。

国资委研究中心对促进国有企业与民营企业协同创新、混合发展领域进行深入研究，梳理相关政策，寻找理论依据，对新时代中国国有企业与民营企业协同创新、混合发展实践进行深入调研，总结若干成功实践模式；结合国内外相关经验做法，从理论高度总结提炼混合经济协同创新发展的规律，研究提出符合中国国情企情的混合协同创新体制机制建议，为制定和完善有关政策提供理论依据。目前，已初步形成具有一定参考价值和实用性的研究成果，并结合理论研究探索汇写成本书出版，以期与社会各界交流，共同推动中国企业混合协同创新发展研究迈向新的层次。

本书立足科技创新、产业转型升级和经济高质量发展这三个需求，首先，揭示了中国企业协同创新研究的时代背景，系统性梳理了协同创新发展的内涵及前沿理论，并结合了中国企业协同创新发展的政策体系进行了分析。其次，对国外协同创新发展理念及法规环境进行综述，并分别对美国、德国、以色列、日本及韩国的协同创新实践进行归纳总结。再次，通过中国企业协同创新的实践探索案例，分析中国企业协同创新的组织模式、运行机制与实践模式，并将中国企业协同的实践与国外企业分别在政策环境、市场机会、创新资源和创新机制等方面进行对比，规划中国企业协同创新的指导思想、构建目标和实践路径。最后，为中国企业深化协同创新提出具有参考性和可操作性的政策建议。

　　本书的研究成果具有较强的理论基础和使用价值，根据相关研究成果形成的国资委研究中心相关研究报告，为国务院国资委有关指导意见提供了参考，并为国有企业在实践中带动中小民营企业协同创新、混合发展提供了理论基础和政策指引。同时，对从事企业创新、国资国企改革等领域的学者和读者而言，本书也有拓宽研究视野、启发对策思路的积极意义。

　　协同创新是中国国有企业改革的有效实现路径之一，也是迈向高质量发展的可行之路。我们希望将国资委研究中心与三家咨询研究机构联合研究形成的相关成果进行分享，为促进国有企业和民营企业协同创新、混合发展、共生共赢，为培育一批具有全球竞争力的世界一流企业，为中国经济高质量发展做出更大贡献。

本书编写组

2021 年 8 月

目　　录

第一章

中国企业协同创新研究时代背景

"十四五"以及更长时期的发展对加快科技创新提出了更为迫切的要求：一是加快科技创新是推动高质量发展的需要。建设现代化经济体系，推动质量变革、效率变革、动力变革，都需要强大的科技支撑。二是加快科技创新是实现人民高品质生活的需要。中国社会主要矛盾已经转为人民日益增长的美好生活需要和不平衡不充分的发展之间的矛盾。为满足人民对美好生活的向往，必须推出更多涉及民生的科技创新成果。三是加快科技创新是构建新发展格局的需要。科技创新是实现以新供给创造新需求的关键。以国内大循环为主，必须坚持供给侧结构性改革这一主线，依靠科技创新提高供给质量和水平；畅通国内国际双循环，需要科技实力保障产业链、供应链安全稳定。四是加快科技创新是实现新发展阶段目标的重要抓手。从最初提出"四个现代化"到2035年基本实现社会主义现代化，在本世纪中叶建成社会主义现代化强国，科学技术从来都是中国实现现代化的重要内容。在发展中创新，在创新中发展，特别是在未来5至10年，全球分工体系、价值链和供应链重构，全球治理体系和全球新规则体系重构的大背景下，协同创新是中国科技自立自强、经济实现高质量发展的必然选择。

第一节　协同创新发展是科技创新的必然趋势

一、协同创新有助于科技加速发展

当代科技发展呈现出学科交叉融合提速，科技创新、转化和产业化的速度不断加快，科技与经济、社会、教育、文化的关系日益紧密及国际科技交流与合作日益广泛等特征[一]。科技发展的特点决定了协同创新是科技创新的必然选择。

首先，学科交叉融合要求掌握不同知识的企业互相交流合作，产生协同效应。随着世界经济和科技的快速发展，以及环境的高度不确定性，科技创新成为一项复杂的活动。即使是大企业也追赶不上所有前沿领域技术变革的步伐。经济的发展也使得创新要素的空间联系和相互作用在广度和深度上都有大幅度的延展，创新要素获取途

㊀　路甬祥.世界科技发展的新趋势及其影响 [J].中国科技奖励，2005（3）：88-93.

径也愈发丰富。在此情境下，越来越多的企业开始从外部组织获取资源，以求进一步拓展企业的发展空间。例如，在美国的研发体系中，协同创新发挥着重要作用。美国是世界上极具创新能力的国家之一，也是产学研协同创新的发源地。美国已经形成大学科技园、企业孵化器、合作研究、契约式合作、咨询协议、技术股合作这六种产学研协同创新模式，且具有合作关系稳定密切、法规设计保障有力、服务管理机制成熟等特点。中国企业也应加强协同创新发展，与高校、科研院所等各类创新主体形成合力。

其次，科技创新、转化和产业化的速度不断加快，需要企业之间整合资源，加大研发投入，加快研发进度。人工智能、量子计算机、大数据运算、互联网和物联网的整合等科技发展趋势都预示着全球经济将向着更包容、更高效的方向发展，在一定程度上，新的技术浪潮要求企业在技术研发当中进行更细致的分工和配合，并在分工中不断强化自身的优势和技术专业能力。企业要在市场中生存必须不断提升自身的技术敏感度和市场反应速度。同时也意味着企业之间在技术层面应该形成协同网络，从而及时获取信息，跟上技术和产业的变化速度，并在这种速度当中确立自身的竞争优势和发展能力。因此，协同创新已成为企业适应新技术浪潮的必然选择。

再次，科技与经济、社会、教育、文化的关系日益紧密及国际科技交流与合作日益广泛，要求企业不能仅仅局限于自身的力量来进行科研和创新，而是应该选择协同创新。一方面，通过协同创新，企业可以更紧密地融入全球创新体系中，共同的标准和规范将限制企业的负外部性行为，迫使企业淘汰落后的技术和生产能力，不断提高产品质量标准；另一方面，协同创新将为企业带来更多的创新资源和创新机遇，并且通过合作和竞争来提升自身的创新能力，及时感知全球科技发展的趋势和变化，并从中挖掘潜在契机，实现关键技术的突破和超越。例如，中国新能源汽车产业在政策的引导下，加强企业间协同创新，目前已取得全球领先技术优势，带动了电池和芯片等产业的发展。

最后，在国际竞争激烈、单边主义和保护主义抬头的大背景下，我们必须走出符合国情的创新路子，特别是要把原始创新能力摆在更加突出的位置，努力实现更多"从 0 到 1"的突破。数字化、智能化技术逐步应用于科技创新治理，将有效提升治理效率；创新体制机制的优化，使得基础研究的生态环境大幅改进，有力地促进知识生产效率的提升；政产学研的互动结合效率也将进一步提升；聚焦科技前沿与有限目标的双目标将成为知识生产和资源配置的重要布局考虑。

二、协同创新有助于增强国家创新能力

中共中央、国务院 2016 年发布《国家创新驱动发展战略纲要》，创新驱动成为国家战略，创新资源配置和价值实现的系统性变得越来越重要，对人才、平台、基地和创新网络等创新要素的需求越来越强烈。国务院印发《"十三五"国家科技创新规划》

（国发〔2016〕43号），强调加快建设以企业为主体的技术创新体系，以全面提升企业创新能力为核心，引导各类创新要素向企业集聚。以企业为主体搭建创新生态的做法在各地相继得到推广，区域协同创新、央地协同创新、军民协同创新等协同创新体系也逐步成型。2018年，国家整合了科学技术部和国家外国专家局的职责，重新组建科学技术部，科学技术部负责管理国家自然科学基金委员会，组织协调国家重大基础研究和应用基础研究，牵头建立统一的国家科技管理平台和科研项目资金协调、评估、监管机制，负责引进国外智力工作等。这是国家在强化科技管理和服务部门协同方面的重大举措，也是以协同创新提升国家创新能力的具体表现。与此同时，以国家科技重大专项为代表，新型举国体制开始成为重大科技项目的组织方式，集合国家优势科研力量突破关键共性技术，既发挥了社会主义制度集中力量办大事的优势，又在项目承担、成果转化方面拥有充分运用市场经济有效配置资源的优势。

首先，全球科技创新进入空前密集活跃期，新一轮科技革命和产业变革正在重构全球创新版图、重塑全球经济结构，技术之争已经成为国际竞争和大国博弈的主要战场。经济合作与发展组织（Organization for Economic Cooperation and Development，OECD，简称经合组织）指出，国家创新体系由企业、高校、科研机构、政府和中介机构组成，而各主体间互动的有效性是国家创新体系提高创新有效性的前提。协同创新旨在促进企业、高校和科研院所、政府和中介机构之间的深度合作，是完善国家创新体系、提升国家创新能力的有效途径[一]。中国经济在保持了32年的高速增长之后，从2011年起增速放缓，进入由高速增长向高质量发展的转型期，政府和企业对创新的重视程度与日俱增，并积极推进协同创新的发展。一方面，企业的创新主体地位得到进一步明确，企业创新的积极性被激活，创新体制机制割裂的局面被打破，企业的市场竞争力与高校、科研院所的科研能力相结合，形成协同效应；另一方面，政府减少对创新活动的直接干预，主导完善国家创新体系，进一步发挥对创新活动的引导、支持和保障作用。

其次，企业是协同创新的主要参与者与利益分享者。企业既是技术的需求方，又是推动技术成果转化和谋求预期收益最大化的主体。企业有着精准的市场需求定位、良好的市场开发能力、完善的营销渠道、充足的创新资金和丰富的劳动力等优势，是提升国家自主创新能力、建设创新型国家的重要科技力量。但同时企业又存在承担创新高风险压力的劣势，需要寻求合作伙伴在技术、资金等方面共担风险，增强企业在技术创新中的主体地位是实现科技创新与经济发展有机结合的关键途径。针对基础研究、关键共性技术等科技领域，急需企业牵头建立一种科学的组织方式和管理模式，深入挖掘各创新主体的潜力，形成可复制、可推广的协同创新管理模式，发挥企业创新主体作用，壮大国家科技力量。

最后，技术的融合性及复杂性急需各创新主体合力攻关。不同创新主体具有不同的创新特征，积极引导每个创新主体参与创新互动和沟通，高效协作，进而形成一个

　　〇　曾祥炎，刘友金.基于价值创新链的协同创新：三阶段演化及其作用［J］.科技进步与对策，2013，30（20）：20-24.

相辅相成、互为依托、经济效益良好的生态体系，是增强国家创新能力的基础保障。技术是企业发展的必要支撑，企业能及时根据市场变化，将科技创新成果商业化，使其成为现实生产力，在协同创新体系中处于关键地位。高校和科研机构具有良好的基础性研究、丰富的专业化人才、优秀的科研团队、先进的科研仪器设备等优势，可以为企业提供强大的技术和人才支持。但高校和科研机构存在缺少科研资金、研发成果与市场需求脱钩、成果转化效率低等问题，需要与企业积极合作形成劣势互消、优势互补。政府是促进和保障协同创新的重要力量，通过制定法律法规引导、支持企业与高校和科研机构实施合作，在一定程度上可以改变甚至避免市场失灵带来的损失，为协同创新的健康运行提供保障。科研中介平台作为协同创新的重要载体，搭起技术与经济之间沟通的桥梁，有利于提高各主体的创新能力，加快创新成果的转化。不同创新主体通过合作产生协同效应，从而促使自身和整体不断进步，实现协同创新的健康发展，提升国家整体创新能力。

三、协同创新有助于提高科研成果转化效率

党的十九大报告指出："深化科技体制改革，建立以企业为主体、市场为导向、产学研深度融合的技术创新体系，加强对中小企业创新的支持，促进科技成果转化。"市场是检验科研成果质量的试金石。不符合市场需求的科研成果几乎没有商业价值，更难以实现成果转化。究其原因：一是产学研在原计划经济体制下形成了各自不同的价值观和绩效评价标准，给研发成果产业化带来了困难[一]；二是部分科研活动缺乏市场导向和客户导向，高校和科研机构的研发成果过于前沿，研发成果与市场需求脱节，企业短时间内无法使用。当企业遇到技术问题时，高校和科研机构没有动力或研究积累去解决[二]。而协同创新发展恰好能解决上述问题，在企业、高校和科研院所之间建立实体和非实体的联系，形成研发、市场、资金、资源、管理的共享机制，并推动各独立主体建立共同的目标和内在动力，提高科研成果的转化效率。

首先，企业与高校、科研院所的协同创新，有利于解决科技成果与市场需求脱节的问题。高校与科研机构在科研过程中可以获得具有市场潜力的技术专利，但缺乏相应的市场渠道，且缺乏完善的激励机制，导致科研成果与市场需求脱节。高校和科研机构通过科技研发，把智力资源和科研资源转化为高素质的科技创新成果和高层次的科技研发人才，企业则通过将科技创新成果与人才和合适的市场时机相对接以实现创新成果产业化。在产业化推广的实践过程中，企业能够第一时间发现科技创新成果与市场需求不匹配之处，进而对科研工作提出完善要求和下一步研究方向，帮助高校和科研机构提高科研产出的质量，使其与市场需求相匹配。

〇 陆园园.中外产学研协同创新研究［M］.北京：人民出版社，2018.
〇 李雪涛.企业科技创新以市场需求为导向的思考与探索［J］.管理观察，2018（31）：28-29，32.

其次，国有企业与民营企业的协同创新是提高科研成果转化效率的重要途径。中国的国有企业和民营企业各具特点。国有企业具有资金雄厚、人才聚集、技术产业化经验丰富、产业基础良好的优势，但存在对市场需求变化敏感度低的问题。在制订科研计划时，国有企业偏重基础研究，重视中、长期发展目标，与民营企业相比，科研成果与短期内的市场需求匹配程度相对较低。民营企业灵活性较强、创新意识高，可以敏锐地感知到市场需求的变化，注重高回报、低风险的应用型研究和实验开发，但大多面临资金不足、生产规模有限等困难。国有企业与民营企业通过协同创新，优势互补、共同发展，不仅可以激发国有企业的市场活力，强化国有资本的功能，提高国有资本的配置和运营效率，还可以增强民营企业的市场竞争力，解决资源和融资难题，有利于提高科研成果与市场需求的匹配度，加快科研成果转化。

最后，充分发挥政府、科技中介平台在协同创新的推动和辅助作用，有利于提高成果转化。政府通过出台相应政策，促进企业、高校等创新主体对接，促进协同创新健康发展。企业孵化器、大学科技园等科技中介平台，可以架起科学技术与市场经济联结的重要桥梁，对匹配市场需求、提高成果转化具有重要的作用。政府和创新中介帮助高校（科研院所）与企业之间、企业相互之间结成互利共赢的关系，一方面避免技术专利造成过度的"技术壁垒"；另一方面通过专利共享等激励方式激发一些科研机构的创新动力，成为巩固中国创新体系的重要力量。

四、协同创新有助于提升企业竞争力

党的十九大报告对国企国资改革做出重大部署，提出深化企业改革、培育具有全球竞争力的世界一流企业。通过以企业为主体的协同创新能够加快提升创新能力，有利于推动企业向具有全球竞争力的世界一流企业看齐，全面推动企业不断提升竞争力。

首先，复杂严峻的国际环境要求企业通过协同创新提升全球竞争力。近年来，逆全球化和贸易保护主义抬头，全球化已进入深层次调整和转型期，国际竞争格局也复杂多变。国际经济贸易规则愈加严格，各国法律规则趋严，对违规的处罚趋严，处罚范围也延伸至劳工、环保、隐私保护、反垄断、知识产权保护等领域，法律合规风险加大，对中国企业"走出去"产生较大限制。在这种形势下，企业要专注战略前沿科技的协同创新，探索产学研深度融合创新的新模式，拓展协同创新区域边界，在更大范围、更深层次上助力国际化资源优化配置，积极融入全球产业分工体系，不断提高自身的竞争力、影响力，赢得发展空间，掌握主动权和话语权。

其次，新一轮科技革命和产业变革加速推进需要协同创新提供动力支撑。新一轮科技革命和产业变革正在重构全球创新版图、重塑全球经济结构……信息、生命、制造、能源、空间、海洋领域等的原创突破为前沿技术、颠覆性技术提供了更多创新源泉，学科之间、科学和技术之间、技术之间、自然科学和人文社会科学之间日益呈现交叉融合趋势。协同创新有利于健全社会主义市场经济条件下新型举国体制，集聚各类创新主体瞄准前沿领域、重大科技领域共同打好关键核心技术攻坚战，推进科研院所、高校、企业科研力量优化配置和资源共享，抢抓新一轮科技革命和产业变革机遇。

最后，以链主企业及大型企业为主导的协同创新是在中国实现创新驱动发展的重要方式。链主企业及大型企业作为推动协同创新的优势主体，普遍掌握具有自主知识产权的关键核心技术，科技创新成果转化率高，数字化应用能力强，能够带领各类创新主体突破制约行业发展的技术"瓶颈"，引领行业技术进步，能够实现多维度创新，在协同创新发展中起到重要的引领和带动作用。在具体实践中，链主企业及大型企业一方面作为国家实施创新驱动发展战略、制造强国战略的骨干力量，承担着组织开展关键共性技术的研发、重大装备的研制及首台套重大工程的示范应用的重大责任；另一方面这些企业更容易获得资本、技术和人才支持，能够推动产业链与创新链在结构功能上深度融合。

第二节　协同创新发展是产业转型升级的重要推手

一、协同创新助力产业基础高级化

产业基础高级化是推进产业链现代化的基础和前提，需重点解决工业关键基础材料、核心基础零部件和元器件、先进基础工艺、产业技术基础和基础软件（简称"五基"）受制于人的问题，夯实产业基础能力，推动产业基础"从无到有"的突破和"从有到优"的升级。

首先，依托协同创新铺设产业基础高级化的实现路径。要强化国家战略科技力量支撑，需要在标准制定、安全保障及基础服务等方面，通过"三个协同"，即产学研用的协同，产业链上下游的协同，科技创新、现代金融、人力资源与产业发展的协同，进一步理顺、实现和丰富产业基础高级化的路径。

在标准制定方面，通过产学研用协同，共同研究编制相关标准，推动制订国际标准，提高中国在各产业领域的话语权；在安全保障方面，支持以企业为主体整合上下游链资源，特别是依托行业龙头企业和大批长期专注于关键基础材料、核心基础零部件等细分领域精耕细作的制造业单项冠军，强化安全技术研究与应用，提升企业乃至国家安全和应急处置能力；在基础服务方面，通过区块链等数字化技术融合应用，将产业链、金融链、人才链集结互促、协同互融，形成多样平台，促进各链条各要素的数据化，并实现安全流动、可信交换和服务增值等。

其次，依托协同创新补齐关键核心技术"卡脖子"短板。数字化转型升级、物联网等是集成应用先进数字技术的新型基础设施，对新技术新设备有着广泛的应用需求，具有支持设备首台首套应用、产品迭代升级的市场优势。通过发挥应用牵引作用，集中社会优势科研力量联合攻关，可以促进解决事关产业发展全局的重大基础性、战略性、前瞻性技术问题，如核心设备芯片、基础操作系统等核心短板技术，补齐核心基础零部件、关键基础材料、先进基础工艺、产业技术基础等短板弱项，打通制约经济循环的堵点，提高产业链供应链韧性，增强中国产业体系抗冲击能力。

最后，依托协同创新打造传统产业智能化的技术优势，对延链、补链等具有重要的支撑作用。随着科技革命与经济社会的深度融合，传统产业智能化升级成为全球发展趋势，将助力新一代信息技术与传统制造产业的深度融合，促进发展基于数字孪生的大数据智能分析能力，支撑发展制造业平台、工业 App 及其生态系统，支持设备智能监测、远程运维和实时优化控制，提高装备产品的数字化、智能化技术水平，帮助传统产业加快建立智能化技术优势。

二、协同创新加快产业结构升级

首先，协同创新有助于产业组织结构优化。产业组织结构优化包括产业结构合理化、产业结构高级化和产业结构高效化等内容。其中，产业结构合理化是指生产要素的投入与产出的耦合程度；产业结构高级化是指微观层面产品的开发与改良和宏观层面产业升级；产业结构高效化是指各项资源配置效率的程度[一]。在协同创新的背景下，企业、高校及科研院所等多主体间协作有助于提高生产要素投入与产出的耦合性，提升创新投入资源的有效性，实现产业结构的合理化；企业与高校的合作有助于提高科研成果的转化效率，加快产品的更新换代，推动技术创新活动的可持续性，实现产业结构的高级化；坚持以市场需求为导向，鼓励高校积极为企业提供所需的人力资源与技术支持，同时加大企业对高校科研活动的资金与资源支持力度，提高要素生产效率，实现产业结构的高效化。政府引导技术创新的主攻方向，并通过提供政策支持、创造优良营商环境等措施，实现产业结构优化的目标。因此，积极推动协同创新发展，可以提高产业组织结构的合理化、高级化及高效化程度，以实现优化产业组织结构的目标。

其次，协同创新是推动产业技术进步的重要方式。随着社会、技术专业化分工的加剧，技术领域交叉融合现象的不断加强，单个企业承担全部研发任务容易导致创新资源重复、创新载体分散，最终产生"孤岛效应"，无法实现创新合力。合作研发机制可以使企业获得互补性的知识与技术，不但可以弥补单个企业创新资源不足的缺陷，而且有利于企业创新活动的顺利开展。同时，通过合作研发的分担机制，能够分摊研发成本，并大幅降低研发中的风险，继而有利于实现整个产业的技术进步和产业升级[二]。国有企业、民营企业等企业间的协同创新，既能激发企业的市场活力、实现要素资源

　　[一] 刘新智，刘娜.长江经济带技术创新与产业结构优化协同性研究［J］.宏观经济研究，2019（10）:35-48.

　　[二] 孙大明，原毅军.合作研发对制造业升级的影响研究［J］.大连理工大学学报（社会科学版），2018，39（1）: 30-37.

的优化配置，又能提高企业的创新能力。企业、高校与科研机构的协同创新，弥补了企业缺少技术、高校缺少研发经费的不足，既减少了企业的研发成本，又降低了企业的研发风险，还提高了高校与科研院所的成果转化效率，继而推动产业升级。

再次，协同创新对增强产业竞争力具有重要推动作用。多年来，我国经济水平和综合国力明显提高，我国传统产业已积累了相当的技术基础和研发能力，具备完整的产业体系和高素质的产业工人，已经具备新一轮科技和产业竞争的基础。在新科技革命和产业革命推动下，以协同创新为基础的产业创新，通过优化产业结构，加快从要素驱动发展为主向创新驱动发展转变，抢抓新科技革命和产业变革的战略机遇，重塑我国产业竞争优势。一方面，协同创新加快产业技术的创新改造，提升传统产业竞争力，提高生产效率和效益，降低劳动力成本，增加中低端产业发展的比较优势；另一方面，推动战略性新兴产业和先进制造业健康发展，大力发展高附加值、高效益的新兴产业和先进制造业，实现向产业链高端迈进。

最后，协同创新为经济结构转型提供了动力支撑。我国已进入新的发展时期，经济由较长时期的高速增长进入"新常态"的中高速增长，发展中不平衡、不协调、不可持续的问题依然突出，长期以来形成的依靠低成本劳动力、资源能源消耗，以及投资驱动的粗放型增长方式已经不可持续。转变经济发展方式、实现经济结构转型需要依靠科技创新能力的提升。协同创新是提高科技创新能力和效率的重要途径，能够转变各创新主体的发展方式，促进创新资源的有序流动和高效配置，加快产业转型升级，实现从要素驱动向创新驱动转变。

三、协同创新助力产业链现代化

产业链现代化是构建现代化经济体系的现实需要，是提升产业核心竞争力的战略选择。现阶段重点实现四个方面的目标：在供应能力方面，具备稳健、安全的全球供应体系，面对"断供"风险能够快速调整，具有较强的韧性；在技术方面，具备国际领先的技术水平，实现关键核心技术自主可控，并在部分领域形成"领跑"优势；在价值创造能力方面，实现产业从全球价值链中低端向中高端升级，具有较高的产业附加值；在协同能力方面，具有较高的产业链协同效率，能够实现产业链上下游协同，研发设计、生产制造和市场协同，各类发展要素协同，大中小企业协同。

首先，协同创新可以有效解决产业链安全问题。中国制造业规模居全球首位，是唯一拥有全部工业门类的国家。但是在国际形势日趋复杂、中国经济进入高质量发展阶段的背景下，中国产业大而不强、宽而不深的问题较为突出，关键技术环节受制于人、技术工艺水平和产品质量不高、可靠性低，产业附加值低等产业链"不稳、不强、不安全"问题日益凸显。破解上述发展难题，需依托协同创新立足优势领域，在固链上下更大功夫，练就更多独门绝技，加强创新链与产业链的对接，构建融合畅通的产业生态体系，形成一批各具特色的产业集群，推动上下游、产供销有效衔接、协调运转，把产业链关键环节留在国内。

其次，协同创新可以有效带动产业链发展水平。协同创新能够最大限度地发挥链主企业的领军作用。企业尤其是链主企业在很多行业处于龙头地位，对产业发展具有较强的引领性和强大的影响力。协同创新通过充分发挥链主企业调动行业创新资源的优势，带动产业链供应链上下游企业联合开展科技攻关，提高高校和科研院所成果转化的效率，加快形成具有市场竞争力的产品，推动产业链供应链向高端化、智能化、绿色化、服务化转型发展，最终实现向全球产业链供应链中高端迈进。

最后，协同创新可以提升全产业链价值创造能力。协同创新通过各创新主体之间信息、技术的共享互融，促进企业及行业间生产要素的重新配置，推动产业结构调整与优化升级。它将企业及其设备，用户及其设备，高校、科研院所及其设备，制造业企业及其设备连接起来，一方面通过技术专利、生产工艺等显性知识及人员流动和学习等隐性知识的转移，实现数据广泛交互、充分共享和价值挖掘，培育发展数字经济、平台经济，催生新业务、新业态、新模式；另一方面通过协同创新，完善全球生产服务网络，汇聚政府、设备商、生产商、售电商、中介服务商、终端用户等参与方，更深、更广地融入全球供给体系，打造互利共赢的协同创新生态系统，形成"扭枸缠绕"发展格局，提高产业链的创造力和竞争力。

第三节　协同创新发展是经济高质量的重要动能

一、协同创新立足新发展阶段

首先，协同创新是新起点上对科技创新的新需求。当前，中国经济实力、科技实力、综合国力跃上新台阶，具备开启新征程、实现新的更高目标的雄厚物质基础[一]。站在这样的新高点、新起点上，我们比历史上任何时期都更接近中华民族伟大复兴的目标，比历史上任何时期都更需要建设科技强国，比历史上任何时期都更需要依靠协同创新提高创新效率，以支撑经济社会发展和人民大众更高层次、更高质量的需求，推动中国这艘巨轮向着科技强国、向着中华民族伟大复兴不断前进。

其次，协同创新是迎接新机遇、新挑战的新方式。当今世界正处于百年未有之大变局中，新冠肺炎疫情在全球蔓延使这个大变局加速变化，国内发展不平衡不充分问题仍然突出，创新能力还不适应高质量发展要求。进入新发展阶段，"机遇和挑战之大都前所未有，总体上机遇大于挑战"。当务之急是通过协同创新拓展创新的广度和深度，在提高关键核心技术创新能力的同时，加快新型产业形态孕育，将科技发展主动权牢牢掌握在自己手里，为在新发展阶段、新的世界政治经济格局中、新一轮国际分

　　㊀　逄锦聚.准确把握新发展阶段 开启现代化建设新征程［N］.光明日报，2021-3-6.

工合作中抢占先机，推动我国产业向全球价值链中高端迈进。

最后，协同创新是实现新发展阶段新目标的新途径。新发展阶段的新目标是全面建设社会主义现代化国家，到2035年基本实现社会主义现代化，到本世纪中叶建成社会主义现代化强国。协同创新作为科研成果转化为生产能力的重要手段和催化剂，在实现科技自立自强从而建成社会主义现代化强国中发挥着越来越重要的作用。特别是某些国家近年来不断收紧对中国的高科技出口管制，实施高科技和前沿技术封锁，使我国在某些关键核心技术和重大技术装备上受制于人。协同创新通过强化企业创新主体地位，带动各类创新主体联合实施重大科技攻关，促进各类创新要素集聚，实现社会多元分担风险，共性技术行业共享，从而提高创新链整体效能，提升整个产业竞争力，支撑国家经济高质量发展。

二、协同创新践行新发展理念

首先，协同创新是践行"创新""协调"发展的生动实践。新发展理念要求各创新主体协调互联互助互促，摒弃不适应、不适合甚至违背创新发展的思路做法，从根本上解决我国发展不平衡、不协调、不可持续问题，打通"产业""科技""金融""人才""区域"融合不够的问题。协同创新能够将创新链、资金链、政策链、人才链、技术链、价值链深度融合，提高创新资源的集聚能力和使用效率，引导社会资源投入创新，增强各类市场主体的创新动力，为转变经济发展方式、优化经济结构、改善生态环境、提高发展质量和效益开拓广阔空间，推动我国经济社会持续健康发展。

其次，协同创新是践行"开放""共享"发展的重要体现。单一企业很难在生产研发、销售等所有环节都具有优势，且难以承受过长的研发周期和失败风险，因此企业需要在技术研发上有更多沟通和交流，也需要在信息网络建设上相互配合和彼此连接，从而可以及时有效地获取各时段、各地域、各层级的经济发展状态和资源利用情况，研发出适用性强、针对性强、灵活性强的资源循环利用技术，实现集约利用资源和能源，使得创新所带来的好处能够在整个创新体系内扩散，各方可以从彼此的创新行为中获益。这便客观要求各种类型的经济和研发组织以更开放的姿态来展开互动，并且政府也要扮演重要的协调者角色。企业作为其中的主体，通过协同创新充分利用内部和外部的创新资源，成为创新系统中的重要节点，以企业网络的新形态推动高质量发展。协同创新有助于各创新主体取长补短、信息共享、风险共担，提高创新从研发到成果转化的效率，也有助于中国企业以集群的形态与外国企业展开竞争，扩展海外市场，加快推动技术的更新换代，并最终在全球范围内确立以创新为基础的竞争优势。

最后，协同创新是践行"绿色"发展的强大助力。生态化、绿色化是当今全球经济的发展导向。在全面践行"碳达峰、碳中和"目标，推行绿色低碳循环经济发展的大背景下，对相关绿色低碳技术的开发成了未来企业乃至国家更强领导力、更多话语权和市场份额的风向标。因此，深化多元主体创新的协同成为抢占"碳达峰、碳中和"

关键绿色低碳技术制高点的关键路径。一方面，协同创新的模式令绿色低碳技术的研发更开放、更高效，能够最大限度实现以降低碳排放强度的共同目标而进行的组织内部知识、思想、技能等多方面的交流合作，最终实现"1+1+1>3"的绿色协同创新效果；另一方面，协同创新能更好地贯彻绿色理念，以更开放的姿态，让各创新主体更多更好地参与"源头—过程—结果"的全过程研发、运行、管理与监督，建立健全市场—技术—成果—消费全程简约适度、绿色低碳的生产消费制度。

三、协同创新支撑新发展格局

习近平总书记强调，加快构建以国内大循环为主体、国内国际双循环相互促进的新发展格局，是"十四五"规划建议提出的一项关系中国发展全局的重大战略任务，需要从全局高度准确把握和积极推进。构建新发展格局的关键在于经济循环的畅通无阻，最本质的特征是实现高水平的自立自强，要建立起扩大内需的有效制度，实行高水平对外开放。协同创新有利于企业主动抓好实业主业发展[一]，有利于产学研深度合作，有利于整合国内外创新资源，有利于促进各类创新要素的有序流动，从而促进中国科技自立自强和经济高质量发展。

首先，实施协同创新，助力国内大循环。以国内大循环为主体，意味着要打通国内生产、分配、流通、消费的各个环节，不断满足消费升级需求。关键是最大限度解放和激发科技作为第一生产力所蕴藏的巨大潜能。协同创新从根本上破除了各创新主体间的体制机制障碍，让科技创新的轮子和体制机制创新的轮子共同转动，提高资源要素配置效率，疏通影响国内大循环的堵点，促进国内经济高质量发展。

其次，实施协同创新，助力国内国际双循环。习近平总书记指出："我们要更加主动地融入全球创新网络，在开放合作中提升自身科技创新能力。越是面临封锁打压，越不能搞自我封闭、自我隔绝，而是要实施更加开放包容、互惠共享的国际科技合作战略。"面对全球贸易保护主义、单边主义抬头，美国越是频频打压我国产业和企业并对我国实施"科技脱钩"，我国越是需要保持开放、扩大开放，在变局中开新局，加快推进创新驱动发展战略，以增强科技竞争力反制"脱钩论"，以高水平开放反制逆全球化。因此，培育新形势下参与国际合作和竞争新优势的关键是开放创新、协同创新，特别是以协同创新实现补短板、强弱项、激活力，加快动能转换，构建更高水平开放型创新发展模式，打通支撑科技强国的全流程创新链条，推动我国基础研究、应用基础研究、共性公共研究、开发试验研究的跨境合作发展，实现全球创新资源优化配置，从根本上破解制约"双循环"要素流通的障碍，加快形成有利于我国的国内国际经济双循环。

最后，实施协同创新，助力"一带一路"建设。新冠肺炎疫情的到来，并未使

—— 肖亚庆.扎实推动国有企业高质量发展［N］.学习时报，2018-9-7.

"一带一路"建设停滞不前，反而使其展现出强大的生命力和韧性。我国以共商共建共享为发展理念，以协同创新为引领，以基础设施联通和产能合作为主要抓手，融入全球产业链协同发展，推动我国满足"一带一路"沿线国家需求的装备、技术、标准、服务"走出去"，形成多个主体抱团共进、分工合理、协同创新、互利共赢的产业链、供应链合作模式。例如，在"一带一路"建设过程中，我国国有企业充分发挥协同创新精神，投资资金，建设基础设施，主动参与"一带一路"重大工程项目的建设；高校和科研机构则发挥科学研究的作用，开展相关基础问题的研究和应用，为项目、工程、企业提供方法论指导、共享科学技术等，并培养"一带一路"建设的相关人才。通过各类创新主体的精准有效衔接，将"一带一路"沿线国家的需求与国内供给、将国际国内的资源市场相统筹，从而促进生产、资源要素在更大的范围内高效流动和配置，有力推动"一带一路"沿线国家的紧密联系和区域的协同发展。

第二章

协同创新发展的理论依据与政策体系

第一节　企业协同创新发展的内涵

一、企业协同创新的内涵

尽管"协同创新"在实践中已是广泛使用的专业词语，但在理论研究中仍然是个前沿话题。国内外现有研究主要从创新体系视角研究协同创新的模式、成效等，如国家创新体系、区域创新体系和产业技术创新体系等。近年来，国内外学者越来越重视企业协同创新的作用和成效，但是总体来讲，涉及企业层面的协同创新的研究成果相对较少且分散。

（一）协同创新内涵研究总体概述

协同创新源于协同学在开放式创新背景下创新领域的应用。协同学是由德国斯图加特大学教授赫尔曼·哈肯（Hermann Haken）于 20 世纪 60 年代创立的。哈肯教授认为，系统中各子系统之间的协调、合作或同步的联合行动和集体行为，会产生"一加一大于二"的协同效应[一]。结合协同学理论和开放式创新的思想，美国麻省理工学院斯隆管理学院集体智慧中心研究员彼得·A.格洛尔（Peter A. Gloor）最先定义了协同创新的概念："协同创新就是由自我激励的人员所组成的网络小组，形成集体愿景，借助网络交流思路、信息及工作状况，合作实现共同目标"。此后，不同的研究者对协同创新有着不同的定义，但总的来说，他们都认为协同创新是一个多主体协同互动的过程[二]。例如，陈劲、阳银娟指出，协同创新的内涵是企业、政府、知识生产机构（大学、科研机构）进行大跨度整合的创新组织模式，从而实现重大科技创新[三]。

[一]　陈劲.协同创新［M］.杭州：浙江大学出版社，2012.

[二]　侯二秀，石晶.企业协同创新的动力机制研究综述［J］.中国管理科学，2015（S1）：711-717.

[三]　陈劲，阳银娟.协同创新的理论基础与内涵［J］.科学学研究，2012（2）：161-164.

（二）基于不同角度的企业协同创新研究

目前，对于企业协同创新的认知尚未统一，主要有以下三种代表性观点：

一是要素观。企业协同创新是各种创新资源和创新要素的有机集合。各种创新要素在统一的创新体系框架下发挥聚合作用，完成科技创新活动。要素的概念确认了制度在浓缩要素方面的作用，连燕华认为，企业协同创新是企业科技创新活动与支持因素共同作用形成的有机整体，包括与创新相关的所有要素，并且它们按照一定的规则合理组织和运作。一些研究将系统本身看作解释协同创新的一个要素。辜秋琴指出，企业协同创新是组织结构、创新资源要素（包括人员、资本、设备等）、创新机制和创新体系相互作用的结果，与企业科技创新外部环境支撑下的科技创新战略有机结合。

二是主体观。从参与创新活动的主体角度对企业协同创新进行了界定，认为企业协同创新是由参与科技创新活动的主体构成的、相互作用实现科技创新的有机体。例如，魏君和罗杰将科技创新活动分为管理活动和实体活动。管理活动包括决策、资源配置、管理和制度建设，由相应的管理者、管理部门或组织作为创新主体来完成。实体活动包括研发、制造、营销等活动，由相应的技术、生产和市场主体完成。缺少任一活动，都不能构成真正的企业创新活动。同样，缺少任何一种创新主体，也就失去了实施这种创新活动的载体。杜宏巍和张东生认为主体是企业协同创新的主要切入点之一，协同创新系统是在一定机制下由个人、部门和公司（总部）三个层次的主体组成的协调系统。

三是过程观。从技术创新过程的角度对企业协同创新进行了界定，认为企业协同创新是保证技术创新过程实现的有机整体。例如，操龙灿认为企业协同创新是指技术知识生产、应用、转移和市场实现的系统和网络。刘庆华认为科技创新的过程是从创新观念、研究开发开始，最后是市场的实现，企业协同创新是由各种相互关联的要素构成的具有整体功能的统一体，以上述科技创新过程为核心的相互制约、相互作用的要素。

上述三种观点从不同的角度对企业协同创新进行了阐释，都体现了系统的观点，即企业协同创新并非单一要素、单一主体和单一环节的活动，而是创新资源的集合、创新主体的集合和创新过程的集合。

以上内容是现有文献对协同创新的主流认识。这些文献大多将不同主体之间的互动与合作作为协同创新的核心内容。生产力与生产关系的辩证关系是指，生产力决定生产关系，生产关系对生产力有反作用。协同创新研究的是主体间特定的关系如何影响创新成效，因此协同创新是生产力与生产关系辩证关系的体现。我国是发展中国家，现阶段实行以公有制为主体、多种所有制经济共同发展的基本经济制度。我国特定的发展阶段和体制环境导致我国在创新主体和创新主体之间的关系上具有与发达国家不同的特征，特别是我国市场中的企业主体包括国有企业和民营企业，使得我国企业主体及其相互间的合作较发达国家更加丰富和多样。因此本研究认为我国特定的发展阶段和体制环境丰富了协同创新的内涵，已经形成具有中国特色的企业主导的协同创新。

赋予协同创新比发达国家更为丰富的，具有中国特色的，包括国有企业和民营企业在内的创新主体的内涵延展，这也是我国企业协同创新不同于国外企业协同创新的新的内涵。从理论角度看，协同创新考虑了我国生产关系的调整与科技创新的有机互促关系，是生产力与生产关系辩证关系在新时期的具体体现。

（三）协同创新的政策依据

资本层面的合作是不同主体间协同创新的重要方式。党的十八届三中全会将混合所有制改革作为国有企业改革的重要突破口。混合所有制涉及国有企业和民营企业资本层面的合作，主要通过并购重组、股权转让、员工持股等方式实现。混合所有制改革的推行增加了国有企业和民营企业协同创新的途径和动力，为协同创新发展创造了良好的环境。习近平总书记在党的十九大报告中强调，"创新是引领发展的第一动力""深化国有企业改革，发展混合所有制经济，培育具有全球竞争力的世界一流企业"。党的十九届四中全会提出"构建社会主义市场经济条件下关键核心技术攻关新型举国体制。"这些重要论述为新时代协同创新提供了理论基础。就微观层面而言，创新，尤其是核心和关键技术的创新与商业化不再是单一创新主体可以完成的，而是越来越呈现出一种系统性和复杂性，涉及的创新主体的类型越来越丰富，创新主体之间的互动和沟通越来越频繁，包括国有企业和民营企业在内的多主体协同创新是我国主动适应全球发展的必然趋势。

协同创新发展具有鲜明的中国特色社会主义经济特征。它是马克思主义生产社会化、资本社会化和市场经济发展规律下所有制的调整和完善。这是历史发展的必然，也是新时期我国经济高质量发展的重要产物。从理论上讲，创新与混合所有制的关系是生产力与生产关系的辩证关系。科技创新作为生产力的关键要素，是解放微观生产力、优化产业结构，促进高质量发展的第一动力；混合所有制生产是有效调整生产关系，是完善创新体制机制、促进科技资源共享、增强协同创新活力的重要保障。混合所有制经济与科技创新的有机互促关系，本质上体现了新时代微观生产力与生产关系的辩证统一关系，即以创新为主要内容的生产力和以混合所有制为主要内容的生产关系的辩证关系。从实践层面来看，混合所有制是资本层面的混合和体制机制层面的转变，而协同创新关注的是创新资源和要素突破创新主体间的壁垒，充分释放"人才、资本、信息、技术"等创新要素的活力，实现优势互补、互利创新、知识共享，从而实现资源优化配置。因此，混合所有制是协同创新中实现各创新主体间利益分配、风险共担的重要途径和机制保障，而协同创新发展是创新主体调整所有制关系的主要目的。

在以上分析的基础上，企业协同创新的内涵可以概括为：科技创新各要素围绕创新目标、按照一定规则组合而成的有机体，也是支撑和保障创新主体科技创新活动有效开展的制度安排。这里的要素核心是创新组织，但除了创新组织之外，要素还包括资金、人才、实验平台等创新资源，这些资源是支撑创新组织运行的重要条件。此外，要素还包括高校、科研机构、产业链相关企业、政府等相关主体。规则是指创新组织的运行机制，包括创新组织的运行机制和创新资源的流动机制。

二、企业协同创新的功能与特征

随着技术创新的复杂性、系统性和全球化的发展，当代科技创新已经突破了传统模式，呈现出多角色、网络化和开放性的特点，逐渐演变为一种基于主体协同互动的协同创新模式。在这种模式下，产业链的相关要素企业、高校和科研机构相互作用。各方以资源共享或优势互补为前提，按照共同参与、成果共享、风险共担的原则，共同完成一项技术创新，实现分工协作。

协同创新本质上是一种开放的创新方式，因为其涉及多个创新主体，并且需要各主体间基于某种共同利益机制而相互协调。从最初的企业、高校和科研机构到现在的政府部门、企业、高校和科研机构、中介服务机构（金融）等，协同创新参与的主体越来越多，各主体之间形成相互促进的网络体系，构成了协同创新的生态圈。

在协同创新生态圈内各创新要素交互发展最终会导致一种秩序的"突现"。协同创新主体主要是创新系统内的企业、高校、科研机构、政府部门及中介服务机构。各创新要素是创新活动的载体，是创新活动组织和推进的直接承担者和执行者，这些要素形成了更微观的网络机制。这些要素的有机互动，将会在更微观的层面促进协同创新交互发展。这些要素在创新体系中的地位与功能各不相同，既有分工，又有合作，形成一个相互促进的网络系统。在具体的经济、技术条件下，要素在系统中的地位与功能又存在着很大的差别，分别表现为不同的创新类型和模式等。协同创新生态圈中蕴含着各自不同类型的创新要素。

（一）企业协同创新的功能

协同创新作为系统存在，具有系统层面的目的性和功能性，即所有构成要素的共同指向和任务。协同创新的相关研究对其功能具有不同的认识，例如，辜秋琴指出系统构建的目的在于整合创新主体科技创新过程，从而达到提高创新主体科技创新能力和提升企业竞争力的目的；杜宏巍、张东生认为协同创新的功能在于持续激发科技创新动机并把它转化为创新成果。上述两个观点中的科技创新过程和创新成果转化代表了创新主体科技创新活动，因此，可以将协同创新的功能理解为支撑科技创新活动的直接效用。同时，前者还从整体层面将创新体系对创新主体生存和发展的意义赋予了更高层次的功能，即提升竞争力。

在上述梳理的基础上，本研究将协同创新的功能从三个角度来理解。首先是要素聚集功能。协同创新从整体层面构建了科技创新体系要素的基本逻辑、规则和框架，因此，其功能应该是任何单个或部分体系要素所不具备或不能单独实现的，这体现在不断构建、调整和完善创新体系，充分发挥内部要素的功能潜力，形成大于单个要素能力的简单叠加。其次是创新保障功能。从科技创新活动来看，协同创新的功能是针对各主体科技创新的基本活动发挥的作用，即通过优化配置内外部创新资源，营造有利于科技创新的环境，保证创新活动和创新过程的进行，促进研发、生产及商业化价值实现。最后是各主体发展功能。从协同创新的整体发展来看，科技创新体系是主体管理体系的重要组成部分，有助于通过科技创新提高竞争力，增强可持续发展能力。

（二）企业协同创新的特征（见图2-1）

一是整体性。协同创新是由资源要素、系统要素、管理要素和环境要素等多种要素构成的系统。每个要素都是协同创新系统的一部分，承担着相应的功能。没有协同创新系统，任何独立的要素都无法实现创新系统的整体功能。协同创新的成败并不取决于一个或几个创新要素，而是各要素综合集成、共同作用的结果。

二是协同性。协同创新的组成部分并不独立发挥作用，它们具有共同的目标取向，在体制机制的安排下，通过协调与合作完成创新活动。协同创新不是各种创新要素的简单叠加，而是各种创新要素的有机结合。各要素相互交叉、相互影响、相互支持。一个要素的变化会影响其他要素和整个系统。因此，需要保持多元化要素之间的平衡与制度化。

三是动态性。协同创新不是固定不变的。创新系统要素的构成和组织结构需要根据外部环境和内部需求的变化进行动态调整，以保证协同创新系统的适应性。外部环境包括市场环境、政策环境和产业体系。协同创新系统的动态调整既要应对外部环境的变化，又要主动改变外部环境。内部需求包括创新发展需求和创新能力提升需求等，是协同创新主体的主动变化。

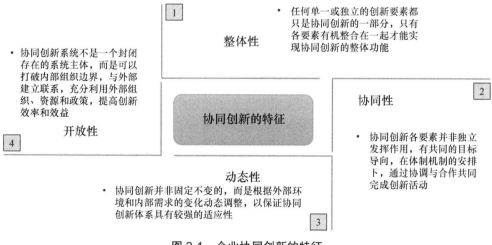

图2-1　企业协同创新的特征

四是开放性。协同创新系统不是一个封闭存在的系统主体，而是需要与外部资源、信息和知识进行交流和互动的。协同创新系统所需要的创新要素不仅来自合作创新系统内部，还来自合作创新系统外部。创新主体可以突破组织边界，与外部建立联系，充分利用外部组织、资源和政策，提高创新效率和效益。

三、企业协同创新的构成要素

（一）协同创新参与主体

协同创新本质上是一种开放的创新方式，涉及多个创新主体，并且需要各主体间基于某种共同利益机制而相互协调。协同创新主体从最初主要是企业、高校、科研机构，拓展到政府、企业、高校、科研机构、金融及中介服务等多个主体，越来越开放，协同作用越来越凸显。其中，企业依然是创新主导者，其余参与者主要对企业创新活动起到辅助作用，通过各主体间的资源深度整合，产生创新共鸣，使得创新成果呈非线性增长状态。当前，多种所有制经济成分、多元化创新主体协同已然成为我国实现创新发展的潜在推动力，市场空间、经营机制、金融资本及生产要素等合理有序的互动成为不可逆转的经济大势。创新是企业获得竞争力的重要渠道。在经济全球化时代，企业创新活动面临着激烈的市场竞争。这种以企业为主体的协同创新有利于实现企业内外部资源的高效整合和内外部商业化的不断拓展和融合。随着经济和科技的发展，越来越多的企业开始从外部获得创新信息，并与其他企业、高校、科研机构等外部主体开展合作研发。

企业是协同创新的主导者，其性质不仅体现在参与上，还体现在利益分享、成果转化等方面，企业需要把成果经过市场化运作转化成货币，相较于其他参与者，企业所起的作用要相对大一些。企业本身对技术的需求要大于其他各个参与者，同时企业也是打通科技创新"最后一公里"的最重要力量。一方面，企业需要经济效益以保障自身有效运行；另一方面，企业常常通过获取互补性技术成果、进入新技术领域、开发新产品等方式，实现预期最大化收益。因此，相较于其他参与者，企业拥有两个最大优势：一是市场，包括对市场需求和供给的精准测算，对外在需求的精准预期，同时企业自身对市场的开发和营销能力也显著强于其他主体。二是资本。企业不仅拥有充足的货币资本，还拥有创新所需的必要物质资本，如实验室、设备。不仅如此，企业还拥有能够为创新提供更多方便条件的人力资源，如劳动力等。但是企业作为创新主体同时也需要承担很大的创新风险，通过协同创新方式，企业能够将一部分风险由自我承担的方式转变为共同承担的方式。此外，我国的企业类型比较特殊，除了民营企业外，还拥有具有中国特色的国有企业，优化资源配置，实现优势互补，协同创新成为两者最好的融合融通方式。

高校和科研机构由于在科研领域长期坚持特定方向的研究，具备雄厚的基础研究能力，如大量的高科技人才、先进的实验设备、前沿的理论和方法等，但是因为相关技术成果并不是按照市场需求而产生的，尽管具有一定的前瞻性和深度，却不利于市场吸收和消化，也很难被市场主体采用。因此，在协同创新这一前提下，参与协同创新的高校和科研机构既要坚持不懈地进行基础研究，同时还要与相关企业对接，更多地进行满足市场需求的技术创新。然而，应该指出的是，在协同创新体系下，高校和科研机构绝不是技术创新的唯一供给者，只是部分地、高效地扮演供给者角色。因此，在协同创新的过程中，一定要处理好高校自身的发展利益和企业需求利益之间的关系。

政府在协同创新过程中应该扮演好"领航员、服务员和裁判员"的角色。首先，政府要当好"领航员"。技术创新单纯依靠市场机制也能实现，但是过程可能比较漫长，同时技术创新的内容可能也仅是为了迎合市场，缺少国家战略因素。因此，政府有必要对协同创新的发展方向进行总体规划，通过制定出台和完善相应法律法规、规划、政策等方式，加强社会上各类资源的流动，减轻协同创新主体的运行负担，指引各方参与者沿着有利于国家整体实力提升的方向开展协同创新活动。其次，政府要当好"服务员"。社会各个参与主体在具体实施协同创新的过程中会遇到各种障碍，政府应该本着有利于创新发展的出发点，积极协调、组织、配合各方，努力推进各类协同创新。最后，需要指出的是，政府在充当服务者的同时，还应发挥"裁判员"的作用，及时监督参与主体的资格和协同创新的行为，防止出现那些以牺牲民众利益为代价的虚假协同创新行为。

科技中介服务平台的参与是近年来协同创新发展的又一重大亮点，这表明社会对协同创新已经达到高度认可的程度。科技中介服务平台本身存储了大量的科技信息，对于参与各方的沟通、信息共享都会起到重要的联结作用，对于创新资源整合、科技成果转化都将起到重要的推动作用，对于节省创新时间成本也具有非常关键的意义。目前，社会上比较典型的科技中介服务平台有科技产权交易中心、高新技术企业孵化器、科技创业产业园、生产力促进中心等，可以预见，随着协同创新的不断推进，将会涌现出越来越多的新型科技中介服务机构。

此外，银行、投资公司和保险公司等金融机构，虽然不直接参与创新活动，但它们为创新主体提供融资、风险投资和科技保险等服务，利用自身优势，促进协同创新顺利进行。协同创新所需的货币资金如果单纯依靠企业主体，那么，出于对投资风险的考虑，企业将会倾向于那些容易获得收益的创新活动，很难与国家创新战略一致。金融支持能够显著降低企业承担的创新投资风险，金融资本的监督机制也能提升企业创新活动的质量。

综上，不同创新主体协同创新作用的比较如表 2-1 所示。

（二）协同创新核心要素

就创新主体而言，"扬长避短、促发展"是协同创新发展过程中的必然选择，而"国有企业、民营企业、高校/科研机构、政府、中介服务机构"是它们在产业生态中谋求发展的必然选项。这一加速科技转化和提升企业发展质量的协同方式和路径具有深刻的中国烙印和浓郁的中国特色。协同创新的开展将会带来创新的飞跃发展甚至是跨越式、颠覆式发展。结合协同创新的内涵和特点可知，协同创新具备四大核心要素：政策制度、市场机会、创新资源和创新机制（见图 2-2）。

表 2-1　不同创新主体协同创新作用的比较

	国有企业	民营企业	高校/科研机构	政府	中介服务机构
优势	1. 站位高（完成国家任务）、大型装备能力优、市场拓展能力强、企业信用强或获得授信的机会大、综合保障能力好； 2. 国有企业一般位于产业链的上游，创新聚合效应明显	1. 决策力强、单点突破能力强； 2. 市场敏锐度高； 3. 价值分配机制灵活	1. 紧跟世界科技潮流和前沿、科技成果培育能力强、科研生力军多； 2. 高校和科研机构由于在科研领域长期坚持特定方向的研究，具备雄厚的基础研究能力	1. 指引各方参与者沿着有利于国家整体实力提升的方向开展协同创新活动； 2. 适时监督参与者资质和协同创新行为	1. 联结各创新主体，整合创新资源，推动科技成果转化； 2. 金融的嵌入显著降低了企业承担的创新投资风险，金融资本的监督机制也能提升企业创新活动的质量
劣势	1. 惯性大，不易及时发现创新点并付诸行动； 2. 在机制方面，决策过程较长、价值分配机制不够灵活； 3. 缺乏协同的动力	1. 人才总体不足、企业管理能力不平衡、企业信用偏弱等； 2. 协同创新意愿较强，但是协同能力不高； 3. 创新攻关能力有限	1. 缺乏科技成果转化的成熟机制和相关人才，缺乏企业管理和创业型人才，重转移、轻转化； 2. 市场意识较淡薄	1. 存在过度监管的风险； 2. 存在部分投机、懒政风险	1. 专业性有待加强； 2. 人才队伍体系有待进一步扩大

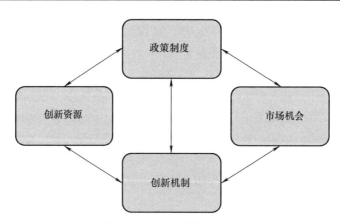

图 2-2　协同创新核心要素

1. 政策制度要素

政策制度要素通常是指推进协同创新发展所需的政策支持或制度创新要素。有了政策或制度的支持才能保证重大工程所需的内部推动机制及外部资源协调机制的有效运行，这不仅能够保障协同创新如期推进，还决定了协同创新的战略高度及行业影响力。尤其在中国的国情下，公共部门或政府组织能够通过创造或改变制度要素打破原有行业发展范式，体现中国特色和制度优势。对具备广泛的公共物品特性的基础攻关、"卡脖子"项目等，中国的制度优势更体现为集中力量办大事，给予协同创新最广泛的制度支撑和政策支撑，协助协同创新各主体攻克技术难关。良好的政策环境支持或制度创新在一定程度上也可以影响或促进政策和市场机会要素的形成与发展，而政策和市场机会要素同时也可以反向促进政策制度要素的孕育，因为成熟的技术和市场要素能够吸引政府提供相应的制度支持。

为了保证协同创新的顺利进行，需要协调或运用以下几个方面的制度：

一是国家宏观政策，如科技支持政策、财税政策、信贷政策等。由于协同创新涉及的主体和层次的多样性，国家层面的政策支持对协同创新的发展尤为重要，决定着协同创新的生死存亡及战略方向，因此获得宏观层面的政策支持是协同创新发展的必要条件。同时，在宏观经济政策的影响下，不同性质的协同创新项目将遇到不同的融资机会，同等资金水平对不同类型的协同创新能够创造的市场竞争空间也将大不相同。因此从最大化投资收益的角度出发，对于协同创新而言，协调并利用宏观经济层面的政策支持至关重要。

二是产业类政策，如行业准入条件、产业结构调整、产业发展的若干意见等政策。受到产业政策支持的协同创新会拥有更多的投资机会、更低的融资成本，从而可以有条件、有意识地扩大自身投资规模。受到产业政策扶持的协同创新项目更加容易获取产业价值网络中的优质资源，预期收益也会随之提高。

三是地方政策。地方政府往往以中央政策为中心，为产业政策鼓励或重点支持领域所能涉及的本地区公司或项目落实补助或贷款等政策支持。

在不同项目实施背景下，需要采用不同的方式，利用或创造协同创新实施所需的制度要素。一是当已具有相关成熟的支持性政策时，各协同创新的主体应注意重大领域发展趋势的研判，全面、准确地理解国家和产业的相关发展方针，捕捉行业领域技术进步的现状与突破点，洞悉行业领域现行发展瓶颈，结合项目自身目标与定位提出重大问题的解决思路，通过分析外部经验与内部能力主动争取相应的政策。二是当相关政策正处于制定阶段或实施的初期阶段时，政策的变化或制度的调整，将为协同创新带来全新发展机遇，创新主体应通过快速捕捉管理制度要素的变化并随之创造出巨大的市场容量和取得技术突破，从而为协同创新的发展创造先入优势，进而促进项目后续的顺利开展。三是当协同创新主体所面临的技术或市场尚未成熟时，相关政策及制度还未纳入国家或地方政策规划范围，协同创新主体应紧贴国家战略发展方针，提升自身技术能力，拓宽市场潜在发展空间，主动争取政府部门的政策或制度支持，从无到有创造支持性的政策。四是当不同层级、不同领域的政府政策或制度相互之间存在冲突或不衔接时，需要协同创新各方平衡各个政策或制度要素，为重大工程创造良好的制度环境。

2. 市场机会要素

市场机会要素是指来自用户和消费者的市场需求及产业链上下游相关市场的机会等。市场机会要素是影响协同创新可持续发展的核心战略问题，任何创新主体在宏观层面都会受到产业调整、市场周期等市场因素的影响。市场机会要素作为先决条件为协同创新的发展提供动力，直接决定了协同创新项目后续的推广应用及是否盈利。只有当协同创新项目存在明确的市场潜力时，才有后续推广应用的空间及长期可持续发展的可能性，而不仅仅是一个建设成功却无法长期运营的项目。当用户或消费者的需求变化时，各项市场机会要素会随之发生变化，崭新的市场机会要素会为市场参与者提供新的发展机会，从而推动项目获得发展潜力。

协同创新长远发展的关键条件之一就是对市场机会要素进行有效管理。有效的市场机会要素管理是一个复杂的、动态的问题，主要包含发现现有市场需求、把握市场潜在发展趋势、创造和引导市场走向三个阶段的内容。首先，发现现有市场需求是掌握市场机会要素的基础，包含对市场结构、市场规模、市场集中度等内容的掌握，通过对现有市场机会要素的掌握与分析推动协同创新各主体与市场需求的适配与调整。其次，精准把握并第一时间捕捉市场潜在发展趋势是协同创新可持续发展的保障。在信息化时代，市场需求的变化迅速，协同创新能深入洞悉市场潜在发展趋势并时刻紧随市场风向，保证项目整体的可持续发展，实现行业长远发展。不是所有协同创新项目都天然具备利好的市场机会要素，当现有市场机会要素和未来市场风向均不利于协同创新发展时，需要创新主体通过提升产品质量、扩大产品应用范围、调整产品市场适配性、积极主动争取政策支持等方式来打开市场空间，主动创造并引导市场机会要素的形成，精准地协调并管理市场机会要素，赢得市场空间。

协同创新各主体提升对市场机会要素的协调能力主要包括两点：一是通过提升协同创新项目自身的市场供应能力，准确洞悉市场机会要素，贴近市场，满足甚至引导市场未来走势。提升自身市场供应能力需要提升项目自身的创新能力和动态调整能力，通过不断引导项目吸收外部信息并与已有知识结合，提升市场供应能力以快速响应市场变化，从而正确引导重大工程确立动态、准确的市场定位，有效化解未来各个阶段项目经营的风险。二是借助外部力量，通过获得政府或协会等组织的支持打开市场空间。当项目凭借自身力量无法协调市场机会要素时，应主动通过倡议或呼吁的方式，争取到政府机关和相关协会的支持，权威机构不仅能够通过改变相关政策创造有利于协同创新发展的市场环境，还能够在用户市场为协同创新的开展创造舆论环境。权威机构的支持有助于重大工程项目快速打破局面，赢得市场空间。

协同创新应充分利用内外部资源，时刻紧跟市场发展趋势并紧贴国家或行业发展政策，根据协同创新战略目标创造市场机会要素，最终引领一个行业领域的市场走向。避免在项目初期出现盲目自信，疏忽对市场的详细研究，只开展程序式的、粗糙的市场分析，只在乎短期利益而忽略长期市场发展潜力，导致错误地预判市场发展趋势，甚至造成在推进项目战略定位和市场投放方面的失误等，为协同创新发展埋下隐患。

3. 创新资源要素

创新资源要素是企业进行技术创新所需要的各种投入，是开展创新活动的必要资源条件，包括人才、资金、设施和知识，为创新活动提供基本保障。创新人才是协同创新的智力源泉；创新基金为协同创新提供资金保障；基础条件是开展创新活动的必要手段和工具；现有知识是协同创新活动的起点。因此，创新资源要素是协同创新中的"硬性约束"要求。创新是典型的智力活动，人才是智力的源泉，因此，通过人才引进与培养，建立创新人才体系是协同创新建设的重要内容。创新活动是资金密集型的活动，如果缺乏稳定和充足的资金支持可能会使创新活动无法启动或中断。

此外，创新资源要素中的基础条件是开展创新的必要手段和工具，是对创新活动的"物理"支撑，包括开展创新活动的场地，研究试验和检测的材料、仪器、设备和装置等，新技术和新产品的试验线等。现代科技活动是有计划的、规范的、系统化的活动，创新成果的取得必须以大量的试验和验证为基础，试验和验证离不开这些基础条件的支撑。

4.创新机制要素

创新机制要素是协同创新运行的内在机能和工作方式，表现为协同创新核心要素之间相互联系和相互作用的一般程序和规则，关系到协同创新能否有效运作。创新机制通常需要形成规章、管理办法、管理制度等正式的文件，以保证其规范性、权威性和约束性。建立创新机制可以使企业形成促进创新活动的自我驱动和协调能力，是整合创新资源、理顺创新过程、协同创新组织、提高创新效率和成功率的重要保证。关键的创新机制要素包括六个方面：创新决策机制、研发投入机制、成果转化机制、考核评价机制、培养与激励机制、研发项目管理机制。

一是创新决策机制，是对协同创新战略进行选择的制度安排。技术创新战略是企业进行技术创新活动的总体性、前瞻性和方向性的规划，决定了协同创新各主体在未来一定时期内技术创新活动的方向和所要达到的目标，对创新主体可持续发展具有决定性意义。因此，需要构建完整的战略决策机制，以保证企业技术创新战略决策过程的高效性、内容的科学性和合理性。战略决策机制包含四方面内容：明确决策者、收集决策信息、选择决策模式和建立决策程序。决策者是拥有创新决策权的主体，也是创新战略决策的责任主体。决策信息是企业在决策前通过不同渠道和方式获得的与决策相关的信息资料，全面和准确的信息是正确决策的前提条件。决策模式是参与决策程序的个人和组织发挥作用的一种方式，包括集体决策和个人决策、集中决策和民主决策。决策程序是决策过程的顺序。科学合理的决策过程可以缩短创新决策周期，提高决策效率。

二是研发投入机制，是保证创新资源有效供给的制度安排。创新资源是科技创新活动开展的基础，研发投入是获取创新资源的必要条件和基本保障，一般而言，创新资源投入与创新绩效之间存在正相关关系，充足的研发投入、合理的分配与监督是提高协同创新绩效的重要手段。研发投入机制包括投入保障机制、分配机制和监督机制，主要指通过战略、规章制度和管理办法等来明确投入来源、投入筹集的渠道和方式。研发投入可以与各创新主体经营情况建立联动机制，设计投入强度指标或投入增长率指标，并将其纳入考核指标体系，保障科研经费的投入总量。分配机制是对创新投入的分配进行约束，通过制定相关的管理办法，加强对研发投入的统筹安排，设定资源分配原则和优先顺序，引导科研经费投入关键环节，优化经费投入结构；规范经费的使用行为，严格控制经费的开支范围与标准，减少资金浪费，实现创新资源优化配置和合理利用，使经费使用效益最大化。监督机制能对投入的使用情况进行监督，建立预算和审计制度，提高研发投入的管理水平。

三是成果转化机制，是科技成果向产品转化和价值创造过程中合作与利益分配的统筹安排。协同创新是不同主体、不同层级研发部门协同互动的结果，需要前沿技术、基础技术、共性技术、应用技术和产品专用技术等不同技术层次的科技成果在不同层级研发部门之间转移和转化。成果转化主要面临不同创新主体之间技术供需匹配和合作的利益分配问题，因此成果转化机制包括信息交流与反馈制度、内部交易制度、奖励制度。信息交流与反馈制度则是在不同层次研发部门之间建立技术和需求信息的通道和平台，降低供需之间的信息不对称，使上游技术供给者充分了解下游的实际需求和技术能力，使下游掌握上游科技创新的动态信息，在技术研发方面保持供需协调一致。内部交易制度是建立企业内部科技成果的有偿转让制度，即科技成果（按照市场价格）在企业内部优先转让，使技术供给部门获得合理的补偿。奖励制度是将对科技研发成果转让收益按照一定额度或比例给予研发人员作为奖励的制度，目的在于调动研发人员开展实用技术研发的积极性。

四是考核评价机制，是对创新活动进行衡量的制度安排。考核评价机制主要具有两方面的功能，一方面，建立科学的考核评价指标是开展创新激励的基础和前提，为创新激励提供可靠的依据；另一方面，考核评价机制具有导向作用，引导创新人才和创新组织按照考核评价的要求方向开展创新活动。

五是培养与激励机制，是为提高创新人才的能力和水平，调动和发挥创新人才的积极性和创造性而采取的措施。创新人才是协同创新的中坚力量，是创新体系中具有主观能动性的创新资源，培养与激励机制可以充分激发创新人才的创新动机。培养与激励机制在原则上让创新人才获得更多的收益。发展体系则是为创新人才提供职业发展的上升空间和路径而进行的设计和安排，是保持创新人才积极性和稳定性的长效措施。

六是研发项目管理机制，是协同创新项目全过程管理的相关制度性规定。项目管理机制有利于通过建立科学化、规范化和制度化的项目管理制度，保证技术创新项目在项目设定、项目推进和成果应用等方面完成预期任务、达到预期目标。

5. 核心要素之间的关系

依据创新系统观，协同创新的四要素之间存在高关联性，各要素相互影响和制约，共同作用，实现了协同创新的功能。其中，政策制度要素规范了混合协同科技决策，创新机制要素令协同创新主体之间的责权分配清晰与资源衔接顺畅，为协同创新提供了强力支撑。创新资源要素是中国企业技术创新体系的基础保障，也是中国企业技术创新活动的管理对象。市场机会要素引导创新规则的制定，理顺创新过程，为创新资源要素在企业中的配置和流动指明方向，提高了创新组织的协同性。

中国企业协同创新是企业作为技术创新主体能够实施并完成创新活动内在条件的总和，体现了企业技术创新的潜能，是衡量企业技术创新综合实力的标志。从资源要素角度来看，企业技术创新能力可以分解为人力投入能力、资金投入能力、设备投入能力和创新产出能力；从创新过程角度来看，企业技术创新能力可以分解为研发能力、生产能力和营销能力等；从创新组织角度来看，企业技术创新能力可以分解为统筹协调能力、组织管理能力等。

企业协同创新是企业技术创新形成的必要条件，是提升企业技术创新能力的源泉和根本，离开协同创新体系建设，创新能力将如无源之水，这两者构成不可分割的因果关系。从发展联系来看，两者需要动态协调发展。一般而言，企业协同创新建设要与创新能力的发展阶段相适应，协同创新体系高于创新能力时，协同创新体系的作用不能充分发挥；若协同创新体系落后于创新能力，则将阻碍创新能力的提升。

第二节　协同创新发展的理论沿革

一、国家创新体系理论

（一）国家创新体系的理论基石

美国经济学家约瑟夫·熊彼特（Joseph Alois Schumpeter）为后世学者指出了国家创新体系的分析方向。他认为，"创新"是将生产要素和生产条件的新组合引入生产体系，即"建立新的生产函数"，其目的是获取潜在利润，包括五种情况[一]：一是引进新产品或赋予产品新特性；二是引进新的生产方式，主要表现在生产过程中采用新技术或新的生产组织模式；三是开拓新市场；四是获得新的原材料或半成品供应来源；五是实现新的产业组织。

20世纪50年代以后，熊彼特的支持者将"创新理论"发展出技术创新经济学和制度创新经济学，作为当代西方经济学的另外两个分支。"国家创新体系"的概念产生于20世纪80年代中期，人们普遍认为，丹麦经济学家本特-雅克·郎德威尔（Bent-Ake Luncl-van）教授是第一个提出"国家创新体系"概念的学者。随后，这一概念也被克里斯托弗·弗里曼（Christopher Freeman）的专著《技术政策与经济绩效：日本国计算创新系统的经验》所采用。美国的理查德·R.纳尔逊（Richard. R. Nelson）教授也发表了关于美国国家创新体系的研究成果。弗里曼教授和纳尔逊教授的理论侧重于宏观层面，郎德威尔教授的理论更侧重于微观层面。尽管他们研究的重点有所区别，但其理论研究成果成了国家创新体系的核心。

〇　周本红. 国家创新体系生态化研究 [D]. 合肥工业大学，2007.

（二）国家创新体系的定义

1. 国家创新体系的研究综述

学者们很早就意识到国家创新体系（NIS）理论的重要性，早在 1841 年，李斯特就提出了后进国家如何进行政治经济发展和策略选择问题，并提出了著名的"国家体系"（National System）学说。李斯特所认为的创新主要包括以下五个层面：一是本源创新和修补性创新；二是创新工艺形成；三是创新市场的构建；四是新的原料或生产基地的开辟；五是组织的创新。目前国家创新体系虽然没有一个统一的定义，但这些研究成果共同构成了现在国家创新体系的本质内核。相关学者对国家创新体系概念的研究如表 2-2 所示。

表 2-2　国家创新体系概念研究情况

学　者	概　念
弗里曼（1987）	国家创新体系是一种网络组织，这种网络组织由两个部门构成：公共部门和私营部门，并通过这两个部门的互动实现了技术的扩散和转移
纳尔逊（1987）	国家创新体系的构成主体包括企业、高校等机构，通过一定的制度设计在这个体系中构成一定的平衡状态
弗里曼（1992）	从广义和狭义两个角度诠释了国家创新体系：广义上是整个国民经济的构成结构；狭义上仅与科技活动相关
郎德威尔（1992）	国家创新体系是由在新的、有经济价值的知识的生产、扩散和使用上互相作用的要素和关系所构成的复合体
纳尔逊（1993）	提出国家创新体系是一组制度，它们的相互作用和相互影响决定着国家范围内企业的创新表现
帕特尔和帕维蒂（1994）	国家创新体系通过技术学习的速度和选择的方向实现整个国家创新能力的提升，其中组织效率、制度安排都在其中扮演了重要的角色
麦特卡尔夫（1994）	国家创新体系是在国家创新网络内，一群相互关联的科技创新主体所发生的技术转移和知识创新的过程
经济合作与发展组织（OECD）（1997）	国家创新体系是由企业高校、科研机构、政府等主体所构成的一个社会网络系统，在这个系统内，各创新主体进行知识、技术的转移和传递，对国家创新绩效产生积极的影响

注：本表根据相关文献归纳整理。

尽管郎德威尔首次提出了国家创新体系的概念，但直到 1987 年弗里曼才第一次描述这个概念。弗里曼认为，国家创新体系是由公共和私营部门的各种机构组成的网络，它们的活动和相互作用促进了新技术的开发、引进、改进和传播。纳尔逊认为，国家创新体系是由企业、高校和其他相关机构组成的复合体系。系统设计的任务是在私有技术和公共技术之间建立适当的平衡。纳尔逊还提出国家创新体系是一组制度，它们的相互作用和影响决定了一个国家内企业的创新绩效。1992 年，弗里曼对国家创新体系提出了广义和狭义两种不同的理解。广义上，国家创新体系包括与国民经济相关的新产品的引进和扩散，以及相关过程和体系的所有结构；狭义上，国家创新体系仅包括与科技活动直接相关的机构。帕特尔（Patel）和帕维蒂（Pavitt）认为，国家创新体系是决定一国技术学习方向和速度的制度安排、组织效率和国家能力的体现，是衡量一国技术和知识流动效率和方向的重要指标。麦特卡尔夫认为，国家创新体系是以国家为基础，由一组与新兴技术开发相关的机构和组织组成，从事相关知识的创造、存储、应用和转移的创新体系。

经济合作与发展组织（简称经合组织，OECD）认为，国家创新体系是一个由企业、大学、科研机构和政府参与新技术开发和传播的网络。这些机构的活动和相互作用决定了一个国家创造、存储和转让知识、技能和新产品的能力，并影响着国家的创新绩效。

国内学者在国家创新体系概念的研究方面普遍遵循着国外学者的研究步伐。贾蔚文研究认为，国家创新体系包括宏观、中观（产业、区域）和微观三个层次，涉及的对象和范围从创新主体到创新环境等。柳卸林研究认为国家创新体系是一个由公共和私有部门组成的组织和制度网络，企业、高校、政府等创新主体是这一体系的重要组成部分[一]。路甬祥研究认为，国家创新体系是一种网络结构，在这种网络结构中，通过创新主体（企业、高校、政府等）的相互作用，可以有效提高绩效，创新体系的发展可以使科技和经济更好地发展。李正风也认为国家创新体系是一个网络系统，在这个网络系统中存在公共结构和私人结构两种形式，以知识溢出和技术扩散为载体，共同促进创新绩效的发展。

2. 国家创新体系的结构

（1）郎德威尔模型

郎德威尔在 1992 年也对国家创新体系做出解释，认为国家创新体系是一个复杂的系统，由在新的和有价值的知识的生产、传播和使用过程中相互作用的要素和关系组成，这些要素相互作用形成一个网络系统。

郎德威尔从微观层面着重分析了国家创新体系的微观基础，即国家边界是如何对技术创新实际发挥作用的（见图 2-3）。

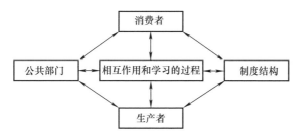

图 2-3　郎德威尔的国家创新体系微观结构图

───────
㊀　石定环，柳卸林．国家创新体系的现状、问题与发展趋势 [J]，今日科技，2003（2）：26-27.

郎德威尔还认为[一]国家创新体系是"在对新经济有用的知识的生产、传播和应用过程中，由各种要素及其相互作用的关系组成的创新体系，而这种创新体系包括位于或根植于一个国家边界内的各种要素及其关系"（见图2-4）。不仅国家创新体系是一个社会系统，其核心活动是学习，学习是一种社会活动，而且国家创新体系是一个动态过程，具有正反馈和再生产的特征。

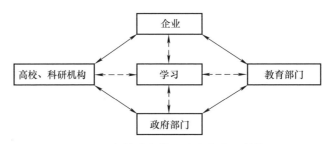

图 2-4　郎德威尔的国家创新体系结构

（2）弗里曼模型

弗里曼理论认为，国家创新体系是"由公共部门和私营部门组成的网络，它们的活动和相互作用促进、引进、修改和传播各种新技术"[二]（见图2-5）。

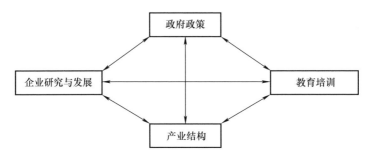

图 2-5　弗里曼理论的国家创新体系

（3）纳尔逊的研究

纳尔逊着重研究了知识和创新生产对国家创新体系的影响，因为通常来说，科学技术的性质是不断变化的，而且在不同的技术领域也是不断变化的，所以知识和创新的制度安排是不断变化的。纳尔逊还反复强调体制结构变革和适应的重要性。他认为，科技发展的不确定性为技术创新活动提供了多种可能的策略，因此几乎不可能事先确定哪种策略是最优策略。在这种情况下，政府的主要任务是确保技术的多样性，这就需要各种制度安排、技术知识共享机制和不同机构之间的合作机制。国家创新体系是一个将制度安排与国家的技术和经济绩效联系起来的分析框架。

　　○　黄廉武. 耗散结构理论视野中的我国国家创新体系建设 [D]. 北京：中共中央党校，2007.
　　○　陈桂尧. 中国大学参与国家创新系统的模式研究 [D]. 杭州：浙江大学，2004.

（4）经济合作与发展组织（OECD）模型

OECD 国家创新体系报告指出，"创新是不同主体和制度之间复杂互动的结果。技术变革不是以完美的线性方式出现的，而是体系中各要素相互作用和反馈的结果"（见图 2-6）。经合组织认为，企业、高校、科研机构和中介服务机构是国家创新体系的主体。新体系的核心内容就是知识流动，主要包括四类：一是企业之间的相互作用，二是公私相互作用，三是知识和技术的扩散，四是不同部门之间的人员交流。

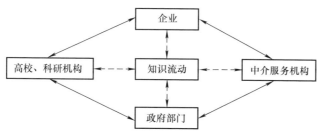

图 2-6　OECD 国家创新体系结构图

（5）波特钻石模型

"波特钻石模型"是由美国哈佛商学院著名的战略管理学家迈克尔·波特（Michael E. Porter）提出的。波特钻石模型用于分析一个国家某种产业为什么会在国际上有较强的竞争力。理论认为，国家的优势是建立在企业技术创新成功的基础上的[一]，决定一个国家某种产业竞争力的要素有四个：

一是生产要素，包括人力资源、天然资源、知识资源、资本资源、基础设施；二是需求条件，主要是本国市场的需求；三是相关产业和支持产业的表现，这些产业和相关上游产业是否有国际竞争力；四是企业的战略、结构、竞争对手的表现。

波特认为，这四个要素具有双向作用，会形成钻石模型（见图 2-7）。

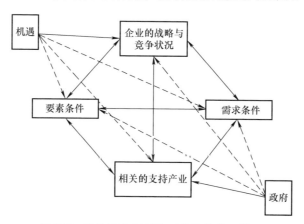

图 2-7　波特国家创新体系结构的钻石模型

一　张荣耀 . 中国国家创新系统理论与实证研究综述 [J]. 商场现代化，2008（4）：398-399.

二、制度创新理论

（一）制度创新理论的发展

制度创新理论形成和发展始于 20 世纪 70 年代，提出者是美国经济学家道格拉斯·C. 诺思（Douglass C. North）、兰斯·E. 戴维斯（Lance E. Davis）、罗伯特·P. 汤玛斯（Robert P. Thomus）。诺思和戴维斯合著并由剑桥大学出版社在 1971 年出版的《制度变迁与美国经济增长》一书被认为是制度创新理论的重要代表作，也是西方经济学界第一部比较系统地阐述制度创新的著作。随后，在制度创新理论的研究领域内不断出现了一些新的著作。

自 20 世纪 80 年代以来，以弗里曼和纳尔逊为代表的制度创新经济学家开始重视社会制度、文化环境和国家专有因素在技术创新中的作用，提出了备受各国政府和企业重视的制度创新理论。在历史上，有过三次有利于技术创新的根本性制度和重大性制度的变化，制度创新经济学在制度创新的涵义、制度创新的主体、制度创新的作用、政府在制度创新中的地位和作用等方面有了新发展[一]。

（二）制度创新的定义

在熊彼特的创新理论中，资本主义国家创新同时具备公有性质和私有性质。他认为，创新初期具有私有性质，首先实施创新的企业家能够获得短时间内的垄断利润，而其他经营者不能。但从长期来看，创新具有公有性质，这是由于企业家的创新会被模仿。该理论认为创新从私有到公有带来了三个好处：一是能够确保创新收益中相当大的部分归用户所有，并使生产者的成本降低；二是创新形成的新知识，为其他人进一步创新奠定了基础；三是创新模仿带来的竞争，使得一个公司从某一项特定的创新中建立广泛而持久的产业垄断的危险性得到了控制。

诺思和诺玛斯对欧洲封建制度起源的解释中，把欧洲封建制度的起源归因于以军人提供保护和公正换取农民提供劳役和其他实物支付的结果。这些研究的结论是富有见地的，更重要的是为我们研究制度变化提供了新的分析方法和框架[二] 。

三、开放创新理论

（一）开放创新理论的发展

1. 开放创新研究综述

自熊彼特 1912 年提出创新理论后，人们开始认识到创新对企业发展的重要性。但长

一 文魁，徐则荣. 制度创新理论的生成与发展 [J]. 当代经济研究，2013（7）：52-56.

二 沈梅红. 广东财政国库管理改革与思考 [J]. 广州广东经济出版社，2008.

期以来，主流观点认为企业应采取封闭式创新模式。这种模式的核心是研发与利润的良性循环[一]。企业通过资助大型内部实验室来开发技术，以确保技术秘密的排他性和垄断性。在封闭式创新模式下，企业的研发、销售和服务与外界隔绝。而随着世界经济和技术的迅速发展，创新需要越来越广泛的资源和能力，因此越来越多的企业开始从外部主体获取创新资源，以求提高企业的创新能力。在这一背景下，开放式创新的理念应运而生。

与封闭式创新相比，"开放式创新"（Open Innovation）是 20 世纪 80 年代后企业通用的创新模式。纳尔逊等人认为组织创新能力的提升得益于外部新技术的影响。蒂斯（Teece）认为创新的成功与否与互补性资产的有效利用有关。科恩（Cohen）等人的研究认为创新成功的核心要素是外部知识能力的获取。罗思韦尔（Rothwell）认为创新的产生是多种影响因素交互产生的，因此，外部因素的引入对创新的产生具有非常重要的意义。

最先提出开放式创新的是切萨布鲁夫（Chesbrough），他的研究指出开放式创新通过知识或技术的流入和流出促使企业创新的产生，当企业有提升技术的需求时，可以通过内部和外部两种获取渠道来满足需求。切萨布鲁夫的研究引起了国内外学者的广泛关注，此后开放创新的研究呈现出如下发展趋势：一是创新全球化的发展；二是以利用外部资源为核心的研发外包的出现；三是通过整合供应商充分利用外部资源；四是充分调动用户的积极性参与到创新环节；五是通过外部商业化促使技术的引进和利用。盖勒格（Gallagher）等人将开放式创新定义为：企业通过有意识的活动，整合内部和外部的资源，形成开放市场机会。开放式创新的特征体现在四个方面：一是开放的环境；二是开放的主体；三是开放的资源；四是开放的创意。总体来讲，制药、生物技术、通信设备等高科技领域占比较高。加斯曼（Gassmann）研究发现产业特征在开放式创新中起着非常重要的作用。切萨布鲁夫的著作于 2005 年引入我国后，国内学者掀起了开放式创新研究的高潮。陈劲、陈钰芬研究认为开放式创新可以减少不确定性，提高创新绩效[二]。

总体来看，目前对开放式创新的概念解读众多，但是尚未有明确的解读。目前学者对开放式创新概念的探讨如表 2-3 所示。

表 2-3 对开放式创新概念的研究情况

学 者	概 念
切萨布鲁夫（2003）	开放式创新通过知识或技术的流入和流出促使企业创新的产生，当企业有提升技术的需求时，可以通过内部和外部两种获取渠道来满足需求
切萨布鲁夫（2006）	通过知识的双向流动促进企业创新，进而达到扩张市场的目的
切萨布鲁夫等人（2006）	开放式创新不仅是一种实践行为，更是一种认知模式
切萨布鲁夫等人（2006）	利用内部和外部资源寻求创新，并通过有意识的活动整合内部和外部资源，从而实现创新

注：本表根据相关文献归纳整理。

[一] 王圆圆，周明，袁泽沛. 封闭式创新与开放式创新：原则比较与案例分析 [J]. 当代经济管理，2008（11）：39-42.

[二] 陈劲，陈钰芬. 开放创新体系与企业技术创新资源配置 [J]. 科研管理，2006（3）：18.

2. 开放创新体系研究综述

20 世纪 90 年代后，创新的开放性变得越来越重要。在研发全球化的背景下，开放创新的建设是经济的持续稳定增长和国际竞争力来源重要的一部分。开放创新能力的高低，直接关系到一个国家经济发展的速度和规模及全球影响力。创新系统的运行不仅受到国内创新主体的影响，还受到国家间互动的影响。创新系统的开放性可以通过内外部机制的互动来促进。邓宁（Dunning）认为研发中心对东道国创新体系的影响应主要从两个方面来阐述：一是间接效应，主要表现在东道国创新主体及影响因素的交互影响对其作用关系，对外形式主要表现为研发的溢出效应，具体表现为"竞争效应""学习效应""集聚效用"和"开放效应"；二是直接效应，主要表现在通过跨国研发建立技术联盟等。弗里斯曼（Fransman）对日本创新体系及其国际化程度进行了深入的研究，并提出了相应的指标。尼奥西（Niosi）和贝隆（Bellon）也以日本为案例研究其创新的国际化程度，理论认为随着经济全球化的发展，日本国际创新能力相比较 10 年前获得了较大的提高。巴多罗买（Bar tho limew）从生物技术领域入手，研究了在该领域中美国、日本、德国、英国四个国家之间相互依赖，通过建立联盟的形式实现创新的互动和提升。阿萨雷耶（Athreye）和坎特韦尔（Cantwell）研究了在全球化过程中，技术创新对新兴国家的贡献力。埃德勒（Edler）和埃贝斯堡（Ebersberger）用 SWOT 分析法，对创新体系国际化发展进行了深入的分析。他们还对创新活动全球化的趋势、利弊及其对创新体系中创新政策的挑战进行了分析。卡尔森（Carlsson）研究了创新体系国际化过程中存在的政策、地理空间等障碍。同时，桑托宁（Santonen）提出了开放式创新体系一个关键的模型，在这个模型中有两个关键的维度：国家创新基础、开放性。创新的资源主要体现在知识的密集和技术的密集，包括供应商主导型体制、产品密集型体制、规模或科技体制、市场导向体制、非创新体制。

在学术领域，如前文所阐述的那样，多位学者对创新体系国际化都有一些涉猎。帕特尔和帕维特致力于研究企业研发创新国际化，他们的研究可以归纳为以下三点：一是本国创新体系对企业具有较大的影响，其他国家创新体系对企业影响较小；二是研发国际化与其他领域国际化相比具有明显的滞后性；三是本国的研发活动不仅受到本国政策的影响，还受到本国国家机构行为的影响。帕维特对创新体系国际化的研究贡献主要包括：一是把企业研发纳入国家视野进行研究，发现与其他活动国际化相比，研发相对较为闭塞；二是国际化的表现形式还包括企业网络及企业联盟；三是企业国际化不仅局限于自身层面，还要关注与其他主体之间的相互作用（见表 2-4）。

尼奥西和贝隆认为在创新体系的基础上形成了全球创新网络，虽然各国在创新网络中的类型和开放程度有较大差异。

齐建国是国内最早研究创新体系国际化的学者，他从技术创新的角度展开，认为创新体系国际化通过区域国际合资、技术转移与技术合作三种形式共同作用。张俊芳研究认为创新体系的国际化更多地体现为区域及跨国性上。刘云等人研究认为，随着经济全球化的深入和技术知识交流的加速，各国创新主体之间的互动越来越频繁，创新主体的互动和国际化下创新行为的变革对推动创新体系国际化具有重要的作用。

表 2-4 开放创新体系理论和实践的发展历程

时 期	发 展 过 程	代表作者
2003 年以前	波特首次把创新体系放在经济全球化的背景下加以考虑，并从微观和宏观角度把创新体系绩效统筹考虑进来；邓宁研究了海外 R&D（研发）与创新体系的相互作用关系；弗里斯曼研究了创新体系及其开放度	波特（1990）邓宁（1994）弗里斯曼（1999）
2003~2007 年	切萨布鲁夫首次提出开放式创新概念	切萨布鲁夫（2003）
2007 年以后	首次提出国家开放式创新体系概念	桑托宁（2007）

注：本表根据相关文献归纳整理。

桑托宁首次提出国家开放式创新体系概念，但提出之后没有得到学者的广泛关注。然而，开放式国家创新体系的概念为国家层面的创新互动提供了坚实的理论支持。他提出了基于三螺旋模型的开放式创新体系的概念，包括两大创新资源：技术与社会前瞻研究、顾客需求与体验（如顾客导向战略）。基于此，开放式创新系统是一种全面有效的开放式创新结构。在这一结构中，高校学生和中产阶级从业者作为企业系统的重要资源，被纳入政府构建的国家创新系统结构。

最早的开放国家创新系统以全球化和国际化的形式存在。卡尔森首先提出了创新系统国际化的概念，但研究主要集中在企业层面。直到桑托宁在 2007 年首次提出开放式创新体系概念，从两个维度研究开放式创新体系。此后学者们以桑托宁为主对开放式创新体系进行了更为详尽的阐述，OECD 把开放式创新引入全球视野（见表 2-5）。

表 2-5 开放式创新体系研究情况

学 者	研 究 情 况
波特（1990）	从微观和宏观两个角度分析国家创新系统国际化，并认为创新体系是一个开放的系统，其运转受其他国家的影响
尼奥西和贝隆（1994）	提出了开放度的概念。他们从速度、类型等指标对比了美国、日本及欧洲国家的创新系统国际化
齐建国（1995）	提出了跨国技术创新系统的概念
巴多罗买（1997）	从生物技术领域入手，研究了在该领域的美国、日本、德国、英国四个国家通过建立联盟的形式，实现了创新的互动和提升
弗里斯曼（1999）	对日本创新体系及其国际化程度进行了深入的研究，从创新体系及国际化程度两个层面进行研究，并提出了相应的指标
芬兰科技政策委员会（2002）	从知识创新的角度研究了国家创新系统国际化的必要性，认为各国创新系统的开放性是一个横向互动的整体
OECD（1999）	在经济全球化的背景下，各国创新体系依赖程度在逐步增强
桑托宁（2007）	以在线社会网络为基础，提出开放式创新体系概念，并把开放式创新体系定义为一个信息库（idea bank），通过技术推动、市场拉动实现开放性和创新能力的融合发展

（二）开放创新的定义

自熊彼特提出创新理论以来，创新范式从"封闭式创新"转向"开放式创新"。传统的"封闭式创新"观念认为，企业应开展自主创新研究，防止技术外泄，从而保持技术领先地位，保持竞争优势。但随着经济和科技的发展，越来越多的企业开始从外部获得创新信息，并与其他企业、高校、科研机构等外部主体开展合作研发。在这一背景下，切萨布鲁夫提出了"开放式创新"的理念，强调企业创新需要打破组织边界，同时利用内部和外部的创新资源实现创新。

对创新体系的研究已有 30 年的历史，在此过程中，学者做了大量的探索，而目前关于创新体系概念及研究内容仍存在明显的学术争议，但是不能否认的是创新体系理论推动了建立在技术创新之上的综合经济系统的发展。

开放创新是一个新兴的研究领域，特别是开放性的概念是合作创新。利希滕塔勒虽然是开放创新领域最活跃的学者之一，他对外部技术商业化和外部技术探索进行了深入的研究，但研究实质上延续了技术转移的思路和方法。然而，开放创新的理念更好地促进了技术交流与合作。

总体而言，开放式创新的特征体现在四个方面：一是创新环境的开放性，二是创新主体的开放性，三是创新资源的开放性，四是创意开发的开放性。与封闭式创新相比，开放式创新强调组织的"无边界性"。开放式创新通过消除企业、高校、科研机构等创新主体之间创新资源的流动障碍，实现了内外部知识的有机融合，降低了技术创新的不确定性，加快了创新速度。

第三节　中国企业协同创新发展的政策体系

随着经济社会的快速发展，中国政府对企业协同创新的重视程度逐年提升，创新创业环境不断改善，创新成果日益丰硕。截至 2019 年，中等规模以上企业中，开展创新活动的企业有 363422 家。"十三五"期间，在推动协同创新方面国家出台了大量的优惠政策，包括综合性指导政策和专项支持政策。

一、综合性指导政策

在综合性指导政策中，以 2016 年中共中央国务院印发的《国家创新驱动发展战略纲要》（以下简称《纲要》）、2019 年中共科学技术部党组发布《中共科学技术部党组关于以习近平新时代中国特色社会主义思想为指导　凝心聚力　决胜进入创新型国家行列的意见》（以下简称《意见》）为主。

《纲要》从改革创新治理体系、多渠道增加创新投入、全方位推进开放创新、完善突出创新导向的评价制度、实施知识产权—标准—质量和品牌战略、培育创新友好的社会环境等方面支持创新驱动发展。《意见》强调抓关键核心技术攻关、着力加强基础研究、着力优化人才发展机制、着力提高成果转化能力、着力扩大开放创新，从而全面提升国家创新体系效能。要进一步明确企业、高校、科研院所等创新主体的功能定位和运行机制，健全分类精准支持措施，激发各类创新主体活力，推动产学研用深度融合，促进创新要素顺畅流动，同时完善市场竞争规则，强化市场在配置创新资源中的决定性作用，着力增强企业技术创新主体地位和主导作用。《意见》提到要加快修订《中华人民共和国科技进步法》《国家科学技术奖励条例》，制定《外国人在中国工作管理条例》等。

改革开放以来，随着经济社会的快速发展，科技进步对生产力发展的促进作用不断凸显，中国政府对企业协同创新的重视程度逐年提升，创新创业环境不断改善，创新成果日益丰硕，截至 2019 年年底，全国创业孵化载体数量达到 13206 家，其中孵化器 5206 家、众创空间 8000 家。共有国家备案的创业孵化载体 3065 家，国家备案的专业化众创空间 73 家[一]。国家级开发区 552 家，其中国家级经济技术开发区 219 家，高新技术产业开发区 156 家[二]。

创新成果的飞跃进步离不开政策的大力支持，如表 2-6 所示，企业协同创新政策涉及人才支持、财税优惠、金融支持、制度建设等多个专项支持政策，也有《国家创新驱动发展战略纲要》等综合性指导政策。一方面，上述政策体现了国家对于企业协同创新的支持与倡导，体现了国家对于创新的坚定追求；另一方面，上述政策多为政府规范性文件，其法律效力级别有待进一步提升，需要更高级别法律规范的保障。

二、协同创新平台建设政策

2019 年国务院印发的《关于推进国家级经济技术开发区创新提升打造改革开放新高地的意见》（国发〔2019〕11 号），2020 年科技部印发的《关于推进国家技术创新中心建设的总体方案（暂行）》（国科发区〔2020〕70 号），2020 年国务院印发的《国务院关于促进国家高新技术产业开发区高质量发展的若干意见》（国发〔2020〕7 号），2020 年国务院印发的《关于印发新时期促进集成电路产业和软件产业高质量发展若干政策的通知》（国发〔2020〕8 号）等文件提出了整合创新资源，加强协同攻关相关政策，具体如下：

《关于推进国家级经济技术开发区创新提升打造改革开放新高地的意见》（国发〔2019〕11 号）提出：（1）拓展利用外资方式。支持国家级经开区提高引资质量，重点引进跨国公司地区总部、研发、财务、采购、销售、物流、结算等功能性机构。（2）优化开发建设主体和运营主体管理机制。支持地方人民政府对有条件的国家级经开区开发建设主体进行资产重组、股权结构调整优化，引入民营资本和外国投资者，开发运营特色

[一] 《中国创业孵化发展报告 2020》，转引自中国高新技术产业导报：《划重点！＜中国创业孵化发展报告 2020＞干货来了》。

[二] 《中国开发区审核公告目录》（2018 年版）。

表2-6 "十三五"期间国家协同创新指导政策

序号	主要方向	文件名称	主 要 内 容	发布年份
1	注重综合指导，完善顶层设计	《国家创新驱动发展战略纲要》（中发〔2016〕4号）	推动产业技术体系创新；强化原始创新；优化区域创新布局；壮大创新主体；实施重大科技项目和工程；建设高水平人才队伍；推动创新创业；体制改革，环境营造、资源投入、扩大开放等	2016年
2		《中共科学技术部党组关于以习近平新时代中国特色社会主义思想为指导凝心聚力决胜推进深入创新型国家科技创新体系行列的意见》（国科党组发〔2019〕1号）	启动中长期科技发展规划研究编制；全面加强基础研究；做好重大科研任务衔接；强化国家战略科技力量。加快建立支撑高质量发展的现代技术体系；加快培育集聚高端科技人才；强化协同创新开放合作；扩大科研主体自主权；建立军民科技协同创新体系；提升全区域协同创新水平；强化国家集聚转移科技支持；加强国家技术转移体系建设；深入推进科技评价改革；强化对企业创新的普惠性支持；完善政策法规环境；深化科技计划管理改革；完善政策法规管理等	2019年
3		《关于"十三五"期间支持科技创新进口税收政策的通知》（财关税〔2016〕70号）	对科研机构、技术开发机构、学校等单位在合理数量范围内进口国内不能生产或者性能不能满足需要的科学研究、科技开发和教学用品，免征进口关节增值税、消费税；对出版物单位进口用于科研、教学的图书、资料等，免征进口环节增值税	2016年
4	完善激励机制，进一步激发协同创新活力	《财政部国家税务总局关于完善股权激励和技术入股有关所得税政策的通知》（财税〔2016〕101号）	递延纳税政策；延长纳税期限；选择性税收优惠政策	2016年
5		《国有科技型企业股权和分红激励暂行办法》（财资〔2016〕4号）	股权激励；分红激励	2016年
6		《国务院办公厅关于推广第二批支持创新相关改革举措的通知》（国办发〔2018〕126号）	以事前产权激励为核心的职务科技成果权属改革；技术经理人全程参与的科技成果转化服务模式；技术股与现金股结合激励的科技成果转化相关利益捆绑机制；"定向研发、定向转化、定向服务"的订单式研发和成果转化机制	2018年
7		《财政部税务总局关于创业投资企业和天使投资个人有关税收试点政策的通知》（财税〔2018〕55号）	创业投资企业和天使投资税收抵扣	2018年
8		《关于企业委托境外研究开发费用税前加计扣除有关政策问题的通知》（财税〔2018〕64号）	委托境外研发，按照费用实际发生额的80%计入委托方的委托境外研发费用，不超过境内符合条件的研发费用三分之二的部分，可以按规定在企业所得税前加计扣除	2018年

（续）

序号	主要方向	文件名称	主 要 内 容	发布年份
9	完善激励机制，进发协同活力	《关于科技企业孵化器大学科技园和国家备众创空间免征房产税和城镇土地使用税的通知》（财税〔2018〕120号）	一定期限内国家级、省级科技企业孵化器、大学科技园和国家备案众创空间免征房产税和城镇土地使用税；对其向在孵对象提供孵化服务取得的收入、免征增值税	2018年
10		《关于扩大国有科技型企业股权和分红激励暂行办法实施范围等有关事项的通知》（财资〔2018〕54号）	国有科技型中小企业、国有控股上市公司所出资的各级未上市科技子企业、转制院所国有投资的科技企业纳入激励实施范围；对于国家认定的高新技术企业不再设定研发费用和研发人员指标条件	2018年
11	推进制度建设，优化协同环境	《教育部 科技部关于加强高等学校科技成果转移转化工作的若干意见》（教技〔2016〕3号）	简政放权鼓励科技成果转移转化，建立健全科技成果转移转化能力建设，健全以增加知识价值为导向的收益分配政策，完善有利于科技成果转移转化的人事管理制度，推进科研设施和仪器设备开放共享，建立科技成果转移转化年度报告制度和绩效评价机制等	2016年
12		《国务院办公厅关于推广第二批支持创新相关改革举措的通知》（国办发〔2018〕126号）	知识产权保护方面5项：知识产权民事、刑事、行政案件"三合一"审判；省级行政区内专利等专业技术较强的知识产权案件跨市（区）审理；以降低侵权损失为核心的"两表指导、审助分流"的知识产权案件快速审判机制；管理体制创新方面3项：允许地方高校自主开展人才引进和职称评审，以股权为基础、市场化运营方式建立新型研发机构；以地方立法形式建立推动改革创新的决策机制	2018年
13		《关于推进国家级经济技术开发区创新提升打造改革开放新高地的意见》（国发〔2019〕11号）	拓展利用外资方式；优化开发区建设主体和运营主体管理机制；加强产业布局统筹协调；实施先进制造业集群培育行动	2019年
14	整合创新资源，加强协同攻关	《关于推进国家技术创新中心建设的总体方案（暂行）》（国科发区〔2020〕70号）	布局建设综合类国家技术创新中心，把国家战略部署与区域产业创新需求有机结合起来，开展跨区域、跨领域、跨产业创新协同和开放合作，促进创新要素流动，创新链条融通，为提升区域整体创新能力提供综合支撑、引领性支撑；布局建设领域类国家技术创新中心，落实国家科技重大战略任务部署，加强攻关服务，是行业内企业特别是科技型中小企业提供技术创新与成果转化服务，提升我国重点产业领域创新能力与核心竞争力	2020年

（续）

序号	主要方向	文件名称	主要内容	发布年份
15	整合创新资源，加强协同攻关	《国务院关于促进国家高新技术产业开发区高质量发展的若干意见》（国发〔2020〕7号）	大力集聚高端创新资源；加强关键核心技术创新和成果转移转化；积极培育科技型中小企业。支持科技人员携带科技成果在全国家高新技术产业开发区内创新创业，通过众包、众扶、众创、众筹等途径，孵化和培育科技型创新创业企业。加强对科技创新创业的服务支持	2020年
16		《关于印发新时期促进集成电路产业和软件产业高质量发展的若干政策的通知》（国发〔2020〕8号）	鼓励和支持集成电路企业、软件企业加强资源整合。聚焦高端芯片、集成电路装备和工艺技术、集成电路关键材料、基础软件、工业软件、应用软件、关键核心技术攻关，不断探索构建社会主义市场经济条件下关键核心技术攻关新型举国体制；在先进存储、先进计算、高端封装制造、关键装备和新材料、新一代半导体技术等领域，结合行业特点推动各类创新平台建设	2020年
17		《国务院办公厅关于推广第二批支持创新相关改革举措的通知》（国办发〔2018〕126号）	区域性股权市场设置科技创新专板；基于"六专机制"的科技型企业全生命周期金融综合服务；以投贷联动为核心的中小企业商标质押贷款模式；创新创业团队回购地方政府产业投资基金所持股权的机制	2018年
18		《国务院关于促进国家高新技术产业开发区高质量发展的若干意见》（国发〔2020〕7号）	支持金融机构在国家高新区开展知识产权投融资服务，开发知识产权质押保险、大力发展知识产权保险等相关政策，落实首台（套）重大技术装备保险、私募股权投资、并购基金等社会资本支持科技型企业发展。引导创业投资、私募股权投资，并购基金等社会资本支持科技型企业发展	2020年
19	推进中介服务市场建设，服务协同创新	《国务院关于促进国家高新技术产业开发区高质量发展的若干意见》（国发〔2020〕7号）	加强对科技资源开放和共享，鼓励园区内各主体加强开放式创新，围绕优势专业领域众创空间创造科技众创器。发展研究开发、技术转移、检验检测认证、创业孵化、知识产权、科技咨询等科技服务机构，提升专业化服务能力。继续支持国家高新区打造科技资源支撑型、高端人才引领型等创新创业载体，完善特色园区创新创业基础设施	2020年
20		《中共中央 国务院关于构建更加完善的要素市场化配置体制机制的意见》（中发〔2020〕9号）	培育发展技术转移机构和技术经理人。加强国家技术转移区域中心建设。支持科技企业与高校、科研机构、科研院所合作建立技术研发中心、产业研究院、中试基地等新型研发机构。积极推进应用技术类科研院所市场化发展。支持高校、科研机构科技成果分类改革，加快推进应用技术类科研机构设立技术转移部门。建立国家科技成果长效体系，提高技术转移专业化能力	2020年

产业园等园区，并在准入、投融资、服务便利化等方面给予支持。（3）加强产业布局统筹协调。加强上下游产业布局规划，推动国家级经开区形成共生互补的产业生态体系。国家重大产业项目优先规划布局在国家级经开区。充分发挥中央层面现有各类产业投资基金作用，支持发展重大产业项目。（4）实施先进制造业集群培育行动。支持国家级经开区创建国家新型工业化产业示范基地，坚持市场化运作、内外资企业一视同仁，培育先进制造业集群。加快引进先进制造业企业、专业化"小巨人"企业、关键零部件和中间品制造企业，支持企业建设新兴产业发展联盟和产业技术创新战略联盟。

《关于推进国家技术创新中心建设的总体方案（暂行）》（国科发区〔2020〕70号）提出，根据功能定位、建设目标、重点任务等不同，国家技术创新中心分为综合类和领域类等两个类别进行布局建设：（1）综合类。围绕落实国家重大区域发展战略和推动重点区域创新发展，聚焦京津冀协同发展、长三角一体化发展、粤港澳大湾区建设等区域发展战略，布局建设综合类国家技术创新中心，把国家战略部署与区域产业企业创新需求有机结合起来，开展跨区域、跨领域、跨学科协同创新与开放合作，促进创新要素流动、创新链条融通，为提升区域整体发展能力和协同创新能力提供综合性、引领性支撑。（2）领域类。面向国家长远发展、影响产业安全、参与全球竞争的细分关键技术领域，布局建设领域类国家技术创新中心，落实国家科技创新重大战略任务部署，加强关键核心技术攻关，为行业内企业特别是科技型中小企业提供技术创新与成果转化服务，提升我国重点产业领域创新能力与核心竞争力。

《国务院关于促进国家高新技术产业开发区高质量发展的若干意见》（国发〔2020〕7号）提出：（1）大力集聚高端创新资源。国家高新区要面向国家战略和产业发展需求，通过支持设立分支机构、联合共建等方式，积极引入境内外高等学校、科研院所等创新资源。（2）加强关键核心技术创新和成果转移转化。国家高新区要加大基础和应用研究投入，加强关键共性技术、前沿引领技术、现代工程技术、颠覆性技术联合攻关和产业化应用，推动技术创新、标准化、知识产权和产业化深度融合。（3）积极培育科技型中小企业。支持科技人员携带科技成果在国家高新区内创新创业，通过众创、众包、众扶、众筹等途径，孵化和培育科技型创业团队和初创企业。（4）加强对科技创新创业的服务支持。强化科技资源开放和共享，鼓励园区内各类主体加强开放式创新，围绕优势专业领域建设专业化众创空间和科技企业孵化器。

《关于印发新时期促进集成电路产业和软件产业高质量发展若干政策的通知》（国发〔2020〕8号）提出：（1）鼓励和支持集成电路企业、软件企业加强资源整合，对企业按照市场化原则进行的重组并购，国务院有关部门和地方政府要积极支持引导，不得设置法律法规政策以外的各种形式的限制条件。（2）聚焦高端芯片、集成电路装备和工艺技术、集成电路关键材料、集成电路设计工具、基础软件、工业软件、应用软件的关键核心技术研发，不断探索构建社会主义市场经济条件下关键核心技术攻关新型举国体制。（3）在先进存储、先进计算、先进制造、高端封装测试、关键装备材料、新一代半导体技术等领域，结合行业特点推动各类创新平台建设。科技部、国家发展改革委、工业和信息化部等部门优先支持相关创新平台实施研发项目。（4）支持集成电路和软件领域的骨干企业、科研院所、高校等创新主体建设以专业化众创空间为代表的各类专业化创新服务机构，优化配置技术、装备、资本、市场等创新资源，按照市场机制提供聚焦集成电路和软件领域的专业化服务，实现大中小企业融通发展。

三、知识产权及成果转化政策

国家非常重视知识产权管理，2016 年教育部、科技部联合发布的《教育部　科技部关于加强高等学校科技成果转移转化工作的若干意见》（教技〔2016〕3 号），2018 年发布的《国务院办公厅关于推广第二批支持创新相关改革举措的通知》（国办发〔2018〕126 号）等。具体内容包括：一是实行知识产权民事、刑事、行政案件"三合一"审判，整合分散的审判资源，实现审判力量集中、审判标准统一，提高审判效率，缩短审判周期。二是授权市级人民法院跨市（区）管辖省级范围内第一审知识产权民事和行政案件，集中优势审判资源管辖技术性、专业性较强的案件，实现裁判标准统一。三是知识产权案件审判中引入技术调查官制度，帮助法官准确高效地认定技术事实，提高审判质量和效率。四是建立基于"两表指导、审助分流"的知识产权案件快速审判机制，法官助理庭前指导原被告双方聚焦问题，指导原被告双方填写《诉讼要素表》和《有效抗辩释明表》，帮助原告全面检视己方诉讼请求和证据，向原被告双方释明裁判法律依据，庭审时法官主要审理上述两个表格中的焦点问题，大幅减少反复释明法律规定和讨论原被告双方的无效主张、抗辩质证的时间，提高庭审效率，缩短诉讼周期。

在打通创新"最后一公里"，实现科技成果转化方面，2019 年国务院办公厅印发《国务院办公厅关于推广第二批支持创新相关改革举措的通知》（国办发〔2018〕126 号），提出了四项科技成果转化激励方面的措施：一是以事前产权激励为核心的职务科技成果权属改革。赋予科研人员一定比例的职务科技成果所有权，将事后科技成果转化收益奖励，前置为事前国有知识产权所有权奖励，以产权形式激发职务发明人从事科技成果转化的重要动力。二是技术经理人全程参与的科技成果转化服务模式。以技术交易市场为依托，技术经理人全程参与成果转化，将技术供给方、技术需求方、技术中介整合在一起，集成技术、人才、政策、资金、服务等创新资源，帮助高校、科研院所提高成果转化效率和成功率。三是技术股与现金股结合激励的科技成果转化相关方利益捆绑机制。转制院所和事业单位管理人员、科研人员，在按有关规定履行审批程序后，以"技术股＋现金股"的组合形式持有股权，与孵化企业发展捆绑在一起，提升科技成果转化效率和成功率。四是"定向研发、定向转化、定向服务"的订单式研发和成果转化机制。以校地产业研究院为平台，有针对性为企业设计和实施研发项目，研发团队全程参与企业技术攻关和成果转化,帮助企业突破发展急需的关键技术,提高高校和科研院所科技成果供给的有效性。

四、创新激励政策

在研发激励方面,我国出台的主要财税优惠政策包括:2016 年财政部、海关总署、国家税务总局联合发布的《关于"十三五"期间支持科技创新进口税收政策的通知》(财关税〔2016〕70 号),2016 年财政部、国家税务总局联合发布的《财政部 国家税务总局关于完善股权激励和技术入股有关所得税政策的通知》(财税〔2016〕101 号),2017 年财政部、国家税务总局联合发布的《财政部 税务总局关于创业投资企业和天使投资个人有关税收试点政策的通知》(财税〔2018〕55 号),2018 年财政部、国家税务总局、科技部联合发布的《关于企业委托境外研究开发费用税前加计扣除有关政策问题的通知》(财税〔2018〕64 号),2018 年财政部、国家税务总局、科技部、教育部联合发布的《关于科技企业孵化器大学科技园和众创空间税收政策的通知》(财税〔2018〕120 号)等。

五、人才支持政策

在人才支持方面,我国出台了若干专项政策,包括 2016 年中共中央印发的《关于深化人才发展体制机制改革的意见》,2016 年中共中央办公厅、国务院办公厅印发的《关于实行以增加知识价值为导向分配政策的若干意见》(厅字〔2016〕35 号),2016 年财政部、科技部、国资委联合印发的《国有科技型企业股权和分红激励暂行办法》(财资 [2016]4 号),2018 年中共中央办公厅、国务院办公厅印发的《关于深化项目评审、人才评价、机构评估改革的意见》,2019 年发布的《国务院办公厅关于抓好赋予科研机构和人员更大自主权有关文件贯彻落实工作的通知》(国办发〔2018〕127 号),2019 年科技部、财政部联合发布的《关于进一步优化国家重点研发计划项目和资金管理的通知》(国科发资〔2019〕45 号)等。围绕人才引进、培育、评价和激励出台一系列办法。

一是人才引进方面,实行更积极、更开放、更有效的人才引进政策,完善人才引进的配套政策,解决引进人才任职、社会保障、户籍、子女教育等问题,全面落实国有企业、高校、科研院所等企事业单位和社会组织的用人自主权,探索高层次人才协议工资制等分配办法,健全市场化、社会化的人才管理服务体系。完善外国人才来华工作、签证、居留和永久居留管理的法律法规等。

二是人才培养方面,探索建立以创新创业为导向的人才培养机制,完善产学研用结合的协同育人模式,健全竞争性经费和稳定支持经费相协调的投入机制,建立产教融合、校企合作的技术技能人才培养模式等。同时支持科技人才广泛参加国际交流合作。

三是人才评价方面，建立适应创新驱动发展要求、符合科技创新规律、突出质量贡献绩效导向的分类评价体系，克服唯论文、唯职称、唯学历、唯奖项倾向，推行代表作评价制度，注重标志性成果的质量、贡献、影响，要合理发挥市场机制作用，逐步建立高层次人才流动的培养补偿机制，中央财政要加大对优秀人才和团队的稳定经费支持等。

四是人才激励方面，赋予科研机构、高校更大的收入分配自主权，制定以实际贡献为评价标准的科技创新人才收入分配激励办法，发挥财政科研项目资金在知识价值分配中的激励作用，逐步提高科研人员收入水平，加大对做出突出贡献科研人员和创新团队的奖励力度；完善科技成果转化股权奖励管理制度，提高科研人员科技成果转化收益分享比例；完善国有企业对科研人员的中长期激励机制，可采取股权出售、股权奖励、股权期权等股权方式，或项目收益分红、岗位分红等分红方式进行激励；允许科研人员依法依规适度兼职带薪；通过精简报表、减少信息填报和材料报送、赋予科研人员更大技术路线决策权、实施一次性项目综合绩效评价、突出代表性成果和项目实施效果评价等方式减轻科研人员负担等。对科研人员的股权激励实行递延纳税、适当延长纳税期限，对技术成果投资入股实施选择性税收优惠政策。

六、财税优惠政策

在财税优惠方面，我国出台的主要政策包括：2016 年财政部、海关总署、国家税务总局联合发布的《关于"十三五"期间支持科技创新进口税收政策的通知》（财关税[2016]70 号），2016 年财政部、国家税务总局联合发布的《财政部　国家税务总局关于完善股权激励和技术入股有关所得税政策的通知》（财税〔2016〕101 号），2017 年财政部、国家税务总局联合发布的《财政部　税务总局关于创业投资企业和天使投资个人有关税收试点政策的通知》（财税〔2018〕55 号），2018 年财政部、国家税务总局、科技部联合发布的《关于企业委托境外研究开发费用税前加计扣除有关政策问题的通知》（财税〔2018〕64 号），2018 年财政部、国家税务总局、科技部、教育部联合发布的《关于科技企业孵化器大学科技园和众创空间税收政策的通知》（财税〔2018〕120 号）等，具体内容包括：

一是对研发费用加计扣除的税收优惠，企业开展研发活动中实际发生的研发费用，未形成无形资产计入当期损益的，在按规定据实扣除的基础上，按照本年度实际发生额的 50%，从本年度应纳税所得额中扣除；形成无形资产的，按照无形资产成本的150% 在税前摊销。

二是对创投企业和天使投资的税收优惠，为鼓励创业投资企业和天使投资个人投资科技创新企业，政策规定，公司制创业投资企业采取股权投资方式直接投资于种子期、初创期科技型企业满 2 年的，可以按照投资额的 70% 在股权持有满 2 年的当年抵扣该公司制创业投资企业的应纳税所得额，当年不足抵扣的，可以在以后纳税年度结转抵扣；有限合伙制创业投资企业、天使投资个人采取股权投资方式直接投资于初创科技型企业满 2 年的，也可以享受相应的税收抵扣。

三是对高科技企业的税收优惠，国家重点扶持的高新技术企业减按 15% 的税率征收企业所得税；高新技术企业发生的职工教育经费支出，不超过工资薪金总额 8% 的部分，准予在计算企业所得税应纳税所得额时扣除；超过部分，准予在以后纳税年度结转扣除。

四是对孵化器、科技园和众创空间的税收优惠，政策规定，自 2019 年 1 月 1 日至 2021 年 12 月 31 日，对国家级、省级科技企业孵化器、大学科技园和国家备案众创空间自用以及无偿或通过出租等方式提供给在孵对象使用的房产、土地，免征房产税和城镇土地使用税；对其向在孵对象提供孵化服务取得的收入，免征增值税。

五是对科技成果转化的税收优惠，纳税人提供技术转让、技术开发和与之相关的技术咨询、技术服务免征增值税；技术转让所得减免企业所得税；科研机构、高等学校股权奖励暂不缴纳个人所得税；中小高新技术企业个人股东分期缴纳个人所得税。

六是对开放创新的税收优惠，一方面，为鼓励科技创新进口，政策规定，2016 年 1 月 1 日至 2020 年 12 月 31 日，对科研机构、技术开发机构、学校等单位进口国内不能生产或者性能不能满足需要的科学研究、科技开发和教学用品，免征进口关税和进口环节增值税、消费税；对出版物进口单位为科研院所、学校进口用于科研、教学的图书、资料等，免征进口环节增值税。另一方面，对于委托境外进行研发活动所发生的费用，按照费用实际发生额的 80% 计入委托方的委托境外研发费用，对于不超过境内符合条件的研发费用三分之二的部分，可以按规定在企业所得税前加计扣除。

七、金融支持政策

在金融支持方面，我国出台了《国务院办公厅关于推广第二批支持创新相关改革举措的通知》（国办发〔2018〕126 号），具体包括 5 项举措：

一是区域性股权市场设置科技创新专板。根据科技型中小企业的特点，在区域性股权市场推出"科技创新板"，提供挂牌展示、托管交易、投融资服务、培训辅导等服务，开拓融资渠道，缓解科技型中小企业融资难问题。

二是基于"六专机制"的科技型企业全生命周期金融综合服务。银行完善以专用风险管理制度和技术手段、专项激励考核机制和专属客户信贷标准为核心的科技金融风险防控机制，试点银行建立专营组织架构体系、专业经营管理团队和专门管理信息系统。面向科技型企业推出远期共赢利息、知识产权质押等多种专属信贷产品，为轻资产、未盈利科技型企业提供有效的金融服务。

三是推动政府股权基金投向种子期、初创期企业的容错机制。针对地方股权基金中的种子基金、风险投资基金设置不同比例的容错率，推动种子基金、风险投资基金投资企业早期发展。

四是以协商估值、坏账分担为核心的中小企业商标质押贷款模式。简化质押登记流程，建立商标质物处置机制，通过贷款贴息等方式，开展商标权质押贷款等无形资产质押融资，拓展中小企业融资途径。

五是创新创业团队回购地方政府产业投资基金所持股权的机制。地方政府产业投资基金在参股高层次创新创业团队所办企业时，约定在一定时期内，创新创业团队可按照投资本金和同期商业贷款利息回购股权，激发创新创业的积极性。

第三章

典型国家企业协同创新实践经验分享

第一节　国外协同创新发展理念及政策法规环境

当今世界，主要发达国家协同创新水平不断提升，体现为向纵深不断发展，层次不断提高，模式不断丰富，从而取得很大成效。总体来看，世界各国政府都高度重视并积极支持协同创新发展。协同创新已成为各国整合创新资源、优化资源配置、提高创新效率的主要发展战略。

协同创新发展的理念是行动的先导，创新的思想决定出路。从各国实践来看，这一特征首先体现在政府层面。面对日新月异的科技经济环境变化，各国政府始终把协同创新作为一个重要课题加以研究，不断出台新的政策、法律法规并创造良好的外部环境，大力支持协同创新和产业发展。

一、制定法律法规保障协同创新

协同创新涉及不同创新主体，在协同创新具体过程中必然存在价值和利益的差异，只有通过政府制定相应的法律法规来进行规范和引导，才能确保和平衡各方的责任、权利和义务。从协同创新发展的视角来看，一些发达国家在各历史时期及其不同发展阶段，都会针对促进协同创新的问题制定一系列法律法规，并及时根据社会环境和形势的变化进行修订，进而形成相当完备的法律保障体系。

（一）建立完备的科技法律体系

美国高度重视协同创新环境建设，制定了一系列促进保障协同创新的法律和科技计划，形成了比较完备的协同创新法律保障和战略计划体系，并因时因势制宜，加强舆论宣传和社会认同，从政策法规环境上有效保障协同创新（见表 3-1）。

表 3-1　美国"产学研"协同创新体系政策（部分）

序 号	年 份	名 称	内容及作用
1	1862 年	《莫雷尔法案》	旨在促进美国农业技术教育发展，开启了美国产学研合作的先河
2	1887 年	《哈奇法案》	规定每年向各州拨款 1.5 万美元，资助各州设立农业实验站，推动农业科学技术研究
3	1890 年	第二个《莫雷尔法案》	规定政府对赠地学院提供年度拨款，保证学院正常运行
4	1914 年	《史密斯—利弗法案》	规定向各州提供资金建立农业推广站，进行农业科学技术推广工作
5	1929 年	《乔治—里德法案》	规定每年拨款 100 多万美元，资助赠地学院的农业和家政教育
6	1934 年	《乔治—埃雷尔法案》	规定为各州赠地学院的农业专业提供 300 万美元的拨款
7	1936 年	《乔治—迪安法案》	规定为各州农工学院拨款 1400 万美元
8	1980 年	《贝多法案》	通过合理的制度安排，使私人部门享有联邦资助科研成果的专利权成为可能，加快了技术创新成果产业化的步伐
9	1980 年	《斯蒂文森—怀德勒技术创新法》	明确提出政府投资的研究成果应使公众受益，促进联邦实验室的科技成果向民间转移
10	1980 年	《贝赫—多尔法案》	通过一系列措施鼓励知识产业化发展，预示政府、大学和企业一种更为密切关系的开端
11	1984 年	《国家合作研究法》	取消公司之间联合进行竞争前开发的不利限制，允许大学和企业组成技术转移联盟，其合作研究不受反托拉斯法的限制
12	1986 年	《联邦技术转移法案》	规定联邦实验室和其他实体包括政府机构之间的合作关系，通过奖励制度加速联邦实验室的技术转移和产业化

（续）

序号	年份	名称	内容及作用
13	1988年	《综合贸易和竞争法案》	再次强调公共机构和私营企业之间的合作，并对相关政府机构进行改革，如授权商务部资助成立地方制造技术中心用于保障技术转让的顺利完成
14	1989年	《国家竞争力技术转移法案》	允许国家实验室参加合作研究和开发协议，赋予合约人相当的弹性和权利从事有关技术转移的协商
15	1996年	《国家技术转让与促进法》	保证参与合作研究和开发协议的公司可以获得充分的知识产权，尽快促进研发成果商业化
16	2000年	《技术转让与商业化法》	赋予联邦机构就拥有的发明进行专有或部分专有的许可权限，促进大学知识产权产业化发展
17	2004年	《鼓励制造业创新》13329号总统令	以美国的《小企业法》与依据，要求联邦政府帮助制造业企业创新
18	2007年	《为有意义地促进一流的技术、教育与科学创造机会法》	其核心思想是加强基础研究和人才培养，提升美国的国家竞争力
19	2009年	《2009美国复苏与再投资法案》	提出了历史上最大的对基础研究的单笔投资
20	2010年	《美国制造业促进法案》	描述了推动制造业的综合规划，把美国打造为企业总部和创新基地的首选
21	2011年	《美国发明法案》	提高专利质量，减少专利诉讼，将美国专利法和世界其他国家相统一
22	2013年	《美国发明法案》和美国法典修订	众议员拉默尔·史密斯（Lamar Smith）提出了"对《美国发明法案》进行修改和完善"的议案
23	2018年	《国家量子倡议法案》	正式建立起全美跨部门调量子信息研发的法律体系

47

韩国通过立法对创新进行保护和鼓励，也进一步促进了韩国国内协同创新的发展。自 20 世纪 60 年代，韩国陆续颁布实施了多部技术创新相关法律，如《技术引进促进法》《科学技术振兴法》《技术开发促进法》《技术评估法》等。2001 年出台的韩国科技领域根本大法——《科学技术基本法》规定，当制定或修订其他科技相关法律时，应符合该法的宗旨及基本理念；同年颁布的《科技框架法》涵盖了 29 种与科技创新相关的政策规定。至此，韩国形成了一整套较为完备的促进创新的科技法律体系，有效促进了韩国创新活动的开展。为鼓励大学、科研院所的科研人员积极参与到企业科技创新的活动中，韩国政府还颁布了《联合研究促进法》《产业技术研究组合培育法》《合作研究开发促进法》《技术转移促进法》等法律法规。正是由于政府对协同创新的重视，公共研究机构与企业界的合作与交流更加频繁与密切，技术创新环境不断优化，有利于加速实现科技成果的转化。

（二）根据发展阶段出台相应政策

日本政府在协同创新中起到引导、促进的作用。在 1995 年颁发第一部科学技术根本法——《科学技术基本法》以后，日本政府根据当期发展阶段和特点出台相应的政策对协同创新予以支持，如出台《大学技术转让促进法》《产业技术竞争力强化法》《国立大学法人法》等，形成了一套较为完整而系统的法律体系，引导和促进协同创新及技术研究成果转化。以色列是世界高科技新兴企业最兴盛的国家，享有"创新之国"的美誉。以色列政府早在 1984 年就颁布《工业研究和开发鼓励法》，此法律被誉为以色列的首部"创新大法"，鼓励以色列公司投资研发项目，由政府与企业共同承担研发项目风险。1985 年，以色列颁布的《鼓励产业研究与开发法》，对政府鼓励和资助产业研究与开发的一般原则作出规定。规定指出政府所批准的研究与开发项目所需资金的 2/3 可以由政府提供。2015 年 7 月 29 日，以色列议会通过了《工业研究和开发鼓励法》的第七修正案，提出建立国家技术与创新总局（NATI），取代先前的首席科学家办公室，直接统领以色列产业研究中心（MATIMOP）。

（三）实行严格的知识产权保护制度

各国都十分重视知识产权保护，通过制定具有可操作性的法律法规，有效保障协同创新的顺利进行。以色列制定了《专利法》《商标条例》《版权法》等一系列法律法规。日本政府借助制度创新的优势，不断推陈出新，完善知识产权立法，并鼓励企业及个人积极参与知识产权立法，使之成为日本的"全民工程"。2015 年 7 月，日本国会通过了《专利法》《反不正当竞争法》等法律修正案，进一步加大了知识产权的保护力度，并着重防止本国技术的非法外流。

二、运用经济手段引导协同创新

由于协同创新风险较高，且各创新主体既希望从协同创新活动中获得相应的回报和补偿，又希望降低双方或多方合作的风险。为提高协同创新能力，各国政府通过经济手段制定各种优惠政策以完善合作环境和体系已成为保障协同创新的必要条件（见表3-2）。从各国实践来看，如果没有政府的经济手段引导，很多成功模式和案例很可能不会出现。

表 3-2 国外协同创新政策环境——资金支持政策

要点	美 国	英 国	德 国	瑞 士
财政资金	重点支持基础研究、创新领域	重点支持先进制造业、中小企业	重点支持高校、科研机构和中小企业，以及基础研究和创新能力较强地区	—
专项资金	重点支持高尖端科技产学研协同创新、采购高科技产品	—	重点支持科研机构、高校和企业在高精尖技术方面的合作	—
社会资本	支持企业孵化器	重点支持中小企业创新和基础研发	—	重点支持新兴产业

（一）加大高科技产业的财政预算投入

美国政府每年投入大量研发资金，支持企业和科研机构开展创新活动，保证科研创新的连续性，促进企业和科研机构开发新技术，增强国家科技实力。其中，美国政府在基础研究领域投入较多。据统计，美国基础研究投入占全社会研发投入的 15%，其中资本投入大部分来自政府[一]。

英国政府从 2001 年就开始实施小企业研究计划，以提高中小企业获得政府研发合同的成功率，近年来该计划的规模不断扩大，在 2014~2015 年度预算中达到 2 亿元英镑[二]。

德国政府的资金原则上只能用于基础研究和应用基础研究，才能进入市场竞争。其使用原则：一是公开；二是保护竞争；三是独立控制科研机构。德国还建立了详细的资金供应协议，重点支持科研创新能力强的科研区域[三]。

瑞士是全球"最具创新力的经济体"。在融资方面，政府大力支持公私融合的融资方式。以日内瓦技术创新基金会为例，基金会是拥有 25 年历史的"创业孵化器"，成为瑞士"健康之谷"中助力科技创新公司的强大支撑，基金会最主要的职能是在保证创业企业可持续发展的前提下，帮助企业实现创新和技术转型，主要支持信息技术、

[一] 罗敏静. 战略性新兴产业协同创新的政策支撑体系研究 [D]. 南宁：广西大学，2017.

[二] 王茜. 创新政府采购方式，助力中小企业发展——英国小企业研究计划实施及效果评估 [J]. 全球科技经济瞭望，2015，30（3）：7-11.

[三] 薛万新. 德国产学研协同创新驱动机制及其对我国的启示 [J]. 创新科技，2017（1）：4-8.

清洁能源、生命科学等众多领域企业。

（二）出台税收优惠政策鼓励企业协同创新

以色列长期致力于建立多元化鼓励创新研发政策体系的成果，税收优惠政策是其中一个组成部分。一般而言，从事药物、软件、硬件、能源方面研发活动的企业都可以享受一定的税收政策优惠。以色列在 1959 年颁布的《鼓励投资法》目的在于鼓励国内资本投资并吸引国外资本向以色列投入，经多次修改，于 2010 年实施了第 68 次修正案。1990 年，以色列政府颁布《投资促进法》，对于在国际市场上具备竞争力的以色列高科技企业规定了投资补贴和税收减免等优惠政策。2002 年，为推动高新技术企业的发展，以色列颁布了《以色列税收改革法案》，对风险投资、证券交易、直接投资等主动性资本的收益税进行调整。2011 年颁布的《天使法》规定，符合资格的投资者若投资本土的高科技企业，就能减免相应额度的税款。

韩国政府充分利用税收的杠杆和调节作用，深入推进鼓励创新的税收优惠政策，使得创新型企业能够得到更多的鼓励和优待。结合国内外环境，韩国政府于 2016 年对《税收修正法案》进行了重新修订，对科技创新税收优惠政策适时进行了调整，以激励企业重视自主创新。一是允许部分高新技术企业将研发费用的 30% 抵免法人税和个人所得税，研发投资比例越高的企业能享受越大的税收抵免比例；二是如果企业以技术商业化为目的进行设备投资，便可以将投资额的 10% 从当年应纳税额中抵免；三是加大对部分高新技术企业国外投资的税收优惠力度，按照该企业国外投资额的 100% 在税收中扣除；四是鼓励企业实行股权激励以吸引高科技人才，规定在三年内税收减免额从每年 1 亿韩元增至每年 5 亿韩元[⊖]。

美国政府也以多元化政策为杠杆，如税收优惠、财政补助和贴息、设立风险投资基金、加大政府采购等，引导企业加大开发、推广和应用各高新技术。特别是 2017 年 12 月美国国会通过的《减税与就业法案》，是 20 世纪 80 年代里根政府减税以来美国最大规模的减税法案。根据该法案，税改后的新购设备投资按照当年一次性费用处理，以促进企业扩大设备投资；并对美国企业留存海外的利润进行一次性征税，促使美国跨国公司投资回流，进而带动企业协同创新发展。具体内容如表 3-3 所示。

表 3-3　2017 年美国税改前后对企业征收的税率

企业税项目	税　改　前	税　改　后
大企业	35%	21%
小企业	按个人所得税征收	按个人所得税征收，提供税前 20% 免税的扣除比例
设备投资费用化	按支出成本摊销至数年	允许企业立即抵扣新设备全部成本
海外利润	35%	一次性遣返税 8%，现金 15.5%

⊖　宋凤玲，王文清. 韩国税收优惠政策最新调整及对我国的启示［J］.国际税收，2017（5）：72-76.

（三）运用政府采购推动技术创新

政府采购作为政府的需求管理工具，其重要目标之一就是推动技术创新。美国政府在鼓励创新时，建立政府与企业、科研机构等主体间的协同创新机制，并保持机制内良性互动。在该机制中，政府与科研依靠契约精神展开合作，通过合同制协调关系，政府主要负责提出技术需求、提供购买及研发资金，企业和科研机构等主体可以独立进行市场化判断，同时享有技术研发创新活动的自主权。在平等合作受到合同制充分保障的基础上，美国政府遵循技术研发、推广的规律并结合其发展路径有针对性地实施创新激励政策。在技术研发初期，政府往往采取高价采购和鼓励竞争策略，一方面向企业提供高于市场价的研发资金，另一方面推动公平竞争，通过招标择优选择研发机构，给予企业特别是小企业平等参与的机会。在之后的技术调试期，政府选择具备一定基础和市场前景的技术产品给予重点支持，给予企业及科研机构调试和完善技术的时间，并通过继续签订政府采购合同，推动创新技术逐步走向成熟。在技术成熟期，政府部门可以优先通过加大订购技术创新产品助推技术创新产品的市场化，给予市场良好预期，再逐渐退出对技术创新产品的扶持。

日本的政府采购在支持本国自主创新中发挥着重要作用。在早期日本汽车工业尚属于幼稚产业时，由于振兴汽车工业政策的确定，日本政府采购资金大量用于购买本国汽车，使其汽车工业迅速发展。在日本电子工业发展的起步阶段，政府通过采购通信设备和办公自动化建设，为日本电子工业提供了广阔和稳定的市场土壤，使得日本的电子企业能够抵御国外电子产品的冲击。20世纪六七十年代，刚刚起步的日本计算机产业尚未建立起较完整的产业链。此时，由于其自我成长能力较弱，加上持续遭受美国计算机企业的打击，整体发展十分受限；为支持和壮大具有战略意义的计算机产业，日本政府在此期间推出了要求所有政府部门和教育系统优先使用国产计算机的政策，并对计算机产品的进口实行严格的限制。在政府支持下，日本国产计算机于1982年在官方市场的占有率达到90%，拥有巨大优势。20世纪90年代，在日本政府出台的科技创新立国十大措施中，政府采购作为第三项位列其中，并继续提高政策效率和增强政策力度。日本通过政府采购，极大地促进了日本企业的发展和进步，逐渐克服了起步时期资金短缺和技术落后的困难，提升了企业的自主创新能力和竞争力。

三、完善体制机制推进协同创新

当前，发达国家立足国内外形势，强化科技创新战略，着力完善科技创新体制机制，把科技创新置于优先发展的战略地位，以确保国家的竞争力。

（一）注重科技创新战略引导

德国联邦和州政府为鼓励校研机构之间联网和保持其在科技创新的领先地位，相继提出三大公约（《高等教育创新公约》《研究与创新公约》《加强大学教学水平公约》）、德国高科技战略、高科技战略 2020、新高科技战略、国家工业战略 2030 等科技创新战略。在一系列创新战略的指引下，德国科学与工程院受德国教育与研究部的支持，启动了"工业 4.0"的专项研究，并发布《工业 4.0 战略实施建议书》，旨在促进实体物理世界与信息、数据等虚拟网络世界的深度融合。美国从 1971 年开始，陆续推出多项协同创新战略计划，如产业大学合作研究计划、工程研究中心计划、小企业创新研究计划、信息高速公路计划、先进技术计划、先进制造业国家战略计划、国际纳米行动计划、网络信息技术研发技术、美国创新战略计划等，紧密结合美国的科学研究和企业发展，在学术界和产业界之间建立共同利益区。

（二）完善科技创新管理体制

以色列坚持以创新驱动发展，制定了科技发展的长远战略规划。为实现这一战略目标，以色列政府构建了国家科技决策体系，该体系由科技部、经济部等 13 个部门共同组成，主要负责国家科技政策的制定、发展规划的设计和重点项目的确定。1974 年，以色列创立首席科学家负责制，作为国家特色的科技创新管理体制之一，其主要部门设立 13 个首席科学家办公室，负责制订年度科技计划、资助科技研发、协调指导相关科技活动，支持大学与企业组成研发联合体，促进产学研有机结合等。德国联邦和州政府先后组建成立教育与研究部、研究技术与创新委员会、创新与增长委员会，使得最高层领导直接参与科技发展决策，保证德国校研机构协同创新的战略方向。

四、调动各方资源促进协同创新

利益驱动是各个主体间进行协同创新的最根本动力源。各国家政府充分调动各创新主体对各方面资源需求的积极性，将各创新主体的创新资源进行合理配置，通过资源整合、优势互补，促进形成新的竞争优势，同时获得更大的利益，实现多方共赢的局面。

（一）促进大学科研成果产业化

各国政府越来越重视学校在科研成果产业化方面所发挥的作用。早在 2001 年，德国联邦教育与研究部以及联邦经济及劳动部就联合推动"知识创造市场"规划；2011年，德国又推出"商业化攻势"规划，以促成高校与企业在成果转化方面的合作；2016 年，德国联邦和州政府启动"创新高校"项目，将高校"成果转化与创新"提升到和教学、科研同等的地位。日本政府为促进大学科研成果向民间企业转移和研究成果产业化，由科学厅创办以促进科研成果向产品转化为主要目的的中介服务机构——"高科技市场"。日本几乎每个较大的地区都设立了一个"高科技市场"，且其选址主要集中在大学和科研机构密集地。此外，日本国内的大学技术转让机构均设有"大学技术转让机构协议会"，旨在通过促进全国大学技术转让机构的合作、推进技术信息交流、展开宣传活动等方式为创立新产业营造良好的环境。

（二）设立多种形式的基金推动协同创新

当前，设立科技基金已成为世界各国特别是发达国家的普遍做法。英国政府为鼓励协同创新，在财政、金融、税收等方面对中小企业的创新发展采取了有效措施，不仅推出小企业贷款保证计划及贷款培训计划，为那些缺乏资金却又需要创新的企业提供专项创新资金，还先后推出众多由政府、企业和研究机构参与的多种形式的科技基金。从 2002 年开始，为支持科技成果转化，英国政府支持全国五大区（英格兰、威尔士、苏格兰、北爱尔兰和大伦敦）设立"早期成长基金"或"风险基金"；设立 25 亿英镑的国家创新基金，大量投资生命科学等行业；2017 年，英国政府设立产业战略挑战基金（ISCF），计划在 4 年内投入 10 亿英镑用于支持前沿领域发展。德国联邦政府于 1995 年在全国发动第一次集群策动——生物区（Bio Regio）计划，全面促进德国生物技术的产业化发展。之后德国联邦政府又相继推出创新地区（Inno Regio，1999 年）计划、GA 网络（GA-networking，2005 年）计划，不断扩大集群影响范围，扶持由企业界和学术界组成的区域专项基金体系，以推动区域协同创新。此外，德国联邦政府、州政府联合政策性银行和大型企业设置了高科技创业基金，对创新型企业给予风险投资支持，如高科技创业基金（HTGF）、欧洲复兴计划创新项目（ERP）、INVEST 风险资本补贴计划等。

（三）扶持中小企业提升创新能力

德国政府高度注重以创业刺激计划带动科学产业化发展，如设立中小企业创新项目计划（KMU-Innovativ）、中小企业创新核心计划（ZIM）等激发企业研发创新实施；设立 EXIST 创业促进计划，为高校及科研机构提供更好的创业条件，并支持学生及研究人员带技术创业。以色列政府对符合相应要求的高科技公司，将资助二分之一的研发经费；而针对创业公司，将资助三分之二的经费。此外，以色列政府成立了数十家孵化器，对创业公司提供 85% 的研发费用。

（四）加强科技人才队伍建设

美国采取多项举措培育创新人才队伍。美国持续奉行技术移民和本土培养并重，旨在打造世界顶级的科技创新队伍。为了吸引国外优秀人才，美国几次修改移民政策，促进技术移民，目前三分之一的在美科学家和工程师来自国外。美国政府还持续推进教育改革，加强科学和工程技术教育，提高全民受教育水平，引导和促进终身教育。1996 年美国的《技术转移与进步法》规定，如果成功实现技术转让，发明者除首先可以拿到 2000 美元转让收入外，还可以获得 15% 的技术使用费。

德国在基础与应用研究、科技成果转化等领域都在全球领先[一]，这与德国多层次教育体系密不可分。"高校教育，职业教育"双轨制教育体系输送了大量的专业技术人才，德国将工作重点放在这几个方面：为 6 岁以下儿童提高受教育机会；改善培训条件；促进从学校到高等教育的连接过渡；重视技术和自然科学；提高妇女受教育机会等。提高低素质人口参加继续教育的比例；提高各种学习形式的参与度等。为实现这些目标，德国政府通过为低收入者提供教育奖金作为个人参与学习的补贴、为终身学习者提供优惠贷款、为失业成人提供教育咨询和指导服务帮助其重返职场、认证非正规与非正式学习成果帮助人们重新获得受教育机会和就业机会，满足劳动力市场和社会需要[二]。

英国大学学制改革采用实践教学模式和综合培养模式，探索知识创新与技术创新的协同发展路径。英国在人才培养过程中注重"应用与学习相结合"，深入探索应用型人才。英国通过将理论融入项目，提高人才运用所学理论解决实际问题的能力，提高实践技能和实践经验，加强跨学科平台建设，形成多学科、多维度、多领域的交叉学科平台[三]。此外，英国政府为促进高校科研人员的研究成果向企业转移，还设立"知识转移基金"，成立"技术转移办公室"等。

日本重视吸收和培养海外科技人才。2007 年提出了"促进世界顶尖研究基地形成计划"，在物质基础、研究体系、研究环境乃至研究内容选择等方面给予了国外高层次人才很大的自由裁量权[四]。

以色列政府构建了成功的教育体系。以色列的高创新水平离不开人才支撑，政府多措并举，不断创新教育方式，提高国家创新活力。一是在基础教育阶段，不遵循"乖孩子"培育逻辑。以色列家长并不关注孩子是否乖巧，而是注重培养孩子的独立思考能力，将孩子培养成有思想、有思辨意识的人。二是在高等教育阶段注重创新创业能力的培养。以色列政府投入大量资金用于支持各个大学成立孵化器，还成立了高校科技成果商业化中心，以此推动高校在商业界活动，促进科技成果转化。三是在职业以及业余教育方面，形成全民创新的氛围。职业教育和业余教育不再局限于教授某项特殊技能，而是鼓励学生选修急需的高科技课程，形成全民创新的社会氛围（见表3-4）。

表 3-4　国外协同创新政策环境——人才扶持政策

要点	美　国	德　国	英　国	日　本	以　色　列
人才培养	促进终身教育，建立最好的高等教育体系	双轨制教育，倡导终身学习	"用学结合"，交叉学科平台建设	—	培养创新能力，形成全面创新氛围，在高校成立孵化器

○一　胡海鹏，袁永，康捷.德国主要科技创新战略政策研究及启示［J］.特区经济，2017（12）：80-84.
○二　牛阿娜.德国终身学习政策解析［J］.产业与科技论坛，2012，11（21）：120-121.
○三　李炳安.产学研合作的英国教学公司模式及其借鉴［J］.高等工程教育研究，2012（1）：58-63.
○四　贺德方，乌云其其格.日本"世界顶级研究基地形成促进计划"及其启示［J］.中国科技论坛，2011（12）：156-160.

（续）

要点	美　国	德　国	英　国	日　本	以　色　列
人才吸引	修订移民政策	移民政策和高额奖学金	—	赋予极大自由裁量权	—
人才激励	技术转让收益	提高科研人员报酬	设立"知识转移基金"	—	—

五、搭建共享平台助力协同创新

共享平台是协同创新不可缺少的支撑体系。各国家大力推动和支持科技中介组织发展，健全中介、信息、服务体系，着力打造科技共享平台的支撑力，努力增强对协同创新的直接和间接服务。

（一）中介机构是协同创新的桥梁和纽带

美国中小企业管理局（SBA）与高校等教育机构建立合作关系，为中小企业提供咨询和服务；同时建立了中小企业培训网，中小企业可以免费进行网上教育和培训，或直接进行电子咨询，或获得其他形式的技术支持。英国政府充分利用各种形式的科技中介组织以推进创新主体之间的合作。如中小企业服务局、创业服务中心、伦敦技术网络等中介服务机构，都对英国产学研协同创新有一定的促进作用。同时，英国政府实行科技决策咨询制度，要求所有科技项目必须以公开招标的形式聘请独立的咨询机构，从而刺激科技创新企业对科技咨询中介产生较大需求，使英国科技咨询业迅速发展。

（二）搭建信息共享平台助力协同创新

美国通过"信息高速公路"计划不仅为科技资源数据化与信息化奠定了基础，还解决了全国性公共科技创新服务平台持续发展面临的技术问题，如国家技术信息服务局日益成为技术转移和参与双边、地区及世界信息交流活动的联邦机构中的主导部门之一。其存在极大地推动了学科集群与产业集群协同创新的过程。英国政府为削弱信息不对称对产学研协同创新产生的不利影响，很早就着力建设公共信息平台，通过强化对信息流的监管、建立科技情报网络与科技成果供需信息体系来促进协同创新各方之间的交流。1987年，英国建立了包含科研人员简历、研究成果、研究课题等大量信息的全国科技专用数据库，该数据库持续为英国产、学、研合作和沟通提供渠道。2012年，英国研究理事会发布了"研究门户"（Gateway to Research）网站，为公众提供由公共资金资助的研究项目信息，有利于公众把握科技成果的应用机会，并定期更新○。至今，英国政府仍在

○　胡志宇. 产业界、科研机构与金融业的合作环境——英国促进科技成果转化的最新政策［J］. 全球科技经济瞭望，2014，29（2）：8-16.

努力发掘其他信息渠道，此举将为产、学、研信息交流及合作提供更便利的条件。

（三）完善协同创新支撑服务体系

欧盟 2002 年启动的"第六框架计划"和 2014 年开始实施的"地平线 2020 计划"，皆对科研基础设施的职能定位做出了明确规定，同时提出了建设世界级科研基础设施共享服务平台体系的目标。2016 年欧盟颁布《欧盟科研基础设施开放共享章程》，进一步明确科研基础设施开放共享的服务模式、条件和程序，对指导公共科技创新服务平台的开放共享起到了重要作用。美国政府致力于为协同创新提供多项辅助服务，早在 1978 年，为加强全国高等教育与企业协同创新，美国政府就牵头成立全国性的产学研协同创新咨询服务平台，2009 年美国商业部成立了"国家创新创业咨询委员会"（NA-CIE），主要负责研制推动产学研协同创新和研发成果商业化的相关政策，并提供政策建议（见表 3-5、表 3-6）。

表 3-5　国外协同创新政策环境——服务体系支持政策

要点	美　国	德　国	英　国
中介服务	法律服务、专利许可和技术转让服务、教育培训、信息服务、联结政府和市场	科技转化服务	信息交流服务等
社会参与服务	大学和科研机构参与技术转移、合作研发和信息交流	创新联盟、行业协会等推动企业创新	—

表 3-6　美国、英国、德国、法国、日本重点领域科技计划

重点领域科技计划	
美国	《美国国家能源计划》（2017）《脑科学计划》（2013）《精准医疗计划》（2015）《癌症"登月计划"》（2016）《国家微生物组计划》（2016）《材料基因组计划》（2011）《国家制造业创新网络计划》（2012）
英国	《英国 2015-2018 年数字经济战略》《量子技术国家战略——英国的一个新时代》（2015）《下一代移动技术：英国 5G 战略》《机器人和自动化系统 2020》《国家数字经济发展战略》（2017）《生命科学产业发展战略》（2017）
德国	节能且适应气候的城市、可再生资源代替石油、能源供给改造、个性化医疗、疾病预防和营养保健、高龄人士自主生活、可持续交通、基于互联网的经济服务、工业 4.0、网络身份安全识别十大计划
法国	《数字法国 2020》《法国人工智能战略》（2017）
日本	《机器人新战略》（2015）《宇宙基本计划》《节能技术战略》（2011）

第二节 美国企业协同创新实践

美国在协同创新领域始终位于世界领先行列。2019 年美国的研发支出总额为 6127 亿美元（见图 3-1）。

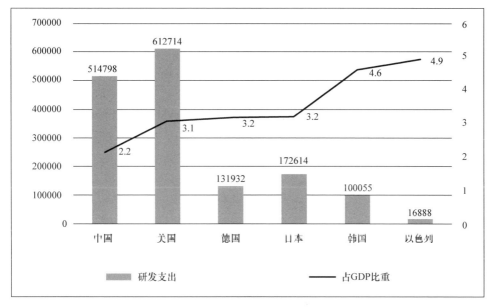

图 3-1 2019 年各国研发支出（单位：百万美元）

资料来源：OECD 数据库。

从高校排名、专利申请和被引用论文这三个维度来看，美国在创新质量上仍位居世界第一。世界上最好的孵化器和加速器大多来自美国。美国孵化器的著名代表 Y Combinator 投资了 1500 多家初创企业，总投资超过 800 亿美元，帮助 Dropbox、Airbnb 等众多企业获得成功（见图 3-2）。2020 全球独角兽企业 500 强榜单发布，美国共有 191 家独角兽企业上榜，总估值为 8050.7 亿美元。

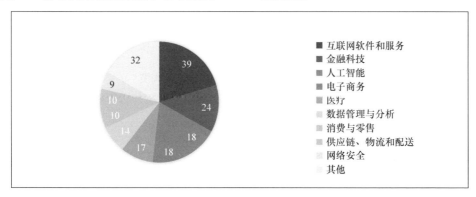

图 3-2 美国独角兽企业行业分布（2019 年）（单位：个）

资料来源：CBINSIGHTS 数据库。

美国作为技术强国的成功经验是什么？协同创新扮演什么角色？美国虽然于 20 世纪 90 年代初在信息技术各个领域建立了技术基础，但由于生态建设是一项复杂的工程：从基础行业标准的制定—核心零部件制造商的标准化—设备制造商的定制化采购—软件制造商的标准化集成—广大开发者的支持，因此如此庞大的项目需要美国信息产业企业的全力合作。在这一过程中，美国的核心信息技术制造商发挥了重要作用。这些企业一方面有着悠久的历史和雄厚的技术积累，另一方面也逐渐成为底层标准的制定者，如英特尔推出英特尔处理器标准化的复杂指令集 x86；微软、甲骨文等厂商推出操作系统、数据库等核心基础软件。随着美国信息生态的发展，英特尔、IBM、微软、甲骨文、谷歌等科技巨头仍然控制着全球信息时代的核心技术（见图 3-3）。然而，由于美国信息技术产业的高利润率，在美国市场经济要素充分流动的条件下，传统制造业的重资产、高资本支出、低利润率的弊端开始显现，这使传统制造业的要素流动性变差，资源逐渐向信息技术产业进一步集聚，而传统制造业在全球化趋势下寻求低成本（低劳动力成本和低资本成本），并向以中国为代表的新兴国家转移，最终导致美国制造业空心化。

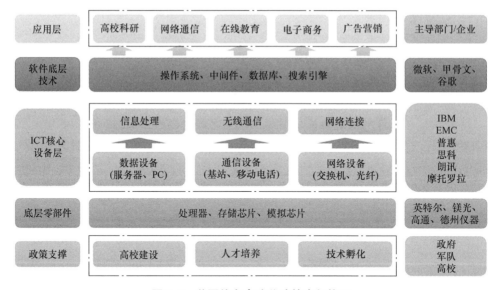

图 3-3 美国信息高速公路技术架构图

资料来源：The Cross-Industry Working Team（CIWT），德勤分析。

一、市场赋能协同创新

美国在调控各大公司和大学的创新行为时会主要依托财政金融政策，给予企业和大学最大的自由，使其尽可能不受政府的干预，由市场来决定创新投入的资本和人力。

企业实施创新投资和研发，遵循市场导向，在一般情况下，会把技术集成及短期解决方案作为研发的重点内容。自1994年起，美国每年投入的科研经费中有60%以上都来自于企业。

企业科技创新是美国创新成果的重要来源。美国企业雇佣大量的科技工作者，全国有60%~70%的科技工作人员都来自于美国的企业[⊖]。从科技创新的角度来说，企业拥有得天独厚的优势，从设计到生产销售，企业都可以直接参与其中，还能够根据市场信息进行有针对性的调整。企业能够直接把创新成果转化为生产力。

二、协同创新组织形式及运行机制

政府、企业、高校和科技中介机构都属于美国协同创新体制的组成机构。如图3-4所示，联邦政府作为协同创新体系构建的引导者，为其他主体的创新活动营造了较为完善的政策环境和法律保障。

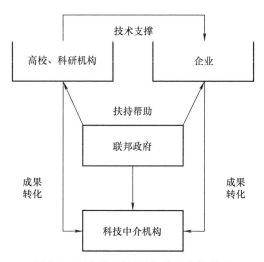

图3-4 美国协同创新体系各主体关系

（一）联邦政府在协同创新中的引导作用

联邦政府的主要作用是引导、组织和调控，目的是加强科研机构与产业之间的联系，促进高校与企业之间的高效技术转移。有些项目需要校企联合申请和合作研究。企业可以从高校等机构获得更多优秀人才，为企业的生产发展提供源源不断的动力，也可以支持企业开展新产品研发。为了克服市场自身的局限性，政府应重视创新人才的培养和引进，并提供大量的研发投入，为科技创新提供制度保障和支持。

⊖ 林冈.美国科学技术：战略·政策·创新［M］.福州：福建科学技术出版社，2007.

（二）企业、高校和科研机构各司其职

企业间构成联系紧密的协作创新网络，有效促进科技信息的高效流转。不论是大型企业还是中小型企业均对美国协同创新起着不可或缺的作用。中小型企业组织相对于大企业更为灵活，企业内部也允许个人主义，在一定程度上激发了创新活力 ⊖ 。

企业在进行创新的过程当中，可以通过高校及科研机构获得源源不断的动力。对于美国而言，高校就是一个基础研究的孵化地。而且，高校的研究倾向于关注基础研究和企业应用之间的关系，创新成果通常会被应用到商业中，促进很多中小型企业的建立和发展，也激励高校更积极地参与到科技创新成果商业化的过程中，如生物医药产业。

美国联邦资助的研发中心（Federally Funded Research and Development Center，FFRDCs）和国家实验室（National Laboratory）是主要的科研机构。美国联邦资助的研发中心的运营者可以是大学，也可以是企业，本身不具备营利性质，组织形式不固定，长期与政府保持着紧密的联系，可以更加便捷地获得相关信息，这一资源优势是美国联邦资助的研发中心得以长期存在并发展的主要因素之一。在实践的过程中，美国联邦资助的研发中心的主攻方向是为长期复杂问题的解决提供技术支持，最终得到的解决措施具有一定的创造性和经济性。与美国联邦资助的研发中心类似，美国一部分国家实验室不仅有科研机构，还有管理公司、联合研究共同体等混合形式，这些国家实验室早期由政府投资创办，并由大学运营。

（三）科技中介机构是创新主体间的"纽带"

科技中介机构能够为科技创新成果的传播提供保障，并且可以更加深入地分析和研究已有科技成果，促进科技创新成果转化，提高生产的科技含量。中介机构助推成果转化只为改变小企业发展忽视创新和研发、一味追求短期效应的惯性，美国政府为其提供一系列技术服务支持，推动创新技术的开发利用、转让及成果化。例如，联邦政府在商务部设置"联邦技术利用中心"，并在美国各个国家实验室设立"研究与技术应用办公室"，建立产业技术中心，向产业界尤其是小型民营企业提供技术援助和支持服务。同时，美国政府又成立了多个"技术孵化中心"，由政府及中介机构为处于创业阶段的小企业和持有科研成果的科技人员提供场所、解决资金并辅以全方位的服务，以推动科技成果向商品的转化。专家认为，以美国硅谷为例，正是由于众多推广转化中介机构的存在，才使得硅谷成为大量公司创新创业的聚集地，从而也推动了美国的科技创新和产业化。此外，美国斯坦福大学等一些研究型大学和国家实验室纷纷建立技术许可办公室类的中介机构，这些机构一方面负责对科技成果进行评估，并帮助研究人员获得专利，另一方面代表校方和实验室与企业商谈技术转让事宜，并帮助企业获得技术许可。科技中介机构帮助双方实现了双赢。

⊖ 沈桂龙.美国创新体系：基本框架、主要特征与经验启示［J］.社会科学，2015（8）：3-13.

三、美国国家实验室是推动协同创新的重要科技力量

美国国家实验室是世界上最大的科学研究体系之一。根据经营管理主体的不同，美国国家实验室可分为政府所有和由合同单位运营两种模式[⊖]（见表3-7）。

表3-7　美国国家实验室的运营管理模式

运营管理主体	人员属性
政府所有政府运营（GOGO，Government-Owned and Government-Operated）	管理者和雇员均为政府人员
由合同单位（高校、专业运营公司等）运营（GOCO，Government-Owned and Contractor-Operated）	大部分设施属于合同单位所有，其雇员和管理者不是政府职员； 部分实验室是政府所有，由合同单位运营

美国国家实验室的协同创新主要分为实验室内部协同创新和与外部企业的协同创新。此外，GOCO型国家实验室还包括委托运营模式的创新（见图3-5）。

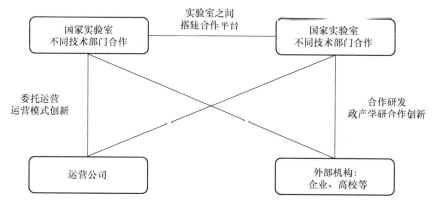

图 3-5　美国国家实验室的协同创新

（一）建立科学完善的实验研发平台

实验室内部分工协作，进行协同创新。例如，美国宇航局的航空研究任务有四个研究中心：兰利研究中心、艾姆斯研究中心、阿姆斯特朗飞行研究中心和格林研究中心[⊖]。在气凝胶共形轻型天线研制中，格林研究中心进行天线设计和性能测试；兰利研究中心开展装有天线飞机模型的气动力试验；艾姆斯研究中心制订飞行前计划；在阿姆斯特朗研究中心完成集成和飞行试验。

⊖　尹希刚，等. 美国国家实验室治理机制改革及其对中国的启示［J］. 科技导报，2019，37（24）：15-22.

⊖　王鹏，宋庆国. 美国航空领域国家实验室发展历程及创新特征研究［J］. 全球科技经济瞭望，2020，35（8）：49-56.

美国能源部通过组织"创意峰会"的形式，为国家实验室搭建交流合作平台，提升实验室对战略规划活动的参与度，产生了一系列重要主题的系统级战略规划，促进了整个美国国家实验室系统的战略规划和创新协作。

（二）以协同创新推动实验室发展

实验室以政府机构的身份与外部机构展开协同创新。例如，NASA（美国国家航空航天局）充分发挥自身优势，引导航空航天企业的创新力量开展协同创新，其中以和SpaceX（太空探索技术公司）的合作较为典型。

2013年，美国推出《国家航天运输政策》，让国际空间站的运输服务进入市场，通过商业公司竞争运营。NASA作为政府机构支持SpaceX的载人航天商业化。在过程中除资金支持外，也提供基础设备、实验环境、技术人才等多方面的支持。在NASA与SpaceX的协同创新中，NASA有政学研的多重身份，而SpaceX起到产业实践的作用。

1）政府采购。埃隆·马斯克在2012年指出，龙飞船（Crew Dragon）执行的往返国际空间站任务，平均每次任务的总成本约1.33亿美元，远低于NASA航天飞机的5亿美元。因此，特斯拉的太空技术受到美国青睐，NASA、SpaceX和轨道科学公司2008年签订的合同规定，2010年至2016年，SpaceX的龙飞船发射12次，总合同金额达16亿美元。2021年2月4日，NASA喷气推进实验室（JPL）宣布选定SpaceX来发射SPHEREx任务，而JPL负责整个项目的管理、系统工程、集成、测试和任务操作。

2）资金扶持。在SpaceX起步时，连续3次发射失败，而此时NASA及时开展"商业轨道运输服务"计划（COTS）为SpaceX带来了转机[一]。2008年，SpaceX从NASA的"商业补给服务"项目获得16亿美元的经费。2020年12月，美国联邦通信委员会（FCC）向SpaceX提供了8.8亿美元的资金补贴，政府对SpaceX资金的资助，为SpaceX创新发展提供了创新资源支撑，实现了资金流与创新链的融合。

3）技术转移。NASA在运载火箭研制、卫星再入分析、乘员舱显示和控制技术方面直接提供支持，还令相关专利成果归SpaceX所有。NASA还开放发射设施和试验设施，供SpaceX使用[二]。

（三）构建了科学合理的利益分配机制

美国国家实验室通过市场化运作，以协议分配的模式，利用技术转让、项目委托、委托运营等手段，进行协同创新的利益分配，保障各自权益。

1）技术转让。在通常情况下，技术转让办公室普遍存在于美国国家实验室中。根

[一] 陈昭锋. 国外政府促进战略性新兴产业发展商业模式的创新［J］. 南通大学学报（社会科学版），2013，29（6）：103-109.

[二] 苏世伟. 太空技术的战略定位、博弈逻辑与产业走势［J］. 人民论坛·学术前沿，2020（16）：54-65、107.

据相关法律法规，美国国家实验室具有进行技术转让的任务，必须按照相应的比例进行实验室的技术转让。除此之外，相关的研究成果可以由政府出资，来帮助高校及实验室完成成果转让，政府不会向实验室收取技术转让费，实验室通过技术转让所获得的收益全部归自己所有。在技术转让费中，技术发明者可以获得15%，而且还能够获得职位晋升，进入到公司领导层。技术转移联合体的成立就是联邦技术转让法案当中所规定的，美国国家实验室为了能够更好地开展技术成果转让工作，会专门成立新的公司，对实验室人员做分流[○]。

2）项目委托。通常情况下，各大公司和学校可以根据合作协议承接来自于国家实验室的部分工作。除此之外，国家实验室与美国产业界保持着紧密的合作关系，共同进行科技创新，并且通过商业与产业界的介入使技术转让变得更加容易操作。与此同时，各方都不得不面对更加复杂的产权分配问题，相关的政策和法案还需进一步完善。

3）委托运营。这是指国家实验室由相关机构组成企业进行运营维护，成果归企业所有，并由企业进行创收的行为。GOCO型国家实验室多采用委托运营的模式，委托单位负责任命GOCO型国家实验室主任，将最终的人选报备到主管部门。委托高校决定上任的任期，依托大学雇用所需要的人才为实验室服务。立项及研究人员的职称与职务晋升均采用同行评议方式。美国阿贡国家实验室（ANL）早期的运营模式为"政府所有＋合同运营"，土地和研究设施等都由政府提供，归实验室使用，承包商拥有实验室的经营权，负责雇用工作人员来参与到试验当中，美国能源部拥有独立的ANL管理运营权。之后，2006年ANL的管理运营权又移交到阿贡公司。阿贡公司成立理事会对ANL进行管理运营，通过签订各种项目合同和技术转移协议，保障ANL、大学、企业和政府的各自权益。

（四）美国国家实验室仍存在的问题

无论是GOCO型还是GOGO型国家实验室，都要受到政府部门的指导和监督。自20世纪90年代以来，美国国家实验室在运营方面的风险日益严重，主要体现为战略定位不清、评估过程烦琐、合同任务繁重。

1）战略定位不清。2013年美国国家公共行政学院（NAPA）的报告指出，美国国家实验室管理缺乏战略性、系统性，影响了科技资源配置和任务执行效率。美国国家实验室的运营是由数百个独立运营的项目组成的，没有达成一个综合机构的协调机能。美国能源部主管办公室对美国国家实验室出资占比过低，以至于偏离了联邦资助（Federally-Funded）模式。虽然这种偏离促进了多学科领域的交叉创新，有效支撑了其他联邦机构的职能，但缺乏战略规划和使命导向，没有承担应有的责任，与其他研究实体的任务重叠且存在相互竞争。

○　廖建锋，李子和，夏亮辉. 美国联邦政府依托高校运营管理的国家实验室特点及其发展经验［J］. 科技管理研究，2005（1）：111-115.

2）道德风险问题与评估过程烦琐。无论是哪一类型的实验室，都会存在道德风险，如项目拖延、合作企业信息不对称、官员腐败等问题。因此，美国能源部加大对国家实验室的监管力度，导致部分实验室经受了繁重的评估负担，有的实验室年度评估总数达到 300 多个。由于实验室内部和外部评估之间缺乏协调，出现重复评估和评估结果相互矛盾的问题。

3）合同任务繁重。各级业务部门对合同条款的解读趋于保守，过度追求合规，背离了结果导向的宏观治理原则，降低了实验室科研管理的灵活性。

美国国家实验室存在问题的主要原因[一]：一是美国国家实验室的改革范围局限于个别职能领域或个别实验室，没有聚焦于美国国家实验室体系；二是美国国家实验室的改革没有形成合力，各级部门没有形成高度共识，且一线员工参与不足；三是改革建议的制度化进程滞后，没有常设机构持续推进改革措施。随着美国能源部领导的更迭，改革进程存在停滞风险。

四、美国企业协同创新典型实践

（一）企业协作型协同创新模式：微软和英特尔

微软和英特尔的 Wintel 联盟在个人计算机（PC）行业有世纪联盟之称，它是软硬件相结合的产物，为个人计算机产业的发展拓宽了空间。近年来，个人计算机与芯片市场环境不断变化，为适应未来的环境和竞争，Wintel 联盟的成员各自寻求更大的发展机遇。英特尔在 PC 处理器市场被 AMD 和 ARM 冲击，进而试图开辟新业务；而微软选择与多家芯片企业合作开发芯片，双方形成协作型战略联盟的机制具有参考价值。

1. 依存型协作模式

微软与英特尔的联盟不涉及股权参与，没有任何正式的协议，而是相互依存的关系，共同进行市场开发。企业在这个过程中，会受到依存关系的约束，二者相互信任度很高。沟通成本随着联盟的成立而降低。在战略及技术方面，微软和英特尔能够达成一致意见，形成紧密的战略联盟。

成立 Wintel 联盟之后，双方产品性能仅限于兼容和匹配对方的产品，用户要想取得最大性能，就必须同时使用双方产品。在技术方面，微软和英特尔的发展始终保持同步，英特尔的 CPU 总是会与微软的大型软件相继推出。

Wintel 联盟的主要做法：一是它们都为对方生产能够相互兼容和匹配的产品，并且跟随对方脚步进行产品更新，最大限度实现资源的节约、降低产品的不相容性；二是保持同步的技术进步，微软和英特尔在协同创新的基础上，同步进行软、硬件开发，

———
[一] 尹希刚，邢国攀，王金平. 美国国家实验室治理机制改革及其对中国的启示 [J]. 科技导报，2019，37（24）：15-22.

最大限度地发挥出双方产品的技术优势；三是在产品成本上保持一致，硬件和软件成本是个人计算机的主要成本来源，微软与英特尔的技术协作意味着软、硬件公司共同致力于降低成本，推动个人计算机的普及。

2. 合作中的风险

1）资产专用性引发的竞争。以 Wintel 模式为基础的 PC 由微软和英特尔共同注资完成。这种注资具有较强的针对性，属于专项投入，但是正是由于资产专用性的存在，当投资遭遇失败时，这些资产就不能得到二次利用，没有变现的可能性。所以，二者的利益是绑定在一起的，任何一方的冒进行为都有可能给对方带来负面影响。为了保护自身利益，微软和英特尔都进行相应的投入，开发与对方不存在依附关系的产品。例如，微软与摩托罗拉联合开发的摩托罗拉 PowerPC 计算机平台，不会对微软和英特尔之间的紧密联系造成影响，主要是为了能够降低对对方的依赖而进行多元化产品开发。

2）产品升级同步性的矛盾[⊖]。在合作的同时，如果技术进步和产品升级不能保持一致，产品就会受到来自竞争对手的威胁，同时也会导致合作方的不满。例如，在 1999 年微软准备推出 Windows 2000 时，英特尔当时的芯片性能不足以满足微软的需求，英特尔随后迅速推出奔腾Ⅲ代、奔腾Ⅳ代系列微处理器，缓解了这一危机。现阶段英特尔存在一些技术失误，如芯片工艺制程还停留在 10nm、芯片性能更新周期过长等，而 AMD 的桌面级处理器 Ryzen 系列已进入 7nm 制程。

3）预期不确定性对合作关系的影响。在未来的发展方向上，微软和英特尔的产业发展目标和市场预期并不完全相同，这对它们继续保持长期稳定的合作关系造成了一定的影响，甚至会存在竞争的情况。近年来手机和平板技术的不断创新和发展使个人计算机的发展空间越来越小。现实促使微软尝试摆脱对英特尔的依赖，不再局限于固有的合作模式和伙伴，开始拓展合作模式与伙伴规避发展风险。2017 年，微软开始与 ARM 服务器制造商合作。2020 年，微软的 Surface Laptop 3 和 Surface Pro X 设备没有配备英特尔处理器。与此同时，微软选择与 AMD 和高通合作生产定制处理器，使 Surface 芯片多样化。又据多家媒体报道，微软与 ARM 合作设计一款用于数据中心的处理器，ARM 也在考虑为微软 Surface 系列个人计算机配备芯片。由于个人计算机市场的前景式微，英特尔传统业务增长乏力、芯片主业收入增速下降，错失移动时代的英特尔开始布局数据中心业务与自动驾驶业务。2017 年，英特尔收购以色列的自动驾驶视觉系统公司 Mobileye；2021 年，英特尔与 Mobileye 开发硅光子激光雷达芯片，试图创造新的业绩增长点。

3. 利益分配机制

虽然微软和英特尔的联系非常紧密，但是却没有能够形成经济实体。在经营的过程当中，双方都拥有绝对的独立自主权，在合作中也始终保持着平衡稳定的关系，所

⊖　桂萍，谢科范. 微软与英特尔合作的博弈分析［J］. 武汉理工大学学报（信息与管理工程版），2005（4）：198-201.

从事的经营活动都是为了能够帮助自己获得更多的经济利益，双方体现出非常明确的分工合作性质。对于微软和英特尔来说，它们是按照合作博弈的模式来进行利益分配的。当双方都为了保持彼此之间的合作关系而共同努力时，就能够在行业内起到垄断作用；但是如果二者在市场上进行竞争，所能够分得的市场份额就会非常有限。如果在这个过程中，行业内的其他竞争对手建立联盟关系，就会对它们造成严重的打压，微软与英特尔的静态合作博弈分析如表 3-8 所示。

表 3-8　微软与英特尔的静态合作博弈分析

微软 英特尔	合　作	不　合　作
合作	（高，高）	（低，高但要匹配其他处理器）
不合作	（高但难以形成垄断，低）	（低，低）

微软与英特尔协同创新给各自带来的利益主要体现在以下两个方面：一是微软和英特尔协同创新使得双方建立各自行业的行业标准并在各自市场上保持垄断地位，而行业标准的引领者和市场垄断者地位给双方带来巨大经济利益。二是微软与英特尔的协同创新带来个人计算机供需的正反馈效应和微软与英特尔的正反馈效应[一]。微软和英特尔的合作使个人计算机的性能提升、成本降低，增加个人计算机的需求，而需求增加带来的利润又用于研发，能够实现个人计算机性能的进一步提升。另外，通过反馈系统的建立，微软和英特尔可以实现高效沟通，根据产品需求，对自身技术进行调整，达到相互促进的作用。软件功能会随着硬件性能的提升而提升，人们的购买欲也会更加强烈；而功能更加强大的软件又刺激人们购买更新的硬件。

（二）全球化商业生态协同创新模式：苹果和特斯拉

在全球商业环境下，企业的商业模式已经从传统的产业内联盟转变为客户、供应商、投资者、贸易伙伴甚至竞争对手的生态系统，它们之间存在着一定的利益关系。风险主要体现在合作伙伴的退出和自身核心竞争力的丧失。

美国作为协同创新的典型实践国家，其国内企业如苹果公司、特斯拉的商业生态创新也具有一定代表性。二者的共性就是在自身掌握一定核心技术的基础上，与其他企业构成一种创新生态，在生态圈内相互竞争、合作、共生、互生，从而构成一个动态的经济联合体。

1. 苹果公司：App 生态、产业链生态与产品间的闭环生态

苹果公司创建于 1976 年，至今已有 40 余年的历史，逐渐从封闭式创新走向开放式创新[二]。通过不开源的操作系统带来的激励，最终形成了 App 生态、产业链生态与产

　　[一]　桂萍，彭华涛. Wintel 联盟创造价值的正反馈效应分析［J］. 科技管理研究，2004（5）：44-46，58.

　　[二]　张永凯. 企业技术创新模式演化分析：以苹果、三星和华为为例［J］. 广东财经大学学报，2018，33（2）：54-61，111.

品间的闭环生态（见图3-6）。

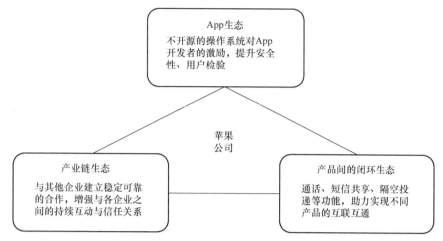

图3-6　苹果公司的商业生态创新

（1）App生态

苹果 iOS 是一个完全不开源的系统。苹果公司发布第一代 iPhone 时并不被看好，主要是因为 iPhone 的操作系统完全不开源，导致 iPhone 用户无法根据自身需要安装第三方服务商提供的应用 App，iPhone 失去了智能手机的基本功能。此外 iPhone 存在不能复制／粘贴文本、无法在邮件中添加附件等问题，市面上已有的操作系统相对成熟，iOS 系统当时的优势不大，但乔布斯强调 iPhone 的操作体验、运行速度、应用之间的联系。

完全不开源的平台有其优势。首先，不开源的系统保证了系统的安全性，苹果 iOS 对手机应用权限管理更严格，任何安装在 iOS 系统上的软件都要经过系统检测。Android 与其完全相反，它是以开放与包容的 Linux 平台为基础，吸引诸多开发者进行制作，但也降低了安全性。更为重要的是，在不开源操作系统的环境下，只有该软件的开发者才能对软件进行修改和更新，保证了知识产权，为软件开发者提供了激励。越来越多的软件企业开始选择为苹果的 iOS 系统提供 App，最终形成 App 生态，为苹果产品提供有效支持。同时苹果公司会获得这些 App 销售收入的一部分利润。

（2）产业链生态

苹果构建生态圈，提升应用场景。苹果公司与全球知名企业建立稳定可靠的合作，增强与各企业之间的持续互动与信任关系。苹果公司一方面在配件上采用其他企业的技术，取长补短；另一方面，苹果公司通过与其他企业进行商业合作，扩大自身影响力（见图3-7）。

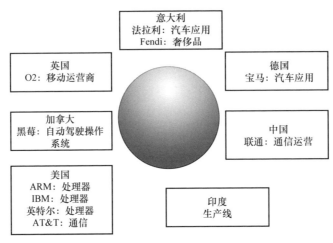

图 3-7　苹果公司全球化的部分商业生态

早期苹果虽然与其竞争对手 IBM 合作，但苹果产品与其他产品存在兼容性不足的问题，例如 iTunes 与 Windows 操作系统不兼容，直至苹果将硬盘的文件系统兼容 Windows。2005 年，苹果首次采用英特尔处理器，极大地增强了苹果计算机的兼容性和适用性，苹果系列产品开始获得消费者的认可。2007 年，苹果推出了第一代 iPhone。在研发过程中，苹果公司联合谷歌公司为 iPhone 提供网络搜索服务，使 iPhone 具备强大的上网功能。随后，苹果公司与其他企业进行合作，打通外部生态，推动了 iPhone 的普及，获得有利的市场地位。

在软件和 App 方面，苹果与其他主体合作且实现各类主体间的信息交换与知识共享，有助于苹果开辟新市场。2013 年，苹果推出车载智能操作系统，并成立 CarPlay Enterprises，与法拉利合作推出新跑车，以提升汽车内置娱乐系统体验，并推出一款内置 Siri 和两台 iPad Mini 的汽车。2016 年，苹果开始涉足无人驾驶汽车领域，主要借助加拿大黑莓公司的核心研发团队开发用于无人驾驶汽车的操作系统。2021 年 1 月，苹果官方网站显示，苹果的招聘涵盖电池电源管理、道路安全、汽车体验、机器学习和人工智能等多个领域。2021 年 2 月，苹果先后传出与起亚、与日产合作造车的消息，苹果公司主要布局电池、芯片、自动驾驶系统，并积极寻求汽车代工厂和组装厂（见图 3-8 ）。

苹果在英国与 O2 合作，在美国与 AT&T 合作，这些与通信运营商的合作都是通过利润分成的模式。但是在中国，苹果放弃分成模式，目的在于打入中国市场。此外，苹果与出版商合作来销售音乐。

（3）产品间的闭环生态

苹果不同产品的互联互通，使苹果形成产品间的闭环生态。这些产品因为可以共用 ID，信息的互相传输也比较方便，对操作系统的不断改进帮助了用户更加便捷地使用各种产品。苹果的不同产品间能够实现通话、短信共享、隔空投递、将某一部设备上未完成的任务无缝转移到其他设备（接力）上、通用剪贴板等功能。iPad 的触屏模式则冲击传统笔记本计算机市场，使传统 PC 开始向平板计算机过渡（见图 3-9）。

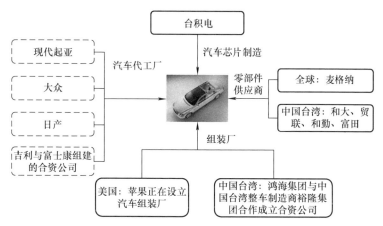

图 3-8 苹果公司在汽车产业的生态圈建设

资料来源：根据中国电动汽车百人会相关研究整理。

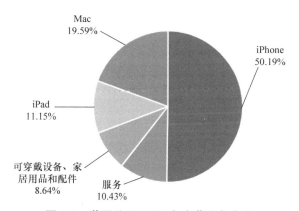

图 3-9 苹果公司 2020 年主营业务占比

资料来源：根据苹果公司财报整理。

软硬件开发的闭环生态是苹果在智能汽车领域的优势。车上运行的软件是定制的，每个智能车上运行的软件必须相互兼容。不同的车有不同的市场定位和不同的性能，所以标准软件不能广泛应用。苹果拥有 iOS 系统及 iPhone、iPad 等终端设备，以及丰富的软件及应用生态，可以让车辆与移动设备深度融合，有助于提升驾驶体验和座舱体验。苹果与 ARM 的 M1 芯片也提升了其进入智能汽车领域的潜力。

2. 特斯拉：知识共享下的颠覆性技术创新

全球化的商业生态促进创新网络的形成。创新网络下的知识溢出和知识共享颠覆原有的行业分工，使行业间的边界更加模糊。借助知识共享，传统产业实现转型升级，实现颠覆性技术创新。

特斯拉是颠覆性技术创新的代表。依托硅谷的技术支持，特斯拉创新研发了面向汽车市场高端用户的新能源汽车先进电池管理系统（BMS），这一举措避开了一般新能源汽车企业所面临的瓶颈问题——电池的续航里程和稳定性[一]。近年来，特斯拉开始打入自动驾驶市场。特斯拉用互联网思维，在汽车电动化、智能化的背景下，作为互联网企业成为造车新势力。2020 年 8 月，特斯拉与半导体巨头台积电合作开发硬件 4.0（HW 4.0）自动驾驶芯片。2021 年，根据韩国媒体披露，特斯拉与三星已经正式达成合作，双方将合作研发 5nm 自动驾驶芯片。如图 3-10 所示，在特斯拉成立之初，特斯拉主要是基于研发阶段的技术创新需求。这一阶段的知识共享主要是收集各方的技术知识和专业技能，扩大知识总量，提供面向过程的知识共享[二]。随着企业逐渐成熟，特斯拉的创新网络转向外部联盟。

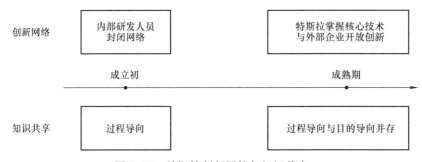

图 3-10 特斯拉创新网络与知识共享

在汽车生产上，特斯拉自制核心部件，并与外部供应商实现良性合作和开放创新。特斯拉选择莲花汽车（Lotus）的 Elise 作为开发基础。在电池上，特斯拉与松下深度绑定。松下主要供应电芯，电池的大部分核心设计仍由特斯拉完成，包括改进电芯结构、优化模组及热管理、电池管理系统。经过特斯拉一系列优化后，其电池寿命远优于松下出货的电池（循环 500 次后，特斯拉剩 95% 的电池容量，而松下剩 70% 的电池容量）。特斯拉 60% 的专利集中在电池，松下更接近制造者角色（以特斯拉为主的汽车电池业务占集团营收比例三分之一），其在 Gigfactory 中的投资占比约 30%[三]。此外，电控制动系统也是特斯拉的自主技术。

特斯拉集成来自全球的优秀供应商，涵盖多种零部件（见表 3-9）。中国有 20 余家企业成为特斯拉的供应商（见表 3-10）。

[一] 吴永林，李雅荣.特斯拉、比亚迪与 Better Place 的协同创新战略比较［J］.企业管理，2015（5）：69-71.

[二] 雷星晖，王泽民，李雪兵，等.以知识共享为导向的电动汽车创新网络研究［J］.科技管理研究，2014，34（23）：25-29.

[三] 国金证券.特斯拉（TSLA. NASDAQ）：工程力、产品力、品牌力诠释特斯拉竞争力 Model 3 国产化重构产业链机遇［R］.（2019-1-28）

表 3-9 特斯拉零部件的部分国际供货商

企 业	供货内容	企 业	供货内容
松下（日本）	锂电池 Pack	德纳（美国）	电池冷水泵
住友金属工业株式会社（日本）	正极材料	大陆集团（德国）	空气悬杆
日立化成（日本）	负极材料（石墨）	矢崎（日本）	线材
蒂森克虏伯（德国）	前后稳定杆	布雷博（意大利）	基础制动
米其林（法国）	轮胎	麦格纳（加拿大）	内饰板

资料来源：根据安信证券、中国电动汽车百人会等研报整理。

表 3-10 特斯拉零部件的部分中国供应商

企业（股票名称）	供货内容	企业（股票名称）	供货内容
长盈精密	电池连接件、充电枪	科达利	电池壳体
旭升股份	变速箱、电池保护壳	凌云股份	电池壳体
沪电股份	印制电路板（PCB）	胜宏科技	PCB
东山精密	柔性电路板、散热器	均胜电子	传感器、安全气囊、人车交互系统
安洁科技	传感器、电池转向 ECU	东腾股份	齿轮、马达壳体
常铝股份	散热系统铝材	三花管控	热管理零部件
中科三环	电机磁体	横店东磁	电机磁瓦
宏发股份	高压直流继电器	天通股份	电源管理磁材
长信科技	中控屏幕模组	大富科技	天线
四维图新	地图	联创电子	摄像头
奥特佳	空调压缩机	拓普集团	控制臂、道震结构件
保隆科技	电子胎压控制模组	文灿股份	底盘结构件
天汽模	车身模具	四通新材	车轮
宁波华翔	铝饰条	广东鸿图	发动机支架

资料来源：根据国金证券、安信证券、中国电动汽车百人会等研报整理。

特斯拉着力降低与供应商的合作风险。在定制模式下，特斯拉的供应商大多是独立的供应模式，受各个供应商的影响很大。特斯拉对零部件供应商有合理的报价，并倾向于与零部件制造商形成稳定的合作关系。零部件制造商也与核心企业特斯拉有着良好的信任与合作关系。以宁波旭升汽车技术股份有限公司为例，其主营铝压铸件，为特斯拉提供变速箱、电池保护壳等零部件，2014～2019 年，特斯拉贡献的营收占比超 60%[⊖] 。

特斯拉还注重给消费者提供不一样的驾驶体验，类似于苹果重新定义智能手机颠覆诺基亚等传统手机商，特斯拉重塑汽车终端消费体验。市场定位为高端群体，性能

⊖ 国金证券.特斯拉（TSLA.NASDAQ）：工程力、产品力、品牌力诠释特斯拉竞争力 Model 3 国产化重构产业链机遇 [R].（2019-1-28）

定位为豪华车，避免了动力电池的高成本。在营销方面，采用"体验店 + 网上直销"模式，为客户提供免费服务。同时，特斯拉的客户对产品的认可度和购买度都很高。目前，产业间跨界融合现象较为普遍，企业若想取得一定的市场地位，需要掌握一些技术，或需要特殊的经营理念，来提升核心竞争力。

（三）开放式协同创新模式：谷歌集团（Alphabet）

谷歌集团采用的是颠覆式开放创新模式（该模式通常将创新置于集团战略重要位置，对创新研发投入比重较大，创新领域多元，多用于互联网行业）。2017 年谷歌集团投入整体销售收入的 15% 在创新研发方面。

在创新领域方面，不同于渐进式创新模式将主业及部分新型业务领域作为创新重点，谷歌集团将创新聚焦在"实现现有技术的根本性变革"上，即创新目标为包括人工智能、机器人、生命健康、农业甚至消费品与流通等所有未来核心技术领域。

在开放式协同创新方面，集团创新性地运用客户赋能模式，即与用户协同推动业务落地的方式（如全球化谷歌网页翻译及全球地图绘制），积极调动用户池资源，实现互动创新。同时，集团积极通过管理变革培育创新的企业文化。其中，最重要的举措是集团将其世界顶级的自主研发创新版块，如 Google X、谷歌投资、Google Capital 等与主业区隔开独立运营，使其长期在一个相当区隔化的管理环境中进行孵化与成长。在绩效考核及人员激励方面，谷歌鼓励大胆创新，并不根据创新成果进行激励，更多关注"用户导向、技术的颠覆性"等过程性指标内容。

谷歌典型的颠覆式创新模式有三大亮点：

1）充分利用客户赋能，在业务发展上实现协同创新：通过调动现有用户池的主观能动性，实现直接互动，了解对方需求，并利用用户生态圈的知识体系共同推动创新业务的完成完善。

2）"一企两制"和"高度扁平化"的创新管理模式："一企两制"指的是通过各种手段划分颠覆性创新业务的"制度特区"，抓大放小，宽进严出，采取"一企两制"的治理思路，用"两个系统"来设计公司的流程体系和资源配置原则。"高度扁平化"指的是，在"特区"的内部组织结构上，形成高度扁平化的组织特征。谷歌认为，那些逻辑思维与创新能力兼具的创新型人才往往具有独立做出决策的能力与欲望，这种自由氛围让技术专家感受到了更多的尊重，提升了处理事情的灵活性，进一步激发了创意。而如果大事小情需要向上层汇报，那相当于让一个"能动的人"退化成"勤劳的手"。

3）创新管理考核应多关注"过程性指标"，培育创新企业文化。过程性指标侧重对企业协同创新管理水平与创新生态未来发展潜力做出定性评价，解决"做了什么"的问题；结果指标侧重于定量评价企业在一定时期内的创新绩效，以解决"做得如何"的问题。建议企业设置两套考核体系，合理分配其比重，促进企业创新活力良性环境的形成。

1. 谷歌集团创新基础信息（见表 3-11）

表 3-11　谷歌集团基础信息

企业名称	企业总部	所属产业	全世界覆盖国家
谷歌集团	美国加州山景市	互联网、信息技术	超过 100 个
2017 年销售额 （单位：亿美元）	2016～2017 年销售额 增长（%）	员工数量	2017 年研发投入 （单位：亿美元）
111	22.8	90000	16.6
研发重点领域	人工智能、机器人、生命科学、健康、网络安全、农业、消费品与流通等		
研发机构 / 项目设置	Google X：谷歌集团重要的创新实验室，立志于为全球重大问题提出解决方案；其孵化的自动驾驶技术公司"WAYMO"及健康技术公司"Verily"已成为独立发展运营的公司，成为集团的重要创新业务之一； 谷歌投资：集团旗下投资创新科技领域的重要基金公司，主要为中小型、初创类技术公司（主要聚焦生命科学、健康、人工智能、农业、网络安全、消费品与流通等）提供资金、人才、技术支持； Capital G：集团旗下重要的人才投资基金		

2. 谷歌集团协同创新基本类型

谷歌集团的协同创新模式主要以客户赋能 / 人才赋能、外部收购 / 研发众包模式及人才、资金、无形资产等出借为主（见表 3-12）。

表 3-12　谷歌集团协同创新基本类型

	协同创新类型	创新要素引入 / 出借
基于 溢出商机	客户赋能	网页翻译及谷歌地图项目
	产品赋能	安卓开放式平台
基于 生产资料	人才赋能	网页翻译及谷歌地图项目
	资金赋能	Google Ventures、Capital G
	无形资产赋能	
	有形资产赋能	安卓开放式平台
	研发众包	Google Developer Launchpad 全球加速器项目
	外部收购	

（1）客户 / 人才赋能：网页翻译及谷歌地图项目

谷歌在全球化过程中，受到语言限制及地理信息不完善等因素的影响，业务开发面临各方面的挑战。因此，谷歌团队通过搭建平台与其用户形成互动机制，通过协同合作共同实现谷歌产品服务的搭建及完善。由于谷歌工程师受到语言限制，很难将网页翻译成各国语言。于是团队通过将文本放在网页上共享，招募全球志愿者，并鼓励全球用户自主翻译，逐渐实现谷歌网页文字内容的全球语言覆盖。谷歌地图团队则通过联合"草根制图者"（即谷歌用户）进行协同合作，共同实现谷歌全球地图的搭建与完善。谷歌地理团队在绘制世界地图初期就发现很多地区并没有完整的地图，因此研发一款叫作 Map Maker 的地图制作工具，让所有谷歌用户都能成为绘图者，完善所在地区的地图的信息。通过"草根制图者"与谷歌团队的协同努力，只用短短两个月的时间就绘制出巴基斯坦境内长达 25000 公里的道路路线图，并逐步完善了谷歌世界地图产品。

（2）研发众包 / 外部收购

谷歌集团所设立的 Google Developer Launchpad 是一个全球性的加速器项目（主要设立在美国旧金山、巴西圣保罗、以色列特拉维夫、非洲开普敦、印度马德里及日本东京等），项目主要聚焦机器学习及人工智能领域的本地初创型企业，参与加速器项目的企业可享受谷歌集团的平台资源，如行业领袖专家资源、行业的消费者需求趋势分享、可参与各类谷歌举办的大型活动、提供各项硬件、数据支持的谷歌云账户、平台生态资源及项目的后续支持等，集团为其产品及服务创新研发落地全面助力。后续采用资本手段实现优质项目 / 企业的入股或收购。以此项目助力集团在全球各地的本土化发展及技术引进。

（3）资本 / 人才 / 无形 / 有形资产协同创新

谷歌投资从 2009 年开始共投资了中小型企业超过 300 家，在资金投资的基础上，谷歌投资同时可为初创、中小型企业提供多元领域人才及技术支持，谷歌技术专家团队主要包含世界顶级的网络工程师及设计师、物理学家、市场学家、投资者等多元领域技术人才。Capital G 便是谷歌集团主要投资的位于美国、印度及中国的、快速发展中的技术性公司，该基金的本质为"人才基金"，即通过调配谷歌全球内部所有专家，为其选定的公司提供各领域（产品、工程、市场、营销、运营等）的专家咨询服务，具体有"谷歌导师项目""一对一专题课程"及培育领导力的各类活动等项目内容。

第三节　德国企业协同创新实践

德国的创新道路具有"稳定"特征。政府强调支持创业创新政策的连续性和系统性。工业 4.0 是继机械化、电气化和信息技术之后的第四个工业化阶段。这也是德国继续保持在全球制造业竞争优势的重要战略。它是德国政府 2011 年 11 月公布的"2020年高科技战略"中确定的未来十大项目之一，旨在支持工业领域新一代革命性技术的研发和创新。工业 4.0 由德国工程院、弗劳恩霍夫协会、西门子等德国学术界和工业界共同形成，并已升级为国家战略。德国联邦政府已投资 2 亿欧元。工业 4.0 由产学研联盟传播组织发起，是德国工商界的首创。后来在德国政府的领导下，在协会建立的工业 4.0 平台的基础上，升级建立国家工业 4.0。新平台由政府统筹规划，龙头企业和协会推动，中小企业广泛参与。例如，德国机械设备制造业联合会（VDMA）已有 120 多年的历史，涵盖机床工业联合会、机器人工业联合会等 38 个行业联合会。

德国的政治、经济和社会合作，除精确稳定的战略政策外，早在 20 世纪 60 年代就形成分工明确、运行高效的科研创新体系，联邦政府和州政府发挥着政策指导和研究资助的作用，提供全国研发经费总额的三分之一。经济部门为德国的研究和创新提供近三分之二的资金，主要用于应用研究项目。80% 以上的德国大型企业与集团都具备独立的研发机构[一]。德国四大非营利性科研机构（马克斯 - 普朗克研究所、亥姆霍兹联合会、弗劳恩霍夫协会和莱布尼茨科学联合会）是德国科技创新最重要的基地。同时，德国社会中的规范的社会组织也得到发展，如商会、基金会、联邦驻外代表处等，发挥着"黏合剂"的作用。从上到下，各级机构分工明确，相互配合，共同推动整个国家创新体系的完善运行。

在过去的 20 年里，德国的企业家精神发展迅速，现在已经成为一个繁荣的经济生态系统。2018 年，德国有 1500 多个初创企业[二]。到 2019 年，德国已培育出 10 家独角兽企业，主要涉及电子商务、医疗保健、旅游、汽车和交通、金融技术和数据管理与分析等领域[三]。

德国开始启动工业 4.0 战略，旨在实现传统制造业和先进智能制造业的全面升级。德国是一个拥有老品牌的强大制造大国，但除了英飞凌和 SAP，德国本土的信息技术公司实力较弱，特别是基站、云计算和人工智能，最终导致德国工业 4.0 在后期优势的弱化。主要原因：一是德国工业 4.0 被制造业巨头（不是单纯的信息和通信技术公司）切入，基础标准难以统一；二是欧洲国家相对分散，用户基础导致本土 ICT（信息通信技术）公司成长为巨头；三是在通信技术基础设施方面没有优势。

工业 4.0 的生态架构是"信息物理系统（CPS）+综合网络 + 智能工厂"（见图 3-11）。工业 4.0 的核心目标是实现数字化、网络化、智能化的制造和服务。从技术角度看，工业 4.0 的核心是 CPS，即利用传感器、物联网、工业大数据和人工智能，构建一个资源、信息、货物、人员相互管理的信息物理系统，实现数字化、网络化、制造业智能化。从产业角度看，工业 4.0 不仅是制造网络系统的重构，也是产业组织模式的根本变革。以平台企业、工业软件服务提供商、工业安全解决方案提供商为支撑，着力构建集智能产品、智能制造、智能服务于一体的制造生态系统。德国多家信息技术巨头纷纷切入工业 4.0 服务于自己的生产线。另外，德国人口少导致用户基数

　　[一]　于慎澄 . 德国创新驱动战略的发展路径［J］. 政策瞭望，2016，（10）：49-50.
　　[二]　来源：Europe Startup Monitor.
　　[三]　来源：CBINSIGHTS 数据库。

小，在企业市场化机制的引导下，信息技术基础设施建设明显不足，缺乏建设生态环境的条件。德国还明确将标准化列为制定工业 4.0 的八项行动之首，并提议在工业 4.0 平台下成立一个工作组，负责处理标准化和参考体系结构问题。在统一标准的基础上，利用和积累底层技术条件，同时叠加下游开发商的合作，逐步构建数字生态。可见，软硬件的标准统一和生态建设是未来协同创新生态发展的关键。

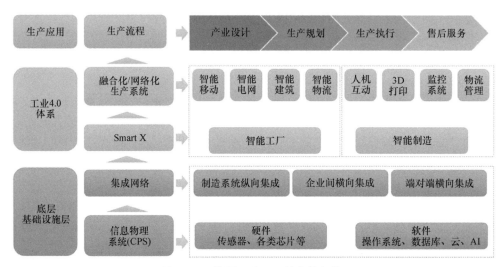

图 3-11　德国工业 4.0 的主体架构

资料来源：德国《高技术战略 2020》，德勤分析。

一、政府策动协同创新

德国除在协同创新的共性行为之外，还因地制宜，形成具有特色的创新集群。在德国创新集群发展的过程中，联邦政府致力于集群创新能力的提升和创新成果影响力的扩散。在联邦政府的宏观政策调控下，各州根据自身发展特点制订相应的集群策动计划，结合国家政策背景找问题、补短板。联邦政府和州政府协同策动创新集群，成为推动德国创新能力全面发展的助推剂，提升了高精尖领域的创新和成果转化能力，稳固了德国科技强国的地位。集群间的产学研协同合作为德国创新集群发展开辟了新路径，高效合作与积极互动促进大学、科研机构和企业等创新主体形成联系紧密的创新网络[⊖]。德国政府的策动集群创新体制如图 3-12 所示。

　　⊖　傅茜，聂风华 . 多位一体的创新集群发展模式——德国亚琛工业大学产学研合作模式的研究与启示［J］. 中国高校科技，2019（3）：82-84.

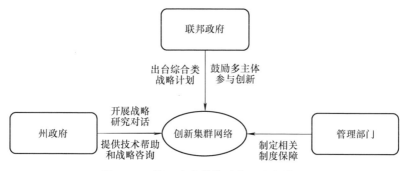

图 3-12　德国政府的策动集群创新体制

（一）出台一系列集群发展计划

自 20 世纪 90 年代起，德国联邦政府及各州政府试图通过一系列计划促进创新集群发展，以实现地区经济可持续发展并提升国际竞争力。在德国创新集群发展的过程中，政府注重促进区域创新网络的形成，致力于推出平衡地区间差异、提升整体创新能力的集群策动计划。各州政府对标自身发展短板，通过增强对大学和科研机构的扶持力度来策动集群发展。

联邦政府出台一系列综合类战略计划增强德国集群的国际竞争力[○]。20 世纪 90 年代中后期，联邦政府和州政府共同发起了"卓越计划"、生物区域计划、创新区域计划等，以期依托创新集群促进区域创新能力提升。自 2006 年起，德国政府每四年推出一次《高技术战略》（HTS），在集群创新方面，《高技术战略》重点加强集群结构优化、促进创新集群的研发能力。联邦经济和能源部、联邦教育与研究部作为德国联邦政府的集群策动主体，主要负责在《高技术战略》框架指引下制定支持集群有效发展的相关制度保障。2012 年，联邦政府推出"走向集群"计划（Go-Cluster），激励集群不断提高自身管理能力，提升国际化水平和知名度，从而带动区域经济和德国整体经济的发展。各州政府则致力于促进区域内和区域间的创新集群的联系，通过高质量产品认证、国际合作、集群交流、展览会和研讨会等形式为创新集群发展营造良好生态，为集群发展提供技术帮助和战略咨询。各州政府以创新集群内部跨组织网络为载体，与大学、科研机构、产业和政府等创新主体开展战略研究对话，一方面收集创新主体发展对政府支持的需求，另一方面，各机构可以为区域创新能力提升建言献策，提升区域创新集群发展战略决策的透明度、普适性和普惠性。

（二）鼓励多主体参与创新

1）出台集群竞赛计划，促进集群的创新活力。联邦政府出台了一系列集群竞赛计

○　陈志，丁明磊．面向集群的创新政策：德国集群计划的经验［J］．科技进步与对策，2014，31（5）：92-95.

划，如 2007 年发起的"尖端集群竞赛"、2014 年发起的"走向集群"计划、2016 年"德国 - 创意之地"集群竞赛等。其中，"德国 - 创意之地"集群竞赛由德意志银行提供资助，不仅注重挖掘企业、大学和科研机构等创新主体的潜能，同时鼓励公民参与社会创新。有价值的创意点可以得到资金支持和技术指导，以公私合作形式孵化创意。各州政府在联邦政府集群竞赛计划的框架下，结合区域创新集群发展特征和需求举办区域内集群竞赛，筛选出创新能力较强的创新集群并以资金作为奖励支持集群发展。

2）促进机构之间形成关系网络和跨组织网络。联邦政府对外以欧盟"地平线2020"为基础，鼓励科研人员交流学习，开展跨国研究合作项目，吸引国外优秀大学、科研机构和公司进驻德国；对内则为各集群网络和产业联盟创造交流平台，比如"德国集群周"和"德国集群平台官网"等，加强国内不同产业之间的联系，促进国际贸易来往并加强国家间的技术交流互助，塑造区域产业联盟产品的高质量形象。

二、协同创新组织形式及运行机制

创新集群是一种创新网络组织。从网络组织的角度来看，创新集群可以由集群组织、企业（产业界）、大学、研究机构和支持机构这 5 个节点要素构成（见图 3-13）。

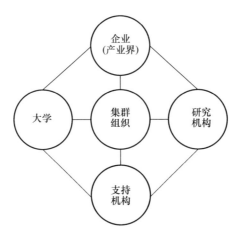

图 3-13　集群创新网络结构示意图

处于中心位置的集群组织是一种不以盈利为目的的枢纽型组织，整合企业（包括具有竞争关系的企业）、大学和研究机构等各种组织。集群组织的基本职能主要包括构建集群网络、对接需求市场、创新过程管理、创新主体、构建国际协作网络等。总体来说，集群组织是整个集群网络的中心枢纽，是跨行业和跨区域边界的企业、大学和研究机构等主体开展合作的联络者，有助于打破政府部门、学术界、产业界和社会组织之间的壁垒，解决多个实体间的激励相容并促进其智力共享、合作创新[⊖]。

在其他节点的作用主要如下：企业（产业界）是从事产品或服务生产，或进行交易等活动的直接行为主体，例如，德国80%以上的大中型企业均成立了独立的研发机构；大学是人才培养与输送的基地，它与研究机构形成研发合作网络，进而拓展基础研究、促进知识创新，与企业对接、支持大学生创业、吸引风险投资，最终孵化出新创企业；研究机构支持技术发展、共享研究设备，为产业和大学做补充，同时与社区学院和大学共同对企业员工进行培训，通过集群网络传递技术和知识；支持机构（如中介机构）通过向企业、大学和研究机构等行为主体提供服务，支持并保障集群网络的高效运行。

创新集群基于技术创新的项目集群，构建了一条"创意产生-研发-试验-投产"的全流程创新价值链，从地理空间的角度出发，创新集群必然产生在原本创新活动者相对密集的地区[⊖]。而随着互联网技术的发展，在地理临近带来低交易成本和知识溢出的同时，集群也实现跨区域合作发展，企业、大学、研究机构和其他参与者沿着价值链连成网络，整合各自的优势，创造能促进研发与创新的协同效应。

三、德国企业协同创新典型实践

（一）多元化协同创新模式：拜尔集团（Bayer）

对于生命科学领域的全球前列企业拜尔集团来说，创新是企业的重要基因。2017年集团在创新研发方面的投入占总销售额的近13%，主要聚焦制药、数字化医疗、消费者健康、农作物科学等生命健康相关重点领域。在创新模式上，集团采用多元化、开放式创新模式，以强大的自主研发能力为基础，协调生态资源，以技术与资本为核心杠杆撬动全球创新资源的自发集聚。同时，拜尔将自身成熟的创新管理体系进行封装，以"拜尔初创计划"为载体赋能中小企业，推动产业创新能力的广泛整合与高效利用。

拜尔集团的多元化协同创新模式及创新项目的商业化设计方案尤其值得国内正在搭建协同创新平台及运营尚不成熟的企业学习，其核心借鉴亮点如下：

一是搭建全球产、学、研、大中小企业的研究中心平台：通过建立全球研究中心［全球创新中心、联合实验室、技术探索（Technology Scouting）项目］，汇集全球高校、研究机构、本土生物医药及生命科学领域的企业机构，建立联合团队在重点治疗领域实现攻关突破，成功引领行业技术的重要变革。目前拜尔集团在全球已建立6个创新中心。

二是建立开放式孵化器/加速器平台（Grants4Apps项目）：通过搭建孵化器/加

⊖ 赵作权，田园，赵璐.网络组织与世界级竞争力集群建设［J］.区域经济评论，2018（6）：44-53.
⊖ 李明星，黄吉海，贾尽奎，等.新时代中国企业协同创新发展初探［M］.北京：中国经济出版社.2020.

速器平台，为中小／初创型技术创新类企业提供资金、人才、培训、生态圈产业资源等，协助其突破关键技术难点。后期通过技术合作、技术收购等方式实现双方企业的互赢。

三是设立风投基金（Leaps by Bayer 基金）：筛选投资行业内具有高发展潜能的生物医药类中小／初创型企业，并对集团现有的协同创新项目进行资金赋能。

四是科学完善的创新项目设计及管理：如 Grants4Apps "拜尔初创计划" 孵化器项目，通过梳理集团内部各部门的技术痛点，集团对全球生态圈内的中小／初创技术创新型企业进行招募筛选，入选企业会经过 100 天的开放式创新孵化（提供资金、人才专家、产业资源等创新要素赋能），并与集团相关部门进行技术对接，合适的标的企业可作为长期合作对象（而非直接收购）形成长期合作。该模式既帮助集团突破技术壁垒，占据行业前沿，又扶持中小企业可持续发展，并获得重要客户。该项目已在中国落地，支持了众多本土初创型生物医药科技企业的发展，如杭州观梓健康科技有限公司、浙江联心医疗科技有限公司等，目前该类企业已具备行业领先的产品及技术，成为行业潜力企业。

1. 拜尔集团创新基本信息（见表 3-13）

表 3-13　拜尔集团基本信息

企业名称	企业总部	所属产业	全世界覆盖国家
拜尔集团	德国勒沃库森	生物医药 & 生命科学	80 个
2017 年销售额（单位：亿欧元）	**2016～2017 年销售额增长（%）**	**员工数量**	**2017 年研发投入（单位：亿欧元）**
350	1.5	100000	44
研发重点领域	以制药、数字化医疗、消费者健康、农作物科学为核心		
研发组织架构（见图 3-14）	图 3-14　拜尔集团创新研发组织架构		
项目设置	**重点创新项目**　1）Grants4Apps：是拜尔集团针对初创型企业开放的创新孵化器，集团后期对于合适的项目进行收购或建立长期合作关系；　2）全球创新中心：全球设有 6 个创新中心，与全球医药领域核心资源达成战略合作，实现共同研发创新；　3）技术探索：通过与外部专家、研发机构等实现战略合作，突破新药的创新研发；同时在全球 5 个国家／地区逐步建立扶持本土中小生物科技企业的联合实验室项目，通过资源技术互补，实现联合创新；　4）Leaps by Bayer 基金：以投资具有高发展潜能的生物医药类中小／初创型企业为主		

2. 拜尔集团协同创新类型（见表 3-14）

表 3-14　拜尔集团协同创新类型

	协同创新类型	创新要素出借
基于生产资料	人才赋能	Leaps by Bayer 基金
	资金赋能	
	无形资产赋能	
基于创新能力	研发众包	全球创新中心、联合实验室、技术探索
	联合团队	
	外部收购	Grants4Apps 项目

（1）研发众包 / 外部收购：Grants4Apps 项目

Grants4Apps 是一个全球布局的创新加速器项目，建立于 2013 年，主要是为数字医疗健康领域的初创型技术企业提供有形资产、人才、无形资产、资金等多元领域的协助，帮助其在数字化医疗领域实现颠覆式创新突破；该项目重点聚焦数字化疗法、区块链、虚拟试验解决方案、心脏病预防等数字化医疗领域。该项目主要分为两个部分：第一部分是为初创型技术企业提供加速器平台；第二部分是与产品 / 服务相对成熟的初创型企业进行业务合作对接，意在建立长期的业务合作关系。项目第一部分为加速器平台，拜尔集团可为入选的数字医疗健康领域的初创型技术企业提供如下方面的赋能：一是有形资产赋能——可免费使用拜尔集团共享空间 100 天；二是人才赋能——可使用集团的人才专家资源；三是无形资产赋能——集团的生态资源及相关机会；四是资金赋能——上限为 5 万欧元。项目第二部分是企业与拜尔集团达成商务合作关系。对于初创型企业来说这是一个非常好的机会，与拜尔集团达成商务合作，使拜尔集团成为一个客户资源，同时通过前沿科学技术的应用，不断完善业务单元，实现行业突破。

杭州观梓项目已申报国家发明专利 6 项，已获授权 2 项，并已研发完成填补国内科研空白、解决医药行业痛点的相关技术服务与试剂产品。拜尔集团在初创计划中为观梓提供了全方位的专家支持，如针对其产品服务模型提供调优建议，使其更符合客户价值；同时在产品市场营销、会计、财务、企业管理等方面给予观梓多方位实操性建议。联心医疗的产品主要是一种新型生物压电薄膜材料，可用于心脏起搏器、脑起搏器等医疗器械制造。在联心医疗处于 Pre-A 轮融资阶段时，在建设优良制造标准（Good Manufacturing Practices）厂房工程方面，拜尔工程专家提供了非常落地实用的指导建议。拜尔集团在新型农业经营模式方面给予 Farmonize 公司更多指导。经过拜尔公司经营模式调优，该公司令土地、农民和消费者实现了更好的联系，为消费者提供更高品质、更安全的食品。

（2）联合团队：全球创新中心、联合实验室及技术探索

① 创新中心：全球达成治疗领域的战略合作。

拜尔集团在全球建立了 5 个创新中心，分别位于美国、德国、中国、日本和新加坡，逐步形成了一个覆盖全球范围的专家网络。创新中心主要囊括大学、研究机构、本土医药技术类初创企业、医药类公司等生物医药及生命科学领域的企业及机构。集团希望通过建立该创新中心为全球医药各领域的专家学者提供一个沟通交流、观点碰撞、建立项目合作的机会平台，同时与全球专家建立更深层的合作关系，在重点治疗领域实现创新突破。

② 联合实验室：聚焦与中小企业的联合创新。

拜尔集团在全球搭建联合实验室，意在通过联合集团外部团队资源（包括来自学术界、医药健康产业及各类疾病组织、相关政府机构）在药物及作物领域实现协同创新。同时扶持发展中的中小型企业及初创企业发展，提供共同合作的机会及从人才、生态、技术等多元维度对其赋能。拜尔的第一个联合实验室项目成立于 2013 年，目前已在全球 5 个国家 / 地区搭建了联合实验室，其中 4 个联合实验室主要聚焦药物板块，分别建在德国柏林、日本神户、俄罗斯莫斯科及美国旧金山，另一个联合实验室在美国加州的萨克拉门托，主要聚焦作物研究。该实验室培育了一批有较大发展潜能的药物公司，依赖集团的优质资源，有机会成为未来医药领域的新星之火。

例如，Aronora 是美国旧金山一家专门开发针对较难治愈、发展严重及发病较快的血栓性凝血疾病药物的中小型医药企业。这种疾病发病较为严重，很可能会引起中风、心脏病、肺栓塞、严重感染等一系列严重连带疾病。由于该企业参与了拜尔集团创新性的联合实验室项目，引用了集团突破性的保证药物安全的技术方法，Aronora 的药物产品未来将有很大潜力成为世界顶尖的用于急性血栓性疾病的产品。

（3）人才 / 资金 / 无形资产赋能：Leaps by Bayer 基金

Leaps by Bayer 基金是拜尔集团的一家风险投资机构，专门投资于中小型生物技术公司。Leaps by Bayer 基金主要聚焦 DNA 编写、微生物群组、核糖核酸（RNA）抑制、核糖核酸激活、干细胞疗法等生物医药与生命科学领域。被投资的中小型企业不仅能得到拜尔集团的资金赋能，还可以获得集团专家人才队伍的技术战略指导、生态圈资源、有形 / 无形资产使用等多维度赋能，研发活动可获得拜尔集团的全方位支持。

（二）跨界企业合作协同创新模式：戴姆勒集团（Daimler）

在信息时代，汽车制造业已经进入一场根本性的技术变革。戴姆勒集团作为全球汽车制造业的领军企业，率先提出重点关注"互联、自动、共享及电动"的创新战略方向，即 CASE 战略。在与所有国际一流企业开放式创新选用的共性模式之外（如搭建开放式孵化器平台扶持中小企业技术及商业模式创新；设立创新风投基金实现技术收购或购买，如 Tech Invest；或是构建生态圈协同创新平台，形成联合团队突破重点技术领域等），戴姆勒集团通过加入生态圈企业已搭建成熟的协同创新平台（如与可口

可乐集团、Plug and Play 等企业平台积极展开合作），实现与全球优质创新资源的对接，避免平台的重复建设和资源浪费。

这种模式的核心借鉴亮点是：优先对接全球发展的协同创新平台，避免平台重复建设。企业需要各种资源来培育协同创新的运作能力，不能保证后期协同创新的运作效果，因此可优先考虑对接全球发展相对成熟的协同创新平台实现生态圈资源的共享和合作。

1. 戴姆勒集团创新基本信息（见表 3-15）

表 3-15 戴姆勒集团创新基本信息

企业名称	企业总部	所属产业	全世界覆盖国家
戴姆勒集团	德国斯图加特	汽车制造业	超过 100 个
2017 年销售额（单位：亿欧元）	2016~2017 年销售额增长（%）	员工数量	2017 年研发投入（单位：亿欧元）
1643	7	290000	87
研发重点领域	CASE 战略，即互联、自动、共享、电动		
研发机构设置	The Bridge：该孵化器项目由可口可乐集团于 2014 年创办，主要为初创型企业实现产品 / 服务商业化落地提供专家资源、授予 IP（知识产权）专利等生产资料赋能；奔驰公司于 2017 年加入该项目； 戴姆勒星创高速（Start up Autobahn）：该平台由 Plug and Play 创办，意在建立生态圈协同合作平台，实现生态圈企业、中小 / 初创企业之间的合作； 与 Plug and Play 在中国的合作：Plug and Play 在中国北京设立了一个办公室，与本土初创类技术公司进行接洽，实现本土创新技术相关领域的合作； Lab1886：该项目本质是商业模式孵化器，创建于 2007 年，意在对产品 / 服务的商业模式实现创新，目前戴姆勒集团中常用的商业模式便诞生于该项目，如 Car2go、Moovel 等； Tech Invest：负责中小 / 初创型科技创新企业的投资及收购； RD/IM：通过与外部技术类企业进行战略合作，实现行业前沿技术的引进，同时为外部中小企业提供品牌赋能		

2. 戴姆勒集团协同创新类型（见表 3-16）

表 3-16 戴姆勒集团协同创新类型

	协同创新类型	创新要素引入 / 出借
基于生产资料	人才赋能	The Bridge、RD/IM
	资金赋能	
	无形资产赋能	
	有形资产赋能	

（续）

	协同创新类型	创新要素引入 / 出借
基于创新能力	研发众包	戴姆勒星创高速 \ 与 Plug and Play 在中国的合作 \Tech Invest\Startup Intelligence Center\RD/IM\The Bridge
	联合团队	
	外部收购	

戴姆勒集团是通过与跨界企业协同搭建创新平台，如 The Bridge、Start up Autobahn 等，实现与生态圈企业的协同与合作，同时为中小企业、初创型企业提供人才、资金、有形资产、无形资产等各方位的赋能，协助其创新成长。该模式不同于企业内部自建与外部的协同创新平台，从某种程度来说，更好地实现大企业之间创新平台的对接，实现了协同创新平台的集约化发展，同时也可为初创类企业提供更多元的创新要素赋能。

The Bridge 平台由可口可乐集团于 2014 年成立，之后戴姆勒集团及时代华纳旗下的特纳广播公司（Turner Broadcasting）先后作为投资方加入，意在对接能解决三家公司技术痛点的初创类企业。虽然是跨界领域，但三家公司寻找的具有相应创新技术的初创类公司有 70% 是重合的。目前，The Bridge 已成功孵化 30 家初创企业。其中，最成功的项目有：虚拟现实（简称 VR）内容管理系统 Beyond；应用内搜索服务 Curiyo；企业的社会投票调查工具 Endor；低成本广播系统 Pixellot 等。

（三）集群型协同创新实践：It's OWL

1. 案例介绍

自 2012 年以来，世界级先进制造业集群 It's OWL 一直是德国制造业竞争力的主导力量。目前，该集群大约有 200 家公司、研究机构和组织，联手为中小企业的数字化转型开发解决方案，成员包括 Lenze、DENIOS、BOSBT 等多家核心企业，以及比勒菲尔德应用科学大学等多所大学和研究机构。It's OWL 是"尖端集群竞赛"的杰出代表，获得过德国联邦政府 4000 万欧元的资助[⊖]。

首先，It's OWL 是德国工业 4.0 技术应用的主力，也是世界级智能制造产业高地，该集群通过创建集群组织，将企业、大学、研究机构和支持机构等行为主体紧密联系起来。其次，It's OWL 通过搭建工业互联网平台主动利用互联网、大数据和人工智能等信息技术，推进了"互联网＋制造业"的深度融合，对于我国实现借鉴协同创新经验具有一定的启示意义。

2. 组织模式

It's OWL 通过创建集群组织、加强网络化建设运营，解决治理运营问题；通过搭

⊖ 张佩，赵作权 . 世界级先进制造业集群竞争力提升机制及启示——以德国工业 4.0 旗舰集群为例 [J] . 区域经济评论，2020（5）：131-139.

建工业互联网平台、推进先进制造模式，最终实现创新发展。其框架如图 3-15 所示。

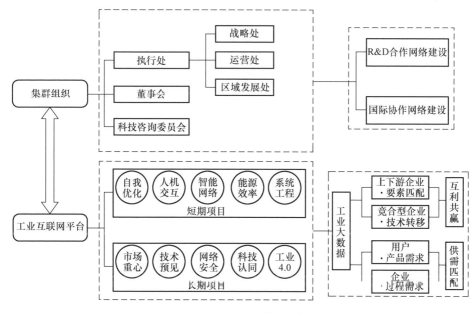

图 3-15　It's OWL 的集群框架

在内部管理方面，It's OWL 的集群组织（It's OWL Clustermanagement GmbH）是一种结构上类似公司型组织的非营利机构。It's OWL 设立董事会、执行处和科技咨询委员会 3 个部门。其中，董事会由 20 位来自集群内部企业、大学和研究机构等部门的权威人士构成，他们共同决定集群发展的战略方向；执行处下设战略处、运营处和区域发展处 3 个子部门。科技咨询委员会主要由来自大学和研究机构的 4 位科技专家构成，为集群组织提供战略决策与技术预见等方面的智力支持。3 个部门各司其职，实现良好的运营与治理。

在集群组织的协助下，It's OWL 的企业、大学和研究机构等主体通过网络化合作实现智力共享、科技创新和技术转移，但 R&D 合作网络共同开发的技术在投入市场前需要在科技创新中心进行试验。在国际协作网络建设方面，It's OWL 在产品和生产系统数字化领域能够就当前主题、趋势和解决方案等提供意见交换平台。It's OWL 寻找并吸引世界各地的优秀伙伴。截至 2019 年年底，It's OWL 已经与加拿大、中国、芬兰、印度、日本和美国等国家建立了合作关系。

3. 协同创新纽带——工业互联网平台

It's OWL 集群集 R&D、劳动力培训、工程与工程再造、论证、测试和市场创造等活动于一体，为提升并维持全球竞争力，It's OWL 致力于建设一个更加兼容、互补的国际协作网络○。德国研发支持计划从 2012 年到 2019 年共向工业 4.0 科技解决方案

○　张佩，赵权权.世界级先进制造业集群竞争力提升机制及启示——以德国工业 4.0 旗舰集群为例［J］.区域经济评论，2020（5）：131-139.

投入 45 亿欧元，It's OWL 与德国政府合力搭建了工业互联网平台。利用工业互联网平台，It's OWL 实现了上下游企业要素匹配和竞争型企业之间的技术转移，以及企业与用户之间的供需（要素／产品／服务）匹配，极大地提高了资源配置效率和交易效率，进而实现先进制造。It's OWL 集群搭建的工业互联网平台将工业领域的资源、设备和软件等集聚在一起，并用统一的语言描述工业知识和技术，快速重构整个价值链。在实现上下游企业要素匹配方面，基于工业互联网平台获取的工业大数据，上下游企业能够建立伙伴关系，实现工业要素在生产关系中的优化配置。It's OWL 通过研讨会、课程培训、专家团队、示范中心和快速审查等，帮助企业熟悉应用工业互联网平台。在集群组织的监管指引下，企业每年在约 30 个活动和研讨会上了解数字转型的新研究方法和解决方案，使位于产业链上下游的企业能够构建新型生产关系。

在促进技术转移方面，It's OWL 建立了一套面向中小型企业需求的系统方法来消除企业（特别是竞争型企业）之间的技术转移壁垒。首先，通过参加展览会等活动建立兴趣；其次，有意向的企业参加科技创新论坛和课程培训等活动深入了解工业互联网平台；再次，根据本企业内部的具体问题试验检测；最后，实施技术转移项目。

在实现企业与用户之间的供需匹配方面，It's OWL 激励企业增加产品和生产过程的智能化，并开辟潜在客户的准入渠道。借助工业互联网平台，企业和用户之间建立交易关系，同时辅助产品或服务创新，进而更有效地实现企业与用户之间的供需匹配。

第四节　以色列企业协同创新实践

2019 年，以色列首次进入全球创新指数前十，主要是因为国家高素质的人才、创业文化、大胆的创新精神及政府对科技研发的长期支持。以色列的初创企业在世界不同领域取得领先的技术突破，特别是在通信、互联网、医疗、农业、生物技术、安全、海水淡化等领域。以色列的研发支出占 GDP 的 4.9%，人均创新型企业和人均高新技术企业数量居世界第一。以色列人均专利数量居世界第五位，仅次于日本、瑞典、瑞士和韩国[一]，被誉为世界领先的创新中心，被誉为"创业之国"和"世界硅谷"。以色列非常重视教育。以色列有 9 所大学，其中 6 所在 2020 年被列入 QS 名单。

政府的扶持促进了国内风险投资业的崛起。到 2020 年，以色列风险投资有 20 笔超过 1 亿美元的巨额投资，总额达到 32.6 亿美元，占以色列 2020 年投资总额的近三分之一。目前，以色列有 30 多家技术公司，估值在 10 亿美元以上。从行业来看，投资最多的是网络安全、金融科技和物联网。

大规模的资金投入，极大程度地推进以色列公司的发展和成长。以色列人均初创公司数量是世界第一，排名第二的城市特拉维夫是新兴的全球创业中心。继美国和中国等超级大国之后，以色列在纳斯达克上市的公司数量排名第三。截至 2019 年，以色

　　㊀　2018 年 PCT 数据库（专利合作机构）。

列共有 6 家独角兽企业，以及 392 家孵化器和加速器。

以色列蓬勃发展的科技创业精神吸引了来自世界各地的投资者和大型跨国公司。在过去的几十年里，超过 300 家跨国公司（包括 IBM、谷歌和微软）在以色列建立研发中心，有的甚至在各个领域设立多个中心。这些研发中心约占企业研发支出的 50%。这些跨国公司已经在以色列收购 100 多个研发中心。跨国公司频繁的收购活动为以色列创新生态系统资产提供了不竭的动力：领先的研究、技术人才、企业文化和完善的生态系统，有效促进了以色列基于高素质创新人才的协同创新和升级发展。

一、"政企互动"助推协同创新

以色列的协同创新以"政企互动"为重要基础。政府通过市场化的基金运作推动企业发展，同时建立首席科学家制度，与国外合作，为协同创新起到积极的推动作用。从政策角度来说，政府的积极态度也是一种动力，非常注重培养官员的创新意识，除此之外还通过层级管理模式来对各级官员提出要求，为全社会创新起到积极作用。

以色列政府认识到，以色列的产业组织并不强大，还存在很多的缺陷，政府非常重视本国的科技发展情况，一直坚持主导本国科技发展。以色列提出"科技立国"的思想，推动创新政策的发展，并逐渐由政府直接参与向全面开放合作转变（见图 3-16）。

图 3-16　以色列政府创新政策变化

二、协同创新组织形式及运行机制

以色列在混合型协同创新方面的成就是多种因素共同作用的结果。以色列政府通

　㊀　CBINSIGHTS 数据库。
　㊁　IVC Research Center 数据。
　㊂　高静 . 以色列科技研发与成果转化国际合作研究 [J] . 北京：对外经济贸易大学，2015.

过顶层设计法规、制度改革、吸引民间风险投资资本加盟推进协同创新，例如制定首席科学家制度、组织开展国际合作、设立风险基金⊖；企业利用政府基金进行研发和经营活动，在研发成功后返还销售收入，并实现成果转化、解决就业问题，对社会起到反哺推动作用。政府、企业、高校、科技转化公司、风投公司等主体相互影响、相互促进，共同形成以色列协同创新体系（见图 3-17）。

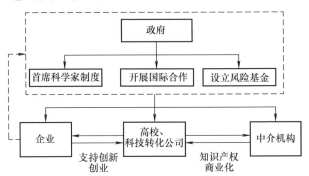

图 3-17　以色列协同创新体系各主体关系

（一）政府起政策主导作用

以色列政府一方面建立首席科学家制度，即首席科学家办公室，积极开展科技领域的国际合作；另一方面，通过设立风险基金等方式，鼓励和促进产学研机构（主要是大学）之间的国际合作。

1. 制定首席科学家制度

以色列科技管理体系的运营是以首席科学家制度为核心的，首席科学家制度的主要任务是完成科技发展战略的制定、提高国际合作的紧密度、提高国际市场地位⊜。以色列的首席科学家制度在整个欧美国家/地区是最完善的，以色列科技管理体系能够高效协调政府各部门的工作，引导国家科技发展。首席科学家制度有效地引导以色列的产业布局，在一定程度上满足国际市场的需求，也更容易获得国际资金、人才等资源的支持。

2. 政府组织开展国际合作

以色列外交部、科技部、工信部、工信部下属出口协会、首席科学家办公室分别履行管理和协调国际合作、批准和签署合作协议的职责，寻找合作伙伴。1995 年以色列加入世界贸易组织（WTO）后，以色列政府成立了世界贸易组织—技术贸易壁垒（World Trade Organization -Technical Barriers to Trade，WTO-TBT）信息中心，专门研究以色列国内和 WTO 之间技术贸易壁垒问题，实现以色列国内标准与国际标准的衔接，打破技术贸易壁垒，防止国内产品出口受阻。

　　⊖　范琳，刘敏，李茂林. 国外创新创业发展生态系统的构建与对我国的启示——以以色列创新创业经济发展为例［J］. 北方经济，2018（12）：74-77.
　　⊜　陈套. 以色列创新引领发展的政策逻辑和实践选择［J］. 中国高校科技，2019（10）：51-54.

3. 设立风险基金

以色列自建国以来，政府拥有对金融市场的绝对控制权，且相关控制政策比较严谨，主要是为了能够对金融资源进行合理调配，集中发展重点产业，在较短时间之内能够让经济快速发展。

以色列的金融改革从 20 世纪 80 年代开始执行。主要实行金融自由化，如外汇管理自由化吸引了大量国际资本。当前，以色列的风险投资已成为世界上最发达的产业，海外风险投资给以色列的经济发展带来了非常大的影响，促进了本国科技成果转化。

以色列政府通过建立双边合作基金，分担资金和风险，获取知识和技术，通过合作伙伴推动企业进入新市场[一]。如以色列与美国合作建立的跨国产业研发基金（Israel-U.S.Binational Industrial Research and Develoment，BIRD），与韩国合作建立的 KORIL 基金，与加拿大合作建立的 CIIRDF 基金等，这些基金都配置独立委员会进行管理。

在促进成果转化的过程当中，政府主导的风险投资政策作用非常明显，政府融资并没有挤占，而是刺激私人投资。20 世纪 90 年代，YOZMA 风险投资基金就是由政府主导完成的。该基金规模为 1 亿美元，属于政府基金，具有两大功能：一是以 8000 万美元投资于 10 只民间风险投资基金作为母基金，平均每只基金投资 800 万美元，这十只基金必须吸引国外知名的风险投资基金或外国金融机构，800 万美元必须配备 1200 万美元的社会资金；二是政府用 2000 万美元设立国有风险投资基金，直接投资于初创企业。YOZMA 基金的设立主要是引导民间资金，进一步发展商业投资基金，支持创新型企业发展，扩大杠杆效应。如果风投注资创新型公司，就能够从政府获得相应的支持资金，为创新型公司的发展奠定坚实的资金基础。政府会为投资失败承担所有的损失，如果投资成功，创新型公司仅需要将政府投入的资金归还即可，这部分资金会被政府投入下一个投资项目当中。在 YOZMA 计划中，最初成立的 10 家风险投资基金全部受益。政府动用了 1 亿美元的资金来撬动 1.5 亿美元的外部资金。1998 年，以色列政府通过拍卖、股权转让等方式收回全部政府资本，完成了 YOZMA 风险投资基金的私有化改革，将重点转向政策支持和投资环境建设，建立了以色列风险投资市场开放竞争和法律保护的良好机制。对于以色列来说，YOZMA 基金的成立推动了第一批风险投资基金的发展。政府在不求回报的情况下承担所有风险，促进了创新型企业发展，为以色列的高科技项目发展提供了保障。

（二）企业反哺扩大国家创新创业

企业获得政府资助，在获利后对其他公司起到反哺推动作用，同时通过成果转化、解决就业问题，服务于社会。以色列政府对企业的资助是采用借款的方式，而不用完全资助的方式。企业的创新风险是和政府一起承担[二]。以色列政府规定，如果企业研发

———

[一] Eliezer Manor. 以色列高科技和风险投资的发展情况［J］. 科技管理研究，2004（2）：3-5.

[二] 范琳，刘敏，李茂林. 国外创新创业发展生态系统的构建与对我国的启示——以以色列创新创业经济发展为例［J］. 北方经济，2018（12）：76-79.

项目没有成功，科研经费损失会由政府来共同承担，企业在创新的过程当中不需要有负担；如果企业创新成功，只需要逐年归还政府投入的资金，这部分资金会被政府循环利用，支持其他创新项目的发展。

（三）高校与科技转化公司合作助推知识产权商业化

以色列正在大力建设科技转化公司，这些公司几乎遍布所有大学，负责科技成果的转化。高校拥有科技转化公司的所有权，但是经营和财务管理由科技转化公司独立进行，在进行科研成果转化时，科技公司拥有独立的谈判权，可以直接接触相关企业。

三、以色列企业协同创新典型实践

（一）"政企互动"协同创新模式：捷邦为例

以色列捷邦安全软件科技有限公司（Check Point Software Technologies Ltd，简称"捷邦"）成立于 1993 年，它是世界上最大的互联网安全解决方案提供商之一，拥有约 5000 名员工。总部位于以色列特拉维夫，在奥地利、白俄罗斯、比利时和捷克共和国设有国际子公司，在美国和其他多个国家设有办事处。捷邦的产品和服务已覆盖超过 10 万家企业、数百万用户，其协同创新如图 3-18 所示。

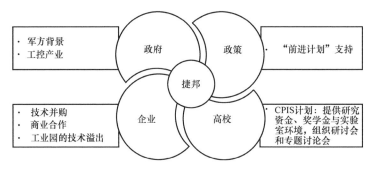

图 3-18 捷邦的协同创新

1. 捷邦的协同创新背景

创始人的成长背景具有明显的军民融合特征。企业与军队有着天然的联系。以色列政府资助以色列企业开发网络安全技术解决方案，公司所在的特拉维夫工业园提供集成化的产业环境，这些是捷邦得以成长的背景和条件[一]。捷邦公司创始人兼首席执行官吉尔·施韦德曾在以色列 8200 部队服役。8200 部队培养了一批以色列工业控制技术人才。可以说，它既是以色列工业控制产业的基础，又是工业控制相关初创企业的青年人才孵化器，为共同创业搭建了基础和纽带。

[一] 贺佳瀛. 以色列网络安全企业捷邦（Check Point）调研［J］. 信息安全与通信保密，2018（1）：100-102.

2. 捷邦所获得的政府支持

作为全球性网络安全企业，捷邦的崛起速度非常快，主要得益于以色列政府提供的一系列支持政策。自 2011 年以来，以色列政府将网络安全提升到国家战略层面，构建网络生态系统。从军事和军工等领域来进行网络安全拓展，民营创业公司和军工企业保持紧密的合作关系，在网络安全产业当中融入军工项目理念。

2013 年，以色列国家网络局和首席科学家办公室推出了促进网络安全研发计划，即"前进计划"（KADMA PROGRAMME）。这是以色列国家网络局成立 18 个月后推出的首个促进网络安全产业化发展计划，旨在促进研发与产业结合，加快技术转移，培育本土企业。在此计划中，发展网络安全产业上升为国家战略，被认为是"国家经济增长的新引擎"。

通过"前进计划"，捷邦从政府得到了财政支持。此外，政府还制定了一系列优惠政策，对该区的发展起到了积极的推动作用。"前进计划"实施的最终目标是为能够在网络技术方面支持以色列企业发展，解决国家网络安全的相关问题。该计划始于 2013 年，历时两年半，于 2015 年 6 月结束。以色列国家网络局和其他部门共新投资 1 亿新谢克尔。以色列政府利用"前进计划"的实施，加强国家战略中的网络安全部分，为国家经济增长开辟新渠道。

3. 捷邦与企业、高校的协同

捷邦成立二十余年来，通过技术并购、商业合作等方式与一些企业形成协同创新关系。2009 年 4 月，捷邦收购诺基亚安全设备业务；同年 11 月，捷邦收购 Face-Time Communications 的应用数据库；2018 年 10 月，捷邦实现 Dome9 的技术并购，使产品的云部署更安全，更易于企业实现 IT 基础设施升级过渡时的可控。在商业合作方面，2018 年 9 月 20 日，BlackBerry 与捷邦达成全球 ISV（独立软件供应商）合作伙伴关系，双方对捷邦在市场领先的移动威胁防御解决方案的跨平台安全设备进行联合市场规划和销售，BlackBerry 团队将接受捷邦解决方案的全面培训，以便转售该解决方案并作为单一联络点提供专业服务和支持。根据捷邦官方网站公布的数据，2020 年捷邦的总收入为 20.65 亿美元，同比增长 4%。

在研究方面，捷邦通过 Check Point Institute for Information Security（Cpiis）计划促进学术信息交流和计算安全研究。该组织为项目、博士后、研究生提供研究资金和奖学金，为实验研究提供实验室环境，组织研讨会和专题讨论会，促进学术界和工业界的合作。此外，捷邦所在地特拉维夫工业园内的科技公司和创业企业也对捷邦产生了有益的影响。特拉维夫工业园集聚了 1200 多家高科技公司和近 1000 家小企业，这种产业集聚和知识溢出效应也为捷邦提供了适宜的技术发展环境。

（二）"企业＋研究院"协同创新模式：以 AgriTask 为例

AgriTask 是以色列的一家农业科技公司，具备灵活的整体化农艺运营平台，让全球农民利用精准化概念，根据实时数据进行农业决策。

在协同创新领域，AgriTask 积极与全球农业科技类研究院、行业内大中小型企业形成研发合作，共同突破农业科技领域的创新难题；同时通过与食品公司、农业保险公司等多方利益方合作，协同推动技术在使用需求拓展、技术攻关领域的前行；同时公司逐步开始利用外部行业基金、产业资本，重点推动公司研发领域创新。

1. AgriTask 创新基本信息（见表 3-17）

表 3-17 AgriTask 创新基本信息

企业名称	企业总部	所属产业	全世界覆盖国家
Agri Task	特拉维夫	农业	主要为以色列
研发重点、领域	农业科技、农业数字化、农产品质量管理、产品可追溯性、遥感		
企业及业务简介	2008 年创立的 AgriTask 已经成为以色列著名的农业管理公司，超过 25% 的以色列种植户和世界上一些大型的农业种植者都在采用它们的技术； AgriTask 可服务 50 多种农作物：蔬菜、果园和柑橘、大田作物、温室花卉、葡萄、林业苗圃。同时，可以用于国家病虫害防治工程、政府机构、纸浆企业等		

2. Agri Task 协同创新基本类型（见表 3-18）

表 3-18 AgriTask 协同创新基本类型

	协同创新类型	创新要素引入 / 出借
基于溢出商机	客户赋能	联合食品公司、农业保险公司等客户方，提出技术改善、功能拓展等需求，实现公司技术能力的精准突破
基于生产资料	资金赋能	引入投资基金突破重点领域研发
	无形资产赋能	农业科学技术 / 平台输出
	有形资产赋能	
基于创新能力	联合团队	联合全球农业研究机构开展农业科技的研发合作

第五节 日本企业协同创新实践

一、政府牵动协同创新

政府率先推行产业政策，通过政府牵引建立良性的政产学研关系。与以色列通过基金、首席科学家制度等手段实现政企互动不同，日本政府起到了一定的干预作用，政策更多聚焦于产业。日本的创新手段在短时期内获得了显著的效果。日本在19世纪50年代被迫结束锁国时代，这种历史背景决定日本无法像西方一样积累自己的技术体系，只能借鉴移植欧美国家/地区的经验，采用快速、简单的办法实现创新。

日本产业政策的制定和实施过程高度集中。经济产业部（原工信部）一直保持主导地位，其他政府部门和地方政府无权制定产业政策。日本自二战以后就进入了全面改革的阶段。在资本主义国家中，日本在1955年保持了全球第七的国内生产总值水平。经过12年的改革和发展，日本成为世界第二大经济体。二战后，日本根据国际国内形势的变化，对创新体系进行了几次调整，可分为四个阶段：一是体制改革时期（二战后至20世纪60年代末），这一阶段创新体系开始制度改革，日本政府积极主导和介入；二是产业结构调整时期（20世纪70年代至20世纪80年代初），这一阶段经济高速增长，产业结构开始调整；三是"泡沫经济"初期（20世纪80年代中期至20世纪90年代），这一阶段经济低速增长，产业政策开始减少干预；四是创新立国时期（20世纪90年代至今），这一阶段经济开始复苏，产业政策向多级转变，开始放松管制，政产学研开始紧密合作。产业政策是日本产业发展背后推手。各时期的主要政策如图3-19所示。

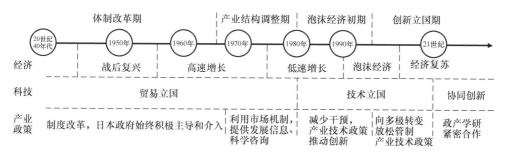

图 3-19 日本各时期主要创新体制

从产业政策发展脉络来看，日本在体制改革时期，实行以私有制为基础的市场经济，同时，政府始终积极主导，通过制定和实施大量产业政策，确保实现经济赶超。日本的工业化进程在20世纪60年代完成，大大提高了经济发展水平。

在产业结构调整期，日本政府将提升国民生活质量作为产业政策的重点，注重治理环境、提升社会福利等问题，最大限度地利用市场机制，由原有的财政、税收、金融政策等纵向产业政策转向横向产业政策，从行政干预转为提供发展信息、科学咨询。

日本在 20 世纪 70 年代就已实现产业结构调整，整体水平不输欧美强国。发展到 20 世纪 80 年代，"技术立国"战略出炉，日本经济自此开始以自主创新为主，创新技术开始取代此前的产业发展成为产业政策的主导。由于国际竞争日趋激烈，日本政府为了能够谋求自身发展开始调整产业政策：一是只有在"市场失灵"领域才会有政府行为来进行干预；二是以产业结构政策为主导，依靠产业技术政策推动创新。但是，在技术开发的过程当中，日本始终强调政府的主导作用，忽视了市场规律的影响力，没有能够激发出企业在市场发展过程当中的自主性，在扩大内需的同时，盲目鼓励向海外投资，造成资本流出、外国商品涌入，产业空洞化。另外，房地产和金融市场的兴起吸引大量资金并促进虚拟经济的发展，经济泡沫由此出现。

"泡沫经济"的破灭给日本经济带来了巨大的打击，使其在很长一段时期内都处于持续低迷的状态。这一阶段，日本的产业政策再次转型。主要特征有：一是产业结构政策目标从单极型向多极型转变⊖。二是加快放松政府管制，"竞争政策"逐步取代了产业政策的主体地位。在日本市场经济发展的过程当中，社会资源受到政府的限制，造成了流动局限性，显现出明显的负面影响，这引起了日本政府的重视，政府开始对相关的政策和战略进行反思，调整政府规制，用更加宽松的政策给予市场自由发展的空间，并表现出对竞争政策的极度重视。三是提升产业技术水平成为政策焦点。

进入 21 世纪后，为了提高科技成果转化率，日本政府更加重视"政产学研"的密切合作。例如，日本汽车工业协会汇集本田、丰田等汽车企业及下属研究机构，以及早稻田大学等高校。由汽车企业、电力公司、相关合作企业、大学及研究机构等单位组建"EV/PHEV 城市构想推进研发合作组织"，共同制定了新能源汽车产业核心技术、关键技术研发的相关措施。

二、协同创新组织形式及运行机制

从 20 世纪 80 年代开始，协同创新对于日本来说不是高校人才流向各大产业的唯一途径，大学与企业之间存在着一种关系，使两者之间的联系更加紧密⊖。日本政府在 21 世纪调整合作模式，大学和科研机构成为技术开发的主要阵地，注重技术与产品创新，完成市场开拓（见图 3-20）。

⊖ 于潇宇，刘小鸽. 新常态下中国产业政策的转型——日本工业化后期产业政策演变的经验启示 [J]. 现代经济探讨，2019（3）：108-115.
⊖ 刘兰剑，应海涛，张田. 战后日本科技创新能力演变及其构建机制研究 [J]. 科学学与科学技术管理，2018，39（3）：16-33.

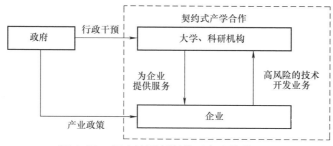

图 3-20　日本协同创新体系各主体关系图

（一）政府对企业和大学进行行政干预

在日本的"政产学研"合作中，政府拥有强大的财力和制定产业政策的权力，因此占有主导地位。小微企业在政府的主导下实现了建设效率的提升，完成组织建设后，政府开始用支持和辅助取代主导。对于产学研平台来说，正是由于有了政府资源的注入，才拥有了更多社会资本，才能够以更大力度支持中小微企业的发展。

政府资源与产业相结合，更有利于发挥科教优势。日本在经历过二战以后将大量的人力、物力投入到科技创新中。与此同时，日本积极进行相关的军事科学研究，以大学为基地，大力发展科学技术，积极筹建公立科研机构。在这个过程当中，日本企业也响应国家号召，在政府指导下，加大科研力量的投入，进行企业科研环境构建，这在很大程度上动摇了此前在科研领域占据主力地位的大学的影响力。

（二）产业与大学进行契约式产学合作

日本大学、企业与政府的关系并不融洽，但后来转向积极合作。企业倾向于寻找海外大学进行科研合作，不以本国高校为唯一的依靠。但是，随着世界经济格局的不断调整，日美之间出现了更加激烈的摩擦，增加了企业技术引进的支出。在政府的引导下，企业开始更加积极地与高校合作。在产学合作的基础上，坚持完成生态场的建设，这也是产学合作政策的重要内容。大学是产学合作政策的主要针对目标。大范围的组织和制度调整为产学合作当中大学的顺利参与奠定了基础⊖。1996 年，根据相关计划，将企业和科研机构紧密地结合在一起，对于科技创新过程当中出现的关键问题进行有效解决。受到这些政策的影响，高校更愿意加深与企业的合作。文部科学省负责为高校提供相应的经费，由于受到经济发展速度的限制，影响了经费的增长，在这种情况下，相较于企业研究人员，高校研究者所能够支配的研究资源更少，要进一步提升高校创新能力，必须得到企业的资金支持。

随着日本的发展，整个社会非常关注高校的基础研究，并为高校提供投资资金，使高校和企业更加紧密地联系到一起。为能够进一步提高先端科技领域内日本企业及公立机构之间的合作紧密度，先端融合领域项目被推出。

⊖　许悦雷．中日两国产学合作创新机制的比较研究［J］．日本研究，2019（3）：31-38.

日本的独创性创新产出项目在 2013 年正式设立，最初主要是为了能够对大学的科研成果进行快速转化，之后受到社会各界的关注，使学校优秀研究成果可以通过企业资助转化为实际应用。2017 年，日本启动先进集成项目，产学研合作从基础研究逐步扩大到研发。目前主要集中在医学领域。

可见，日本产学合作政策具有高度的指导性和可操作性。各大学按照相关的政策要求对知识产权相关规则进行规范和制定，为创新人员提供保障，也为构建良好的生态环境奠定了基础，并且通过书面的形式展示出来。在上述政策的基础上，产学合作模式变得更加成熟。

三、日本企业协同创新典型实践

日本企业协同创新是"政产学研"主导型协同创新模式。

（一）政策环境：政府对汽车产业的引导

日本政府在二战之后开始执行相关的政策来保护本国的汽车产业，通过外汇配给制度和高关税政策，确立日本汽车工业的地位，减少外国企业的威胁。由于日本汽车工业正处于进口期，丰田、日产、五十铃等汽车企业纷纷在中国出现。

日本的产业政策和冷战形势对日本的政策环境也起到重要作用。美国从 1947 年到 1952 年逐步撤销对日本汽车产业的管制。1952 年和 1955 年日本政府先后颁布了《理解国产轿车意义》和《国民车扶持大纲法》等，重视低能耗小型轿车的发展，为"国车"奠定了基础，促进了日本汽车企业的发展。

进入 21 世纪，日本政府汽车产业政策的主要目的是减少汽车尾气造成的空气污染，这也符合提高产业技术水平的政策。2010 年，日本经济产业省公布了《新一代机动车战略 2010》，提出到 2020 年，纯电动汽车（EV）和混合动力汽车（hybrid）应占乘用车总销量的 50%。2018 年，日本政府提出到 2050 年仅销售电动汽车，以减少乘用车温室气体排放 90%。在此背景下，丰田等主要汽车制造企业开始研究开发新型环保汽车技术，例如，新能源汽车技术、柴油发动机技术、汽车制造工艺等。2018 年，包括丰田、本田和日产在内的 11 家公司联合成立了一家名为日本 H2 Mobility 的合资企业，促进在日本全境部署加氢站。H2 Mobility 是日本政府对新能源汽车、氢和燃料电池战略及氢能战略的补充。

（二）开放平台型协同创新模式

丰田的协同创新系统以：丰田为例丰田为核心企业，丰田通过自身的创新引领上游企业和下游企业的创新方向⊖。在丰田创新的引领下，整个日本汽车产业的生产和

⊖ 芮明杰，张群．生态系统中舵手型企业的创新促进机制研究——以丰田汽车为案例［J］．经济与管理研究，2015（5）：115-123.

创新能力得到迅速提升。在产业体系联盟建立的基础上，丰田和上下游企业建立了多边合作的关系，并在管理方式上进行创新。除了技术支持之外，丰田还通过提供资金支持的方式加深与产业链周边企业的合作。这也是丰田和产业链周边企业建立创新联系的基础（见图3-21）。

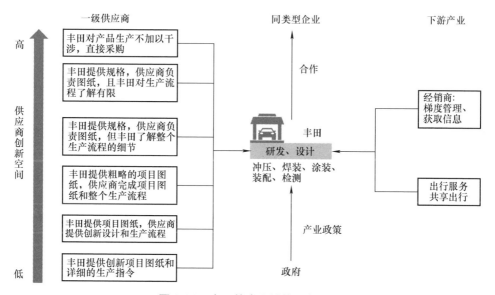

图 3-21　丰田的产业链协同创新

1. 丰田与供应商的协同

在选择供应商方面，除了生产能力以外，丰田对供应商的考察还侧重于其是否拥有超强的创新能力，这能够保证创新网络的构建，能够通过长期的合作，对创新网络进行优化和完善。由于不同的供应商为丰田提供的产品是不同的，因此丰田也按照差异化的方式来对供应商进行管理⊖。

2. 丰田与经销商的协同

丰田通过协商的方式，实现与经销商的共同创新。丰田通过梯度管理模式来提高经销商管理效率。通过信息共享和技术支持，实现与经销商的高效合作。经销商为丰田提供大量的信息，帮助丰田作出正确的决策，以适应市场发展。

3. 丰田与同类型企业协同

丰田协同创新涉及整个供应链，除此之外，为了能够达到更好的效果，不断整合更多的外界资源，并对联盟关系进行横向拓展，创建全新的协同创新模式。2016 年丰田和马自达通过一份协议建立了长期的合作创新关系，涉及多个领域的内容。在协议当中双方约定，通过联合委员会，对双方的优势进行客观评估，在环保、安全等领域

⊖　李淑鑫.核心企业与配套企业协同创新模式及博弈研究［D］.开封：河南大学，2017.

进行合作拓展。丰田还与戴姆勒、宝马、三菱、本田、日野等供应链核心企业建立战略合作关系，形成协同创新。2019 年，丰田和现代合作研发氢动力卡车，并与广汽集团签署战略合作框架。2020 年，比亚迪丰田电动汽车科技有限公司开展纯电动汽车和汽车用平台及零部件的设计开发。这也满足了日本国内外对新能源汽车的需求。

4. 丰田向产业链下游的商业模式创新

丰田从 2018 年开始转型进入出行服务商领域，并且开始和谷歌、苹果等科技企业进行竞争。在此基础上，e-Palette 平台的发布成为丰田正式进军出行服务领域的标志，并与亚马逊等平台建立了联盟关系。可见，在未来发展的过程当中，丰田会对自身的服务进行更加深入的优化。与此同时，丰田进入共享出行领域，力求在上游的汽车制造与下游的汽车消费者之间搭建桥梁。例如，2019 年由丰田和软银共同成立的出行服务公司 Monet 获得了马自达、铃木等企业的投资，成为日本车企在出行领域的新联盟。

丰田始终处于联盟的中心地位，始终发挥着积极的主导作用。在生产和创新的过程中，丰田派出专门的专家和顾问，对供应商遇到的具体问题进行处理，并从工艺制造和产品创新的角度对供应商进行指导。在创新平台的搭建上，丰田一直以来都拥有多样化的特征，在提高运营管理效率的基础上，进一步调动上下游企业，积极进行产品创新，为创新体系的建立奠定基础。

第六节　韩国企业协同创新实践

一、"政府 + 大型企业集团"驱动协同创新

韩国是典型的以政府主导推动、大型企业集团创新实践的国家。1940 年，韩国拥有独立发展的机会。直到 1987 年，韩国一直坚持在政府的指导下积极发展国民经济，始终注重产业发展。从韩国独立开始，政府便促进不同集团的合作，促使其接受共同的财务和管理控制。国家经济因财团的壮大而获得了更加坚实的发展基础。

韩国的创新以政企合作为特征，这与政治体制的变革密不可分。除此以外，也涉及相关政策的调整。在韩国的创新体系结构中，大企业仍然显现出集中型格局特征。最初，政府为这些企业和集团提供充足的政策保障，随着集团逐渐成长，独立性就越来越强。在亚洲金融危机的背景下，韩国积极进行政策调整，实施去监管化，尽可能与世界经济接轨，严重削弱了政府对大型企业的控制力度，企业集团获得了更多的自由发展空间。从 20 世纪 80 年代开始，企业集团的研发活动资金多数来自于私营部门投资，2016 年有 80% 左右的研发支出都来自于私营部门投资⊖。在持续创新的过程中，这种创新格局所具有的低参与性和低扩散性所带来的隐患是

⊖ 洪元杓 . 韩国赶超战略回顾：经济增长与技术创新［J］. 经济论坛，2018（7）：21-25.

非常大的。在政府的干预和强制下，制度改革得以推进，但仍然存在紧密的政商联系，财团改革的进程也十分缓慢。

二、协同创新组织形式及运行机制

在这一体制下，政府主要发挥引导和支持作用，对大型企业集团提供一定的政策保护大型企业集团进行研发活动，中小企业作为大型企业集团的分包商（见图 3-22）。

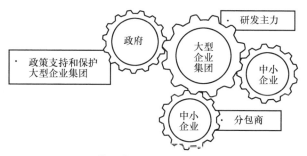

图 3-22　韩国协同创新体系各主体关系图

（一）韩国政府的引导支持作用

韩国长期采用"从模仿到创新"的创新模式，需要经过一个长期复杂的过程，才能够获得进一步发展。首先，政府更进一步地开展政策创新，对知识的关注也更加全面，还会进一步影响到技术产品和市场的发展；其次，政策的包容性越来越强，注重市场模式的多元化。在发展的过程中，韩国首先经历了政府主导的技术发展阶段，发展到 20 世纪 80 年代，更加注重创新转型，为国家经济的发展奠定了坚实的基础。

21 世纪后，韩国开始聚焦信息、纳米等科技领域，在推动市场改革的基础上，注重对人才进行培养，大力发展基础科研项目。首先，对政府职能进行精简，对创新部门进行整合，并且让民间机构来逐渐承担起相应的职能，比如，由民间风险机构来承担起风险评定职能；其次，政府提高了对基础研究的关注度，基础科学院在 2012 年正式成立，大力吸收国外学者，注重人才培养。政府通过给予产权自主权的方式，对科研机构进行积极地鼓励，让他们以更加饱满的热情投入到研发工作当中，它为企业公共研发提供了持续的内在动力。政府还通过公开采购的方式加大对中小企业的扶持力度，减轻企业的采购负担。

现阶段，根据韩国的国情，部分机构对赶超式战略存在异议，主要表现为推动赶超式战略所取得的成功已经无法对现阶段的工作起到积极的影响，私营部门不能够完全接受政府的倡议，奉行机会主义，对政府政策表现出高度的依赖。相较于此前，企业面临着更加激烈的全球竞争，除中国和东南亚国家之外，日本、美国等经济强国也收紧了对韩国进行技术转让的政策。

（二）大型企业集团的主导性

韩国整体经济形态凸显大型企业集团的主导地位。在发展的过程中，韩国的大型企业集团都越来越重视研发机构的积极作用，集中资源快速抢占市场。

1. 大型企业集团拥有自己的研发机构。三星、LG 等韩国企业在所有的韩国企业中研发费总支出均位于前三。2016 年，三星集团在研发方面的费用超过 130 亿美元，位居世界第二。三星综合技术院隶属于三星集团旗下，承担攻克信息技术瓶颈的任务，除此以外，三星还积极探索和研究未来技术发展问题。

2. 采取多元化的经营策略。按照多元化发展战略，韩国大部分大型企业已经开始通过多元化经营建立自己的产业集群。企业开始进行跨行业经营，趋同倾向在企业产业内部表现得更加明显。例如，三星公司就从商贸领域逐渐向电子、航空等数十个产业进行跨越，甚至还曾投入大量资金用来发展娱乐业。

3. 采取集中资源、迅速抢占制高点的市场进入战略。在向一个全新产业跨越时，韩国企业非常注重对进入速度的把控，同时还将关注点放在市场制高点的准确定位上。为实现进入速度的提升，企业集团会对现有企业进行兼并，进行生产基地的建立。通常情况下，韩国的企业集团会充分考虑速度和时机是否恰当，力图以主导者和领先者的身份进军新产业。

（三）中小企业依附于企业集团

在协同创新的过程中，中小企业缺少相应的研发能力。无论是研发还是协同创新，都是以企业集团为主导，韩国的中小企业很难占据一席之地，也难以参与全球价值链的竞争。相较于企业集团来说，中小企业主要负责提供生产所需要的组件和原材料，所获得的利润非常少，也不具备进行研发活动的资源。

三、韩国企业协同创新典型实践

韩国企业协同创新是以"政府 + 大型企业集团"为主导的协同创新模式，以三星集团为例：

三星集团是韩国最大的跨国企业集团，1938 年由李秉喆创办，现阶段三星集团以电子产业为中心。三星电子于 1969 年成立，并快速实现在信息技术领域赶超全球诸多企业，其产品包括家用电器和移动通信设备，也是全球一流的半导体供应商。

（一）三星集团与合作企业的收益共享模式

从 20 世纪 80 年代末至 20 世纪 90 年代末，为进一步提升企业的技术创新能力，三星集团积极进行跨国并购。2012 年，三星集团开始启动其收益共享实践，该模式主要鼓励与供应商一起削减成本、增加新产品或新流程开发的创意，所获得的协同创新收益按照平等原则与供应商共享，激发供应商的创造性（见图3-23）。

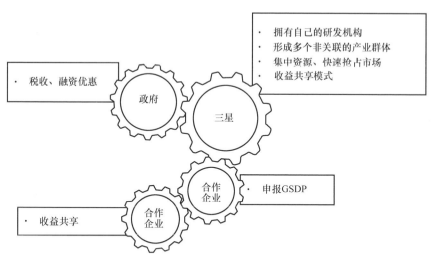

图 3-23　三星协同创新体系各主体关系图

（二）三星集团的政策环境

从 20 世纪 60 年代开始，韩国政府一直致力于保持良好的营商环境，促使以出口为主的经济增长，韩国政府在税收、融资等方面为企业提供了实质性的优惠，以期鼓励企业引进技术和产业结构调整，如"政府资助的研发计划"（GSDP）。三星集团充分利用这一政策，通过与供应商共同申报 GSDP 开展协同创新，具体包括合作方案拟订、知识分享，并共享其收益。

在起步阶段，三星集团与许多其他企业一样面临资金缺乏、技术水平不足等问题，凭借"规模经济"来降低生产成本。韩国政府重组工业部门，限制部分企业发展，使三星集团垄断相关领域，获得规模效益。通过政府在立法保护、管理服务、税收优惠、人才提供和技术信息等方面的支持，三星集团发展迅速。例如，1994 年，韩国推出了《半导体芯片保护法》。在此之后，芯片产业被国家定义为核心技术，能够对国家的综合竞争实力造成影响，必须要给予高度保障。当半导体产业在韩国获得全面发展之后，韩国仍然非常注重自身优势的保持，更加精准地支持大学和专业机构来进行相关技术研发，积极鼓励学研联合。政府干预的各种机制使得三星集团获得了大量的资金和市场，使三星集团垄断了相关领域的国内市场，为其与国际大公司的竞争奠定了基础。

2001 年以来，三星集团营业收入占韩国 GDP 的比重总体呈上升趋势，2019 年接近 18%；尽管三星电子近年来营收有所下滑，但 2019 年营收仍占韩国 GDP 的 12% 左右（见图 3-24），这与三星的特殊政策待遇密不可分。

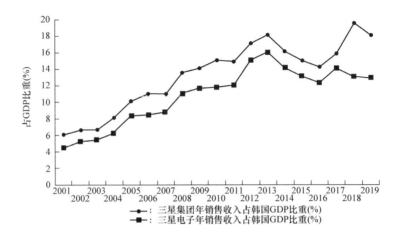

图 3-24　2001～2019 年三星集团在韩国经济地位

数据来源：根据三星集团相关企业年报、韩国统计局、韩国金融监管局数据整理。

第四章

中国企业协同创新实践探索

第一节 中国企业协同创新发展历程

1. 第一阶段：中国企业协同创新探索阶段（1985～2012 年）

这个时期以改革开放为标志开始，中国从计划经济体制转变成为市场经济体制，在此期间以农村家庭联产承包责任制制度革新、国家主导的工业企业"利改税""放权让利"、非公有制的经济体制分量从"有益补充"到"重要组成部分"等为上，对机制体制进行改革，充分领悟了"市场拉动力"和"技术推动力"的重要程度，依靠"摸着石头过河""以市场换技术"的策略进行模仿创新，中国工业经济获得了空前的发展，科技教育事业发展也逐步得以恢复、重建和快速发展，企业开展协同创新进入探索阶段。在这个时期，经济体制革新所引发的大规模引进高新技术是中国企业开展协同创新的重要手段。技术相对落后的机械、电了、石油、化工、能源、冶金、轻工业等诸多领域都成功引进了大量设备及技术。值得注意的是，此类协同创新仍然处于浅层次的协同合作，虽然为中国培养了一大批技术工人、管理人员等人力资本，但由此换取的经验积累多局限在生产工艺、非关键零部件的国产化制造、质量控制系统、物流及生产管理等方面，许多关键设备和最为重要的设计工艺及技术研发能力并没有得到发展提升，产业内部出现一定的技术"空芯化"现象⊖。

1992 年，中国确立了社会主义市场经济体制，中央认识到自主创新是推动经济长远稳定可持续发展的关键动力，企业由模仿创新逐渐转变为自主创新。政府更加重视中国企业协同创新主体培育与协同创新体系的建设。2005 年，在《国家中长期科学和技术发展规划纲要（2006—2020 年）》中明确提及，建成产学研相结合的以企业为主体的技术创新体系，是总体推动国家创新体系建设的切入点。在 2006 年 1 月胡锦涛在全国科学技术大会上的重要讲话提到，"要建设以企业为主体、市场为导向、产学研相结合的技术创新体系，使企业真正成为研究开发投入的主体、技术创新活动的主体和创新成果应用的主体，全面提升企业的自主创新能力。"这表明了以企业为主体的协同创新已经提升到建设创新型国家的范畴，纳入了国家创新体系建设。

⊖ 魏枫. 从模仿到创新的路径研究与中国经验 [D]. 北京：中国社会科学院研究生院，2009.

总体来说，此阶段的中国企业协同创新以政府引导为主，企业协同创新刚刚进入探索与完善阶段，以技术引进、技术转移等浅层次的创新合作为主，缺乏面向核心技术研发的深度对接与合作，合作模式较为传统高科技园区、产业技术研究院、校企联合创办高新技术企业、共建联合实验室是这一时期协同创新的重要合作模式。

2. 第二阶段：中国企业协同创新全面布局推进阶段（2012 年以来）

本阶段的开端是党的十八大第一次提出创新驱动发展战略，战略中强调要持续发展中国特色自主创新道路，中国企业协同创新步入全面布局、逐步深化阶段。为更好推进协同创新，2012 年中共中央、国务院发布《关于深化科技体制改革加快国家创新体系建设的意见》，意见中主要针对经济和科技"两张皮"问题，进一步加快经济与科技的结合，真正实现企业作为创新主体来主导产业技术研发。2012 年启动了"高等学校创新能力提升计划"，在该计划中，科研院所、行业产业、联合高校等创新主体，通过重大项目引导和政府项目指导，增强高等院校"人才、学科、科研"三者合一的创新能力。紧接着国务院就针对提高原始创新、集成创新和引进消化吸收再创新这"三大能力"建设，从企业技术创新体系、科技公共服务体系、产业技术开发体系、实验研究体系等多个方面切入，来发展企业创新基础能力培养，以构建坚实的协同创新支撑体系。在党和政府的推动下，国内创新环境、创新资源、创新主体等基本要素得到了极大的完善和丰富，具备了支持企业协同创新系统良性运转的必备条件。

在新时代背景下，为尽早解决中国诸多产业依旧位于世界价值链中低端、带动未来发展的科学技术储备不足、一些关键核心技术受制于人等难题，2015 年 3 月，中共中央和国务院发布《中共中央 国务院关于深化体制机制改革加快实施创新驱动发展战略的若干意见》，2016 年 5 月又发布了《国家创新驱动发展战略纲要》。上述文件将新兴产业培育、创新基地建设、创新人才培养、创新网络形成、创新体系发育、创新体制改革和经济发展方式转变等作为综合发展中国自主创新能力和建设创新型国家的重要举措。2019 年 10 月中共十九届四中全会再次建议"加快建设创新型国家，强化国家战略科技力量，健全国家实验室体系，构建社会主义市场经济条件下关键核心技术攻关新型举国体制"。在这样的背景下，中国企业协同创新经历了由小规模到大规模、由低层次向高层次、由点状突破到系统能力全面提升的重要变化。协同创新在政策制定、阶段目标凝练等方面取得极大推进。协同创新效率和水平不断提高，合作模式越来越多样化，技术迭代周期不断缩短，合作内容以技术研发为主，位于创新链的前端。这一时期协同创新较为典型的模式有开放平台、事业合伙人、研发国际化、产业联盟、股权制衡等。

第二节　中国企业协同创新总体状况

《全国企业创新调查年鉴 2020》指出，截止到 2019 年，中国参与协同创新的企业共计 164183 个，占全社会企业总数量的 20.4%。以企业规模来划分，在全部参与创新合作的企业中，大型企业参与创新合作的数量占同规模企业比例最高，达到 50.1%。大、中、小、微型企业参与创新合作的数量占同类型企业比例依次呈下降状态，表明大型企业参与创新合作的能动性更高，意愿更强烈。按照行业划分，制造业参与创新合作的总量最高，达到 116749 个，其次是批发和零售业，信息传输、软件和信息技术服务业，科学研究和技术服务业等。上述几个行业虽然总体数量较低，但是企业参与创新合作的数量占同行业企业数量比例却并不低，尤其是信息传输、软件和信息技术服务业（见表 4-1）。

表 4-1　按规模和行业划分全国开展创新合作企业的基本情况

项　　目	开展创新合作的企业数（个）	创新合作的企业数占全社会企业数的比重（%）
总计	164183	20.4
国有及国有控股	15138	24.4
按规模分		
大型企业	11004	50.1
中型企业	34323	24.6
小型企业	112302	21.1
微型企业	6554	5.9
按行业分		
采矿业	1195	11.7
制造业	116749	33.0
电力、热力、燃气及水生产和供应业	1670	12.2
建筑业	6169	11.3
批发和零售业	16484	6.8
交通运输、仓储和邮政业	2206	5.6
信息传输、软件和信息技术服务业	9725	43.1
租赁和商务服务业	3099	8.0
科学研究和技术服务业	6208	27.7
水利、环境和公共设施管理业	678	12.2

资料来源：《全国企业创新调查年鉴 2020》。

1. 产学研协同创新方面

产学研是协同创新的典型方式，在国家政策的鼓励和指导下，越来越多的企业开始通过产学研的方式进行自主创新。根据《全国企业创新调查年鉴 2020》显示，2019

年，全国进行产学研创新的企业数量达到 56908 个，占创新合作的企业数量的 34.7%。

从数量来看，中小型企业实施产学研最多，分别为 13077 个和 36377 个，但从占同规模创新合作的企业比例上看，依然是大型企业占比较高，其比例达到 54.2%，中、小、微型企业占同规模创新合作的企业比例大致相同。

从行业看，制造业进行产学研创新活动极为活跃，企业总数为 42593 个，占同行业创新合作的企业数量比达 36.5%；除交通运输、仓储和邮政业，批发和零售业，租赁和商务服务业以外，其他产业参与产学研创新的占比也较为显著，其中采矿业、科学研究和技术服务业产学研占比都在 50% 左右（见表 4-2）。

表 4-2 　按规模和行业划分产学研企业在参与合作企业中的占比情况

项　目	开展产学研合作的企业数 （个）	在创新合作的企业中产学研 合作企业占比（%）
总计	56908	34.7
国有及国有控股	7597	50.2
按规模分		
大型企业	5968	54.2
中型企业	13077	38.1
小型企业	36377	32.4
微型企业	1486	22.7
按行业分		
采矿业	575	48.1
制造业	42593	36.5
电力、热力、燃气及水生产和供应业	626	37.5
建筑业	2602	42.2
批发和零售业	2818	17.1
交通运输、仓储和邮政业	388	17.6
信息传输、软件和信息技术服务业	3125	32.1
租赁和商务服务业	694	22.4
科学研究和技术服务业	3198	51.5
水利、环境和公共设施管理业	289	42.6

资料来源：《全国企业创新调查年鉴 2020》。

从总量来看，以共同完成方式为实施产学研创新的主要方式的企业占比为 68.1%；聘用高等学校或研究机构人员到企业兼职的企业占比为 30.7%；在企业建立研究机构的企业占比为 25.9%；在高等学校或研究机构设立研发机构的企业的比例为 9.7%。表 4-3 中各种比重相加大于 1，表明对于某一具体创新合作的企业有多于一种产学研合作方式。无论从规模来看还是从行业分布式来看，均与总量分布具有高度一致性。需要指明的是选用其他形式开展产学研创新的企业占的比例较大，这标志着企业开展产学研合作创新的途径多种多样，并且在各个行业内部均达到较高比重，尤其是在交通运输、仓储和邮政业，批发和零售业以及租赁和商务服务业等产业中，灵活的产学研合作方式更为显著。

表 4-3 以不同合作形式为主的"产学研"协同企业占比情况

项 目	在产学研合作企业中，以下列为主要合作形式的企业占比（%）				
	共同完成科研项目	在企业建立研究机构	在高等学校或研究机构设立研发机构	聘用高等学校或研究机构人员到企业兼职	其他形式
总计	68.1	25.9	9.7	30.7	26.9
国有及国有控股	84.1	23.5	8.3	21.8	23.6
按规模分					
大型企业	82.6	28.0	9.7	27.8	22.5
中型企业	71.9	27.1	9.9	29.6	25.2
小型企业	64.7	25.1	9.3	31.5	27.8
微型企业	60.5	25.8	15.7	31.4	34.9
按行业分					
采矿业	80.2	22.3	6.8	18.8	22.8
制造业	67.5	25.8	8.8	30.5	25.7
电力、热力、燃气及水生产和供应业	76.0	21.4	5.9	14.1	26.7
建筑业	72.0	31.3	14.8	33.2	31.4
批发和零售业	59.8	28.6	17.5	34.0	34.7
交通运输、仓储和邮政业	65.2	23.7	13.9	23.7	36.6
信息传输、软件和信息技术服务业	69.4	23.5	10.0	33.1	29.8
租赁和商务服务业	60.8	25.8	14.0	33.9	34.9
科学研究和技术服务业	76.5	24.5	9.4	31.5	26.5
水利、环境和公共设施管理业	70.6	26.0	10.0	26.6	29.1

资料来源：《全国企业创新调查年鉴 2020》。

2. 协同创新主体合作情况

从总量来看，参与创新合作的企业首先与客户合作完成创新最多，占比达 45.7%；其次是与供应商合作，占比为 39.1%；再次是与高等学校合作，占比为 28.2%；最后是与集团内其他企业合作，占比为 28%。相比之下，与研究机构、市场咨询机构、风险投资机构协同创新比例较小。这也反映出中国一些产学研主体参与协同创新积极性欠缺和参与过程脱节问题。表 4-4 中各种比重相加大于 1，表明对于某一具体创新合作的企业有多于一个合作伙伴参与。

从规模来看，大型企业更加注重与集团内其他企业、高等学校、研究机构、供应商、客户的协同创新；中型企业更加注重与客户、集团内其他企业、高等学校、供应商、行业协会的协同创新；小型和微型企业则比较重视与客户、供应商、高等学校、集团内其他企业、行业协会进行协同创新。不难看出，中小微型企业更加注重满足市场需求的协同创新活动，大型企业则更倾向于从事长期和基础性协同创新活动。

从行业来看，各行各业的协同创新企业，大多都是和供应商、集团内其他企业和客户进行合作；除交通运输、仓储和邮政业，批发和零售业，租赁和商务服务业以外的其他行业大多都与高等学校进行合作；租赁和商务服务业，信息传输、软件和信息技术服务业，水利、环境和公共设施管理业，科学研究和技术服务业则大多与政府部门进行合作；除制造业和采矿业，以及电力、热力、燃气及水生产和供应业以外的其他行业则较多与行业协会合作；批发和零售业，租赁和商务服务业，信息传输、软件和信息技术服务业与竞争对手或同行业企业合作较多；水利、环境和公共设施管理业与租赁和商务服务业则大多同市场咨询机构进行合作；各行业企业都不常与风险投资机构合作。

3. 各类型协同单位参与企业协同创新产出情况

从总量来看，进行联合创新的企业更多依赖市场来产生价值。在创新合作的企业中有 42.5% 与客户合作产生较大价值，33.6% 与供应商合作产生较大价值，23.4% 与高等学校合作产生较大价值，23.4% 与集团内其他企业合作产生较大价值。表 4-5 中各种比重相加大于 1，表明对于某一具体创新合作企业的有多于一个合作伙伴产生较大价值。

从规模来看，合作单位对创新合作的企业的价值创造影响随着规模的增加对市场的依赖逐渐降低。其中需要特别关注的是与风险投资机构协同创新的产出很少，这说明尽管风险投资机构所投资的企业数量较多，但所投金额较小，难以产生较好的预期效果。

从行业来看，集团内其他企业和供应商对各行业创新合作的企业作用普遍较大；高等学校对除交通运输、仓储和邮政业，批发和零售业，租赁和商务服务业以外的其他行业协同创新效果较为明显；研究机构对电力、热力、燃气及水生产和供应业，采矿业，科学研究和技术服务业的合作产出影响较大；政府部门对水利、环境和公共设施管理业的创新效果较大；行业协会对水利、环境和公共设施管理业，科学研究和技术服务业，建筑业，租赁和商务服务业的产出影响较大；客户则对除电力、热力、燃气及水生产和供应业以外的其他行业的协同创新效果较为显著；而其他部门机构对各行业企业创新合作的产出有着并不显著的影响。

表 4-4 按规模和行业划分与合作伙伴创新的企业占比情况

项目	在创新合作企业中，与下列伙伴开展合作的企业占比（%）										
	集团内其他企业	高等学校	研究机构	政府部门	行业协会	供应商	客户	竞争对手或同行业企业	市场咨询机构	风险投资机构	其他合作对象
总计	28.0	28.2	15.9	10.2	19.6	39.1	45.7	16.2	12.8	0.7	15.0
国有及国有控股	59.6	42.3	28.1	15.6	18.2	35.4	29.2	13.9	10.5	0.5	12.1
按规模分											
大型企业	60.1	47.5	30.2	14.2	21.5	35.9	31.7	13.7	14.0	0.7	10.8
中型企业	39.5	31.5	18.1	11.3	19.7	37.3	40.7	14.9	13.7	0.9	13.6
小型企业	21.5	26.0	14.1	9.4	19.4	40.0	48.6	16.6	12.5	0.7	15.5
微型企业	25.3	17.4	11.8	12.4	19.5	36.9	46.4	19.7	11.8	1.5	21.2
按行业分											
采矿业	37.1	37.2	32.5	10.9	13.7	39.5	18.0	10.7	6.8	0.5	14.7
制造业	24.5	29.5	16.5	7.7	18.5	40.8	47.7	15.1	12.0	0.5	13.0
电力、热力、燃气及水生产和供应业	50.2	26.4	22.8	12.4	14.0	47.3	11.7	8.9	11.1	0.6	14.0
建筑业	36.8	36.2	19.5	16.9	34.4	40.7	25.5	16.0	15.4	0.8	18.4
批发和零售业	31.7	13.6	9.0	12.0	20.0	41.2	50.7	19.9	15.5	1.4	23.1
交通运输、仓储和邮政业	40.2	13.4	10.3	15.5	22.0	35.7	35.6	18.0	13.0	1.0	23.1
信息传输、软件和信息技术服务业	33.8	27.9	12.3	21.1	18.4	26.1	47.4	23.2	13.5	1.7	19.1
租赁和商务服务业	39.4	18.6	9.9	18.8	24.1	24.9	42.5	20.2	21.1	2.3	22.0
科学研究和技术服务业	38.8	45.1	24.7	19.7	26.3	25.6	33.9	16.0	15.4	1.2	15.2
水利、环境和公共设施管理业	32.0	33.9	22.0	23.6	26.4	29.6	27.1	13.1	16.5	1.2	20.1

资料来源：《全国企业创新调查年鉴 2020》。

表4-5 合作单位在创新中产生较大价值的企业占比情况

项　目	在创新合作企业中，下列合作伙伴对企业创新有较大价值的企业占比（%）										
	集团内其他企业	高等学校	研究机构	政府部门	行业协会	供应商	客户	竞争对手或同行业企业	市场咨询机构	风险投资机构	其他合作对象
总计	23.4	23.4	12.9	8.3	15.6	33.6	42.5	13.5	10.0	0.3	11.3
国有及国有控股	49.7	34.1	22.1	11.9	12.5	28.5	25.7	10.5	7.3	0.2	8.6
按规模分											
大型企业	48.7	37.9	23.6	9.9	14.3	28.1	28.1	10.3	9.8	0.3	7.2
中型企业	33.2	25.7	14.6	8.9	15.3	31.8	37.6	12.3	10.7	0.4	10.2
小型企业	18.0	21.9	11.5	7.8	15.7	34.7	45.4	14.0	9.9	0.3	11.7
微型企业	21.1	12.9	8.7	10.2	16.3	32.2	42.8	16.3	9.1	0.8	16.3
按行业分											
采矿业	28.2	31.4	28.1	9.3	10.9	34.0	16.2	8.7	5.7	0.3	11.9
制造业	20.5	24.9	13.7	6.1	14.7	35.2	44.7	12.7	9.5	0.2	9.8
电力、热力、燃气及水生产和供应业	44.0	22.7	19.9	10.5	10.9	41.0	9.8	6.5	8.7	0.2	10.8
建筑业	29.7	29.4	14.6	14.1	28.6	34.1	21.6	12.8	11.9	0.4	13.7
批发和零售业	26.1	9.3	6.0	9.8	15.9	35.9	46.5	16.4	11.9	0.7	17.4
交通运输、仓储和邮政业	34.5	9.7	6.8	13.3	17.7	32.0	32.6	14.7	10.3	0.5	18.3
信息传输、软件和信息技术服务业	33.9	21.9	8.6	17.9	13.3	21.6	44.3	19.8	10.0	0.8	14.3
租赁和商务服务业	32.8	13.8	6.4	15.7	18.8	21.1	38.9	16.6	17.4	1.1	17.1
科学研究和技术服务业	31.5	38.0	19.7	15.6	20.1	20.0	30.2	12.7	11.6	0.6	10.6
水利、环境和公共设施管理业	26.3	29.1	17.1	19.5	20.2	26.3	24.0	10.2	12.7	0.6	14.7

资料来源：《全国企业创新调查年鉴2020》。

第三节　中国企业协同创新典型组织形式

以市场为导向，以企业为主体，国有企业、民营企业、高校、科研机构、金融企业、行业协会、政府等深度合作是协同创新的重要表现形式。基于中国新时代协同创新的生动实践，探究其内在规律，将协同创新的组织形式分为控股型——国企民企股权制衡体制、事业合伙人体制，一元结构型——技术寻求型跨国并购体制、科研机构衍生企业体制，多元结构型——开放平台型体制、研发国际化型体制，并分别分析其组织形式、创新主体功能定位、利益分配机制、风险节点与政策环境等内容。

一、国企民企股权制衡的创新体制

（一）组织形式

国企民企股权制衡体制是指公司的控制权由几个大股东共享，大股东间形成了相互制衡和监督的格局，有效抑制大股东"掏空"行为的一种动态股权安排[一]。该体制在一定程度上解决了内部人控制的公司治理问题，平衡了不同性质资本主体间的利益冲突，实现了国企民企优势互补[二]，进而提高了创新绩效。该体制为中国国企民企协同创新提供了一种可参考的有效形式。

主要优点：第一，国企民企股权制衡有助于国有资本、民营资本的有机融合，通过双方优势资源的互补整合和利益的动态平衡，最终实现企业整体创新绩效的提高；第二，股权制衡有效保障异质资本间的话语权，提高民营企业参与协同创新的积极性；第三，在股权制衡下，国企能够实现产业布局、经营机制和治理机制的优化调整；第四，公司建立市场化的治理结构，以市场化原则聘任高管。

（二）创新主体功能定位

国有企业、民营企业、政府是国企民企股权制衡体制下的重要创新主体，通过优化股权结构实现创新资源有机整合。其中，国企能够发挥规模优势、资源优势、人才优势、品牌优势，民企可以发挥灵活的体制机制优势、敏捷的市场反应能力和较高的自主创新能力等，通过股权结构的优化促进国企民企在不同领域展开创新合作[三]，进而实现产业结构的调整和创新能力的全面提升。政府则保持大股东的地位，从过去的"管人管事管资产"过渡到"管资本"，充分发挥监管职能，激发投资方参与科技创新的积极性和主动性。

　　[一]　佟岩，陈莎莎.生命周期视角下的股权制衡与企业价值[J].南开管理评论，2010（1）:108-115.

　　[二]　郎好运.引资扩股、去行政化与国企混合所有制改革——以"平起平坐"云南白药新模式为例[J].华北金融，2018，（11）:68-74.

　　[三]　齐平，宿柔嘉.国企民企资源整合与创新行为的内在互动耦合机制研究[J].理论探讨，2018，204（05）:109-115.

（三）利益分配机制

"同股同权"是股东和投资人开展利益分配的常见方法。同时，完成股权制衡的改革后，企业还会面向员工和高管进行激励机制改革。在薪酬体系设计中，员工引入持股机会，由公司设立员工持股会，统一管理所有员工股东的出资。员工持股模式实现了股东、公司、员工利益的有机统一，保障了核心团队的稳定性和创新活力，为全体股东创造了更高的价值。此外，由于员工与企业的利益紧密相连，能够很好地行使监督权力，进而保护国有资产的安全。

在高管层面，建立市场化的高管薪酬机制，不再遵循国有企业的"限薪令"，取消国企高管领导的领导身份和职级待遇，大幅提升高管薪酬。一些混改后的企业还采用高管持股制度将管理层利益与公司的发展长期绑定，促使高管以主人翁的意识开展日常工作，率先垂范，在一定程度上刺激企业的长短期绩效。

（四）风险节点

第一，股权制衡下不同所有制资本的交叉持股和相互融合容易带来资本利用率高、资本成本过高的问题，影响企业的预期收益率。第二，在该体制下，企业容易出现反复谈判、相互博弈的情况，导致企业错失关键的发展机会。即使最终做出了决策，该决策也是股东们追求各自利益权力制定的合作方案，不利于企业的长期稳定发展。第三，初始股东通过股权转让向大股东输出利益，进而减少了其他股东的监督，掠夺了小股东的利益。因此，需要将股权制衡程度控制在一定范围之内，选择具有一定控制力的理性大股东展开合作。

（五）政策环境

党的十八届三中全会以来，我国颁布了一系列支持混改的政策。在体制方面，党和政府不断加强建设混合制改革的配套制度，如进一步落实董事会和股东会职权，为股东间讨论公司重大事项提供平台，努力保障民营股东的话语权。在激励机制方面，推行中长期激励机制、职业经理人制度、三项制度改革等。在税收优惠政策方面，如符合税法规定条件的重组行为，可享受企业所得税递延的纳税政策。混合所有制改革的深化减少了国企民企股权制衡的体制机制障碍，为国企民企通过股权制衡进行协同创新提供了制度保障。

二、事业合伙人的创新体制

（一）组织形式

事业合伙人体制指的是一个以上的合伙人共同拥有公司，合伙人即为公司拥有者或股东，并享有公司利润的组织形式。该体制是企业用于激发人力资本创造力而设计的一种内部制度安排，其理念被越来越多的企业所接受，华为、阿里巴巴是合伙人体制企业的实践者和探索者。如今，依据人员范围的标准能将事业合伙人体制归为四种模式：第一种，创始人模式，即企业的创始人股东，如小米、腾讯等；第二种，企业精英模式，即合伙人由公司内部重要核心人员构成，合伙人能够影响公司未来的发展，如阿里巴巴、复星等；第三种，管理团队模式，即合伙人包含中高层管理人员在内的广泛范围，以构建一支具有强烈责任感和价值感的合伙人团队，该模式的典型企业是万科集团；第四种，全员合伙人模式，企业希望所有员工都具有合伙人精神，如华为、小米，均实行了全员持股计划，激励员工成为企业的共同创业者。

　　事业合伙人体制的主要优点是：第一，组成了具有企业家精神的群体，有利于企业充分开展协同创新。事业合伙人体制能够吸引不同行业的优秀人才，共同围绕企业的战略目标开展协同创新。因此，合伙人团队能够充分发挥各自专业技术、管理才干，共同推动公司产品和服务创新。第二，所有者和经验者的利润分配更加合理有效。股东和管理团队之间相关主体利益达成一致，激发了管理团队的创新积极性，为企业创造更大的经济效益和技术效益。第三，资本与经营者的关系更加紧密，培养经营者高风险意识和强合作意识。合伙人拥有公司经营者和所有者双重身份，在风险共担的背景下，经营者需要对所做决策负责。第四，人才得以更好地开发，并具有较高归属感。在合伙人体制下，公司结构更加扁平化，人际关系也更加平等，因此合伙人可以充分发挥才能，投身到公司建设中。

（二）创新主体功能定位

　　合伙人团队作为企业科技创新最核心的精英力量，包括了管理、技术、法律、财务、金融等各领域的顶尖人才，具备丰富的管理经验并掌握前沿技术，因此能够充分发挥人力资本的创新优势，从而做出正确的创新决策，实现股东与企业价值的双重最大化。此外，每年根据公司需求会进行一次合伙人的扩充和自我更新，吸纳公司发展过程中所需要的各类管理人才，保证管理层的创新能力和活力。

（三）利益分配机制

　　合伙人模式下公司的资本结构包含两类或多类不同股票权的普通股架构，通过采用"同股不同权"的方式将"选举董事会"等排他性特权，对特殊事项的表决权让位给合伙人。

　　公司的股票类型通常包含 A、B 两种，A 类股票主要由大众投资者持有，B 类股票具有表决特权，通常由公司创始人持有，B 类股票通常不允许转让或者一经转让即丧失表决特权。"同股不同权"的方式在维护企业创始人控制权和管理权的同时，保障了投资者的经济性权利，如收益权、监督建议权等，有利于维持企业长久的核心竞争力和文化。

（四）风险节点

1）合伙人选拔标准不明晰。以阿里巴巴合伙人进入标准为例，成为其合伙人的必要条件只是工作时间限制五年这一具体量化指标，其他标准均为主观判断，比如候选人是否高度认同公司的企业文化；是否对公司有积极的贡献和突出的表现；是否愿意为公司的远景、使命和价值观承担风险等。此外，合伙人的提名、选举和撤销的投票表决程序的设置及规范也都没有向外部投资者披露。

2）合伙人控制风险。合伙人团队拥有公司实际控制权，当出现监管缺失的情况时，合伙人就有可能凭借自身权利谋取个人利益。同时，公司合伙人中以高管成员为主，公司的控制决策权集中于管理层，使得普通股东的权利受到限制，为内部人控制创造条件，不利于外部市场对合伙人的监督。

3）关联交易风险。由于合伙人在公司中拥有经营管理权和绝对控制权，合伙人需要在个人利益高于公司利益时作出决策，当合伙人决定维护个人利益而牺牲其他股东利益时，关联交易的风险便出现了。

（五）政策环境

从股权制度看，事业合伙人体制是一种双重股权制度，通过"同股不同权"的方式，赋予合伙人在"选举董事会"等特殊事项的排他性或表决特权。长期以来，中国对普通上市公司一直实行同一权利制度，采用事业合伙人模式的企业在境内难以上市。2019年4月修订的《上海证券交易所科创板股票上市规则》允许设置差异化表决权股权结构的企业上市，这也是中国探索双重股权制度的开始。但是，当前中国的双重股权制度的相关制度建设还不成熟，对于事业合伙人模式的制度支持和风险防范还有待加强。

三、技术寻求型跨国并购的创新体制

（一）组织形式

技术寻求型跨国并购是指企业通过收购与兼并的方式（资产收购、公司合并、股权收购）获得标的公司的创造性资产和经营控制权，以寻求技术为目的，进而实现技术追赶。创造性资产通常包括销售网络、金融资产存量、通信设施等有形资产，也包括品牌口碑、专业技能、社会关系等能够为企业带来长期竞争优势的无形资产。

该体制有如下三方面优点：第一，跨国并购有益于企业获得先进技术，完成产品技术的优化升级。通过与被并购企业形成战略协同，积极攻克核心关键技术，通过技术模仿、技术追赶、技术超越助推企业产品迭代升级，如三一集团并购全球知名工程机械制造商德国普茨迈斯特后，立即获得并购企业技术人员的协助，实现产品工艺提升及品质改善，达到德国制造标准⊖。第二，并购东道国知名品牌，有助于企业迅速进军全球高端产业链。通过获取本土所稀缺的核心技术资源，从而与国内企业优势（低成本制造优势、国内市场优势、商业模式优势等）相结合，实现了中国企业在全球产业链分工地位的提升。第三，企业在此模式下能够获取顶尖的人才资源、完善的销售网络、稳定的原材料供给渠道和先进的管理制度。

技术寻求型跨国并购体制主要运行形式有：①横向跨国并购，是指企业的并购标的是其他国家销售生产类似产品的企业，其目的在于扩大市场份额，获得规模经济，攫取垄断地位；②纵向跨国并购，是指一国企业并购其他国家生产类似产品的同一产业链上下游的企业，其目的在于维护原材料供应渠道和产品销售渠道的稳定，并不断扩大上述渠道；③混合跨国并购，是指一国企业并购其他国家不同行业的企业，其目的在于开展多元化经营，降低单一领域经营的风险。

（二）创新主体功能定位

并购双方企业是该体制下的主要创新主体。民营企业和国有企业是并购活动的主要发起者，在并购中以市场及顾客为导向，通过整合品牌、人力资源、专利研发、供应链等创造性资产实现全方位协同创新。被并购企业一般是外资企业或民营企业，拥有并购企业创新发展中所不具备的创造性资产，在协同创新活动中承担着创新资源提供者的重担，并需要接受并购企业在组织战略、组织架构、管理制度、业务流程、企业文化等方面的整合管理。

（三）技术创新特征

技术寻求型跨国并购获取的技术与本企业产品具有高度关联性和互补性，并且并购的企业往往拥有行业领先技术。例如，徐工集团通过欧洲建设研发中心收购荷兰 AMCA 有限公司、德国施维英等企业，这些企业在马达、液压阀、控制系统等领域拥有行业领先技术，此番收购推动了徐工集团的产品迭代升级，提升了企业自主创新能力。

（四）利益分配机制

技术寻求型协同创新模式的利益相关者包括并购企业和被并购企业两方面。利益分配机制也分为并购企业后产生的新价值的分配和原有存量价值的再分配⊖。

1）被并购企业的利益分配：并购的直接获利者是被并购企业股东，他们一般都会获得超额收益；被并购企业的高层在并购过程中将失去所有权，甚至职位和其他收益，因此一般会获得补偿；被并购债权人在并购后依然可通过债务合约获取自身权益；一般职工在并购过程中的工作职能发生变化，资源实现了重新配置，进而导致员工收益待遇发生变化。

⊖ 高娟. 跨国并购促进企业创新了吗？ [D] 杭州：浙江工商大学，2017.

⊖ 尹豪. 利益相关者视角的企业并购价值分配 [J]. 现代管理科学，2007（10）:50-52.

2）并购企业的利益分配：并购企业股东可能因低估并购风险和代理成本而造成利益受损；并购企业管理层可以获得业绩收益和控制权收益；一般职工可以获得更多晋升机会；并购企业原有债权人的借贷关系与并购行为无关，因而利益不受损害；并购债权人为并购提供直接的资金，也因此获得并购行为的直接收益。

（五）风险节点

技术寻求型跨国并购体制的风险主要出现在并购整合过程中，主要风险如下：第一，管理风险，并购后企业的管理队伍和管理方法可能无法适应现有的组织模式；第二，规模经济风险，即并购后可能存在规模经济难以顺利实现的风险；第三，企业文化风险，即双方企业在并购后难以实现文化相融，在经营理念上难以达成一致；第四，人力资源风险，指并购过程中能否减少对被并购企业员工的负面影响，避免企业核心创新人才的流失。

规避运行风险，可以采取以下策略：第一，制定科学的战略目标和规划。充分调研被并购企业在经营、人力资源、资产配置等方面的发展现状，重新拟定科学可靠的整体战略规划及组织间的交流机制，保证并购后企业各项经营管理活动得以顺利健康运行。第二，注重并购双方创造性资产的协同效用。企业进行并购重组时，应重点沟通和协调双方的有形资源和无形资源，特别要注重无形资源的有效整合，积极发挥企业在品牌扩张、技术扩散、供应链整合、竞争战略整合和文化整合等方面的资源协同效应。第三，培养和储备并购管理人才。在跨国并购中不同国家间的法律政策存在差异，欧美国家往往具有较为完善的企业组织法、反垄断法、劳工法和就业法等，需要企业培养和储备熟悉被并购国家法律政策的员工。此外，还应对企业员工进行跨文化培训，减少企业重组后的摩擦和冲突，提高运行效率。

（六）政策环境

技术寻求型跨国并购是企业实现技术跨越与产业升级的重要途径，中国也推出一系列支持跨国并购的政策，如商务部 2017 年 1 月颁布了《对外贸易发展"十三五"规划》，该项规划提倡有能力的大公司开展跨国并购，获取海外的核心技术、广阔的营销渠道及优质的品牌口碑，提高国际化经营水平。即便如此，中国企业的跨国并购仍面临挑战[一]，一是跨国并购的审批手续烦琐；二是财税、金融等相关配套政策支持力度不充足；三是从事跨国并购服务的中介机构发展相对落后。中国企业进行跨国并购容易受到东道国尤其是西方发达国家的限制和政治打压，因此从事跨国并购服务的中介机构多数是浅层次的咨询机构。2018 年以来，美国与中国产生了贸易摩擦，更加剧了中国企业跨国并购的难度，对跨国并购服务的中介机构而言更是雪上加霜。

[一] 罗传芳. 中国企业跨国并购的机遇与挑战 [J]. 环球市场信息导报，2015（41）:58-59.

四、科研机构衍生企业的创新体制

（一）组织形式

科研机构衍生企业体制主要是指高校或科研院所自主创办或者与企业联合创办高新技术企业，依托产学研一体化助力科技成果快速转化。其主要特点是高校或科研院所依托自身的优势学科及领军人才，提供兴办科技企业所需的技术、资金、经营场所等要素，或者是科学家将科技成果作价入股，吸引社会资本流入，进而成立科技型股份制企业。此类企业由于拥有大量高新技术产品和自主知识产权，创新活力十分旺盛。

科研机构衍生企业的建立包含衍生阶段和企业阶段两部分。前一阶段具有较为强烈的大学组织属性，后一阶段则自带强烈的市场属性。在衍生阶段，大学里的技术转移办公室或者孵化器发挥创新的辅助作用，为企业提供相关的项目运营及管理支持。企业的技术支持由大学的老师及研究人员提供，大学科技园为企业技术成果转化提供财务、法务、融资、办公场地等硬件服务。政府机构和风险资本可以为企业提供创业种子资金支持，增强企业市场可信度。通常在衍生企业创办 6 年左右的时间，将逐步进入规范化的企业阶段。在此阶段，企业往往已经积累了丰富的市场经验及能力，并依托风险投资获得了大量资金支持。企业在经营过程中通过与客户、供应商等伙伴的合作快速提升创新能力⊖。

科研机构衍生企业体制的主要特点是：首先，企业的创始人主要来自大学的科研工作者；其次，维系企业发展的关键技术来自大学的最新科研成果，其技术的迭代依赖高校重点学科或特色学科领域的高校科研人员，因此表现出较强的创新能力；最后，科研机构衍生企业创建的目的在于增强知识生产应用能力，培养学科发展带头人。在衍生企业创造经济价值后，通过知识创新的不断反哺，助力学科建设和发展，形成产学研结合的良性循环。一方面，大学利用自身资源孵化、创办企业；另一方面，大学内的个人或团队在创业意识的驱动下自主建立科技企业。

（二）创新主体功能定位

科研机构衍生企业包含高校、技术发明人、职业经理人、金融机构、科技中介等创新主体。

高校是科研机构衍生企业的重要主体，是科技资源的直接提供者。高校向衍生企业提供丰富的软硬件科技资源，如科技成果，以及基础研究实验室、科研仪器设备、国家重点实验室等硬件设施，还有理论数据、文献资料等信息资源，前沿领域专家学者等科技人才资源，有效促进科技成果的转化。

⊖ 任浩，卞庆珍.大学衍生企业:概念属性、创生动因与运行机制 [J].南京社会科学，2018，368（06）：87-93.

技术发明人是科研机构衍生企业的创始人，具备创业者和学者的双重身份。科学技术的产业化离不开技术发明人的推动，因此技术发明人在科研机构衍生企业成立和发展中起主体性作用。技术发明人的创业经验、性格特征、创业意向决定了创业的成败。

职业经理人是科研机构衍生企业的管理者。他们具有丰富的企业管理经验，具有识别行业技术特点、发展趋势和潜在市场机会的优势。尤其是引入风险投资后，科研机构衍生企业更倾向于选择职业经理人来管理企业，而创业者则充当技术顾问，为企业在技术创新过程中面临的问题提供解决方案。

金融机构和科技中介是科研机构衍生企业的重要参与者，给予衍生企业创新原动力。一方面，金融机构能够为科技项目或孵化企业提供财力上的支持和融资方面的保障；另一方面，科技中介机构主要为科技创新活动提供服务，加快科技成果对接转化，提升整体创新绩效。

（三）技术创新特征

科研机构衍生企业的技术创新具有新颖性、原创性的特点，并且依托大学丰富庞大的学科体系，研发出来的产品具有跨专业、跨学科、跨领域的特征。科研机构衍生企业发展的关键技术主要来源于大学重点学科、特色学科领域学术带头人的前沿科研成果，在识别和捕捉市场机会的基础上将科研成果转化成可行的商业方案。

（四）利益分配机制

科研机构衍生企业的员工薪酬通常由"基本年薪＋业绩工资＋奖励基金"构成，奖励基金与企业的分红、利润和净资产的增加密切关联。

高校和技术发明团队通过技术成果交易、转让、投资入股（"技术股"＋"现金股"）等方式，将技术转移给科研机构衍生企业。

核心参与主体采取股权分配的方式解决权益分配问题。

（五）风险节点

1）衍生企业创始人缺乏管理经验和商业经验，容易导致创业失败。科研机构衍生企业通常由科学家创立，由于科学家缺乏必要的管理知识和商业经验，在产品研发过程中可能会出现重视科学价值而轻视财务绩效，过度依赖大学支持而忽视团队建设，忽视技术机会与市场机会的有效结合等问题。当科学价值和商业价值发生冲突时，科学家可能会选择回归大学，继续走科学研究的老路，从而导致企业创业失败。因此，应聘请职业经理人管理公司，这是提高企业创业成功率和创新绩效的重要途径。

2）在大学技术转移过程中，因利益分配不均易导致合作关系破裂。大学技术转移涉及大学、技术发明人、技术发明人所在院系、政府、企业等众多利益相关主体，在产学研合作中由于专利权、所有权、协议转让权、成果署名权等划分不明确，容易导致合作失败。

3）企业和大学在追求市场需求和学术价值上存在文化冲突。企业属于营利组织，在对待大学技术成果转移时，希望所转移的技术能最快实现经济效益；而大学参与企业研发的首要目的是开展科学研究，追求学术价值。因此企业和大学价值观的不同容易导致科研成果难以实现有效的产业化。

考虑到以上风险，目前比较行之有效的政策包括：

1）注重利益分配的公平原则，设定更加科学合理的利益分配制度，激励技术发明人，兼顾大学和企业的利益。例如，重视技术发明人的利益，提高技术发明团队的利益分配比例，激发创新活力；以合同协商为基础建立动态分配制度；健全完善专利权归属相关的法律法规等。

2）制定以市场为导向的激励机制，打造科技人才队伍，提高科技成果转化率。高校科学家离市场较远，科技创新成果很多都止步于实验室。为了解决这一困境，科研机构衍生企业在职称评定、考核、收入分配、激励约束等方面体现市场导向，确保科学家真正享受科技成果转化带来的红利，提高科学家参与应用科技成果研发的积极性。科技成果转化过程复杂。企业可以组建一支既懂科技成果转化，又懂法律、金融、市场等专业知识的专业队伍，帮助技术发明人发掘市场机遇，开展有针对性的技术研发，减轻科学家管理市场的压力。

（六）政策环境

科研机构衍生企业模式是推进产学研深度结合、加快科技成果产品化的重要协同创新形式。科研机构衍生企业在运行中面临着一些特殊的风险，如衍生企业创始人缺乏管理经验和商业经验；产学研合作时，由于专利权、所有权、协议转让权、成果署名权等划分不清晰而产生利益冲突；大学和企业产生文化冲突等。政府的相关政策可以有效地缓解科研机构衍生企业运行中面临的这些风险，比如美国的《拜杜法案》允许高校拥有联邦政府资助的科研成果的知识产权，解决了产学研合作中的利益冲突，促进了科研成果的转化。中国也逐步出台科研成果转化相关的政策，如2015年修订的《中华人民共和国促进科技成果转化法》，2016年印发的《实施＜中华人民共和国促进科技成果转化法＞若干规定》《促进科技成果转移转化行动方案》《教育部科技部关于加强高等学校科技成果转移转化工作的若干意见》），2019年发布的《国务院办公厅关于推广第二批支持创新相关改革举措的通知》等。不过与西方发达国家比，中国研究成果转化配套政策体系在制定与实施上还有一段距离。虽然政府出台了一些税收支持政策，但是针对创新主体间协同合作、深度融合的政策还有待进一步完善。

五、开放平台型创新体制

（一）组织形式

在开放平台型创新体制下，企业与外部创新主体（领先用户、设计师、科研人员、创业公司、科研机构、大型公司、政府部门）形成合作研发关系，与合作对象一起改进已有技术或者共同研发新技术和商业化。在开放平台下，企业将拥有创意及技术知识的供给方和需求方汇聚一起，提供交互工具及场景，帮助本企业的各个产业获取异质性资源，解决技术创新难题，实现新产品的开发与颠覆式创新，拓展企业的内外部市场。值得注意的是，此类开放式平台是企业已经很明确自己的需求，但是却没有明确的合作伙伴，通过在企业设立独立的开放式平台，或者借助外部创新合作平台寻求创新方案。随着平台的发展，很多企业不仅希望借助平台更广泛地吸引外部创新力量来提升内部创新能力，还希望等到平台发展壮大到一定阶段时依靠自己的发展获利推进创新。比较有代表性的开放式平台有海尔、美的等工业级平台，猪八戒、普华永道等个人级平台。

开放平台型协同创新的优势有：一是多元参与主体，包括合作创新双方、第三方及平台管理者等；二是融入全球网络，企业可以借助开放式平台融入全球技术、知识、创意的供需网络。

（二）创新主体功能定位

开放平台型协同创新体制的创新主体通常包括运营方，创新资源供给方、需求方及第三方机构。首先，运营方由企业具备平台运营管理能力的员工组成或者由外部团队成立单独的开放平台公司。运营方负责平台内容维护和创新合作伙伴管理、平台功能对接、网站平台宣传推广等职能。创新资源供给方可以是企业、科研机构、高等院校、用户等任何掌握创新资源的主体。需求方是通过平台寻求技术解决方案等服务的主体，其寻求的创新服务又可分为对内和对外两类。对内创新服务是指个人或专业机构对需求方新产品提出某些改进要求，需求方可以参与产品孵化项目。

对外创新服务是指企业凭借自身的创新能力为外部的机构或个体提供相应的创新服务。第三方机构包括大数据、云计算供应商、征信机构、政府部门等，其主要职能是为平台提高运转效率，构建供需双方信任关系，形成监督与反馈或者互惠互利的稳定有效的协同创新系统。

（三）技术创新特征

在开放平台协同创新体系下，企业技术创新具有新颖性和颠覆性特征，技术创新过程具有并行性特征。企业通过开放研发、设计、制造、商业化等技术创新环节，实现产品创新全过程的并行集成。各环节活动联系紧密，信息交流顺畅，改变了以往技术创新的线性过程，缩短了技术研发时间，企业可以更快地获取产品开发各个阶段所需的技术，发挥企业、外部创新主体和第三方组织在面向用户需求的产品开发过程中的协同创新效应，助力新产品的诞生。

（四）利益分配机制

开放平台型协同创新涉及众多利益主体，平台通常采用的利益分配方式是并联对赌、用户付薪、动态优化，以海尔开放创新平台（HOPE）和华为最为典型。传统的研发是串联机制，相关人员分阶段完成任务获取报酬。而现在报酬统统来自市场的分享收入，所有参与者均是同一目标、统一薪源。

除了通过用户付薪给予产品创新参与者一部分经济收益外，平台也会设置积分制度，成员依据参与项目的贡献程度获取一定积分。用户可将积分兑换用于发布需求、召开研讨会和企业对接会等更高的权益。

（五）风险节点

虽然开放平台型协同创新有助于企业最大限度地获取外部创新资源，但是其风险也不容忽视。第一，要谨防企业因过度依赖平台的技术引进渠道而挤压内部研发资源。若研发人员过度依赖平台创新，将耗费过多精力与外部主体进行沟通和协调，容易忽视自主创新能力的提升，大大降低创新资源的利用效率。与此同时，企业过分依赖外部创新主体，自主创新意识容易淡化，进而削弱内部研发能力；第二，平台上的机构众多，沟通成本和协调成本都会增加。不同创新主体所隶属的机构在利益分配机制、激励机制、沟通机制等方面均不一样，企业在与不同职业背景的人进行合作时会增加平台治理和创新的成本，降低创新效率。

对此，本研究的建议如下：第一，选择适合企业自身发展的开放边界。由于现实中大多数颠覆性和突破性的创新来自企业内部研发，因此，企业应当提前评估技术需求，明确突破性技术创新和渐近性技术创新，精准界定开放的技术边界。第二，需合理分配创新资源，选择适合企业情况的开放深度。企业应当根据不同的技术发展阶段合理有序地在开放式平台上寻求技术方案，避免在起步阶段开放所有创新环节。

（六）政策环境

开放平台型协同创新改变了技术创新的线性实施进程，缩短了技术开发的周期，对于企业技术进步和经济社会发展都有重要意义，政府政策可以依靠相应政策支持平台型企业的建立和发展。开放平台型协同创新涉及运营团队、创新资源供给方、创新资源需求方和第三方机构等多种主体，在运行过程中可能存在信息不对称、合作成本高、契约执行不力、纠纷处理成本高等问题，政府可以采取相应政策降低开放平台型协同创新运行中出现的这些问题。中国已出台一些支持开放平台型协同创新的政策，具体法规有：国务院 2015 年 9 月印发的《关于加快构建大众创业万众创新支撑平台的指导意见》，国务院办公厅 2019 年 8 月印发的《国务院办公厅关于促进平台经济规范健康发展的指导意见》等。总体而言，相关支持政策、法律体系有待进一步加强。

六、研发国际化型创新体制

（一）组织形式

研发国际化体制的组织形式通常是企业的资本、人力、新技术、知识等各类研发资源在不同国家之间的跨境配置，即研究机构"走出去"。建立海外研发机构、共建研发联盟和并购东道国研发机构是研发国际化常见的三种进入方式。在选择研发国际化创新体制时，企业需要综合考虑政治风险、资源约束情况、国际化经营水平等因素。

1）建立海外研发机构。这是研发国际化最直接的方式，充分利用东道国的知识和技术优势，建立从研发到生产、服务的产业链。如长安汽车公司在日、美、意等多个国家设立了研发机构。

2）共建研发联盟。与其他公司合作，共同建立研发联盟。该方式可以减少企业在同行业中的重复投入，有利于提高研发效率、减少研发成本和失败风险。如 2003 年，潍柴动力股份有限公司和奥地利的李斯特内燃机及测试设备公司共建研发联盟，成功推出欧Ⅲ、欧Ⅳ标准产品，帮助潍柴动力公司持续保持国内市场的领先地位。

3）并购东道国研发机构。该方式可以充分利用海外被并购研究机构的优势技术资源，弥补自身技术短板，从而迅速形成强大的海外研发能力[一]，如腾讯控股收购芬兰游戏公司 Supercell。

（二）创新主体功能定位

该体制下的创新主体包含本土企业、海外企业、国外大学及研发机构等新主体。本土企业以民营企业、国有企业为主，是研发国际化的实施主体，承担对国外先进技术和知识的监测、追踪、学习、转移等职能，进而提升自身的研发实力和市场竞争力，发挥科技成果转化的功能。国外大学属于非营利机构，具有较强的科研能力和学科知识储备，为企业的研发提供了专项的技术支撑和科研成果支持，激活企业创新力。海外企业具备本土企业不具备的生产技术、管理设备和人才，是研发国际化的重要参与主体，与本土企业以股权或非股权形式进行合作，推进研发成果在海外测试和商品化，从而提升企业自主创新能力、开拓海外市场。

㊀ 曾德明，张磊生，禹献云，等. 高新技术企业研发国际化进入模式选择研究 [J]. 软科学，2013，27（10）:25-28.

（三）技术创新特征

开展研发国际化的企业多数为高新技术企业，如汽车、IT、通信等行业，所涉及的技术往往是研发难度较大，且有较大研发不确定性的关键技术。国际化程度和技术水平决定了企业的研发国际化目标。

当二者都很低时，企业可以利用海外技术和顶尖人才资源开发新产品，在母国市场扩张。如伊利通过建立欧洲研发中心，开发了适应中国本土市场的新技术和新产品，扩大了其国内市场。

当国际化程度较低、技术水平处于中等水平时，可以通过合作学习海外先进技术和人才培养模式，提高自身的研发能力。如长安汽车公司在日本、英国、美国等国建立海外研发中心，通过学习各国车身设计、发动机、智能驾驶等方面的先进技术，提升了自身的研发能力。

当二者都处于中等水平时，企业可以综合利用母国技术为海外市场提供定制化产品及服务，扩展海外市场销售网络。例如，海信于 2007 年在荷兰成立了研发中心，并结合当地的消费者偏好和国家标准对企业产品进行优化升级，在海外获得了很可观的销量。

当二者处于较高水平时，企业可以根据不同国家的优势技术布局全球研发网络，整合全球创新资源，实现技术突破和市场扩张。例如，华为在全球范围成立了 16 家研究院，致力于共同推进 ICT 技术的进步。

（四）利益分配机制

海外研发机构是企业以对外直接投资的形式建立的，机构员工的薪酬体系通常会参照当地同行业企业的标准设定富有竞争力的薪资结构，力求做到薪资水平本土化。

研发国际化协同创新体系内各创新主体利益分配以市场为基础，投入越大，风险越大，则收益越多。因此，在参与企业研发时的利益按照有形或无形资源投入量、所承担的风险、对创新的重要性、努力水平及贡献程度来计算[一]。

（五）风险节点

1）政治风险。东道国的政治变动可能会给跨国并购企业带来巨大损失。例如，东道国政府出于对企业并购可能会危害国家安全的考虑，将行使政府的管理权限，阻碍中国企业的研发国际化战略，引发政治风险。

2）经济风险。在新冠肺炎疫情的冲击下，当前的世界经济较为低迷，各国的贸易保护主义纷纷抬头。美国、欧盟国家均对中国设置了技术标准壁垒，中国企业开展海外研发的风险上升。

㊀　魏修建. 供应链利益分配研究——资源与贡献率的分配思路与框架 [J]. 南开管理评论，2005（02）：78-83.

3）法律文化风险。各国往往会依据国情对外国企业投资行为制定相应的法律法规，对于研发国际化企业的管理提出较大挑战。此外，当两个国家之间的文化和传统差异较大时，容易引发文化风险。

基于以上的风险，目前比较行之有效的政策包括：

1）转换研发国际化目标市场。当企业的研发国际化进程受到贸易摩擦的影响时，可以转变目标市场，转向"一带一路"沿线国家重点布局，设立研发机构或联盟，进一步扩大市场份额。

2）建立全球研发网络体系。经济风险、政治风险、法律文化风险不可避免，因此企业应当在开展海外研发战略时，适当分散研发投资，提升研发区位边界的开放性，利用不同区域的资源和技术优势，降低企业可能面临的各类风险。

3）多元化研发进入模式。企业选择何种研发国际化的进入模式主要取决于其国际化经验和技术依赖的程度。在技术依赖程度高、国际化经验丰富的情况下，企业可选择共建研发联盟、并购研究机构的方式；在技术依赖程度高、国际化经验缺乏的情况下，企业可以选择建立海外研发机构；在技术依赖程度低、国际化经验丰富的情况下，建立海外研发机构的方式更能满足企业的需求。在技术依赖程度低，国际化经验缺乏时，企业可以选择共建研发联盟方式。

（六）政策环境

研发国际化有助于新兴企业快速提升创新能力。国家采取了一系列政策手段鼓励企业"走出去"，如 2005 年商务部和科技部发布《商务部、科技部关于鼓励科技型企业"走出去"的若干意见》；2017 年财政部、税务总局联合印发《关于完善企业境外所得税收抵免政策问题的通知》。中国北京、天津、江苏、浙江等地方出台了相关政策鼓励企业建立或并购海外研发机构。但总体来看，企业研发国际化面临着和跨国投资并购类似的国内外限制，如国内金融、财税等配套政策支持不足、相关中介服务机构发展滞后，国外可能面临东道国的政治限制等。

第四节　中国企业协同创新经验做法

改革开放以来，随着经济社会的快速发展，科技进步对生产力发展的促进作用不断凸显，中国政府对企业协同创新的重视程度逐年提升，创新创业环境不断得到优化，创新产出日渐提升。根据《全国企业创新调查年鉴 2020》，截至 2020 年年底，全国创业孵化载体数量达到 13206 家，其中包含 8000 家众创空间及 5206 家孵化器。国家备案 3065 家创业孵化平台和 73 家专业化众创空间⊖。552 家国家级开发园区，其中包括 219 家国家级经济技术开发区，以及 156 家高新技术产业开发区。

⊖　数据来源：《全国企业创新调查年鉴 2020》。

一、政府牵引协同创新发展

随着发展阶段逐步迈进，中国政府不断完善和调整协同创新的相关政策。新中国成立之后，中国从计划经济体制向市场经济体制转变，国家的发展目标也从"解决温饱问题""建设小康社会"向"全面建设小康社会"转变，再到"决胜全面建成小康社会"。在国家整体发展阶段和发展目标不断向前推进的情况下，中国社会生产力水平得到极大提升，科技创新能力也得到迅速释放。中国政府根据不同历史阶段的社会经济发展客观需求和国际环境，快速调整、修正甚至彻底变革协同创新政策的战略目标、创新主体、创新方法等要素。在更高层次上完善协同创新体制机制，确保企业协同创新能够快速实现与经济发展、社会需求、公众利益的有机结合，加强国家创新体系建设。

《国家中长期科学和技术发展规划纲要（2006—2020年）》提出中国战略目标是要建成创新型国家。中国的科学技术创新投入重点方向是九大战略性新兴产业，即新能源产业、高端装备制造产业、新材料产业、新能源汽车产业、生物产业、节能环保产业、新一代信息技术产业、现代服务业、数字创意产业。2016~2019年，战略性新兴产业工业增加值平均每年增加10.5%，比同期规模以上工业增加值年均增速高4.4%；战略性新兴服务业营业收入每年提高15.2%，比同期服务业营业收入高3.9%。2019年，中国战略性新兴产业增加值达到GDP的11.5%，已成为经济高质量发展、推动产业结构转型升级的重要动力源。

中国政府大力扶持和发展创新型企业，并为其营造有利环境。李克强总理在2014年提出"大众创业、万众创新"的号召，支持发展创新型企业。"大众创业、万众创新"战略为中国新创立的企业提供了茁壮成长的宏观环境。中国政府在财政人才吸引、税收优惠和资金投入等政策方面，给新成立企业营造了积极的氛围。截至2021年6月，我国针对创新创业的主要环节和关键领域陆续推出了102项税费优惠政策措施，覆盖企业整个生命周期。比如，小型微利企业减免企业所得税、个体工商户应纳税所得不超过100万元部分个人所得税减半征收。2020年"科改示范行动"选取了200余户改革创新紧迫性较强的国有科技型企业，进一步加快深化改革市场化进程，创建一批国有科技型企业自主创新尖兵和改革样板。

二、不同性质企业在协同创新中发挥不同作用

部分企业凭借协同创新达成管理能力的提升和自主创新能力的突破。例如，采用研发国际化模式的华为，自2017年以来已经连续4年入榜"世界500强"企业名单，从默默无闻的小公司发展成与全球通信巨头比肩的国际企业，其5G（第五代移动通信技术）水平已超出国际电信联盟制定的技术标准，是目前行业内唯一能够提供包括商用5G客户终端设备在内的端到端产品与解决方案的厂商⊖。采用开放平台型模式的海

⊖ 马骦. 中美竞争背景下华为5G国际拓展的政治风险分析 [J]. 当代亚太，2020（1）.

尔、腾讯、小米等公司也纷纷入围"世界 500 强"排行榜，成为一批具有世界影响力的科技企业和互联网企业。采用技术寻求型跨国并购模式的吉利通过先进技术的引进、消化再吸收，成为全球知名的汽车厂商，并完成了技术革新、创新链升级、产业链升级、市场拓展等方面的全面提升。由此可见，企业协同创新有利于快速提高其自主创新能力，积累丰富的管理经验，进而产生最大化的协同创新效应。

从民营企业的角度来看，互联网、ICT 等领域的发展演变成中国产业创新的推动力。中国创新的演变伴随着消费互联网行业和通信业的发展，以百度、阿里巴巴、华为、中兴、腾讯、京东等为代表的互联网和 ICT 企业迅速崛起。"据 CB Insights 数据统计显示，截至 2020 年 12 月 28 日，全球有 511 家独角兽企业。按国家 / 地区划分，数量排名前五依次为美国、中国（不含中国香港）、印度、英国及德国，分别为 251 家、122 家、26 家、25 家、13 家。中美两国独角兽数量总和占比高达 73%。2020 年全球共有 28 家估值超过 100 亿美元的超级独角兽。在前五名中，中国企业有三家，分别是字节跳动估值 1400 亿美元（第一名）、滴滴出行估值 620 亿美元（第二名）、SpaceX 估值 460 亿美元（第三名）、Stripe 估值 360 亿美元（第四名）和快手估值 180 亿美元（第五名）。"⊖

从国有企业的角度来看，科技创新的主力军是中央企业。中央企业坚定执行创新驱动发展战略，持续提升科技创新能力，持续增强科技创新支撑引领作用，取得了一定成效。一是创新投入明显加大。2020 年，中国研究与试验发展（R&D）经费支出就达到了 24426 亿元，比 2019 年增长 10.3%，远远超过中国 GDP 增速。其中，2020 年，我国中央企业研发经费投入同比增长 11.3%，研发经费投入强度为 2.55%，同比提高 0.3 个百分点，其中中央工业企业研发经费投入强度达到 3%。二是创新团体明显增加。中央企业的研发人员有 97.6 万人，其中中国科学院院士、中国工程院院士有 229 人，占两院院士总数的 13%，有效聚集科研院所、高等院校的科研力量。三是创新成果明显强大。截至 2020 年年底，中央企业已累计拥有有效专利 90.19 万项，较 2019 年增加 13.21 万项。大部分科技进步奖由中央企业获得，中央企业获国家技术发明奖的数量占全国同类奖项总数的 40%。四是混合所有制改革加速。2021 年 1 月 19 日，国资委秘书长表示，中央企业中混合所有制企业的数量超过了 70%，地方国有企业混合所有制企业数量的比例也达到 54%。混合所有制改革不仅在中央企业层面上大力发展，在地方国有企业层面也快速发展。例如，2020 年 8 月 29 日绿地集团成功受让广西建工集团 66% 股权，标志着广西建工集团成为广西壮族自治区首家在集团层面进行混合制改革的直属于自治区的国有企业。2020 年 8 月 31 日，广东省广盐集团在南方联合产权交易中心举行增资扩股项目签约仪式，标志着广东省首例省属企业集团层面的混合制改革顺利实施。并且，在混改的推进中也涌现了一些比较典型的例子。例如，广东宏大爆破股份有限公司以混合所有制为立足点，提出"矿业一体化方案解决服务"新模式。2013 年其与鞍钢矿业共同出资成立鞍钢矿业爆破有限公司，宏大爆破持有 51%

⊖ CB Insights 数据库。

的股权。鞍钢爆破由此成为鞍钢矿业固定的长期服务商，为鞍钢矿业提供矿山采剥服务以及民爆器材产品。

三、协同创新的资源配置力量不断壮大

根据欧盟工业与技术创新经济研究机构报告显示，中国上榜企业在过去十年间对研发资金投入的增长速度远远超过世界平均水平（见图4-1）。

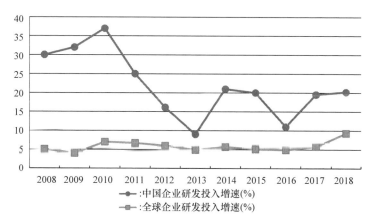

图4-1　全球研发投入上榜企业平均增速与中国企业研发投入增速对比

资料来源：欧盟工业与技术创新经济研究，德勤分析。

2019年，中国共有394种国际科技期刊入选世界各学科代表性科技期刊，发表190661篇高质量国际论文。数据显示，中国发表59867篇高质量国际论文，占世界总数的31.4%，仅次于美国，排名世界第二；美国共发表论文62717篇，占32.9%。而在发表高质量国际论文数量最多的世界性研究机构中，中国有五所机构进入前十，中国科学院生态环境研究中心以发表492篇位居榜首。中国热点论文、高被引用论文数量依旧位于世界第二。截至2020年9月，中国热点论文数为1375篇，高被引用论文数为37170篇，分别占到世界份额的38.4%和23.0%。美国的热点论文和高被引用论文数量，分别为1586篇、75146篇，居世界第一。

在人力资源投入方面，在过去几十年中，中国政府和民间对于教育的投入为创新创业提供了大量的技术型和工程人才，研究人员的数量已超过美国、德国、以色列等国家。中国在综合教育的排名中位列第13位，领先于以色列和美国。但是中国在高等教育入学率上，依旧比不上发达国家的平均水平[一]（见图4-2）。

[一]　根据2019年全球创新指数报告的数据统计。

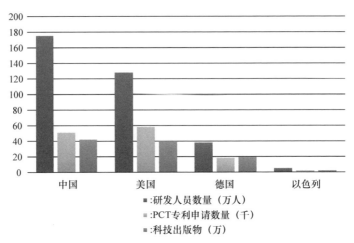

图 4-2　科研领域创新指标比较

资料来源：世界知识产权组织（WIPO），联合国教科文组织统计研究所（UIS）数据库，
世界银行数据库（WB），德勤分析。

四、新兴技术领域是协同创新的重要领域

中国创新的发展伴随着消费互联网和通信产业的发展，以中兴、百度、京东、阿里巴巴、腾讯、华为等为代表的互联网及信息通信技术企业，通过高新技术和商业模式的创新，正在迅速崛起。中国互联网初创公司的高峰时期是 2015 年，这一年一共有16239 家企业成立。从创业规模来看，中国和美国加在一起占据全球独角兽企业的二分之一。2021 年 CB Insights 数据统计中国上榜的 251 家独角兽企业，从行业分布来看，中国独角兽企业多在服务和消费行业，通过传统行业与互联网等科技相结合进行商业模式创新。独角兽企业的技术创新数量明显低于美国。不过自 2018 年以来，以商汤科技为代表的高新科技领域独角兽企业开始涌现，主要集中在机器人、人工智能、大数据和新能源汽车领域。

孵化器和风险投资是整个创业生态体系的养分和催化剂。2018 年，中国风险投资总数达到 938 亿美元，超过了位于第二位的美国 22 亿美元，这表明全球的创新创业生态体系正在从美国绝对主导转变为中国积极推动⊖。从平均投资额来看，中国以平均每笔 3000 万美元的金额位居世界第一。2018 年，中国有超过 4849 家孵化器，以及 6959家众创空间，两者总额达到世界首位。有超过 60% 的民营企业孵化器通过市场手段运营⊜。

⊖　Crunchbase 数据库。
⊜　《中国创业孵化发展报告 2019》，首都科技发展战略研究院，科学技术部火炬高技术产业开发中心。

五、依托协同创新的工程创新发展迅猛

当前，在中国的重大科学技术创新项目建设中，政产学研各主体产生了很大的协同效应，在轨道交通装备制造、新材料、5G、信息与电子技术、新能源汽车、空间探测、深海探测、新能源、超级计算机、智能制造等领域均取得了重大突破，国际竞争力不断增强。高铁即是一个典型例子，在高铁技术创新上，中国始终"坚持产学研用相结合""坚持动员和集成全国优势科研及产业资源"，通过充分发挥强大的国内市场优势，调动各方面的创新资源，走出一条引进技术吸收、消化、再创新的道路，促使中国高铁技术取得全球领先的优势。再比如，在新冠肺炎疫情防控工作中，党和政府积极动员全社会力量，调动各类资源，形成强大合力抗击疫情。同时，协同科研、临床、防控一线，迅速推出检测试剂产品，在短时间内研发出一批有效的治疗方案和药物，多条技术路线的疫苗研发也已进入上市阶段，有效阻断了疫情的恶化。

第五节　中国企业协同创新存在的问题

一、创新协同仍处于初级阶段

随产业集群的发展和"ABCDR"新技术（即人工智能、区块链、云计算、大数据、机器人）的兴起，中国企业从单点创新，开始寻求更多种类的协同创新模式。随着上述技术手段加速发展，企业间开始围绕供应链打造产业互联网。在此背景下，以中小企业为创新创业主体，以大企业开放资源与供应链为辅助，以研、资、服、载等多维度专业能力开放为支撑的集群化、生态化创新模式正在逐渐成熟。在集群化创新的区域生态体系中，大企业通过复用研发资源、共享过剩产能获得了更多价值兑现的机会；中小企业则有条件站在巨人的肩膀上，以更加专注的态度、更加灵活的身段探索不同的创新领域，并将技术、产品、创新成果依靠供应链反哺大企业，为大企业提供新的动力。与此同时，科研院所、资本机构与"双创"服务机构等支撑类主体也为新型创新创业的中小企业提供了更加全面、丰富的能力支撑，进一步降低其创业与创新门槛。面向未来，一幅大企业做平台、小企业链接、能力跨行业深度融合、价值跨区域广泛连接的产业创新发展图景将会逐渐呈现。

然而，现阶段的中国企业仍处于一个初级的协同创新发展阶段。一方面，尝试协同创新模式的主体仍十分有限，主要有具有较强资本及资产运作能力的大型国企、大型互联网公司、科技类企业。对于中小型企业来说，与大中型企业达成协同创新的可能性仍十分微弱。总体来看，创新资源显现出重复建设、分散、低效、封闭等问题，产学研协同效率并不理想。另一方面，当前企业的协同创新模式相对单一，缺乏类似

国外的多种协同创新模式尝试，缺乏专业的"科学确权、权益共享、责任共担"的专业科技成果转化机制来确保大中小企业、高校与科研院所间协同创新的有序进行。同时，由于协同创新模式的发展时间较短，很多企业在协同创新平台（如开放式孵化器、联合创新团队平台等）的搭建上已积累较多的经验，但缺乏平台的管理运营模式方面的相关经验。各协同创新平台往往是在各类"双创示范基地、示范共享平台"的政策引导下，以政策补贴为导向开展的平台建设，因此在盈利模式的设计和专业化服务能力的构建方面有较大的提升空间。

世界经济论坛（WEF）发布的《全球竞争力报告》显示，中国在国家创新能力、产学研合作研发、科学研究机构的质量上赶超的趋势已很明显，但高等教育研发与培训服务的有效性、外商直接投资和技术转移、企业技术吸收能力及新技术的有效性上与发达国家仍存在较大的差距。这表明中国在过去全球化红利中，企业快速发展而忽视了基础研发。在全球化的分工中，中国的比较优势是拥有全部工业门类和超大规模消费市场。中国制造业的主要劣势是基础研发不足，因而材料、设备等关键环节在技术层面与发达国家有明显差距，而技术发展需要时间的积累，以及通过持续不断地研发及经验的积累，从而取得突破。同时，继续发展协同创新对中国制造业升级有着极其重要的意义（见表4-6）。

表4-6 中国企业创新竞争力指数

指　标	得　分	全球排名
新技术有效性	4.4	105
企业技术吸收能力	4.7	71
外商直接投资和技术转移	4.5	78
高等教育研发与培训服务的有效性	4.4	62
科学研究机构的质量	4.3	41
产学合作研发	4.4	33
国家创新能力	4.2	30

资料来源：世界经济论坛发布《全球竞争力报告》。

二、协同创新平台建设有待进一步加强

从单点到集群是产业创新演化的必由之路。企业作为应用创新的主体，同样也是科技创新对接市场产出的核心纽带。但对于企业而言，实现经济价值与社会价值最大化才是其无可争辩的第一使命。但现在中国大企业对实现经营业绩领先的要求高，内部机制相对僵化，难以保证多元创新效率。中小企业是科技创新的活力源，但是对创新资源的配置能力与资本力量均不强，难以集聚力量形成本行业内有革命性的技术创

新突破，迫切需要通过协同创新攻关克难。然而在当前阶段，中国大部分企业在创新平台的搭建上还处于初期阶段。主要表现在：

1. 高质量协同创新平台供给需要进一步增强

与工业发达国家相比，我国基础研究平台存在数量不足、定位不准等问题，现有的基础研究平台成为诸多产业部门创新体系结构性缺陷的症结。一是共性技术研发功能退化。多数重点行业科研院所是由政府机构改革和职能转变企业化改制形成，对共性技术研发平台配套的增量改革跟进缓慢，研究基础薄弱，造成现有共性技术研发严重"缺位"。二是国有企业国家重点实验室数量少。中国国家重点实验室主要依托大学和科研院所设立，由国有企业主导的承担任务导向型、战略性前沿技术研究的企业国家实验室占比低，导致国家重点实验室体系实际上成为高校和科研院所学科建设和基础研究发展的平台，无法充分满足国家产业发展的战略需求。

2. 协同创新平台开放度有待提升

无论是基础研究还是"卡脖子"攻关，最终都是打通创新链条，实现成果转化。当前，协同创新的平台建设存在已有创新协同平台开放度不够、创新平台的建设力度不足等问题。一是中小微企业中试能力不足。在高分子材料、化工材料、金属材料、机械零部件、电子元器件、生物医药等领域的创新普遍集中在中小企业，这些领域的成果转化都需要通过中试，再走向产业化，目前中小微企业建设中试基地并运营的能力严重不足，影响创新成果应用。二是大型国有企业、科研院所创新资源较为丰富，但普遍存在重复建设和利用效率不高的现象。国企具备较强的资金优势，在创新资源布局和配置方面具有较强的灵活性和主动性，但是国企相对较为封闭，产业链上下游企业可能存在中试基地重复建设等问题。同时，国企的风险厌恶的特性可能导致其中试基地等创新资源的开放性不足，导致创新资源的利用率较低。三是我国高校、科研院所的国家重点实验室对企业开放度较低。美国、欧洲国家、日本等普遍做法是向企业开放国家实验室和大型仪器设备，促进企业与大学和研究机构间的人员、知识交流，节约企业研发成本，如美国 Space X 公司在研制商用可回收火箭的过程中，许多实验和测试都是在国家航空航天实验室进行的。

3. 第三方服务体系不发达阻碍协同创新

中国第三方服务体系不发达主要表现在第三方监管机构、科技中介机构等发展不成熟：一是监管机构缺失，监管机构在协同创新活动中发挥着重要的监督和管控作用，能有效约束创新主体的行为规范，在中国企业协同创新网络中，监管机构的缺失加深了协同创新主体之间的利益冲突，增加了"搭便车"的机会主义行为等道德风险，降低协同创新项目稳定运行。二是科技中介机构发展不健全，科技中介机构能促进各协同创新主体迅速融合并高效合作，有助于打破主体间壁垒，彼此间资本、技术、人才、信息等多种创新要素充分流动并有效整合，从而实现项目整体效益最大化。但是，中国科技中介机构大多是采用简单的第三方模式，缺乏有效的手段和能力来解决风险与信息的不对称问题，造成了创新主体间优势互补出现阻碍，降低了企业创新力和凝聚力，进而阻碍协同创新活动的有序进行。

三、协同创新中不同创新主体的作用尚未有效发挥

在企业的协同创新联盟创立的过程中，由于现在协同创新制度不完善，开放程度不够高，导致很多协同组织缺乏技术转移机构、风投机构、金融服务机构、孵化器、法律咨询机构等创新主体的积极参与，协同对象较为单一，以民营企业或外企为主。因此，当前的协同创新模式还缺乏内外部合作的"黏合剂"，在知识、人才、信息等方面并没有形成顺畅的流动机制，难以达到创新主体间的紧密结合，更难以创建良性互动的创新生态系统。

1. 协同创新的战略布局有待进一步明确

科技创新的重要性毋庸置疑，国家已经把创新放在战略全局的核心位置，国家也在强调基础前瞻性研究、关键共性技术研究、"卡脖子"攻关等，打造中国科技创新的战略科技力量。但是从创新体系来讲，对不同创新主体如何在国家关注的重点领域方向发挥作用，其路径还有待清晰。一是当前企业、科研院所都在基础前瞻性研究领域布局，但基础前瞻性领域科研布局还不明晰；二是"卡脖子"攻关最终应落到产品上，而"卡脖子"攻关往往需要"坐冷板凳"，需要大量的资金、人才投入，国家需要在这个领域增加投入。

2. 协同创新各主体的"权责利"需要进一步完善

部分协同创新联盟是由政府主导进行建设，如高新科技园区、产业技术研究院等，政府部门运用财政拨款、科研项目、绩效考核、学科专业评估等政策工具推进协同创新建设，导致协同创新其他主体处于被动状态，缺乏参与创新的积极性。例如，部分高校参与此类型的协同创新活动，是为了应付上级主管部门的工作要求，尚未从服务市场需求出发，开展有效的技术研发。部分企业认为协同创新联盟很多流于形式，比如工作推进会、对接活动、信息采集等，虽然促进了供需双方的对接，但是消耗了过多精力，成效不佳[一]。这些问题将进一步导致合作方之间协同程度不高，难以形成合力。

3. 创新主体之间的融合度不够

一是缺乏协同创新的战略谋划。较多中国企业尚未将外部创新资源真正纳入本企业的技术创新体系，也尚未建立自身在成果不同阶段对合作对象、合作模式的选择策略。二是缺乏开放共赢的合作理念。各创新主体的对外开放不够，外部合作呈现出获取为先、互惠为次的特点。三是多数创新主体的协同创新主要还局限在短期项目的"点对点"合作，缺乏实质性的战略合作。四是缺乏合适的外部主体合作定位。不同创新主体文化、体制、机制存在较大的差异，无法实现企业与大学/科研机

⊖ 李明，高向辉，刘晓伟. 产学研协同创新联盟建设问题与对策 [J]. 现代教育管理,2019（10）:47-53.

构之间的紧密结合。

4.协同创新主体稳定性和持续性有待进一步提升

在协同创新主体中，科研机构、高校参与科技创新的主要目的是获取更多基础学科领域的研发经费支持，通过协同获取更多原创性科研成果，发表高水平论文。而企业参与协同创新的目的是取得技术竞争优势，满足市场需求并获得超额利润。因此二者之间在目标任务、动机机制等方面存在较大差别，伙伴间的信任关系难以维护，难以允分调动协同创新主体的积极性。此外，企业间的协同也存在运行机制、经营理念、企业文化方面的差别，因此在协同创新过程中也存在较多风险和问题。科研机构衍生企业模式、研发国际化模式、跨国并购模式、开放平台型模式中涉及较多创新主体，需要关注可能存在的冲突，维护合作双方的信任关系。

5.链主企业的凝聚力需要进一步加强

目前，各创新主体开展的技术创新普遍以"单兵作战"方式为主，站在行业发展的全局角度，面向产业链整体及长远发展，自发开展协同创新的运转机制尚未形成，影响了整体创新的效率，尤其是在链主协同创新模式中，链主对创新链的聚合效应需要进一步提升。一是在这种类型的创新中，链主一般是国有大型企业或跨国公司，对创新资源具有较强的"虹吸效应"，导致以链主为主体的整个创新体系的资源配置集中在链主企业，不利于其他创新主体开展创新活动；二是当前链主通过混改与民营企业、科研院所形成创新联合体，且一般通过一级市场进入资本市场，鉴于当前科技创新中介不完善，国企在混改协同创新中作用有限，在混改力度不大的情况下，尚未发挥"国家队"的创新作用；三是从供给侧的创新来看，供给侧的创新丰体是中小企业、科研机构和高校，链主作为需求侧的创新主体，目前在创新供给和需求对接的力度不够，导致其他创新主体创新的方向、范围难以界定。

四、遵循协同创新特征的体制机制尚未完全建立

1.科研成果商业转化与知识产权保护尚存短板

中国国有企业、集体企业等转让的技术数量少、水平低、重复严重、实际效果差，以技术咨询、生产线、技术服务为主，主力技术所占的比重极低；绝大多数企业偏向于引进硬件，而缺乏对工艺技术的引进，生产线、成套设备引进中技术花费所占的比重较低。对自身提高创新能力的作用较小。

中国企业普遍不善于利用技术转让法律应用来保护中国的自主知识产权，实现利益共享。一方面，在跨国公司对中国企业进行技术转让时，由于中国企业知识产权意识不到位及决策问题，中国很多自主研发的科学技术流向跨国公司。如有的是合作开发的技术，由外方公司申请专利并取得专利权；还有由外方先在国外申请相关专利，然后在优先权期限内再来中国申请。另一方面，缺乏专业机构来负责知识产权相关事宜。如摩托罗拉中国研究院已经启动了5个专利委员会，对公司内员工将要申请的专

利进行内部预审。这 5 个专利委员会分别包括通信、软件、个人通信、能源系统、先进材料等各个领域的科研成果的预审工作。

此外，员工合同中的知识产权保护条款并不完善。跨国公司在与雇员的雇佣合同中一般含有知识产权保护条款。这些条款一般包含以下几项，一是要求员工将其在任职期间所取得的全部成果的知识产权转让；二是要求员工在使用公司固有知识产权时，未经公司同意，不得向任何第三方披露；三是限制同业竞争规定，员工离开公司后数年内不得在同一行业公司内从事类似工作。例如三星就对于人员流动（特别是研发人员流动）时可能发生的知识产权保护问题给予了高度重视。他们通过与员工签订保密协议等一系列措施，来确保人员流动不涉及知识产权的问题。

2. 很多企业尚未建立适应科研规律的创新管理体系和机制

历经 30 年市场经济的洗礼，中国不少头部企业尤其是高科技企业，已经拥有较为完善的创新管理体系。然而中国多数大中型企业，尤其是国企央企，在创新管理机制上尚存在显著短板：一是强调研发、忽视创新。中国多数企业对创新的理解还仅限于基础研究与产品研发，而相对忽略基础学科创新、工艺创新、模式创新与管理创新等多维度创新的结合，进而出现虽然在创新研发上投入高，但仍难有效把握市场机遇的现象。二是尚未具备创新管理闭环。企业开展创新需上承战略目标，下接市场需求，并有明确发展方向与路径部署，才能保障企业创新目标的有效达成。然而，不少中国大中型企业仍未建立常态化的创新战略制定机制；而有些企业虽然制定了创新战略，但在平衡业绩要求的情况下，并未开源节流保证足够的科技创新投入强度。三是创新研发筛选与商业化流程不完善。很多企业缺少内部创新协同的顶层设计。无论是研究院牵头集团创新管理，还是基层创新，都需要有明确的创新研发筛选与商业化流程管理，助力多职能内部高效协同，促进商业价值转化。四是工作流程体系不够顺畅。近年来大多数企业科研管理按照管生产的方式进行管理，工作流程体系在运行中存在着职责分工不明、工作流程环节过多及多头控制导致决策方过多的问题。此外，部门之间沟通不畅、内部协同合作机制不健全是企业组织管理存在的重要问题。五是全员创新文化缺失。缺乏全员创新意识与能力，缺乏好奇心、企业家精神去力争世界一流与对产业的价值贡献。尽管许多企业已经陆续在内部倡议"开放的心态"，并增强对技术创新的敏感性，但是他们却难以对协同创新所产生的溢价有完善的理解。

3. 基于协同创新视角的市场机制尚未建立

（1）有效的激励机制尚未建立

缺乏针对应用型研究的正向激励政策和专项基金扶持。大学及科研机构是协同创新的重要主体，是科技创新的源头，只有针对科研工作者的激励偏好制定政策，才能调动科研工作者的创新积极性。同时，已有的涉及科技成果发明人的物质奖励制度实施程序烦琐，如作价入股后的科技成果被认定为国有股权，对职务发明人的股权奖励需要通过国有股权交易系统实现，需要十几个政府部门审批，奖励制度中环节多、周期长、利益不确定性高，因此削减了利益引导的效果。

（2）尚未建立常态化市场研究与预判机制

企业需强化产业研究部门长期投入，强化对核心需求场景的预判能力、技术前沿发展动态的研究能力、行业前瞻机会及威胁的感知、分析及论证能力，为企业创新发展战略提供依据支撑。同时，企业应运用"ABCDR"等技术，及时和信息与通信技术巨头合作加速数字化应用落地。企业需要把握全球科技发展趋势，把升级产业标准摆在更突出的位置，加强基础研究和前沿技术研究。

（3）缺乏完善的协同创新技术市场管理体系

科技成果转化是协同创新的核心目标。科技成果的成功产业化不能脱离成熟的技术市场。由于中国市场经济体制发展较晚，和技术市场相关的管理体制还存在一些缺陷。例如，当前的技术价值评估体系不完善，缺少独立机构，缺少评估标准和评价依据，技术评估着重追求技术成果的快速经济效益，忽视了技术的后续产出和长期收益。在技术产业化过程中，中介机构作用不明显，容易造成技术重复研究的问题。

五、协同创新要素配置需要进一步优化和完善

1. 人才扶持体系不健全导致协同创新动力不足

企业协同创新对高级技术人才和管理人才提出了更高的要求，但是当前的宏观政策环境对人才的吸引力仍然不足，导致高端人才严重匮乏、流失严重，制约了创新发展。主要原因如下：

一是对海外人才引进渠道不畅通。一方面，在引进海外人才方面过度依赖政府主导，聘请外国专家也大多由政府"牵头"，市场的积极性和主动性没有得到充分调动，引进的人才也不能满足协同创新多样化的市场需求；另一方面，中国严格的"绿卡制度"，尚未建立以市场为导向的海外人才引进制度，海外人才留华门槛依然较高，海外人才办理移民、出入境、户籍等手续繁多、条件冗杂[一]。

二是与市场衔接的创新型人才培养体系尚未形成。社会上仍然以学历作为评判人才的基本依据，硕士、博士等高学历人才被列为社会重点培养群体，而对本科和职业教育学生的创新能力培养重视不够，在劳动力市场人才选拔任用上对本科和职业教育学生重视度也明显不够，存在认识上的误区；高校在人才培养上依然以守成性教育作为主导，探究式教学、研讨式教学、导学式教学等有助于培养创新思维的新模式新方法尚未得到广泛运用，对于学生的评价过于看重知识吸纳而忽视能力形成，综合测评也没有将思维、个性、创新等纳入其中。在企业培训方面，由于缺少有针对性的扶持政策，企业领导和员工的培训大多是被动完成，缺少发达国家终身学习的理念，尚未形成人人主动学习、探索创新的文化氛围。

三是对企业创新人才的支持力度不足。特别是中小企业和新成立企业，由于营运

㊀　郭少青.我国海外"人才绿卡"制度建设的挑战与探索[J].中国人力资源开发，2016（23）:73-77.

收入低，人数少，专业分工不清，创业经验、创业者自身素质及吸引优秀的高端人才的能力等都"先天不足"。在对现有员工培养的过程中，由于企业的发展前景、员工待遇、管理机制、个人职业发展等问题，使得人才大量流失，而政府对这些群体的支持力度尚且不够，导致企业因人才的缺失而造成创新力量的匮乏（见图4-3）。

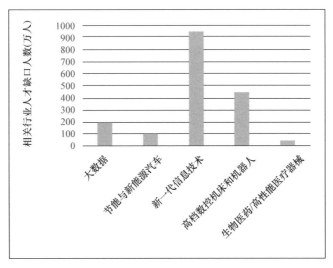

图4-3 受过博士教育的AI领域专家人数占比

资料来源：领英、德勤研究整理。

四是中国科技人才缺乏协同创新管理能力。随着应用落地的成熟和技术的发展，多领域如通信与仪器制造研发、新能源新材料、金融、新零售等领域的需求量越来越大。相对而言，金融科技人才等创新型人才不足。同时，人才分布并不集中，各地区难以形成集聚优势；高质量人才数量不如国外，巨大的人才缺口使得创新发展缺乏动力。如何引进和培养人才是创新型企业面临的重大挑战。总体而言，由于中国的复合型人才少，所以科学家战略视野及商业敏锐度易缺乏，这也是造成科技转化效果低、内外部创新协同难以落地的原因。

2. 金融服务体系等需要进一步加强和优化

创新型企业需要经历一个从孵化到成熟的自然演进过程，而资本起着孵化器和助推器的作用。但在资本的诱惑下，越来越多的企业追求快速创新，最大限度地融资，创造想象空间吸引投资者，而不是专注于培育创新技术和项目。如果所谓的企业项目创新缺乏核心竞争力，盲目追求风口和速度，便没有一个强大的资本孵化器能够培育出有价值的企业。创新周期逐渐变小，只是为了更加容易获得短期融资，而风险投资市场的活跃和繁荣并没有反映在实体经济层面（见图4-4）。

核心技术是产业创新发展的地基，如果不研究自主可控的核心技术而只专注于产业链的其他环节，那就是在修建空中楼阁。通过政策、人才和资金的三方协同，在核心技术方面赶超先进国家，是现阶段最首要的任务。

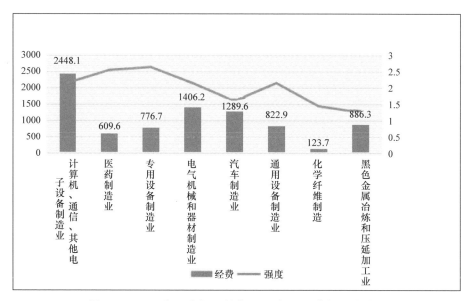

图 4-4　2019 年八大行业所获 R&D 投入经费与强度对比

资料来源：国家统计局、亿欧智库、德勤研究。

总体来看，国有企业有较为充裕的资源、但创新活力有待提升，中小创新企业存在活力强但发展不可持续等问题。建立以企业为主体、以市场为导向、产学研深度融合的技术创新体系，支持大中小企业和各类主体融通创新，构建社会主义市场经济条件下新型举国体制优势，充分发挥国有企业"根"和"魂"的作用，发挥中小企业国民经济生力军和活力源的作用，是未来协同创新最主要的出路。

第五章

中国企业协同创新实践模式

　　中国企业数量众多，其业务特征和创新特征也因所属行业不同存在明显的差异，因此，有必要对中国企业协同创新实践进行分类研究。在案例选取方面，本研究深度挖掘 73 家。按照规模分类，大型企业 36 家，占比 49.32%；中小型企业 37 家，占比 50.68%。按照性质分类，国有企业 27 家，占比 36.99%；民企 46 家，占比 63.01%。按照行业分类，从事科技研究类企业 38 家，占比 52.05%；汽车相关类企业 9 家，占比 12.33%；航空航天、医疗企业 5 家，占比 6.85%；通信企业 5 家，占比 6.85%；环保、基础建设、物流企业 7 家，占比 9.59%；黄金、金融、石油、水利企业 5 家，占比 6.85%，其他 4 家，占比 5.48%。按照地区分类，全国分布的企业 17 家，占比 23.29%；北京 14 家，占比 19.18%；江苏 9 家，占比 12.33%；福建 5 家，占比 6.85%；深圳、浙江均为 4 家，各占比 5.48%；安徽 3 家，占比 4.11%；广州、河南、湖北、江西、山东、上海均为 2 家，各占比 2.74%；沈阳、黑龙江、湖南、陕西、重庆均为 1 家，各占比 1.37%。

　　案例的选取遵循如下基本原则：一是先进性原则。所选企业在各自行业中极具竞争力和知名度，通常具有较大的研发投入强度和先进的研发管理体制机制，引领所处行业的科技创新前沿。二是广泛性原则。所选企业兼顾不同的业务类型和行业分布，以便中国不同行业的企业能够从中寻找到可参照的样本。不同创新主体的特点和动机存在差异，参与合作受到的约束条件也不同，使得合作创新在实践中存在不同的模式。

　　中国企业协同创新实践模式的分类主要从两个角度判定：创新主体的集中程度及创新主体的合作深度或意向。其中创新主体的集中程度关乎企业创新资源配置的集中度及其在创新决策上的集权与分权抉择。创新资源既可以集中配置于企业内的单个主体（或层面），也可以分散配置于企业内的多个主体（或层面）之中，从而表现出不同的集中度。资源配置的集中度往往又和企业权力集中度（管理控制的集权和分权）密切相关。资源集中配置通常倾向于创新决策权在组织系统中较高层次的相对集中；资源分散配置通常倾向于决策权在组织系统中较低管理层次的相对分散。创新主体的合作意向／深度，关乎企业创新的微观运作过程。企业内的不同主体可能更倾向于独立自主进行研发，也可以更倾向于在相互之间形成较多合作。根据以上两个维度考虑，可以提出四大类型分类模型，分别是链主协同模式、节点协同模式、链条协同模式、资本协同模式。图 5-1 给出了模型分类示意，并且指出了模型之间的转化方向。

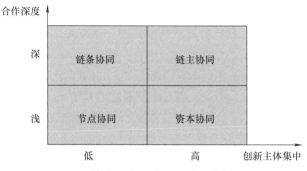

图 5-1 技术、市场作用下的分类模型图

第一节 链主协同模式

链主协同在协同创新中一般有一个主导企业，即链主，这个链主企业在市场或者技术中具有较强的话语权，以链主企业的需求为导向，集聚创新力量。链主协同创新管理模式是从链主企业的视角提出的一种创新管理模式，充分体现了我国集中力量办大事的制度优势，在该管理模式下，在政府的引导、监督、决策及支持作用下，链主主要发挥目标引领、任务推进、资源协调、动力激励、风险防控五大主要作用。主要表现在：一是链主基于自身能力及资源，以重大工程创新为依托，联合国内所有优势力量，共同攻坚克难，实现大突破；二是通过协调和平衡不同利益主体的关系，坚持国家利益至上，平衡甚至牺牲个体的短期利益，实现共同目标，提升国家整体实力和竞争力。

一、创新的特点

1. 创新背景

1）经济社会需求紧迫。国家与社会快速发展，对实施一大批电力、运输、交通等重点工程，提出了更高的需求与期待。链主协同的经济社会价值大，投资带动强、综合效益显著、改善民生意义大，对国家安全、社会进步与经济繁荣的意义重大。

2）充分体现国家意志。链主协同投入大、环节多、影响广泛，需要政府统一决策、统一部署。中央政府充分发挥"集中力量"办大事的体制优势，通过行动号召、行政命令、产业规划、专项计划等方式，快速整合与动员国内外资源，推动工程顺利实施。

3）相关技术基础总体薄弱。在基础理论方面，与发达国家有一定差距，技术路线有待进一步提升；在技术储备方面，经过引进吸收消化，显著提升了技术水平，但尚未掌握成套核心技术；在装备制造方面，与世界先进水平差距较大，材料、制造工艺及技术均存在不足；在工程建设方面，相关设计经验较少，需要结合工程实际进行突破。与此同时，国内不同行业领域技术基础存在一定差异。例如，特高压工程，全球均无成熟的技术与设备，技术创新难度极大；三峡工程，早期建设阶段国内无相关技术设备，主要依靠海外引进改造；京沪高铁，经过引进消化吸收与再创新，基本具备一般的技术储备，但需要结合具体工程需求开展技术升级。

2. 技术特征

链主协同普遍具有规模大、投入多、创新难度大、施工要求高、参与主体众多、安全质量要求高、影响深远等特点，进而对工程创新管理提出更高的标准。

1）决策论证难度大。重点工程投入多、关系重大，需要政府、主导方深入开展全方位论证，持续提升决策方案的科学性、可行性。

2）需要统筹技术创新与工程建设。工程设计标准要求高，国内总体缺乏相应技术、装备及工程建设成熟方案，国外没有或者缺乏可以直接拿来应用的技术装备，需要聚焦工程建设的具体需求，同步开展大量科技研发、升级与再创新，统筹工程建设与技术创新目标和进度。

3）组织协调难度大。工程建设与科技创新协调推进，参建队伍多、工序烦琐、专业差异大、地方协调任务重，工程组织难度大，需充分发挥主导方的集中统筹功能。

4）风险控制难度大。技术创新基础薄弱，材料工艺较落后，需要加强联合创新，降低研发风险。链主协同对设备质量、施工精度要求高，需要建立严密的工程建设风险控制体系。

3. 创新管理模式

创新的实施需要强大的主导方，采用组织与市场等综合治理方式，系统分解工程目标与要求，建立多层次、有机协调的目标、决策、创新与组织等相关体系，共同支撑工程目标高质量完成。

高效的协同创新体系：链主协同科技创新点多、面广、标准高，需要充分调动参与单位的优势资源与联合创新积极性，从工程需求出发，将技术研发、设备研制与应用过程有机衔接，支撑工程建设顺利推进。

作为链主协同的统筹协调机构，强大的链主紧密对接政府战略决策，提出明确的工程建设目标、标准与计划，负责全面组织、协调和推进工程建设，组织开展技术装备协同创新等各方面活动，对工程建设中的重大问题作出决策，全面把控工程安全、质量与进度要求。例如，特高压工程链主是国家电网有限公司；三峡工程链主是三峡集团；京沪高铁链主是京沪高铁公司；"运十"大飞机工程主导方是上海飞机研究所＋上海汽车制造厂。

4. 链主协同创新管理机制

1）战略决策机制。这需要完善的决策体系，主导方构建从上到下、职责分明的战略决策组织机构，履行战略决策与执行。此外，还需要全方位决策论证。采取涉及多领域、多专业的战略决策论证，确保重点问题早发现、早解决。将国家层面战略决策优化与支持始终贯穿整个工程流程。工程决策紧密对接国家战略、政府决策，确保工程目标符合国家与社会预期。

2）创新攻关机制。构建内部和外部协同、多专业人员参与的攻关创新团队。主导方聚焦科技创新重点需求，发挥目标引导、技术共享、资源配置等作用，组织众多科研机构，开展统一的科技攻关与工程技术创新。通过引进消化吸收再创新推动自主创新和技术引领。结合创新难度与引进可行性，选择合适的技术创新路线与方式，共同实现工程目标。

3）激励约束机制。采取多种治理机制，综合运用产业政策、市场合同、企业组织及其他合作关系，调动国内外机构的积极性和加大配合力度。完善激励考核制度，加强奖励和考核的激励效用。例如，三峡集团设立质量特别奖，只要不出现任何事故和质量缺陷，即可获得奖励；京沪高铁工程将各施工单位的科技创新工作纳入奖励制度。

4）风险防控机制。建立质量与安全管理制度流程，防范各类生产风险。三峡工程制定工程宏观和微观质量标准，建立质量管理责任制，建立质量控制制度、进度控制制度和资金管理制度的"三控制"机制。构建高效协同的人财物保障机制，确保工程顺利推进。特高压工程构建集约协调的工程组织架构，建立相应协调机制，有效防控各环节潜在风险，实现科研、设计、设备、施工等环节高效协同。

二、案例分析

所谓链主协同，即企业依托市场/技术话语权，打造协同创新共同体。这种类型协同创新的特征是以大型企业为主体，联合创新链相关主体推进技术创新，并利用市场/技术优势，在联盟中发挥主导作用。一般而言，此类型协同创新是经济社会需求紧迫、改善民生意义大，对国家安全、社会进步与经济繁荣意义重大，体现了国家意志，但相关技术基础总体薄弱的，需要发挥新型举国体制优势。本研究选取了中国航天科技集团有限公司、中国石油天然气集团有限公司、中国石油化工集团有限公司、国家电网有限公司、中国南方电网有限责任公司、中国长江三峡集团有限公司、中国移动通信集团有限公司、中国宝武钢铁集团有限公司、中节能（肥西）环保能源有限公司、中国中车集团有限公司、华为技术有限公司11家企业，它们的主要特征如下：

1.构建链主协同的自主创新体系

一是主导建立创新联合体。大型企业是创新链的发起者，创新目标的提出者，创新过程的组织者、参与者和决策者，创新成果的首次应用及规模化应用的推动者，是创新联合体的核心主体。如中国铁路工程总公司（以下简称中铁总）的京沪高铁建立分层分地域的矩阵式责任单位组织架构，层层落实链主职责。在京沪高铁公司统一指挥下，明确下属各层级单位在技术创新、设备研制、项目管理、工程质量、验收考核等领域的核心职责，推动设计、研发、设备及参建相关单位紧密联系，强化分领域多机构分工协作；国家电网有限公司特高压工程聚集了国内高压输电行业设计、研究、设备和工程建设运行等方面的主导者。

二是产学研用联合创新。打破用户与厂家、厂家与厂家间壁垒，链主协同组建由专家委员会和科研、设计、试验、建设、运行单位及高校组成的常态设备研制工作体系，共享研究成果和开发经验，组织关键共性技术联合攻关。如2012年中国移动和教育部签订战略合作协议，与40多所高校联合研发项目84个。此外，中国移动和北京师范大学、中南大学通力合作，建设了"移动医疗"和"移动学习"联合一体化的实验室。通过与高校的合作，中国移动在5G的前沿技术储备、物联网的创新示范及用户体验研究等方面取得了颇多成果并逐步得以应用；宝武积极发展集群式产学研协同，与钢铁研究总院等8所院校开展紧密的战略合作，与瑞典、美国等超过30家科研机构与大学建立合作关系，成立研发平台，与东北大学共建"EPM联合研究材料电磁过程实验室"，提高研发资源国内和国际优化配置与管理水平；国家电网有限公司特高压打破各科研单位之间的壁垒和行业壁垒，聚集国内主要电力科研、设计单位和高校力量，参与特高压研究设计，200多家设备厂商参与了设备研制和供货，充分集中了外部优势资源和力量。政府发挥其集中力量办大事的优越性，将资源有效整合到重大工程建设领域，降低资本配置的机会成本，快速解决起步晚、底子薄带来的问题，形成引领全局快速发展的管理模式和协调机制；由航天科技集团、哈尔滨工业大学（以下简称哈工大）、深圳市人民政府共同投资组建深圳航天科技创新研究院（以下简称深研院），是高校、央企、地方产学研合作模式的崭新尝试。深研院依托航天科技集团的平台和工程优势、深圳市经济发展和产业环境优势及哈工大的专家人才智力资源优势，重点推进科技成果的产业化与转化，以"政产学研用"结合强化创新能力。

三是建立健全创新机制。建立科学严谨的决策机制，建立协同高效的工作机制，建立创新过程监督机制，建立合作共赢的激励机制，如中铁总构建以建设单位为主导，以设计、监理、施工等参建方为主体，以合同规定的共同利益和目标为中枢，由主导方、中间传递层和执行方组成的一体化项目管理团队；北方车辆研究所开展项目经理制，赋予项目经理相关权力，对项目的整体战略规划、目标设置、进度推进及质量管控等全面把关，协同内外部资源，推动项目开展，加强责、权、利的统一，实现项目从立项到效益的全过程跟踪开展、质量管控。

2. 推动重大关键技术突破

一是充分集合资源联合攻关。组织本行业科研机构和高等院校联合开展科研攻关，挖掘本行业、本领域的创新潜能，汇集全国各方面专家的聪明才智，高度重视与国际同行的交流合作，形成创新合力。如三峡集团通过开展国际合作，引入和共同开发信息管理系统。三峡集团引入现代管理的科学理论方法及技术、现代信息技术，同加拿大共同建立"三峡工程管理系统"（TGPMS）。中加双方共同设计、紧密合作、共同开发的TGPMS是中国工程界、水电领域引进大型管理信息系统的第一例。

二是全面部署技术攻关研究。主导方协调各科研单位有序开展覆盖工程前期—建设—后期全流程的科研攻关，在完成基础科研的同时，强化工程应用研究。如华为公司以客户需求和先进技术双轮驱动，建立金字塔研发架构。金字塔架构的顶层是科技思想研究群体，目前有 17 个成员，主要任务是去全球各地参加论坛，广泛开展交流，带回先进思想，然后在公司内开展研讨的基础上，由多个团队开展竞争性研发；金字塔架构的第二层是科学家或工程商人，由他们形成开发目标并实施开发；金字塔架构的第三层是客户，使客户所有显性、隐性需求在充分研究的基础上，形成技术和产品开发思路。基于分类开展专业化研发，将研发机构分为基础研究、应用技术研究、产品技术研究三类，分别开展专业化研发。如北京智源人工智能研究院（以下简称研究院）在科技部和北京市委市政府的指导和支持下，由北京市科委和海淀区政府推动，于 2018 年 11 月成立，研究院主要依托清华大学、北京大学、中国科学院、小米、百度、美团、字节跳动等人工智能（AI）领域优势机构共同发起成立。研究院承担着本领域协同创新组织者的角色，资助北京市其他科研单位进行合作研究，并协商共建技术平台，减少重复建设，促进资源共享及推动人工智能的发展。

三是着力推动互动印证。一抓科研攻关与工程应用的互动印证，二抓不同科研课题之间的互动印证，三抓有相同科研课题的不同科研承担单位之间的互动印证，动态协调，及时优化调整研究边界条件和思路方法。如国家电网有限公司创造条件，组织不同创新主体开展组部件试验、关键结构模型试验、裕度试验和特殊试验，组织中间产品在特高压试验基地和电网挂网试运行，积累经验，掌握特性规律，验证新结构、新材料和新设计。

链主协同实践案例

链主协同企业主要依托市场 / 技术话语权，打造协同创新共同体，一般以大型企业为主体，联合创新链相关主体推进技术创新，并利用市场 / 技术优势，在联盟中发挥主导作用，如表 5-1 所示。

表 5-1　案例样本的业务类型

序号	企业名称	业务类型
1	中国航天科技集团有限公司	从事生产运载火箭、载人飞船、各类卫星、深空探测器、货运飞船、空间站等航天产品，是我国航天科工的主导力量
2	中国石油天然气集团有限公司	多元化发展的大型企业集团，主要业务集中在石油工程基础设施建设、物流等领域

（续）

序号	企业名称	业务类型
3	中国石油化工集团有限公司	我国最大的石化产品和成品油供应商、第二大油气生产商，以及世界第一大炼油公司、第二大化工公司
4	国家电网有限公司	以电网为核心进行建设、投资、运营业务，是承担着保障国民经济命脉和国家能源安全任务的特大型国有重点骨干企业
5	中国南方电网有限责任公司	我国"西电东送"工程的重要执行者，现已建成"八交十一直"共19条西电东送大通道，直流输送电量占西电东送电量的80%以上
6	中国长江三峡集团有限公司	承担全球最大的水利枢纽项目，是开发治理长江的关键性骨干企业
7	中国移动通信集团有限公司	国内最大规模的移动通信运营商之一，主营业务包括移动语音通话业务、数据服务业务、IP电话业务和多媒体运营业务等
8	中国宝武钢铁集团有限公司	不锈钢、普通碳钢、特种钢三大产品系列，同时立足钢铁技术链、供应链、资源利用链，高效整合企业及行业资源，推动相关多元产业的发展
9	中节能（肥西）环保能源限公司	负责合肥市肥西县环保产业示范园（简称"产业园"）的建设和运营
10	中国中车集团有限公司	其研制的"复兴号"动车组被誉为新时代的"国家名片"，成为代表中国速度的重要标志
11	华为技术有限公司	产品主要涉及通信网络中的交换网络、传输网络、无线及有线固定接入网络和数据通信网络，以及无线终端产品、智能终端设备等

❖ 案例一

中国航天科技集团有限公司

中国航天科技集团有限公司（以下简称航天科技集团）是国家授权、中央直接管理的大型国有高新技术企业，于1999年7月1日正式组建成立。

目前，航天科技集团共拥有8家大型科研院所、11家专业公司、12家上市公司和几家直属单位，科研力量主要分布在北京、上海、西安、成都、深圳（香港）、海南等地。航天科技集团科研力量雄厚，拥有中国科学院、中国工程院院士33人，国防科技重点实验室10多个，国家工程研究中心5个，国家工程实验室1个。作为中国首批创新型企业之一，航天科技集团在航天多个领域掌握了具有自主知识产权的核心技术，取得了上百项标志性成果，尤其是载人航天、探月等一系列辉煌成就。航天科技集团自成立以来，共申请专利2万多件，为我国的国防建设和国民经济发展做出了突出贡献。

一是协同社会多方资源，建设创新孵化平台。航天工程不仅对创新要求高，还需要在创新资源配置、创新主体合作等方面有较高的要求，是一项复杂的大系统工程。

二是"政产学研用"结合提升创新能力。深圳航天科技创新研究院是由航天科技集团、深圳市人民政府和哈尔滨工业大学共同出资组建的协同创新体系。这是中央企业、高校与地方企业、高校与科研院所合作模式的新尝试。深研院依托航天科技集团的平台和工程优势、深圳市经济发展和产业环境优势及哈工大的专家人才智力资源优势，重点推进科技成果的产业化与转化。

❖ 案例二

中国石油天然气集团有限公司

旋转地质导向钻井系统是代表当今世界钻井技术发展最高水平的自动化高端技术装备，更是未来智能钻井技术的核心，被誉为石油领域的"航地导弹"，具有强大的"指哪儿打哪儿"定向导航功能，是页岩气等非常规油气资源勘探开发的关键核心装备，也是我国油气行业的"卡脖子"难题。世界三大知名油田技术服务公司贝克休斯（Baker Hughes）、斯伦贝谢（Schlumberger）和哈里伯顿（Halliburton）都形成了完善的技术及产品系列，并不断推陈出新，正朝着更高效、更可靠、更智能的方向不断拓展系统功能。中国从21世纪初开始研究，通过近20年的持续攻关，虽然取得了一定突破和进展，但是一直未能形成满足陆上页岩气等非常规油气勘探开发工程需求的可工业化应用的产品，仍然处于"依赖进口、受制于人"的被动局面，这已经成为制约我国页岩气等非常规油气产业高质量发展与国家能源安全战略的关键技术短板。

自2008年起，中国石油天然气集团有限公司（以下简称中国石油集团）川庆钻探工程公司启动旋转地质导向钻井系统研究，2010年开始与航天科工集团公司惯性科技公司和中国石油大学（华东）成立产学研联合攻关团队，2013年完成原理样机试制，2015年通过公开竞标获得了国家油气科技重大专项"十三五"启动项目"非常规油气钻井关键技术与装备"支持，从此踏上了加速旋转地质导向钻井系统工业化产品自主研发的艰难征程。

研发实践证明，三家单位产学研优势互补、军民融合是保障早出成果、出好成果的根本所在。联合攻关团队基于各自的技术优势，相继掌握了推靠式旋转地质导向钻井系统的全部核心技术，完成了原理样机的研制。在原理样机功能性试验的基础上，不断深化研究，相继突破了造斜率低、能量与信号高效传输、近钻头抗振等关键技术瓶颈，通过不断蜕变更新形成 CG STEER 旋转地质导向钻井系统，经过 42 口井的工业应用试验，总体性能达到国际先进水平，实现了对同类进口产品的替代。

（一）充分发挥举国体制的独特优势，打破行业壁垒，形成创新联合体

旋转导向钻井系统是典型的集机、电、液、测、控为一体的井下自动 / 智能控制系统，技术含量高，攻关难度大。单一依靠工程技术企业、科研院所或者高校完成这样高难度的研发任务，会感到力有不逮。只有在中国共产党领导下的中国，通过国家层面组织，充分利用举国体制独特优势，突破学科、专业的界限，打破行业、单位的壁垒，集中优势资源联合攻关，才能实现高效率研发、快速转化。

在中国石油集团、航天科工集团和中国石油大学（华东）的共同支持下，建立了专业优势互补的产学研协同创新团队，充分发挥川庆钻探工程公司具有的完善的油气勘探开发产业链和丰富的陆上水平井钻探经验及在动态钻柱力学、系统工程适应性等方面的技术优势，充分利用惯性科技公司在惯性控制行业的领先优势，为系统工具姿态控制、井下工具电路设计与制造、电能 / 信号传输等技术攻关提供了宝贵的经验；充分利用中国石油大学（华东）在动力学基础理论领域的深厚底蕴，为系统造斜能力的提升提供了原创理论支撑。

经过艰难曲折的技术攻关，联合攻关团队圆满完成了研发任务。10 年研发 3 代工程样机，5 年建设完成系统测试平台 59 台套；2 年建成全尺寸模拟试验井；定向控制算法软件一次成功，5 年形成满足陆上页岩气等非常规油气资源水平井钻井的工业化产品，研发周期同比缩短 5 年以上；系统关键核心部件均实现自主化、国产化，部组件国产化率达到 95.8%，而且所有进口部组件均有国产替代方案。充分彰显了产学研协同创新、通力合作的强大推动力。

（二）坚持需求引领技术研发，应用推动系统成熟，持续开展系统升级改进

川庆钻探工程公司坚持现场需求引领装备技术研发的创新理念，以满足川渝页岩气的勘探开发需求为目标，提出了 CG STEER 旋转地质导向钻井系统总体设计指标，联合航天科工集团和中国石油大学（华东）将机械、惯导、自动控制等领域的先进技术应用于系统研发。在走向工业应用的过程中，研发、应用、维保团队互相进驻，打破企业间的壁垒，建设了多个专项攻关小组，形成了联合设计、联合审查、联合制造的三联合机制。同时，综合地质、工程等多学科的宝贵意见，完成了大量的测试工作和技术改进，真正做到以地质工程需求引领系统研发，保

证了迅速实现工业化应用。

为满足地质工程需求，攻关集成了井斜、方位、伽马的近钻头测量功能，大幅提高了系统地质导向能力，水平段储层钻遇率达到 96% 以上；攻关形成高转速条件下精确轨迹控制技术，在页岩气和致密气水平井实现了带螺杆快速钻进，机械钻速提升 30% 以上；创新设计了两级节流、精确分流的信号下传装置，测试指令下传成功率 100%。

自 2016 年以来，借助建成的测试平台和模拟试验井，完成室内试验测试和模拟仿真分析 1386 组次、水循环联调测试 43 次、模拟井定向钻井试验 19 井次、现场功能试验 12 井次，完成控制阀合金环脱落、波纹管鼓胀、导电环断裂等 241 项问题的优化改进，系统可靠性显著提升。

（三）打造成果共享、合作共赢的协同创新模式

三家单位的属地在北京、山东和四川，如何提高跨地域、跨行业合作研发的效率，保障研发进度是个大问题，联合攻关团队协同创新取得实效。首先针对成果归属问题，三方基于平等、互信、开放、包容的原则，明确了科研资源对等投入、共同掌握核心关键技术的合作模式。三家单位两两签订协议：技术共同攻关、标准规范共同制定、技术接口公开、资料严格保密，专利、软件等知识产权归双方共同所有。搭建了三共一定期（技术图纸共有、技术能力共建、知识产权共享、定期资料归档）的成果共有制度。项目攻关过程中完成的 74 套方案设计和图纸、申请的 55 件发明专利、登记的 1 项软件著作权、发表的 11 篇论文，均由三方联合署名。

按照国家科技创新相关政策，各个主体立足合作、转变观念，以合作共赢为目标，正在组建创新联合体实体——合资公司，负责 CG STEER 旋转地质导向钻井系统的制造、组装、检测、维保、产品租赁和销售，摸索新的协同创新成果落地模式。

（四）集团层面打破常规、鼎力支持，促成关键技术瓶颈的快速突破

在研发过程中还发生了一段故事，样机前 7 次现场功能试验十分顺利，统计的最大造斜率达到 7.5°/30m，项目组一度认为"复制"国外成熟产品就可以完成研发任务了。然而，经过后续 5 口井的现场试验，平均造斜率始终难以突破5.5°/30m，产品性能难以满足页岩气开发公司的要求，几经修改仍不理想，难以获得进入现场试验的"门票"。联合攻关团队人员信心严重受挫，正在大家一筹莫展的时刻，中国石油集团公司科技管理部打破常规、主动上手，组织专家参与查找原因、提出新的技术路径，指导项目组开展推靠式钻柱力学攻关，极大地促进了关键技术瓶颈的快速突破。经过近一年的努力，项目组于 2018 年 12 月推出新一代样机，稳定造斜率跃上 10.5°/30m 台阶，成功跨越了从试验到应用的障碍。同期国外公司也认识到自己所谓的商业化产品造斜率并不理想，推出了高造斜版本的

AutoTrak Curve 系列。

1. 规模应用综合效能达到同类进口产品水平，打破垄断、填补空白

从 2016 年到 2018 年年底，联合攻关团队针对各个子系统的瓶颈和短板进行专项攻关，通过 12 口井的现场功能试验验证，各项功能日趋完善。2019 年至 2021 年 6 月，特别是在国资委的支持下，先后在四川页岩气、川中致密气和长庆页岩油区块完成了 42 口井的现场工业化试验应用，累计进尺达 65000 余米，创多项新指标（如威 202H22-7 井、工具造斜率达 12.51°/30m，华 H100-28 井单趟进尺达 2331 米等），综合性能具备替代同类进口产品能力，填补了我国陆上非常规油气国产旋转地质导向钻井系统空白，培育形成了全产业链产业化能力，关键核心技术全部自主可控，为应对极端条件下的"卡脖子"难题提供了自主化、国产化、产业化解决方案。

2. 推动了页岩气等非常规油气资源的规模效益开发

CG STEER 旋转地质导向钻井系统攻关不断取得突破，改变了国外公司只提供技术服务、不出售产品的销售策略，促进了国外知名油田技术服务公司旋转地质导向钻井系统在国内销售的进程和降价进程，显著增加了国内旋转地质导向钻井系统数量，推动了页岩气等非常规油气资源的规模效益开发。同比进口产品，CG STEER 旋转地质导向钻井系统的销售价格和技术服务价格均降低了至少 40%，降本增效成效显著。

❖ 案例三

中国石油化工集团有限公司

中国石油化工集团有限公司（以下简称中石化）成立于 1998 年，是在原中石化的基础上重组组建的石化企业集团。作为国有企业的重要骨干企业，中石化坚持"石化发展，科技先行"的方针，大力实施科技强企工程，紧紧围绕主业发展，积极开展科技改革和重大关键技术攻关，抓好重点前沿技术研究，有效驱动公司高质量可持续发展，取得了一系列重大创新成果。

（一）加强产学研深度合作

中石化秉承"开放合作、协同创新，着眼当前，长远布局，突出重点，长期合作，尊重创造、合作共赢"的基本原则，持续推进开放创新，深化产学研合作，与行业内优势力量共商合作、共谋发展，实现持续有效发展。

目前，中石化与有关高校、科研院所和企业、院士、专家建立了密切合作关系。一是充分发挥双方的基础理论及人才优势、工程及产业转化优势，推动前瞻性基础性研究及关键共性技术攻关，构建了系统的知识平台。二是中石化与中国石油大学等高校建立了良好的人才引进与培养机制，在这个过程中，联合人才的交流与培养，打造了协同创新的人才队伍体系，实现跨专业、跨学科、跨单位的

人才资源共享。三是在协同创新的过程中，遵循平等互利的原则，进一步完善知识产权共享机制，打造协同创新利益共同体。

（二）深化落实推动科技创新孵化

为了提高集团科研成果产出的效率，加快科技成果的转化应用，培育新兴业务，激发科研人员的创新活力，2017年8月，中石化出台了科技孵化器建设试行方案，该科技孵化器共包括"创新空间""新领域培育""创新企业孵化器"三个主要部分。其中，"创新空间"网络平台可以为科研人员的创新创业提供跨单位、跨学科的交流和服务渠道，实现资源的共享，例如2017年举办的首届"中国石化杯"创新创业大赛，共征集创新创意项目561个；"新领域培育"模块是以鼓励集团所属单位以激发科研人员创新活力、提高科研效率为目的，在可能涉及未来发展的新领域，探索灵活的创新机制；"创新企业孵化器"主要通过鼓励科技人员成立员工持股的混合所有制创业企业，加快新兴业务的培育，提高科研效率，激发员工创新活力。同时，中石化下属科技开发公司相当于集团的孵化器，一方面可以引领主业发展，另一方面可为主业的发展提供服务。

❖ **案例四**

国家电网有限公司

国家电网有限公司（以下简称国家电网）作为国家首批创新型企业，坚持自主创新，充分发挥行业带头作用，引导产学研用联合攻关，在特高压、大电网安全、智能电网、新能源等领域，成功攻克一系列关键核心技术，特高压工程作为国家电网的技术创新名片，实现了电网的跟跑—并跑—领跑。特高压关键技术研究工作时间短、任务重，内容涵盖面宽，需要打破常规，大力开展协同攻关。在国家的大力支持下，国家电网最大限度整合了内外部科研资源，主导组建了产学研用高效协同的创新联合体，集中了国内高压输电领域科研、设计、设备和工程建设运行等方面的主力军，形成了强大的科研攻关力量，以及典型的以特高压工程为主导的创新体系。

国家电网在特高压工程建设中，充分发挥链主协同的作用，作为创新的发起者、目标的提出者、创新的组织者，是特高压过程创新的核心主体，决定工程创新的成败。

（一）充分整合社会科研资源

打破各科研单位之间的壁垒和行业壁垒，聚集国内主要电力科研、设计单位和高校力量，参与特高压研究设计，200多家设备厂商参与了设备研制和供货，充分集中了外部优势资源和力量（见图5-2）。

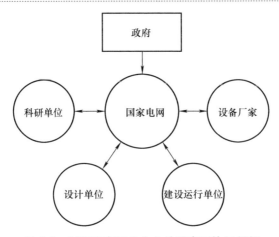

图 5-2 以国家电网为中心的特高压协同创新

（二）以科研为先导，攻克关键技术

特高压工程以科研为工程的始点，在坚持自主创新的基础上，通过与国外交流，以及与国内创新主体的合作（自主创新与国外咨询交流、技术协作相结合，中间成果审查、专题审查与重大成果公司级审查相结合，关键技术研究与工程设计专题应用相结合），集合资源、全面覆盖、强化支撑、推动互动印证、分步分级评审，动态协同推进科研攻关。

（三）协同高效的工作机制

特高压工程提出了"基础研究—工程设计—装备研制—试验验证—系统集成—工程示范"的创新技术路线。以工程里程碑计划统领全局，坚持集团化运作抓工程推进、集约化协调抓工程组织、精益化管理创精品工程、标准化建设构技术体系的"四化"基本原则，坚持科研为先导、设计为龙头、设备为关键、建设为基础的"二十字工作方针"，在科研攻关、工程设计、设备研制、建设运行各环节均创新建立了针对各环节特点的工作机制，以及贯穿各环节的协同高效的工作机制，实现了对这一世界级重大创新活动安全、质量、进度和资金的有效管控。

❖ **案例五**

中国南方电网有限责任公司

中国南方电网有限责任公司（以下简称南方电网）是我国"西电东送"工程的重要执行者，现已建成"八交十一直"共 19 条西电东送大通道，直流输送电量占西电东送电量的 80% 以上。作为特高压直流输变电产业链的链主企业，南方电网不断提升直流输电工程设备国产化率，二十多年来，从天广直流的"全套引进"，到鲁西背靠背直流首次实现综合自主化率 100%，再到昆柳龙直流工程创下 19 项世界第一，带动我国电力装备制造业的升级换代，实现了特高压直流输变电装备的跨越式发展，推动常规直流输电工程关键装备全部实现国产化。

随着中美战略博弈不断升级，先进技术设备受出口管制风险加大。为确保电网的持续发展和产业链自主可控，南方电网从系统级到原材料级全面梳理高端设备进口情况，选定了多个关键核心技术攻关方向。其中，特高压柔直穿墙套管作为目前国际上最先进的柔性直流系统的关键设备，其设计制造技术被国外厂家垄断，严重依赖进口，其体积庞大、价格高昂，难以实现战略储备，一旦出现故障将可能导致柔直输电系统长时间停运，是当前亟须解决的"卡脖子"难题。

面对产业链相关设备制造厂家科技力量分散、科研投入不足的现状，南方电网坚决贯彻落实党中央关于关键核心技术自主可控的重大决策部署，主动整合产业链多个节点企业科研资源，组建"产学研用"联合攻关团队，全力推进产业链协同创新，开展"±800kV柔直穿墙套管关键技术研究及应用"技术攻关。攻关团队克服研发周期紧、技术难度大、容错空间小等一系列困难和挑战，通过一年半的奋战，成功研制国产±800kV柔直穿墙套管，并在昆柳龙直流工程柳州换流变实现挂网示范应用，提前半年完成攻关任务。

一、主要做法

南方电网作为链主企业，面对柔性直流穿墙套管国产化涉及的关键技术问题，制定了"不仅要实现国产化，还要实现性能更优"的攻关目标。在攻关过程中，南方电网充分发挥链主作用，联合制造厂家建立了涵盖管理、工艺和检验标准的质量管理体系，带动技术进步和制造设备升级，实现了工程示范应用，为后续国产柔直穿墙套管批量化商用奠定了基础。

（一）应用端牵引，实现链主协同设计

南方电网全面总结直流穿墙套管规模化应用积累的十余年运维经验，应用进口套管发生十余起故障教训沉淀形成关键核心技术知识包，首创一体化环氧芯体和导杆的柔直穿墙套管结构，促进国内超长、大直径导体、电容芯体、空心复合绝缘子制造装配更新换代。开展链主协同设计，在对国内原材料组部件厂家、套管生产厂家广泛调研的基础上，依托行业标准化委员会，明确了将胶浸纸电容式套管作为柔性直流穿墙套管研发的基本技术路线，指明了行业未来的发展方向。联合高校（西安交通大学）、仿真技术服务商（安世亚太）从套管精细化建模入手，通过"电—磁—热—流—力"全方位仿真分析验证了技术方案的可靠性，真正意义上将国内多物理场耦合有限元仿真技术落地在工程实际应用，促进国内制造装配发展，实现核心技术进步。

（二）联合体攻关，实现链主协同研发

南方电网充分发挥链主优势，整合运维经验拓展研究维度，深入原材料组部件开展延伸研究和质量监督，提升套管整机的工艺稳定性。为确保一体式导杆在新冠肺炎疫情期间按期生产交货，联合攻关团队对导杆原材料（铜导体）厂家开

展关键组部件优化技术延伸督导，对铜管挤压设备修复处理进行全过程监督。面对大直径空心复合绝缘子研发选型，南方电网自主提出大直径、长悬臂空心复合绝缘子关键机械性能参数确定方法，形成一套科学的空心复合绝缘子选型流程，引导下游绝缘子厂家从提高空心复合绝缘子弹性模量出发，优化了玻璃纤维缠绕这一关键工艺，彻底解决了超长、大直径环氧芯体形变受损的问题。在首批电容芯子研制过程中，作为链主企业，协同套管厂家研发建立了一套涵盖管理标准、工艺标准、检验标准的特高压柔直穿墙套管工艺质量标准提升体系，编制了《±800kV 芯体加工工艺标准》等多份专项工艺标准文件，提高了超长、大直径环氧芯体制造工艺的稳定性。

（三）重点工程示范，实现链主协同推广

南方电网昆柳龙直流工程是我国特高压多端直流示范工程，是具有全球影响力的重大创新工程。南方电网推动国产 ±800kV 柔直穿墙套管安装于昆柳龙直流工程柳州换流站，成功带电运行，实现了关键装备工程示范应用，有效化解了"卡脖子"难题。重点工程的示范应用对推广我国自研关键电力装备的规模化具有重大意义，奠定了批量化商业应用的坚实基础。在套管试验验证阶段，攻关团队在现行国际和国家标准基础上新增了四项验证性试验和两项摸底试验，联合中国电科院武汉分院开展第三方型式试验验证，充分考核套管在实际工况下的性能水平和裕度，并取得了国际领先的产品鉴定结论，确保产品的运行可靠性。在套管安装运维阶段，为保障产品在试点应用过程中安全稳定运行，针对套管运输、安装、验收、运维全过程，提前组织制定周密的管控方案，建立涵盖运维策略、故障处置、应急抢修等在内的新设备投运风险管控体系，积累特高压柔直套管积累运行经验。在构建标准体系方面，联合国内科研单位、制造企业直流套管技术标准，规范柔直套管的生产、制造及应用相关要求，完善产品应用的技术标准体系，促进产品批量化商业应用。

二、成效

（一）实现创新突破

通过全产业链协同创新，南方电网实现了 ±800kV 柔直穿墙套管设计、制造、工艺、材料、应用等难题全面突破，形成国家及行业级标准 3 项，培育核心专利 24 件，发表论文 7 篇，打造了完整的柔直套管知识产权体系。成效有：一是制定融合国外先进设计理念的国产柔直套管设计方案，解决复杂电、热、力综合因素下结构设计难题；二是提出了大体积胶浸纸电容芯体分层、分段固化温度控制技术，解决了套管浇注固化工艺难题；三是发明了一种端部可带气拆卸的滑动载流密封结构，解决了进口穿墙套管端部载流和密封难题；四是建立了一套涵盖管理标准、工艺标准、检验标准的特高压柔直穿墙套管工艺质量标准体系，提高了套管制造质量的稳定性；五是创新采用了小角度的玻璃纤维缠绕工艺，大幅度提高了空心复合绝缘子弹性模量，彻底解决了超长、大直径环氧芯体形变受损的问题。

（二）保障能源安全

首支国产±800kV柔性直流穿墙套管研制成功并于2021年6月实现带电投运，各项运行指标良好，标志着本次"联合创新攻关"成功化解了特高压柔性直流输电核心技术"卡脖子"风险，提升了西电东送主网架自主可控水平，保障了国家能源供给的安全稳定。柔性直流输电技术在新能源开发领域具有广阔的应用前景，其核心装备的自主可控为我国构建以新能源为主体的新型电力系统、实现"碳达峰、碳中和"的目标打下了坚实基础，可以助力我国能源转型，推动构建清洁低碳、安全高效的能源体系。

（三）促进产业链发展

通过围绕产业链布置创新链，全产业链明确权责，合理分工，协同攻关，不仅攻克了特高压柔直穿墙套管"卡脖子"难题，同时还探索出一套适合能源行业重大装备研制的协同创新机制，为彻底解决困扰能源行业的"卡脖子"难题指明了方向；攻关成果不仅填补了柔直穿墙套管国产化空白，同时通过加速开展工程示范应用，为产品大规模商用铺平了道路，推动产业链掌握高端装备技术，具备了全球竞争的实力，实现了产业链的跨越式提升。本次协同攻关成为落实创新驱动发展战略、以实际行动支撑国家战略科技力量建设的生动实践。

❖ 案例六

中国长江三峡集团有限公司

在国家的大力支持下，中国长江三峡集团有限公司（以下简称三峡集团）充分发挥引领和主导作用，经过三峡工程、金沙江下游梯级电站的开发，推动中国巨型水轮发电机组实现了跨越式发展。三峡工程建设前，我国只能自主设计制造320MW机组，通过三峡"引进、消化吸收、再创新"，成功实现700MW巨型水轮发电机组国产化，拉开了我国自主设计、制造、安装特大型水电机组的时代序幕。经过溪洛渡、向家坝电站800MW级水电机组的工程实践，实现了巨型水电机组国产化水平进一步提升。自2006年开始，三峡集团牵头组织国内设计单位和机组制造厂家开展了1000MW机组科研攻关工作，在水力设计、电磁设计、绝缘设计、发电机冷却、推力轴承、结构刚强度、制造加工、原材料等方面进行了多项研究和试验，成功研制出世界单机容量最大的1000MW水轮发电机组。与机组配套的高压电气设备、控制设备、原材料等全面实现了国产化，推动了水电装备全产业链的升级换代，带动中国水电走出国门、走向世界，用中国装备装备世界。截至2021年6月，全世界最大的12座水电站有5座在中国，且全部都由三峡集团开发建设和运营管理；全球在建和投运的700MW以上机组有127台，其中，中国有104台，三峡集团有86台；全球仅有的16台1000MW机组全部由三峡集团牵头研发和建设运行。"世界水电看中国、中国水电看三峡"已经成为行业共识。

通过建设三峡和金沙江下游梯级电站，三峡集团与上、中游环节的企业建立了良好的合作关系。东方电气集团东方电机有限公司、哈尔滨电机厂有限责任公司是三峡巨型机组"引进、消化吸收、再创新"的中方技术受让方，也是三峡、金沙江下游水电站机组的主要供货厂家；中国能建集团的葛洲坝机电安装公司、中国电建集团的水电四局、水电八局等发展为巨型水电机组安装调试的主力军；宝武钢、鞍钢、二重、兴澄特钢、南阳汉冶等原材料厂家在三峡集团的支持下，不仅提升了自主技术水平，也为三峡及金沙江下游电站供应了大量的关键原材料，如大型铸锻件、高强度钢板、高性能硅钢片等，此外还有众多的辅助设备供应商；相关科研院所和高校同三峡集团在技术交流、科技创新、人才培养等方面保持密切合作。经过多年的巨型水电工程建设实践，三峡集团已经成为巨型水轮发电机组及配套设备产业链事实上的"链主"，持续发挥行业引领作用，推动中国巨型水电机组不断攀越高峰，走向巅峰。

一、主要做法

（一）政府的决策和支持，是水电重大装备国产化不断取得成功的保证

国家作出重大决策并给予政策保障，从根本上奠定了三峡工程水电重大装备走引进技术与自主创新相结合的路子。为了确保三峡工程质量一流，扶持民族工业，国家制定了技贸结合、技术转让、联合设计、合作生产的战略方针，明确提出依托三峡工程，走自主创新与技术引进相结合的道路，通过不断创新，逐步实现三峡工程装备国产化。

同时，国家对三峡工程自主研发的长期支持和技术积累，为引进技术的消化吸收再创新奠定了坚实基础。在三峡工程开工前，相关部门围绕三峡机电设备国产化、对民族工业的扶持政策等，制定了切实可行的支持鼓励政策及措施。三峡工程的重大装备科研攻关项目，列入"六五"到"十五"连续五个国家"五年规划"，我国相关科研机构、院校及机电设备制造厂为此做了充分准备。在国家政策的正确引导和大力支持下，三峡工程重大装备前期科研攻关工作取得了丰硕的成果，成为三峡工程可行性论证和初步设计的重要依据，为三峡工程机电设备技术引进和消化吸收奠定了雄厚的基础，与外国厂商谈判时也有了充分的技术支持。

（二）依托重大水电工程，业主主导全力推进水电装备国产化是必要条件

在政策引导和国家支持下，三峡集团充分发挥业主统筹协调的主导作用，以市场为导向，搭建了国际化竞争的平台。坚持对外开放，运用市场竞争机制，在引进一流机电产品的同时全面引进关键技术。对国内制造企业实现创新提出明确要求和具体措施，瞄准世界一流技术水平，站在更高的技术起点上，全面提升自主创新能力，为未来参与国际市场竞争打下坚实的基础。

三峡集团从三峡左岸技术引进开始，到三峡右岸消化吸收再创新，到三峡地

下电站实现自主创新，到现在所从事的金沙江下游的四个梯级电站，为水电重大装备国产化提供了一个连续的高水平的平台和市场。工程实际的需要和市场的需要，成为实现国产化和不断自主创新的动力源泉。它表现在两方面：一方面，它为国产化实现和自主创新技术的不断完善在时间和空间上提供了宽广的工程实践平台和丰沃的孕育土壤，促进了国产化关键技术在三峡平台上能够实现"国产技术成熟化，成熟技术实用化"，实现国产化技术和自主创新成果的持续进步和良性发展；另一方面，从三峡 700MW 机组、向家坝 800MW 机组到乌东德 850MW、白鹤滩 1000MW 机组，始终向全球全方位开放，使工程成为代表当今世界最高建设水平的水电工程。在这个环境下，我们通过对国有企业的技术培育和项目早期的研发支持，以竞争来促进国内企业提高设计和制造水平。在市场的引导下，它要求我们持续地提高已拥有的核心技术，确保长期处于世界先进水平，维持国产化核心技术的先进性，鞭策国产化技术不断实现自主创新和突破，不断为提升我国水电装备业的核心竞争力注入动力。

（三）自主创新、掌握核心技术和自主知识产权，才能实现高水平的国产

增强自主创新能力是培育和发展战略性产业的中心环节。中国装备制造业要实现为各行业提供先进技术装备的目标，必须通过自主创新实现。多年的发展经验告诉我们，花钱也许能买来一些比较先进的技术，但是技术创新的能力却是花多少钱也买不到的。单纯的国产化率并不能完全反映自主创新的能力。建设自主的产品开发平台，才有可能从组装者变为集成者、变为创新者。在三峡工程建设中，三峡集团组织参建各方建立了科研、设计、制造、安装和运行联合创新的团队，形成了以企业为主体，科研、设计和制造、安装和运行相结合的技术创新体系，集中力量在关键领域取得了重大的技术突破，三峡右岸和地下电站 18 台 700MW 机组中，有 12 台为国产化机组，且在水力设计、电磁设计、发电机冷却等多方面进行了科技创新，溪洛渡、向家坝水电站 26 台 800MW 级机组中，有 19 台实现了国产化；从 2006 年开始，三峡集团又组织设计院和机组厂家开展了百万千瓦机组的研发，历时十余年，终于成功研制出白鹤滩水电站 16 台 1000MW 水轮发电机组。通过科技创新，三峡集团不仅成功研制和应用了一大批巨型水轮发电机组，还培养和锻炼了一支勇于创新的队伍和一批创新型人才，建立了一套符合工程实际、具有世界先进水平的技术标准。同时，机组辅助设备、高压电气设备、原材料厂家等一大批企业通过参与三峡水电重大装备国产化的实践，提升了自主创新能力，成功实现了机组配套设备和原材料的国产化，从而实现了产业链的整体提升和进步。

（四）重点突破、整体推进，才能在实践中不断推动水电产业链发展的深度和广度

三峡集团推动水电产业链取得全方位的突破，主要表现在两个方面：一方面，

它是从设计、制造、安装、调试、运行、工程建设管理各个环节上都实现了突破。提出符合工程实际的总体方案、参数要求及先进理念；不断追求关键技术研发水平的进步、制造能力的提升和服务水平的升级；高标准要求和新工艺应用保障了国产化设备按期高质量的投运；精心、科学的运行和维护保障了国产化设备安全平稳的运行，最大限度发挥出工程的效益。另一方面，重大技术装备国产化涉及国家在技术、设计、材料、加工制造等各方面的综合能力，它不能孤立进行，必须有相应的产业基础和配套条件。一项重大技术装备国产化将带动一系列分层次的产品研究开发和国产化，三峡机电国产化也带动了整个产业链的技术突破和能力提升，从关键部件基础材料的国产化突破，到机组各个部件的设计制造技术进步；从水轮发电机组的国产化，到主变、GIS、调速、励磁等各个设备层面。三峡水电重大装备国产化形成了从第一项目突破到全面的提升进而推动产业进步的良性发展局面。

二、成效

依托三峡工程建设，通过"引进、消化吸收、再创新"，我国水电重大装备用7年时间实现了30年的跨越式发展，实现了我国700MW级水轮发电机组从无到有，从"中国制造"到"中国创造"的重大转变。经过金沙江溪洛渡、向家坝水电站的建设，机组单机容量又成功提高到800MW级，我国水电机组的设计制造能力得到进一步提升。经过多年研发攻关，2021年投入运行的白鹤滩水电站安装了16台单机容量为1000MW的水轮发电机组，这标志着世界水电进入百万千瓦机组的新时代。

三峡集团在推进巨型水轮发电机组国产化进程中，带领水电产业链上的辅助设备、原材料等相关企业进行了协同创新，瞄准各自领域实现创新突破，既支撑了机组国产化，又实现了自身能力的提升，进而实现水电产业链的整体强化和提升，为打造中国制造升级版、振兴民族工业做出了应有贡献。

❖ 案例七

中国移动通信集团有限公司

中国移动通信集团有限公司（以下简称中国移动）成立于2000年4月20日，是国内最大规模的移动通信运营商之一。公司主营业务主要包括移动语音通话业务、IP电话业务、数据服务业务和多媒体运营业务四大类。同时，中国移动拥有国际进出口局和互联网业务的经营权。2016年，中国移动以科技为支撑的业务范围占其主营业务收入的比例高达2.8%以上，其中研发投入占比高于2%，与此同时，中国移动注重提高专利质量，2020年中国移动发明专利授权数量较2010年增长两倍。近年来，中国移动成为我国信息化发展的先驱力量，也成为标杆品牌。

中国移动打造了全球的创新框架："一个中心、三个基本点"，即建设以战略创新为中心，以技术创新、商业模式创新和管理创新为三个基点。中国移动创新框架的构建，从多方面全方位打造出中国移动的领先地位和卓越的品质，致力于使其成为推动信息社会发展的先锋及创新主导力量。主要措施如下：

一是实施"百万青年创业就业计划"。2010年以来，中国移动与共青团中央联合推出"百万青年创业就业计划"，共同打造线上线下一站式创业平台。"百万青年创业就业计划"得到全国2000多所院校的广泛关注，并且已在这些院校成功开展，在全国建立了104个实体孵化基地，截至2020年12月，已有173万粉丝参与，征集作品109万余幅，资助金额超过1636万元。

二是以协同创新平台为支撑。中国移动打造MM移动应用商城及OneNet物联网开放平台。MM移动应用商城面向开发者开放了大量运营商特色核心能力，如计费等，提供一站式应用开发服务能力，实现开放共赢。OneNet物联网开放平台为行业合作伙伴和社会大众提供创业平台，为各行各业提供能力与服务，如车联网、智能抄表、智能穿戴、智能物流等。

三是撬动社会资源，加强产学研开放式创新。2012年中国移动和教育部签订战略合作协议，与40多所高校联合研发项目84个，主要包括教育信息化、移动互联网/物联网、移动通信网络新技术、信息安全、云计算和大数据等领域，投资共达1亿元。此外，中国移动和北京师范大学、中南大学通力合作，建设了"移动医疗"和"移动学习"联合一体化的实验室。通过与高校的合作，中国移动在5G的前沿技术储备、物联网的创新示范及用户体验研究等方面取得了颇多成果，这些成果逐步得以应用，效果良好。

❖ 案例八

中国宝武钢铁集团有限公司

中国宝武钢铁集团有限公司（以下简称中国宝武），是由原宝钢集团有限公司和武汉钢铁（集团）公司联合重组而成的，于2016年12月1日正式揭牌成立。本案例主要分析中国宝武的前身之一——宝钢集团股份有限公司（以下简称宝钢），其成立于1992年1月。宝钢主要生产普通碳钢、不锈钢和特种钢三大产品系列，同时，依托钢铁供应链、技术链和资源利用链，高效整合企业和行业资源，促进相关多产业发展。宝钢作为中国最具竞争力的现代化钢铁联合企业，不仅在规模、品种规格、技术含量、高附加值产品占有率等方面遥遥领先，经营业绩也持续处于国内领先、国际前列的地位。

坚持走"开放自主融合创新之路"，积极实践产学研紧密结合的开放创新。一方面，宝钢积极推进集群产学研合作，与钢铁研究总院等8所高校开展了密切的战略合作，与美国、瑞典等国的30多所大学和科研机构建立了合作关系，建立了研发中心，与东北大学联合建立了"EPM联合研究材料电磁过程实验室"，提高研发资源国内和国际优化配置与管理水平。另一方面，宝钢持续加强与用户的战略合作，管理外部技术合作网络，与汽车、能源等行业企业签订长期技术合作协议，共建共用共享实验室、构建技术创新联盟，提升技术研发成果的工业化应用水平，构建"产学研用"产业链创新体系。

宝钢设立钢铁联合研究基金。宝钢与国家自然科学基金共同发起设立"钢铁联合研究基金"，目的在于支持我国钢铁工业的应用基础研究发展，打造企业创新发展源头，以及有关工艺、材料、能源、环境、装备、信息等方面的科研项目。将自身科研能力与钢铁行业技术升级与改造相结合，推动了宝钢密切参与钢铁行业发展，积极建设国家技术创新体系。宝钢通过技术共享机制的管理，制定行业技术标准，引领行业发展，保证了宝钢的技术研发持续领先。

❖ **案例九**

中节能（肥西）环保能源有限公司

中节能（肥西）环保能源有限公司（以下简称肥西公司）是中国节能下属中国环境保护集团有限公司的全资子公司，成立于 2017 年 1 月 27 日，负责合肥市肥西县环保产业示范园（以下简称产业园）的建设和运营。

产业园位于合肥市肥西县花岗镇蔡冲村周边，总投资约 31.15 亿元，其中垃圾焚烧厂、炉渣处理厂、餐厨垃圾处理厂总投资约 17.5 亿元，规划建设的污泥处理厂、生物质炭化厂、装修及大件家具处理厂、医废处理厂、科技研发中心、环保主题公园等总投资约 13.65 亿元。产业园以"设施共建、资源共享、物质循环、能量梯级利用"为建设理念，充分利用焚烧发电厂的热、电能源及最终产物的消纳处理功能，实现园区内多源有机固废的集约化协同处置和高效资源利用。产业园通过与产业链上下游企业建立创新合作模式，有利于大幅减少公司的投资运行成本，提高公司效益；通过创新合作研发，有利于提高企业核心技术竞争力，推动环保技术装备化，为建设国家级的智慧生态产业园和国家级工程技术中心中试研发示范基地等提供强有力支撑。

一、主要做法

（一）以政府需求为己任，发展固废处理处置业务

合肥市的战略地位重要，是长江经济带与长三角一体化发展国家战略的重要节点城市，也是综合性国家科学中心，其快速发展导致城市生活垃圾急剧增加。为缓解合肥市主城区与肥西县的生活垃圾处理压力，肥西公司建设了 2000 吨/日规模的生活垃圾焚烧发电项目（总投资约 12 亿元，占地 180 亩），目前已投产运行。

合肥市作为国家首批 46 个垃圾分类试点城市之一，针对分类后的厨余垃圾、餐厨垃圾进行非焚烧处理势在必行。为此，肥西公司建设了 800 吨/日的餐厨厨余

资源化项目（总投资约 5 亿元，占地 100 亩），项目采用"预处理 + 厌氧湿式消化 + 沼气综合利用"的工艺路线，已开始进料调试。

肥西公司综合考虑合肥市固废处理处置需求，以"设施共建、资源共享、物质循环、能量梯级利用"为原则，不断丰富产业园固废项目类型，在帮助政府缓解环保压力的同时，将逐步实现园区内污泥、蓝藻、大件垃圾、畜禽粪污、园林废弃物等多种有机固废的集约化处置与高效资源化利用，致力于打造智慧生态产业园与国家级固废集约化处置示范基地。

（二）以市场需求为导向，拓展环保产业链

深入市场调研，结合固废处理处置产物／产品的市场需求，探索上下游产业链的延伸合作模式，提高企业效益。针对生活垃圾焚烧炉渣委托处理效益低、资源化价值不高等问题，肥西公司创新配套建设了 500 吨／日规模的炉渣综合处理利用项目（总投资 5127 万元，占地面积约 40.2 亩），实现了炉渣中渣砂和金属的精细分选与回收。为杜绝地沟油非法收运、提高资源化效率，在政府引导下，拟与合肥市某独家收运企业联合，采取"成本共担、利润共享"的方式，系统收运合肥市地沟油，利用现有餐厨垃圾处理车间制取粗油脂，增加企业盈利点。另外，在"碳达峰、碳中和"背景下，针对餐厨厨余生物燃气制压缩天然气（CNG）投资较大、风险管控难，肥西公司拟与某燃气公司开展创新合作，可使生物燃气直接进入燃气管网，节省投资，提高收益；结合肥西县种植业发达及有机肥需求量大，拟采用有机肥制备工艺，将有机固渣、沼渣、蓝藻等制作成有机肥，与相关种植企业合作，解决有机肥消纳问题，实现有机固废的资源化和高值化，探索环境治理与农业结合的绿色农业模式。

（三）以科技创新为抓手，提升企业核心竞争力

结合国家研发战略需求，针对传统固废处理模式的局限性和全产业链条中的关键技术瓶颈，肥西公司联合清华大学、同济大学、中科大、合工大及安理工等研发团队，牵头组织实施国家重点研发计划项目"长三角典型流域多源有机固废集约化处置集成示范"，项目旨在在查明合肥市多源有机固废产排清单和资源环境属性特征的基础上，建立精细分类方法和模式；基于大数据，建立长期稳定运行的精细分类 - 智慧收运 - 集约处置全过程智慧管控平台；突破协同厌氧、智慧焚烧、热解活化一体化等技术瓶颈，开发多源有机固废集约化处置全链条成套技术及装备，建设集约化处置综合示范基地，并形成可推广的综合性解决方案。项目的实施，将有利于提升我国固体废物污染防控与资源化水平，推动区域多源有机固废集约处置园区化和关键技术装备产业化的发展，打造长三角典型流域生态文明建设的示范先行区。

同时，针对在固废处置项目运行过程中遇到的技术难题，肥西公司加大研发投入，组织技术人员开展工艺优化与专项攻关研究。结合行业发展需求，联合中

研院、齐鲁工业等外部研发力量开展技术攻关研究，如在绿氢领域，正在实施的集团重大项目"城乡有机固废高值化利用技术"，重点开发生物燃气制氢技术与生物质催化气化重整制氢技术。同时，加强在污水污泥原位减量化、颗粒污泥改性、厨余垃圾制碳源和易腐垃圾肥料化等方面的技术储备，在前期可行性研究的基础上，拟采用"揭榜挂帅"的方式，遴选创新的技术研究方案，委托外部优秀团队共同开展技术攻关研究，帮助企业培养技术人才和提高企业研发水平。

（四）打造协同合作创新平台，助推产业技术装备化

基于公司的产业布局与研发规划，肥西公司将加大与行业内优秀团队（如中源创能、清能环境、中持绿色和中科院上海高研院等）的合作力度，利用节能集团在肥西产业园建立中试研发示范基地的契机，联合打造国内领先的协同合作创新平台。平台将通过合作研发、工程化验证、系统集成等方式，率先在污泥处置、餐厨厨余肥料化和生物质炭化等领域完善装备制造链条，形成装备制造能力，以推动产业技术装备化发展，为长三角地区、长江经济带乃至全国提供多源有机固废治理的综合解决方案和技术装备支撑。

二、效益分析

产业园各项目间能源、资源和人员等的协同配置节约了投资成本，比如垃圾焚烧发电项目产生的余热蒸汽，可供给餐厨项目作为热能；管理人员及工作人员兼顾多个项目，也大大节约了人工费用。同时，通过战略整合实现了产业链上下游延伸和多元化产业部署，解决了固废处置项目产物/产品的出路问题，有利于提高企业效益。

产业园垃圾焚烧项目，于2020年9月完成"72+24"小时试运转和预转固工作。根据年度决算，2020年9—12月，肥西公司累计接收垃圾25.93万吨，累计上网电量为10206.91万度，累计完成营业收入5852.85万元，实现利润总额1369.72万元，是为数不多的运行后便可实现盈利的生活垃圾焚烧发电项目之一。炉渣项目和餐厨厨余项目将在2021年陆续投产，根据项目可研及效益测算，全部投产后，产业园年均营业收入约44003.40万元，年均利润亿元以上。今后，随着产业园固废项目的不断丰富和完善，园区将能产生更加显著的经济效益、环境效益和社会效益。

❖ **案例十**

中国中车集团有限公司

中国中车集团有限公司（以下简称中车）始终把创新作为引领发展的第一动力，坚持政府推动、市场拉动、企业主动，形成了相对完善的技术创新体系。研制的"复兴号"动车组被誉为新时代的"国家名片"，成为代表中国速度的重要标志。

（一）构建协同创新服务平台，实现多参与主体共赢

通过构建服务平台，实现参与主体中创新资源的高效流动及配置，从而实现多参与主体共赢的局面。中车研究院在着力搭建云创平台，一方面通过设计任务众包，解决研发设计环节项目周期性变化导致的人员忙闲不均的问题，从而优化研发人员比例、提升研发效率、降低研发成本；另一方面通过协同研发工具和平台，促进企业间业务协同，建立制图人员在企业间灵活调配的机制和渠道，实现中车协同化发展目标。中车大力推广云创平台的建立与应用，并建立与平台相适应的合作共享机制，充分发挥平台的积极作用。

国家高速列车技术创新中心是首个国家级创新中心，中心作为资源聚合的平台，将营造面向全球汇聚资源、吸引人才和创新链、产业链及资金链协同联动的全新创新生态。中车可依托创新中心，在创新链、产业链、资源汇聚等多方面进行拓展和深化，形成适合中车及国家发展的创新生态，带动创新发展。

中车构建、拓展开放式协同创新平台。随着各协同平台逐步应用，重复投入、同质化竞争的情况逐步好转，如何集聚创新资源，实现创新资源的深度共享，提高创新效率及水平，中车借鉴 GE Store 和西门子全球协同研发体系，构建协同创新平台，助力中车创新发展。

（二）优化考核机制，必要时可采取行政命令

一是建立包含协同指标的多样化考核方式，引导子公司积极合作。比如，子公司以资金或技术入股兄弟企业项目，可视为利润。二是建立利益平衡和补偿机制。只有在合作中获取利益，大家才愿意合作。以市场化为导向，建立内部利益平衡和补偿机制，鼓励子公司之间联合发展业务和开拓市场，共享利益，共担风险。三是分类定位，促进创新资源高效流动。将子公司分为龙头型、补强型、平台型、服务型、转型企业等，鼓励龙头型企业互相合作，集中力量攻关创新；补强型企业与龙头型企业互补合作；转型企业与集团创新战略协同布局；平台型企业构建共享协作平台。通过这些方式减少重复投入，提升创新效率。

（三）实现产业间协同

中车"十三五"战略明确指出，未来将面向交通、能源、工业、环保等领域，致力于为全球客户提供高端装备和系统解决方案，随着中车战略的逐步落实，产业间创新资源的协同将逐步成为重点。随着多元化发展，中车应系统设计、提高产业间的协同创新力。

（四）无形资产优化利用

以信息情报共享平台为例，以研究院为平台，统一购买数据库、信息等共性无形资产，整合各领域专业型人才，科学挖掘、加工和配置国内外有价值的信息情报并实现集团内所有企业的共享。随着情报共享平台逐步完善，将此平台作为

示范项目进行推广，将共享范围扩展至产品标准、地区准入标准等业务中常用的标准体系，还可将共享范围拓展至专利领域，建立专利共享机制，提高专利使用权的流动效率。通过对无形资产的高效利用，大幅提高创新资源的利用效率，从而提高整体的创新效率。

❖ **案例十一**

华为技术有限公司

在全球通信设备市场排名第一，在智能手机市场排名第三，华为技术有限公司（以下简称华为）的成功，从根本上说是创新的成功，是以客户需求为根本和价值导向的协同创新的成功。当前，华为的协同创新可以概括为五个层面：战略创新、技术创新、组织创新、制度创新和文化创新。华为将技术创新作为协同创新的核心，在17万员工中超过45%是研发人员，连续多年将销售收入的至少10%投入研发。

1）技术资源配置：全球布局。将能力中心和研究所建到战略资源聚集区，在市场一线、研发资源富集区（如硅谷）建立研发机构。华为目前已经在全世界建立26个研发中心（并在逐年增多），德国和日本已经成为其重要的海外研发基地。全球布局不仅充分利用全球科技资源，而且聚集了一批世界级优秀科学家。

2）技术创新体系：开放创新系统。以自主研发为基础，通过吸收各方力量，建立全包容、开放的协同创新体系。建立开放的科技讨论平台，任正非呼吁"用一杯咖啡吸收宇宙正能量"，即要求科研人员利用喝咖啡等沟通交流机制激发创意。将内生创新与外部引进相结合，坚持发挥自身优势开展自主研发。同时，在劣势领域，充分利用世界各国科学家资源、人才资源、技术资源等外部资源，与客户、竞争对手、合作伙伴、高校等广泛开展联合创新，建立联合创新中心。

3）研发组织模式：分层分类架构。以客户需求和先进技术双轮驱动，建立金字塔研发架构。金字塔架构的顶层是科技思想研究群体，目前有17个成员，主要任务是去全球各地参加论坛，广泛开展交流，带回先进思想，然后在公司内开展研讨的基础上，由多个团队开展竞争性研发；金字塔架构的第二层是科学家或工程商人，由他们形成开发目标并实施开发；金字塔架构的第三层是客户，使客户所有显性、隐性需求在充分研究的基础上，形成技术和产品开发思路。基于分类开展专业化研发，将研发机构分为基础研究、应用技术研究、产品技术研究三类，分别开展专业化研发。

华为研发国际化主要包括三种方式：

一是设立海外研发机构。华为在欧洲国家、美国、日本、俄罗斯等设立了19个研发中心，吸引海外人才。海外研发机构具体分布情况如表5-2所示。

表 5-2　华为公司海外研发机构分布情况表

设立时间（年）	研发中心	所在地
1999	华为俄罗斯研究院	莫斯科
2000	华为瑞典研究院	斯德哥尔摩
2001	华为欧洲研究所	慕尼黑
2001	华为美国研究所	硅谷、达纳斯
2006	沃达丰华为（联合）移动创新中心	马德里
2007	沃达丰华为（联合）应用创新中心	马德里
2008	沃达丰华为（联合）核心网创新中心	马德里
2009	华为瑞典第二研究中心	哥德堡
2009	华为土耳其研究所	伊斯坦布尔
2009	华为日本研究所	横滨
2010	华为加拿大研究院	渥太华、多伦多等
2013	固定移动融合创新中心	马德里
2014	意大利电信与华为（联合）创新中心	罗马
2014	华为与 LG 移动（联合）创新中心	首尔
2014	悉尼国家级培训和（联合）创新中心	悉尼
2015	华为与印度（联合）创新中心	班加罗尔
2016	华为与马耳他（联合）创新中心	瓦莱塔
2016	华为法国研究所	滨海布洛涅市
2016	华为与泰国（联合）创新中心	曼谷

二是积极开展跨国研发合作。华为加强与海外运营商的合作。具体情况如下：2010 年在加拿大与 TELUS 电信运营商及贝尔公司成立联合创新中心；2014 年，华为与科威特 Zain Mobile 建立了联合创新中心，探索 4G LTG 技术的应用和集成；2014 年与意大利电信合作成立创新中心，为意大利电信用户提供解决方案；2016 年 3 月与马耳他政府合作，致力于开发"安全城市"的解决方案以应对当地的安全危机。

三是跨国并购。2002～2017 年，华为进行了大规模的跨国并购，收购了美国、英国、澳大利亚、爱尔兰、以色列等国家的 11 家公司，业务领域涉及光通信、网络处理器、集成光子研究、硅光子技术、数据通信、系统设计与芯片设计等，详情如表 5-3 所示。

表 5-3　华为公司跨国并购情况

并购事件（年）	被并购公司	主要业务
2002	Optimight	光通信
2003	Cognigine	网络处理器
2006	港湾网络	网络处理器
2011	华为赛门铁克科技有限公司	网络安全与存储
2012	CIP Technologies	集成光子研究
2013	Caliopa	数据通信
2013	Caliopa NV	硅光子技术
2013	Fastwire PTYLimited	运营支撑系统研发
2015	Amartus	软件定义网络（SDN）软件
2017	HexaTier	数据库安全
2017	Toga Networks	系统设计与芯片设计

第二节　节点协同模式

　　节点协同是在创新链的不同环节进行的点状创新，如在前瞻性研究阶段、产品预研阶段、产业化开发阶段根据不同环节的特征，选择有针对性的协同创新模式进行创新。在前瞻性研究阶段，主要通过与大学/科研机构开展探索性研究合作，采取共建实验室、联合研究等方式为企业选准创新方向提供支撑。在产品预研阶段，主要是产业链相关企业开展成果转化研究，常采用产业技术创新联盟等协同创新模式。在产业化开发阶段，主要采用集成创新模式，由核心企业整合相关企业创新成果。

一、创新的特点

　　（1）项目或契约合作研究是各国大学、科研院所与企业之间普遍采用的合作方式，各参与主体以签订契约的形式共同承担风险，分享利益。实践研究表明，项目合作研究模式是最受大学学者喜爱的协同创新方式。合同或项目合作研究模式是以大学、企业、科研院所的具体项目为连接点，根据项目要求签订合约、建立协同关系，项目完成即合作解散。因此这种模式是一种较为松散的合作模式。合同或项目合作模式主要包括三种具体形式：一是技术转让模式，是指通过签署技术让渡契约，高校或研究机构将新技术、新工艺和新产品的专利权、专利申请权、专利实施许可权等科研成果有偿转让给企业，并帮助企业将技术投入生产，形成生产能力；二是委托合作研究模式，是指企业负责出资，协同政府相关部门将研究项目委托给大学进行研究，研究者用委托者提供的经费进行研究，研究取得的专利权将作为合作方共有，研发的成果由企业用于新产品的开发，研发成果的专利许可权或转让获得的收益由三方共享；三是联合开发模式，是产学研半紧密合作模式，将高校和科研机构的研发优势与企业的市场优势有效结合，实现主体间的资源共享和优势互补。

（2）合作研究中心模式是指企业与高校、研究机构合作成立研发机构，此类研发机构可以是依托高校或研究机构建立的虚拟机构，也可以是研究开发实体。在具体操作层面上，校企双方根据各自的长期目标诉求，博弈共建能同时满足双方利益的平等的领导委员会，并且共同承担资金和共享基础设施，从而共担风险共享收益，实现战略伙伴联盟的强化。该类模式下的联合研究所聚焦于研究的系统性、完整性、战略性，有利于开展中长期项目研究。其核心目的：一是通过建设政产学合作研究的战略关系，为全国的科学研究事业发展服务；二是以政府投资为引子带动企业资助研究生参与实业界研究，促进研究生培养；三是通过政产学合作展开学科间或跨学科的研究，提升国家整体的创新竞争力；四是通过产学合作，鼓励全国的企业参与研究以在全世界保持持续的竞争优势。

二、案例分析

我们选取了南方电网科学研究院有限责任公司、三峡珠江发电有限公司、三峡能源、中国北方车辆研究所、嘉庚创新实验室、江西佳时特数控技术有限公司、江苏豪然喷射成形合金有限公司、南京国器智能装备有限公司、武汉中科创新技术股份有限公司、南京智谱科技有限公司、杭州沃镭智能科技股份有限公司、湖州森诺环境科技有限公司、盛瑞传动股份有限公司、江西金达莱环保股份有限公司、格力电器、全球健康药物研发中心（北京）、南通华夏飞机工程技术股份有限公司、吉利汽车、深圳市大疆创新科技有限公司、安徽亘达信息科技有限公司、上海电气国轩新能源科技有限公司、西南化工研究设计院有限公司、天华化工机械及自动化研究设计院有限公司、老板电器、重庆飞象工业互联网有限公司25家企业，它们的主要特征如下：

1. 在前瞻性研究阶段，常采用共建实验室或联合研究等方式

一是注重与高等院校 / 科研机构进行前瞻性研究合作，为企业筛选创新方向提供理论支持。华能与清华大学等高校、中科院等研究机构保持着长期的合作，或出资在系统外单位设立课题，或与其共同承担多项国家级研究项目。江苏豪然喷射成形合金有限公司为解决喷射成形的技术共性问题、应用问题，公司围绕技术创新链，与985大学及航空航天国家级研究力量进行产学研技术创新协同，与中南大学、东北大学、上海交大等高校及航天科工四院、航天一院、沈飞、中航一飞院等单位联合申报国家项目，成为国内唯一能自行设计喷射成形量产线并掌握喷射成形产业化技术的高科技

公司；杭州沃镭智能科技股份有限公司和中国计量大学合作开展国家重点研发计划项目，奠定汽车零部件未来智能化制造新模式，树立行业新标杆，实现由科技理论向产品的转化；江西金达莱环保股份有限公司充分开展产学研用合作，先后与国内外多所知名高校（清华大学、德国亚琛工业大学等）、科研院所（江西省科学院、中国环境科学研究院等）建立了合作协同研发关系，形成优势互补。同时金达莱设立博士后科研工作站、重点实验室等有效保障自身研发与创新需求，先后承担国家重大科技专项、国家星火计划、国家科技支撑计划、国家火炬计划等国家及省部级课题近 30 项；大疆农业与华南农业大学在广州签订了战略合作协议，成立"华南农业大学 - 大疆创新农用无人机联合实验室"，在农用无人机高效撒播关键技术及作业标准、植保无人机关键技术及作业标准、农业航空专用药剂、农业低空遥感信息获取与解析等方面开展协同创新，共同推进中国精准农业的发展；上海电气国轩与上海电气中央研究院在 2012 年进行战略合作。上海电气中央研究院逐步研发储能电池及控制系统，研发出了电池控制系统等，在研发过程中攻克了诸如电池设计、电池密封、电池自动化制造工艺、系统设计及集成等一系列核心技术瓶颈，可提供定制化储能产品及系统整体解决方案。电池产品开发的核心技术足以支撑集团储能产业的发展，且重点研发的钛酸锂电池目前世界上只有几家厂能生产，在市场中有广阔前景。

二是共建研发平台。部分企业与高校、科研院所、企业建立共同研发平台，设立联合研发中心、联合实验室，从事涉及行业关键共性技术工作（矿冶总院、中国电信、中轻集团、中国中纺）。星逻智能科技（苏州）有限公司与上海电气进行深度合作，开展技术协同创新，创办联合研发办公室，共同推进风电全自动无人机巡检系统的创新，产品已销售给阿里巴巴等多家世界 500 强企业，在安防应急、光伏、智慧城市、电网等场景落地。湖州森诺环境科技有限公司与浙江工业大学研究院达成长期合作关系，共同设立校企联合研发中心——森诺研发中心，大学提供科研成果，企业负责资金支持及成果转化研发工作，将产业链、创新链及资金链紧密融合，其项目"PTFE 高效膜蒸馏技术组合工程化应用"实际应用案例，荣获第十八届中国科协全国科技工作者创新创业大赛金奖。格力牵头并联合上海交大、清华大学、中国电科院、南网深圳局、中国中车株洲所等 21 家科研院所、重点院校、制造业企业创建了广东省局域能源互联网创新中心。中心致力于直流化生态与供需联动的局域能源互联网标准与规范认证体系、核心技术与产品、直流化全生态链等协同创新。创新中心目标是增强广东省在智能制造行业的研究和产出，打造以广东省战略改革需求为指引，以家电企业需求及行业发展为目标的研发平台，通过整合企业内部及行业综合科技资源，协调行业的技术研究，组织攻关技术瓶颈，加快研究成果共享转化；安徽亘达信息科技有限公司的主要产品是安工大科技成果转化"财务软件"，经过几年的科技成果转化，已经拓展为高校财务软件、政府财务软件两个产品，在安徽大学进行应用并得到院校的积极反馈。

三是积极聘请外部专家顾问。五矿与多名行业专家、博士达成了顾问服务协议。

为了增加与国内外机构的协同合作，嘉庚创新实验室对于外单位科学技术人才，鼓励实施"双聘双跨"机制进行灵活聘用。科研人员在保留其原单位雇佣关系的前提下，可以依靠项目形式加入实验室的工作，并按绩效取得劳务报酬。依靠"双聘双跨"机制，实验室以重大项目为契机，用最丰厚的平台条件、最先进的创新理念、最具挑战性的任务目标吸引最优秀的人才团队。如今，实验室正在积极与石墨烯诺贝尔奖得主产业化项目团队、日本的新型储能研究团队、名古屋大学未来显示技术团队、台湾大学钙钛矿太阳能电池团队、香港科技大学燃料电池团队等进行接触，邀请其来厦门开展合作。

2. 在产品预研阶段，常采用产业技术创新联盟模式

一是签署战略合作协议。在合作框架下，建立长期合作研发机制。钢研院与国内几大钢铁集团合作，确保研发紧贴客户企业需求。例如，江西佳时特数控与国内新能源汽车涡旋压缩机的龙头企业南京奥特佳开展协同合作，开发出基于中国机床的涡旋压缩机开发系统，从技术上击败国外产品，做到国产替代进口；武汉中科创新技术股份有限公司与各大检测技术公司合作，通过和特定应用场景客户合作开发，针对专用的检测对象，开发专用设备、软件、应用，使设备更专、更易用，解决客户应用痛点，持续为行业提供全面高效、稳定可靠、安全环保的无损检测设备和解决方案；华夏飞机协同联合南通先进通信技术研究院、清华大学团队、苏州科可瑞尔航空技术有限公司合作开发机载卫星通信系统，致力于为客户提供整体的通信方案，该产品研制成功将填补国内空白；南京智谱科技有限公司依托高校进行科技转化和整合资源，实现创新突破。智谱科技是高校科技成果转化的一个典型，南京大学作为全国首批四所高校"双创"基地之一，大力建设众创空间，为创新创业人才提供多种孵化平台协同资源、人才服务和资金等。在光谱成像原型机研制过程中，智谱科技依托高校资源，申请国家重大仪器专项项目，完成原型机的定制。

二是与地方政府合作方面，北京有色金属研究总院先后与青海、江西、广西、四川等省市签订框架性合作协议。同时，如南京国器智能装备有限公司与安徽和县江北乌江新区、南京江北新区等当地政府达成落地协议，地方政府在土地、厂房建设、人才引进等项目上给予大量的资源支持和协调指导，节约公司前期开发成本，使公司轻装上阵，重点打造产品和人才队伍建设。

3. 在产业化开发阶段，常采用集成创新模式

一是加强国际交流与研发合作。全球创新资源协同，合作的方式也是多样的。在与国际机构合作方面，方式多样。中铁工是以项目为带动，进行设计施工和科研合作；而中能建针对不同国际机构采取了多样化的合作方式，包括签署合作研究谅解备忘录、签署合作协议和签署电力技术和培训合作协议等。又如盛瑞传动股份有限公司长期与德国开姆尼兹工业大学、英国里卡多公司等国外高校和企业保持着稳定的合作关系，吸纳国际一流工程化技术，联合国际知名传动专家皮特·谭伯格教授进行技术创新和产品开发，实现国际化产学研用相结合，整合全球资源促创新，帮助公司发展成为国

内领先的汽车自动变速器研发智造基地。全球健康药物研发中心（北京）与美国加州生物医学研究院（简称 Calibr）合作建设的世界领先的 ReFRAME 化合物库于 2021 年 1 月中旬完成了全部进口手续，包括进口仪器设备免税资格申请、海关免税名录申请等工作，于同年 3 月初完成进口，通过了海关及检验检疫局等机关的检查，并于同年 5 月完成登记上账。研发中心新址投入使用后，ReFRAME 化合物库已顺利转移至相关实验室，用于药物发现的高通量筛选研究。吉利汽车在沃尔沃瑞典总部所在地哥德堡创建了欧洲研发中心（CEVT），协同开发 CMA 模块化平台架构，基于这一平台化架构，双方推出了领克汽车这一高端合作品牌。技术互补和产业优势为并购后技术协同奠定基础。通过并购，吉利汽车获得了全球领先的技术，实现了核心技术的突破，打开了海外市场，提高了产品销量及品牌声誉，从而形成真正的核心竞争力。

二是积极聘请外部专家顾问。诚通集团、中钢集团、国药集团以院士及其科研团队为核心，建立院士工作站；中粮集团、中钢集团、农发集团、国药集团建立博士后工作站，以求提升企业研究工作的深度。格力电器建立"建筑节能"和"电机与控制"两个院士工作站，获批建立广东省博士工作站和博士后科研工作站，搭建起完善的技术创新体系，使实验室力争建成具备世界影响力的实验室，为支撑中国建设世界科技强国做出贡献。

节点协同实践案例

节点协同企业具有典型的创新节点协同的特征，在创新链条的关键环节，依托企业需求进行联合创新，如表 5-4 所示。

表 5-4　案例样本的业务类型

序号	企业名称	业务类型
1	南方电网科学研究院有限责任公司	南方电网直属研究院，成功策划实施国家重点研发计划"智能电网技术与装备"专项项目"高压大容量柔性直流输电关键技术研究与示范"等
2	三峡珠江发电有限公司	三峡珠江发电有限公司是三峡集团下属单位，主要负责三峡新能源阳西沙扒海上风电项目等系统性研发和工程设计工作
3	三峡能源	三峡集团下属企业三峡能源紧紧围绕打造"风光三峡"和"海上风电引领者"战略目标，为实现"新三峡梦"作出新的贡献
4	中国北方车辆研究所	主要从事地面移动平台技术的研发与制造，其主要业务涵盖特种车辆、民用汽车及专用汽车的研究开发及试验测试等

（续）

序号	企业名称	业务类型
5	嘉庚创新实验室	新型研究机构，业务集中于攻克"卡脖子"技术、落地产业化成果
6	江西佳时特数控技术有限公司	国家级高新技术企业，业务集中于高端精密数控机床及自动化柔性生产线设计、制造、销售和服务
7	江苏豪然喷射成形合金有限公司	业务领域包括航空、航天市场，是国内唯一能自行设计喷射成形量产线并掌握喷射成形产业化技术的高科技公司
8	南京国器智能装备有限公司	无人机高科技公司，业务集中于大中型无人机设计、研发、制造、飞行保障及产品销售
9	武汉中科创新技术股份有限公司	中国科学院下属的科技型企业，业务集中于超声波无损检测技术相关设备生产销售等
10	南京智谱科技有限公司	计算光学高科技公司，业务集中于光谱视频相机的开发与应用
11	杭州沃镭智能科技股份有限公司	智能自动化装备公司，主营业务为柔性自动化生产线及汽车零部件智能检测设备的研发、生产及销售
12	湖州森诺环境科技有限公司	高新技术企业，业务集中于 PTFE 高能膜材料研制开发、工程运用及系统集成
13	盛瑞传动股份有限公司	国家级高新技术企业，业务集中于柴油机零部件、汽车自动变速器的研制与应用
14	江西金达莱环保股份有限公司	环保科技公司，主营业务是污水处理技术的开发与应用
15	格力电器	多元化、科技型的全球工业集团，业务集中于空调、生活电器、高端设备、通信设备四大领域
16	全球健康药物研发中心（北京）	创新药物研发机构，中心旨在为全球健康药物研发领域注入创新原动力，加快生物医药基础研究向临床药物的有效转化，成为连接全球药物先期研发前沿机构与下游临床开发单位的重要枢纽
17	南通华夏飞机工程技术股份有限公司	中小型飞机相关产业企业，业务集中于对中小型航空器提供改装、维修和附件维修制造等服务
18	吉利汽车	创新型科技企业集团，业务集中于汽车整车、动力总成和关键零部件设计、研发、生产、销售和服务等
19	深圳市大疆创新科技有限公司	创新型科技企业，业务集中于自动控制设备、航空电子设备、无线电数据传输系统、无人驾驶航空器、电子元器件等

（续）

序号	企业名称	业务类型
20	安徽亘达信息科技 有限公司	信息技术公司，业务集中于财务管理软件的开发运营维护
21	上海电气国轩新能源 科技有限公司	高新技术企业，业务集中于磷酸铁锂动力电池新材料、电池芯、电池组及电动汽车等相关产品的研发、生产、销售
22	西南化工研究设计院 有限公司	这是一家专业化工产品供应商，也是专有化学技术的专利商，是有甲级设计资质的工程总承办商
23	天华化工机械及自动化 研究设计院有限公司	我国目前为数不多的几个重要的化工、石化行业专用设备研究院和重大装备试验研发基地、科技成果转化基地及重大装备生产制造基地之一
24	老板电器	以生产家用厨房电器产品为核心业务，曾获中国名牌产品、中国驰名商标、全国质量奖等，连续 7 年入围 "BrandZ 最具价值中国品牌 100 强"，连续 15 年荣膺 "亚洲品牌 500 强"
25	重庆飞象工业互联网 有限公司	全球领先的具有云计算、物联网整体方案等核心服务能力的工业互联网平台运营企业

❖ **案例一**

南方电网科学研究院有限责任公司

我国因能源资源和负荷需求逆向分布，实施"西电东送"工程进行全国范围内资源优化配置，形成了珠三角、长三角多直流馈入受端电网，柔性直流输电不依赖电网换相、不存在换相失败、能够提供动态无功支撑，是支撑可再生能源基地电力外送、提高交流电网安全稳定、优化电网结构的重要技术手段，也是工程应用的重要研究方向。

对此，南方电网科学研究院有限责任公司牵头联合 17 家单位，形成产学研用创新团队，成功策划实施国家重点研发计划"智能电网技术与装备"专项项目"高压大容量柔性直流输电关键技术研究与工程示范应用"（项目编号 2016YFB0901000）。项目历时 5 年，研究实现了含柔直的多直流馈入电网安全稳定提升、柔直与电力系统高频谐振抑制等科学目标，首创了 ±800kV 特高压柔直、混合直流技术，提出具有直流故障自清除能力的"全桥＋半桥"混用柔直新拓扑，研制出世界首台（套）±800kV/5GW 特高压柔直阀、特高压混合多端直流控制保护等核心装备。依托上述原创性成果，建成了世界首个特高压混合多端直流输电工程，年送清洁水电达 330 亿千瓦时，满足了乌东德电站水电送出、粤港澳大湾区电力安全供应、绿色低碳发展的国家重大需求。同时，我国发起成立了国际大电网组织混合直流输电工作组（B4.79），由我国率先提出的混合直流等关键技术引领了世界电网技术的科技前沿方向。

一、主要做法

一是产学研用结合，联合上下游企业，构建创新联合体。

由南方电网科学研究院牵头，联合清华大学、华中科技大学、西电系统公司、荣信电力电子公司、电力规划总院等 17 家单位组成一个产学研用相结合的创新团队。其中，清华大学、华中科技大学、湖南大学、中科院电工所、工业和信息化部电子第五研究所等高等院校和科研机构在柔性直流输电和混合直流输电的换流器拓扑结构、换流器运行特性分析与参数设计、控制保护技术、实时仿真技术、可靠性验证与评价技术等方面具有丰富的研究基础；西安西电电力系统有限公司、荣信电力电子股份有限公司、北京四方继保自动化股份有限公司、特变电工新能源研究院、桂林电力电容器有限责任公司、特变电工沈阳变压器集团作为产品制造者，长期从事控制保护设备、变压器、换流阀、电容器等核心装备的技术研发和产品研制工作；电力规划设计总院、广东省电力设计研究院和西南电力设计院长期从事能源电力发展战略规划研究、产业政策研究、工程咨询设计等工作；南方电网公司已形成"八交八直"西电东送输电通道，在驾驭复杂交直流混合运行，远距离、大容量、超高压输电系统方面有丰富的经验。

二是聚焦"卡脖子"技术，自主开展核心技术攻关。

依托国家重点研发计划项目"高压大容量柔性直流输电关键技术研究与工程示范应用"（编号：2016YFB0901000），项目组组建柔直换流阀、直流控制保护系统、柔直变压器及电抗器、直流开关与穿墙套管 4 个攻关团队，历时 5 年，结合工程的成套设计，从系统分析、参数选择再到设备规范、控制策略的论证提出，给出了一套完整的技术方案：提出了适用于多直流馈入受端电网的混合多端直流输电技术，创新发展了交直流相互影响理论；提出送端传统直流、两个受端柔性直流的混合多端直流输电工程技术方案，攻克了双阀组能力平衡、高阀过电压抑制、全桥负电平利用的低损耗设计等技术；首次提出全桥和半桥功率模块串联构成的柔性直流换流阀拓扑，研发了主动控制生成反压的柔性直流自清除直流线路故障技术，研制出世界首台 ±800kV/5GW 柔性直流换流阀；提出了特高压混合直流电压 - 电流外特性匹配运行控制机制，研制出特高压多端混合直流控制保护样机；项目成果全面应用于世界首个 ±800kV/8GW/5GW/3GW 特高压混合多端直流输电工程。

二、成效

项目从 2016 年 7 月开始，历时近 5 年，在国资委、国家能源局及南方电网公司的领导下，整合国内科研、设计、制造等单位，首创了 ±800kV 特高压柔直、混合直流技术，提出具有直流故障自清除能力的"全桥＋半桥"混用柔直新拓扑，解决"单一模块故障导致系统闭锁"、系统运行方式优化等世界级难题，在世界上率先建成系统全面的特高压多端混合柔性直流技术知识产权体系；推动关键原材料（器件）的研发及应用，研制出世界首台（套）±800kV/5GW 特高压柔直阀、特高压混合多端直流控制保护等核心装备，实现大容量柔性直流换流阀、柔性直流变压器、桥臂电抗器在内的主要设备自主化率 100%，进一步提高我国特高压产业链的总体水平和竞争力，为产业链上下游企业参与国际竞争创造了有利条件，增强了我国电力行业在国际上的比较优势。

项目成果全面支撑世界首个特高压混合多端直流输电工程——昆柳龙直流工程建设，该工程是"十三五"时期国家能源发展规划明确的跨省区重点输电工程，也是目前世界上电压等级最高、输送容量最大的多端混合直流工程，创造了 19 项世界第一，进一步擦亮了"特高压"的国家名片。昆柳龙直流工程于 2020 年 12 月 27 日正式投产，其年输送电量达 330 亿度，全部为可再生能源，相当于每年减少煤炭消耗 950 万吨、减排二氧化碳 2500 万吨，有效促进节能减排和大气污染防治工作。作为落实国家西电东送、大规模清洁能源输送的标志性工程，也是 2020 年度央企十大超级工程，昆柳龙直流工程将促进南方区域天更蓝、地更绿、水更清、生态环境更美，对于粤港澳大湾区及广东电力负荷中心能源供应实现清洁化及经济性双重目标具有现实意义，进一步助力我国 2030 年实现碳达峰、2060 年实现碳中和的目标。

❖ **案例二**

三峡珠江发电有限公司

2018 年 5 月，三峡珠江发电有限公司（以下简称珠江公司）作为牵头单位组织申报的"浮式海上风电平台全耦合动态分析及其装置研发"科研项目在广东省自然资源厅获批立项，获得 2000 万元的广东省财政资金支持。同时针对试验样机工程的示范应用研究需求，珠江公司以"广东浮式海上风电试验样机工程示范应用研究"为题在三峡集团内部进行自筹配套科研项目立项，获得约 1.879 亿元的试验样机工程科研补助资金的支持。

该项目以三峡新能源阳西沙扒海上风电项目为基础，经过基础优化选型、一体化设计、物理模型试验验证等系统性研发和工程设计，已于 2021 年下半年完成一台 5.5MW 漂浮式海上风电试验样机。项目研究依托广东省海上风电产业链发展规划，以规划的深远海海上风电项目为背景，对漂浮式海上风电平台关键技术展开研究，开发符合我国南海海洋环境条件、经济适用的新型浮式风机与基础，并最终形成从设计到施工及装备的成套技术。

一、主要做法

1. 加强前期策划

鉴于浮式风电是国内首次研发建造和示范应用，没有成熟的经验可以借鉴，整体以自主研发为核心，以联合产业链外部优秀单位为协同，共同推进浮式风电关键技术攻关、工程设计、建造施工和示范应用工程。同时以明确样机示范为阶段性目标，来推进整个研发工程实践。

2. 组建研发和工程建设团队

根据项目实际需要，策划组建研发和建设团队，其中浮式海上风电关键技术研发团队为珠江公司牵头，明阳智慧能源集团股份公司（以下简称明阳智能）负责浮式风力发电机组，华南理工大学负责水池物模试验和系泊系统关键设计，三峡新能源阳江公司负责样机工程建设，三峡上海勘测设计研究院配合珠江公司负责基础平台的研发和设计研究，试验样机工程建设施工协同单位为三峡上海勘测设计研究院，负责工程设计，惠生（南通）重工有限公司负责半潜式基础平台（包含系泊系统）的建造，明阳智能负责浮式风电机组的生产制造和样机塔筒设计，福船一帆负责样机塔筒制造，宁波东方电缆负责动态海缆制造和敷设施工，亚星锚链负责系泊锚链条生产制造，巨力索具负责 3 根国产永久系泊单股钢丝绳生产供货，法国阿赛洛负责进口 6 根永久系泊单股钢丝绳生产，REMAZEL 负责系泊导链轮 / 万向节 / 止链器的设计和制造，广州打捞局负责整体的海上施工和安装，三峡上海勘测设计研究院工程监测中心负责样机监测。

3. 集中研发与建设协同

在项目关键技术攻关的关键时期，尤其涉及"风机＋平台"一体化设计计算的阶段，采用联合办公方式集中攻克具体难点问题，主要涉及平台研发设计单位、风电机组研发单位、系泊系统设计、动态电缆设计和施工安装单位间的联合和协同。鉴于浮式风电为国内第一次组织研发和样机建设实施，没有足够的经验可循，属于摸着石头过河，在关键技术研发阶段的联合方面并不是很完善，在涉及建造和施工方面系统考虑上有缺陷，采用尽早开启样机工程建造和施工标段的招标及确定合同合作单位，并使建造和施工单位加入整个协调创新团队中来，实现研发和工程建设的相互协同，实现产业链前端研发和工程设计及工程建设的统筹联合。

二、成效

截至 2021 年 6 月，项目涉及的浮式风电关键技术研究、水池物理模型试验及工程设计工作已完成，当前正在全力推进试验样机工程的建设。陆上建造方面涉及的风电机组、塔筒、动态电缆均制作生产完成，半潜式基础平台已完成建造和装船下水，并拖航到了广东茂名海域，准备进港进行码头风机吊装作业；海上施工方面，完成了 9 个吸力锚的安装及 9 根系泊钢丝绳的敷设，推进了系泊缆的拉力试验工作，在码头安装了风机，完成试验样机的在位安装和 35kV 动态缆的敷设施工，以及进行样机的并网调试工作，闭环海上施工任务，开始正式工程试验应用。当前项目研究和实施的进度推进比较客观，正在全力落实最后海上施工安装的攻坚工作，国内首座 5.5MW 抗台风半潜浮动式海上风电试验样机即将落成。

❖ **案例三**

三峡能源

中国三峡集团下属企业三峡能源紧紧围绕打造"风光三峡"和"海上风电引领者"战略目标，始终坚持规模和效益并重，实施差异化竞争和成本领先战略，努力打造产业结构合理、资产质量优良、经济效益显著、管理水平先进的世界一流新能源公司，为实现"新三峡梦"作出新的贡献。

随着海上风力机机组制造技术的日趋成熟，其成本大幅度下降，风电基础结构建造和安装的费用占总造价的比重有增加的趋势。随着水深的增加，其海上风电基础结构建造和安装的费用随着施工难度增加而增大。海上风力机组呈现大型化的趋势，单机容量达 5MW，甚至突破 7MW 或更大，风叶直径达到 90~160m，对基础结构及安装提出了更高的要求。海上风电结构在强风、巨浪、海流、浮冰等复杂的海洋环境灾害联合作用下可能会产生整体倾覆、断裂失效、屈曲失稳、振动疲劳损伤、地基冲刷、液化和弱化、抗力衰减等破坏或风险，严重影响和威胁海上风电工程的安全性和耐久性。此外，海上风电的施工及安装受海洋水文气象的影响很大，若采用传统技术，我国沿海海域一年中适合海上风电吊装的天气仅为 30%~50%，会大大加长海上风电场的建造周期。因而在确保工程安全的前提下，高效低成本建造及安装技术是海上风电规模化开发的必由之路。

面向我国高效、低成本、大规模开发海上风能资源的巨大需求，结合我国近海极端风速大、地基软弱、开发难度大的特点，以创建可陆上批量预制、海上一体化安装、建造快速、成本低，且安全性高、耐久性好、能够迁移、可重复使用的新型海上风电结构为技术创新导向，针对新型海上风电结构开展环境灾害作用、结构设计方法、耦合灾变规律、全生命周期安全性态调控等方面的系统关键技术研究，以大幅度提高我国海上风电工程建设和长期运行的安全性及经济性为目标，通过理论创新，提出海上风电高效、低成本开发的新技术，突破制约海上风电规模化开发的技术瓶颈，填补海上风电领域相关理论研究的空白。实现我国海上风电开发"安全、高效、经济、环保"目标，在国际上确立我国在海上风电行业的优势和特色。

复合筒型基础适合软黏土和粉砂等软弱地基，且该类型的地基在我国海域分布非常广泛，约占 7 成。因此该类基础在我国沿海具有很广泛的适用性。海上风电复合筒型基础及一体化运输安装技术包括新型组合结构体系技术、结构批量预制技术、整体浮运技术、沉放与精细调平技术和新型施工安装装备，是一种高效、低成本、规模化的开发技术。

一、主要做法

三峡能源作为三峡集团海上风电引领者战略的重要承担单位，加强科技成果创新，掌握核心技术是集团实现海上风电引领者战略的重要助力。随着海上风电项目离岸距离越来越远，风机机组容量越来越大，风机基础型式的选择与造价对于海上风电项目整体投资规模具有重要影响。三峡能源联合天津大学、中国电建华东勘测设计研究院有限公司、江苏道达海上风电工程科技有限公司和新疆金风科技股份有限公司等国内多家科研院所及企事业单位，依托国家"863 计划"及三峡集团专项科研基金展开联合攻关，并在三峡响水近海风电场项目及大丰一期海上风电项目进行复合筒型基础及风机一体化运输安装技术小批量试验工作，在三峡广东项目及福建项目开展复合筒型基础适用性研究工作，逐步将该技术在三峡集团内推广开来。

依托响水近海风电项目开展"海上风电复合筒型基础及规范研究"科研项目，并选取两个机位开展复合筒型基础及风机一体化运输安装技术适用性试验，解决了如下核心技术难题："复合筒型基础结构型式与结构体系""筒土作用机理和海上风电筒型基础监测标准""复合筒型基础设计导则""施工组织设计导则""复合筒型基础预制建造标准""复合筒型基础海上运输与施工标准""复合筒型基础检测标准"。

依托大丰一期科研项目，拟解决的关键问题包括："批量建造技术标准及两台整机运输技术规程和标准""复合筒和单桩基础动力特性对比""复合筒型基础抗液化性能研究""基于监测数据的承载力参数反演分析""双曲线结构优化及一体化设计研究""复合筒基础适用性研究及标准化体系"。

海上风电复合筒型基础及风机一体化运输安装技术能大幅度提高海上风电的建设效率和环境友好程度，缩短海上施工时间，有效规避施工期的安全风险，显著降低海上风电建造安装成本，确立三峡集团在海上风电开发的竞争优势和引领作用。随着这些技术难题被逐一攻克，将有利于推动海上风电复合筒型基础及一步式安装技术的大规模推广应用。

二、成效

从响水到大丰，复合筒型基础科研项目及一体化运输安装技术在江苏近海海域（水深 30 米以内）已取得实质性进展。响水近海风电场项目安装两台复合筒基础进行试验，其中，24# 机位采用分步安装方式，即基础在海上安装完成后风机采用专用安装船在海上进行分体吊装。24# 风机已于 2017 年 1 月 13 日完成基础安装，同年 4 月 30 日完成风机安装，同年 5 月 27 日并网发电。25# 机位于 2017 年 6 月 13 日完成基础及风机一步式安装（这是复合筒型基础及风机一体化运输安装技术的首次应用），同年 6 月 28 日并网发电。两台复合筒型基础风机并网运行一年多，响水公司组织相关单位对其进行了持续的监测，两台基础的高程及垂直度均未发生明显变化，符合设计垂直度 3‰以内的要求，且没有不均匀沉降现象发生。

在充分总结响水复合筒型基础样机设计、建造及安装过程中的经验教训，结合大丰一期项目地质勘测情况，大丰一期项目拟安装 13 台复合筒型基础（其中，11 台 3.3MW 复合筒型基础、2 台 6.45MW 复合筒型基础）。目前，已经完成 40#、45#、47#、46#、42#、41#、43#、51#、52#、53# 及 54# 共计 11 台复合筒型基础及风机的一体化运输安装工作，经过一段时间的跟踪测量，已安装的复合筒型基础均未发生不均匀沉降，垂直度均满足设计要求。其中，45# 及 47# 是复合筒型基础及风机一体化运输安装技术在双机同步运输安装工作中的首次应用，为后续复合筒型基础批量化应用奠定了坚实的基础，也让我们离在江苏近海海域（30 米水深范围内）像"种树"一样"种风机"的愿景更近一步。

海上风电复合筒型基础技术从科研到海上成功应用历经了诸多的考验，汇聚了来自国内诸多科研院所及单位的专家学者的心血。三峡能源在集团公司的大力支持下，始终坚持实事求是、务实创新的态度，通过科学指导与精细化管理，有效控制了项目风险，成功实现了响水项目 25# 机位复合筒型基础及风机的一步式运输安装，解决了复合筒型基础一体化运输安装技术可以用的问题。大丰一期项目 13 台复合筒型基础作为小批量试验项目，将探索如何将复合筒型基础及风机一体化运输安装技术用好的问题。在项目实施过程中，也取得了丰硕的科研成果，为复合筒型基础在中国沿海的大规模应用及三峡集团实现海上风电引领者战略的成功实施提供必要的技术支持。

❖ **案例四**

中国北方车辆研究所

中国北方车辆研究所（以下简称北方车辆研究所），隶属于中国兵器工业集团公司，主要从事地面移动平台技术的研发与制造。其主要业务涵盖特种车辆、民用汽车及专用汽车的研究开发及试验测试等，涉及车辆的总体设计、传动技术、电气技术及控制技术等。主要做法：

一是引入资本进入民品领域。北方车辆研究所积极发挥专家优势，聘请懂技术、懂市场的资深专家参与项目评审工作，通过准确把握市场发展方向、预判项目发展前景，对项目的立项和开展作出科学评价。

二是优化协同创新机制。北方车辆研究所采用项目经理制，赋予项目经理负责相关权力，对项目的整体战略规划、目标设置、进度推进及质量管控等全面把关，协同内外部资源，推动项目开展，加强责、权、利的统一，实现项目从立项到效益的全过程跟踪开展、质量管控。通过协同创新机制的优化，从制度上规范项目经理职责、项目本身有效实施开展，保障了创新效果。

❖ **案例五**

嘉庚创新实验室

嘉庚创新实验室致力于打造能源材料国家实验室，计划在高效储能、低碳能源体系、未来显示技术、石墨烯等先进材料、仪器设备网络、能源政策智库等方面的研发方向投资20亿元进行创新布局，实现科技自立自强。一是优化体制机制，集聚全球创新资源，打造科技创新的"试验区"和"试验田"，努力建设成为具有世界影响力的实验室，为支持中国建设世界科技强国作出贡献。二是建设科技创新平台。2019年9月，联合福建省、厦门市、厦门大学共建科技创新大平台，挂牌成立"中国福建省能源材料科技创新实验室"；2019年12月，注册"嘉庚创新实验室"为二级机构。同时，厦门市与厦门大学作为协办单位，这也是厦门大学联合设立的第一个独立法人实验室。

构建协同创新平台。目前，依托实验室"矩阵式"管理组织架构建立了矩阵式的协同创新管理模式。所谓的矩阵式管理组织模式是由"四个平台"搭建而成，分别为管理平台、研发平台、公共平台和运营平台，此外，针对研究的布局和方向，实验室迅速建立化学、材料等技术攻关团队。此模式的优势体现在，项目进入实验室后，可以获得科研资源的优化配置。等项目成熟后，实验室可以链接孵化器等资源支持其以公司等独立实体形式向社会输出，为其他创新主体注入新鲜的活力。当前，国内客车制造企业与实验室建立合作，就"燃料电池制氢技术与装备"项目进行联合攻关。

❖ **案例六**

江西佳时特数控技术有限公司

江西佳时特数控技术有限公司（以下简称佳时特）成立于2004年，位于江西省南昌市小蓝工业园，注册资金3960万元，是一家集中高端精密数控机床等的国家级高新技术企业。公司股东主要由团队（控股）与创东方两个基金构成。公司的主要做法：

一是技术协同。为了保证公司的技术先进性和产品制造的稳定性，公司与我国著名数控专家华中科技大学段正澄院士合作建立企业院士工作站，并与华中科技大学建立联合研发中心，以及引进全国"五一劳动奖章"获得者和劳动部"中华技能大奖"获得者阮子宏先生担任公司数字化工厂厂长。

佳时特与华中数控建立了全面战略合作关系，用中国的"大脑"做中国的高端机床。它们共同开发中国"大脑"的高精度机床，并拟建立中国高端机床行业标准，打造中国在本领域的科技战略力量。中国"大脑"的高精密机床在高精密零件加工应用领域有：航天领域的科技攻关共性软件技术加工及基础零部件加工，以及由航天产业衍生的机器人等制造加工。

二是应用开发协同。为了让市场"看见"佳时特的技术优势，佳时特决定与航空航天企业建立精密加工协作，目标是替代进口机床和解决超精密机床进口受限问题，同时提升公司的技术显示度。在双方共担财务风险基础上，通过协同，全面提升了高精密零件加工的质量，解决了企业高精密零件加工时遇到的产品质量问题。

应用开发协同的效果良好。公司通过这种模式，开发了沈飞、中航南京机电、洪都集团、贵飞、哈飞、昌飞、商飞等客户单位。销售高端机床的同时还带动了高精密零件加工及自动化生产线的销售。

南京奥特佳是中国新能源汽车涡旋压缩机的链长企业。通过与奥特佳开展协同合作，协作开发基于中国机床的涡旋压缩机开发系统。2018年7月，佳时特在奥特佳高端设备采购招标中得标，在技术上完全击败日本牧野和瑞士费尔曼（并逼迫费尔曼为了这次竞标将原来400万元的价格降到了210万元），真正做到了进口替代。协同合作的结果是，不仅技术上完全符合客户的要求，也大幅度降低了企业的设备成本。与标杆性客户（奥特佳）进行应用开发协同的成绩大大提升了佳时特在新能源汽车领域的认可度。

❖ 案例七

江苏豪然喷射成形合金有限公司

公司成立于2008年6月，是目前国内唯一能自行设计喷射成形量产线（首台套）并掌握喷射成形产业化技术的高科技公司。公司承担了工业和信息化部，国防科工局，省、市的多项科技项目。同时也是江苏航空材料及零部件产业技术创新战略联盟副理事长单位。到2021年7月为止，公司已获授权发明专利8项、实用新型专利11项。公司的主要做法：

一是股东结构混合优化、资源协同。2009年引入镇江高新投，投后估值1亿元，主要是充分借助国有资本的力量获取地方配套政策的支持。2016年与上海支点投资公司合作，谋划建设特钢业务；2017年1月引入支点管理的启源基金，主要目标是开拓技术市场的新领域，2017年11月，为拓展制造能力，公司与江苏邳州市合作成立江苏豪然新材料有限公司，建设喷射成形铝合金铸锭及加工基地，江苏豪然出资1000万（62.5%股权），地方出资600万（37.5%股权）。江苏豪然可对邳州方不限时间零利率股权回购。

二是技术创新协同。为解决喷射成形的技术共性问题、应用问题，公司围绕技术创新链，和985大学及航空航天国家级研究力量进行产学研技术创新协同，与中南大学、东北大学、上海交大、中国商飞、西北铝、西南铝、航天科工四院、航天一院、沈飞、中航一飞院、南南铝业、丛林铝业等单位联合申报国家项目。

三是供应链协同。大型锻造与挤压设备非常昂贵，加工条件苛刻，拥有这类设备的厂家大多是央企或大型企业。公司在自行生产铸锭后，制定初步的热处理与加工工艺与大型企业进行供应链协同合作，按照最终使用要求，共同优化和固化工艺。同时与合作方进行产品定制开发，形成互为客户的紧密合作关系。

四是累验协同。公司的铝合金材料目前主要是替代传统材料或用做新型号航空器、航天器和武器的结构件，几乎都属于首次使用。同时，航空航天应用的特点是产品的累验时间比较长。为了切入应用和缩短累验时间和成本，公司在技术创新协同基础上，开展更为广泛的累验协同。

五是标准协同。为喷射成形产品顺利进入市场，公司与东北轻合金、西南铝业、西北铝业、北京航材院等联合制定行业标准和国家标准。目前，牵头制定高性能铝合金的4项国家标准已全部颁布实施，实现了我国喷射成形行业与国家标准的零突破。

❖ 案例八

南京国器智能装备有限公司

南京国器智能装备有限公司（简称国器智能装备）是当前国内最具有竞争力的智能装备公司之一，目前公司在智能装备方面取得了很大的科技突破。核心技术团队主要来自大型企业，创始团队成员均具有副高级以上职称，主持或主要参与多项重要装备项目、国家863项目、国家重点研发计划、行业公益专项等科技项目。团队成员曾荣获省部级科技进步一、二等奖10余项。公司现有员工50余人，其中博士7人，硕士28人。在协同创新方面的主要实践做法：

深度产学研合作，参与国家重点研发计划，实现技术重大突破。

2017年，国器智能装备承担了自然资源部牵头的国家重点研发计划项目"航空磁场测量技术系统"中的子项目"智能化物探专用旋翼无人机系统研发"。2019年4月，在公司智能化物探专用旋翼无人机测试中，无人机的载荷可达200千克，且续航时间可达3小时，该测试结果通过专家组验收。

❖ 案例九

武汉中科创新技术股份有限公司

武汉中科创新技术股份有限公司的前身为中国科学院武汉物理与数学研究所

声学实验室，于1988年研制出国内第一台数字化超声波探伤设备，填补国内空白。此后一直致力于超声无损检测技术和设备创新发展。目前公司产品涵盖便携式A型超声波探伤仪、TOFD探测器和相控阵探测器等产品体系，引领了我国超声波无损检测技术的发展，形成从便携式手动测试产品到全自动测试系统及产业链的全新布局。帮助石化化工、冶金、电力、航空航天、有色金属、新能源新材料、汽车制造等行业客户改进生产工艺。公司的主要做法：

一是灵活的协同创新机制。

公司自成立起即采用中国科学院武汉物理与数学研究所（通过旗下全资国有企业）相对控股和"智本持股"的形式，股权结构较为稳定。在国家政策的支持下，公司以中科院平台为依托，或独立或协作承担国家重大科研课题，极大地提升了公司的科研能力，积累了丰富的科研项目管理经验及提升公司品牌知名度。

创新产品/技术充分与市场接轨，激发了员工的创新活力。

二是科研协同。

公司与全国各大特检院合作开展项目研发合作，对于打造公司研发能力、提升公司理论水平、拓展特检系统市场有一定的促进作用。

公司与武汉工程大学、西安工程大学、南昌航空大学均签订了校企合作协议。每年为相关专业学生提供实践基地和实习岗位，联合拟定教学计划，共同制定人才培养计划，共同应对研发生产过程中需要解决的技术问题。在协同创新体系内部，选择专业的技术人员指导，通过共同培养的方式培育创新人才。

三是市场协同。

为开拓定向市场，协同形成拓展合力。公司与襄阳国铁机电股份有限公司就城市轨道交通行业钢轨超声检测系统的研发制造、市场销售、技术服务、知识产权等进行战略合作；与武汉中创融科科技股份有限公司就轨道交通行业超声探伤自动化系统领域开展合作；与四川曜诚无损检测技术有限公司就铁路钢轨焊缝专用探伤检测系统推广开展战略合作。通过和特定应用场景客户合作开发，针对专用的检测对象，开发专用设备、软件、应用，使设备更专、更易用，解决客户应用痛点，也为后续研发指明一定的方向。

四是应用开发协同。

以应用为导向协同创新资源。了解行业需求和行业发展动态，对于在轨道交通、航空航天、电力、锅炉压力容器等特殊行业有特殊检测需求的客户，提供定制化解决方案，形成了钢板、钢管、棒材、型材、C扫描、汽车零部件、导弹壳体等一系列成熟应用的自动检测设备和解决方案。

公司与国网吉林省电力有限公司电力科学研究院合作的项目"耐张线夹接头质量超声波检测与评定技术研究"，采用超声B扫描结合编码器定位技术，实现了输电线耐张线夹快速在役超声无损检测，为电力行业的安全运维提供了一种高效、准确的解决方式。项目在国网系统推广后，替代原来只能用射线检测，效率低、不环保、设备重等问题，大大提高了检测的安全性和时效性。

❖ **案例十**

南京智谱科技有限公司

南京智谱科技有限公司（简称智谱科技）成立于 2018 年 11 月，是目前国内唯一能进行自主光路设计、自主开发视频采集算法的光谱视频相机制造商，公司注册资本 100 万元，截至 2021 年 7 月公司已申请专利 9 项，获得授权 1 项，软件著作权 7 项。智谱科技采用棱镜掩膜技术＋自主视频采集算法，获得了高光谱分辨率，实现高质量成像。

❖ **案例十一**

杭州沃镭智能科技股份有限公司

杭州沃镭智能科技股份有限公司（简称沃镭智能）成立于 2008 年 6 月 25 日，是智能自动化装备集成供应商，主营业务为柔性自动化生产线及汽车零部件智能检测设备的研发、生产及销售，并为客户提供汽车零部件智能制造整体解决方案，是国家级的高新技术企业。目前主要客户集中于汽车零部件生产企业及整车厂，但公司产品除可应用于传统汽车及新能源汽车零部件制造行业外，还可广泛应用于工程机械、轨道交通、空调制冷、电梯、农业自动化等其他有智能制造需求的行业领域。主要做法：

依托重大项目协同创新。

1）协同创新项目："智能一代"技术推广示范应用——智造新模式及执行系统技术在汽车零部件生产领域的技术示范应用。该项目是 2018 年度国家重点研发计划项目，本项目的牵头单位是沃镭智能，中国计量大学是本项目合作单位。

2）项目立项背景：随着工业自动化技术的革新，传统的汽车零部件制造企业已逐渐意识到利用先进的技术手段和装备来提升企业制造能力的必要性。伴随新一代信息化技术和工业自动技术的深入融合，以及汽车零部件生产更高水平的要求和订单模式的小批量、多样化转变，传统的汽车零部件离散型制造模式难以适应新形势下智能化制造的全新需求，智能制造是实现汽车行业产业升级的重要方式。

3）项目研发成果：开发了一整套智能制造成套装备与信息系统，并成功应用于 EBS 电动执行单元的全生产过程实施应用，打造结合智能产线和 MES 系统的 EBS 电控执行单元智能制造车间，申报发明专利 4 项，授权实用新型专利 4 项。同时，本项目成果已经在瑞立集团、浙江万安得到应用。

4）项目价值：促进传统制造企业生产模式升级转型，提升国内企业汽车零部件柔性装备和智能检测技术水平。

项目成功开发了成套 EBS 电控执行单元制造检测成套设备，解决了传统汽车零部件半自动、半机械化装配检测的落后模式，以可视化方式实现整个生产过程全周期监控与管理；开发了基于信息物理融合系统的车间级制造执行系统，解决了车间异构设备数据实时交互难点，成功消除车间"设备孤岛"现象。

❖ **案例十二**

湖州森诺环境科技有限公司

湖州森诺环保科技有限公司是一家高新技术企业，主要从事聚四氟乙烯高能膜蒸馏器的研发、工程应用和系统集成研发。以膜材料的研发生产和膜蒸馏的终端应用为基础，公司建立了完整的产业链，不断开发新型聚四氟乙烯高能膜材料及其衍生物，满足市场需求，主要应用于高盐废水处理、物料浓缩分离、空气过滤等领域。特别是聚四氟乙烯高能膜蒸馏系统启动了对废粉煤灰资源化利用的大量投资，并引进高层次人才，建立了一支强大的院士专家科研队伍。公司利用其核心技术和优越的地理位置，打造了应用广泛的膜蒸馏产业化。公司的主要做法：

一是大学与地方政府合作设立解决产业重大、共性问题的研发与成果转化平台（研究院），研究院与当地企业设立校企联合研究中心（共同出资、共同研发、共担风险）开展协同创新（对企业提出的产业课题进行技术攻关）。这是政学产之间开展科技转化的新形式，具有一定的推广价值。

同时，公司与浙江大学达成长期合作关系，成立了校企研发中心：苏诺研发中心。集政、产、学、研于一体，实现创新资源的优化配置，实现了创新链、资金流和产业链的有效融合。

二是建立工作站，加强与该领域专家学者的合作。2015年5月，森诺建立了院士工作站，与中国工程院高从堦院士一起致力于协同创新，如"膜垃圾焚烧后飞灰的循环利用"项目。致力于重金属分离与资源化利用技术、二恶英去除技术、盐类净化技术、膜蒸馏技术、高盐废水零排放技术、粉煤灰作土壤养分改良剂技术的发展。

❖ **案例十三**

盛瑞传动股份有限公司

盛瑞传动股份有限公司是国家级高新技术企业，同时也是国家技术创新示范企业和国家智能制造试点示范企业及国家知识产权示范企业。公司拥有国家级的研究中心和实验室，分别为国家乘用车自动变速器工程技术研究中心和国家重点实验室公认的企业技术中心。公司按不同业务下设自动变速器、柴油机零部件、国际贸易、新能源电驱动等板块，主要从事柴油机零部件、汽车自动变速器的研发制造。公司的主要做法：

一是实现全球创新资源配置。

公司自从成立以来，一直与产业链相关企业、机构保持密切合作，如北京航空航天大学、英国里卡多公司、德国开姆尼兹工业大学、潍柴动力股份有限公司技术中心等，共同致力于开展技术创新和产品开发，通过这种形式实现创新资源的聚集。例如，公司携手北京航空航天大学，整合了国际领先的德国 8AT 概念设计、吸纳国际一流的英国里卡多公司工程化技术，并联合江铃陆风参与全程管控。该专利技术的成功研发正是协同创新在研发领域收获的硕果。公司聚集大量的顶尖创新人才，如国际知名传动专家皮特·谭伯格教授，现任德国研究分中心主任，并一直致力于产品的优化和转化；英国里卡多公司传动系统总裁李赛，现任英国研究分中心主任；北京航空航天大学交通科学与工程学院副院长、博士生导师徐向阳教授担任盛瑞北航研究分中心主任。专家们一起经常就一些技术进行深入的交流，攻关难题，最终成功研发出具有自主知识产权的全球首款前置前驱 8 挡自动变速器，该 8AT 设计专利荣获中国专利金奖，成为迄今为止在全国车辆传动领域唯一的专利金奖。

二是引入资本促进成果转化。

公司先后引入了深圳市红岭创业投资企业、建投嘉驰（上海）投资有限公司等多家专业投资机构，进一步丰富了公司的股权架构，同时专业机构的加持也给公司治理和经营管理等方面带来了比较大的改进和提升。

2017 年 9 月，根据长期战略规划需要，公司又接受了上市企业浙江双环传动机械股份有限公司 6000 万元的注资，创造了双方共同发展协同互赢的成功范例，同时也开辟了公司和上下游间企业合作的协同创新发展模式。

❖ 案例十四

江西金达莱环保股份有限公司

江西金达莱环保股份有限公司（简称金达莱）成立于 2004 年，是一家高新技术企业。金达莱是典型的校企协同案例，即通过深度的产学研合作全面提升公司的技术能力。公司自从成立以来，一直不断致力于在协同创新方面的突破，积极与高校合作，开展协同创新工作。公司的主要做法：

一是与高校合作协同创新。

金达莱与南昌航空大学为牵头单位，联合国家重金属污染防治工程技术研究中心、江西省环境保护科学研究院、株洲南方宇航环保工业有限公司、上饶市鼎鑫金属化工有限公司、萍乡庞泰实业有限公司等企业和科研院所协同创新，成立环鄱阳湖流域污染物控制与资源化协同创新中心，致力于水环境安全。公司的积极参与为协同创新中心的有效运作发挥了良好作用，同时也彰显了企业在承担社会责任方面的担当。

二是汇聚创新资源。

公司非常注重对外的技术交流，充分开展产学研用合作，先后与国内外多所知名高校、科研院所建立了协同研发合作关系，如与清华大学、中国科学院宁波材料技术与工程研究所、中国环境科学研究院、江西省科学院、华中科技大学、德国亚琛工业大学、南昌大学、北京化工大学、江西理工大学、南昌航空大学等大学合作，就水污染等领域的研究进行深耕。

三是深度的产学研合作全面提升公司的技术能力。

公司现拥有江西省城市污水处理及高品质再生利用研究重点实验室、江西省生活污水处理与资源化工程研究中心，有国家、省部级多个科研平台，如中华人民共和国生态环境部电子电镀废水处理与回用工程技术中心、国家电子电镀废水处理与回用重点实验室等江西省博士后科研工作站、江西省企业技术中心，能够获得一定的国家科研资源支持，承担或参与政府、企事业单位交予的科研任务。

❖ **案例十五**

格力电器

目前，格力电器已发展成为集格力、托索、景洪三大品牌于一体的多元化、科学化的全球产业集团，涵盖空调、家电、高端设备、通信设备四大领域。目前，格力产品已经遍布 160 多个国家 / 地区，在空调领域的全球用户已达到 4 亿。格力电器一直坚持自主创新，坚持自主研发、自主生产、自主营销、自主培养人才，已成为电器产业链的链主企业。

协同创新模式："管理层持股 + 引入机构投资者"。

混改之路：股权转让加管理层股权激励。

格力混改是国企改革迈出的关键一大步，国企股权（国有资产）有望进入市场化定价的新阶段。2019 年 12 月 3 日，控股股东格力集团与珠海明骏签署《股份转让协议》，约定珠海明骏以 46.17 元 / 股的价格受让格力集团持有的格力电器 9.02 亿股股份（占总股本的 15%），合计转让价款约为 416 亿元。

18 年来，由珠海格力电器有限公司、珠海格力智能装备有限公司共同出资设立了广东地方能源互联网创新中心和广东小家电智能制造区域创新中心，该创新中心致力于解决关键核心技术、产业共性技术和创新成果产业化问题，提高制造业创新能力。此外，格力电器不仅汇聚了产业链相关企业，同时与清华大学、上海交通大学、中国电力科学院、南方电网深圳局、中车株洲研究院等 21 所重点高校、科研院所和制造企业开展合作，建立广东地方能源互联网创新中心，并致力于核心技术和产品、标准规范认证体系，以及地方能源互联网全生态链的直流生态和供需联动等协同创新，以协同创新共同促进创新能力提升。

❖ **案例十六**

全球健康药物研发中心（北京）

全球健康药物研发中心（北京）是一家民办的非企业组织，成立于 2016 年 8

月。该中心由清华大学、比尔和梅琳达·盖茨基金会和北京市政府联合主办，是一家典型的政府与社会资本合作模式（PPP）机构。该中心致力于一些市场投资少、盈利能力较弱的药物研发，且全部收益都将会重新投入到中心的运营和科研活动中。

该中心建立业界领先的药物化学、先导化合物发现/高通量筛选平台，独创人工智能药物设计平台。在校企合作方面，与清华大学合作，共同建设世界一流水平的结构生物学平台。研发中心与美国加州生物医学研究院（以下简称Calibr）合作建设的世界领先的ReFRAME化合物库于2019年1月中旬完成了全部进口手续。研发中心新址投入使用后，ReFRAME化合物库已顺利转移至相关实验室，用于药物发现的高通量筛选研究。

2018年，该中心通过自主开发，联合清华大学、Calibr、结核病联盟（TBAlliance）、葛兰素史克（GSK）等全球顶尖机构和企业，针对结核病、疟疾、腹泻、包虫及盘丝虫五个疾病领域开展了十余个研发项目，在多个方向上获得了突破性进展，进一步丰富了药物研发管线。

研发中心积极在全球范围搭建新药研发网络，与国内外顶尖科研院所、制药企业、疾病联盟在不同领域建立广泛的合作伙伴关系，以获得其他互补的专业知识和资源，进一步推进建设杰出的全球健康药物研发能力，构建完整新药研发产业链。截至2018年年底，研发中心已与全球伙伴（Calibr、TBAlliance、TBDA、MMV、GSK、Schrodinger、Broad、Harvard等）及国内机构（清华大学、新疆医科大学附属医院、药明康德、北京胸科医院、中科院等）建立了长期合作。

❖ 案例十七

南通华夏飞机工程技术股份有限公司

南通华夏飞机工程技术股份有限公司（以下简称华夏飞机）成立于2011年8月，公司专门从事中小型飞机的维护、修理，是中国第一家独立的航空维修MRO（Maintenance，Repair&Operation）企业。

在产学研合作方面，华夏飞机与南通先进通信技术研究院[一]（以下简称南通院）、清华大学团队、苏州科可瑞尔航空技术有限公司[二]（以下简称科可瑞尔）合作开发机载卫星通信系统设备国产化提供客户整体的通信方案，该技术实现了国产自主化。华夏飞机还与南通院、科可瑞尔开展产业链协作创新：三方各具所长，南通院在产品技术研发上具备强大能力，科可瑞尔在机载多媒体系统应用方面具备研发的应用能力，华夏飞机基于大修，具备对飞机结构性的全面了解和行业各

[一]　南通市人民政府出资，与清华大学和南通大学联合孵化校方在航空信息与无线多媒体领域的先进技术成果。

[二]　专注于机载航空电子信息化系统设计、机载零部件设备自主研发与飞机改装设计业务综合发展。

种许可能力，强强联合，加速了产品从研发、试制，到上机测试的一气呵成，使具有广阔市场前景的产品能尽快拓展市场。

总之，通过协同创新，公司获得了强大的技术能力。公司已经完成全航空产业链布局，是获得中国民航局认证的国家高新技术企业。公司主要客户包括各商用航空公司、高校、政府等机构。

❖ **案例十八**

吉利汽车

浙江吉利控股集团（以下简称吉利）是一家汽车企业，公司成立于1986年。1997年，凭借早期摩托车业务带来的资金和技术积累，吉利进入汽车行业；2003年，吉利首次向叙利亚和埃及出口汽车，实现汽车出口零突破；2006年，它入股英国锰铜，开启了中外汽车联合生产的新篇章；2009年，吉利通过收购澳大利亚DSI实现了核心技术的追赶；2010年，吉利全资收购沃尔沃，实现了核心技术的超越。吉利创新路上通过一系列跨国并购活动，实现了企业的技术升级和发展。

参股及收购英国锰铜。2006年吉利认购英国锰铜控股（MBH）570万新股，并成为该公司的第一大股东。随后，由于经营不善，锰铜控股进入破产托管流程，吉利收购了该公司的厂房、设备、无形资产等核心资产，以及合资工厂中48%的股份和库存产品。

并购澳大利亚DSI。2009年吉利收购澳大利亚自动变速器公司DSI。吉利抓住了DSI受金融危机冲击行将破产的时机将其收购，并通过中国市场相对较低的成本提升了DSI的产品竞争力，同时作为整车企业的吉利拥有较大的采购需求，这就保障了DSI产品销售和运营的持续稳定。

2010年，吉利以巨资收购沃尔沃汽车公司，并取得了沃尔沃品牌商标的全球使用权和所有权；同步提升了汽车发动机等各零部件的研发和生产能力。目前，沃尔沃研发中心拥有3000多名研发人员，并且拥有发动机、汽车平台、模具安全技术、电气技术等1万多项专利和知识产权，对吉利创新发展及企业跨越式发展起到了非常重要的作用。

收购沃尔沃之后，吉利的发展进入高速腾飞期。同时，由于管理上"放虎归山"的智慧，沃尔沃的潜力也充分被激发。在被吉利收购的当年，沃尔沃在中国的销量不足一万辆，而在被收购的第七年，沃尔沃在中国的销量已经突破11万辆，全球销量也从当时的37万辆攀升到了57万辆。

此外，吉利还在沃尔沃瑞典总部所在地哥德堡建立了欧洲研发中心（CEVT），联合开发CMA模块化平台架构，基于这一平台化架构，双方推出了高端合资品牌领克汽车。

技术互补和产业优势为并购后的技术协同奠定了基础。通过并购，吉利获得了全球领先的技术，实现了核心技术的突破，打开了海外市场，提高了产品销量及品牌声誉，从而形成了真正的核心竞争力。

吉利保留了被并购企业的研发团队和核心管理人员，助推吉利实现技术跨越。核心技术人员掌握了大量的隐性知识，如技术诀窍。吉利并购后继续保留被并购企业的研发团队和关键核心技术人员，有效保障了企业创新发展的稳定性。

❖ **案例十九**

深圳市大疆创新科技有限公司

深圳市大疆创新科技有限公司成立于2006年，已发展成为航天智能时代科技、影像、教育解决方案的领军企业。其中在无人机、手持成像系统、机器人教育等领域已经成了具有全球影响力的企业，以一流的技术产品重新定义了"中国制造"的内涵，并在更多前沿领域不断革新产品与解决方案。

2018年5月24日，大疆农业与华南农业大学在广州签署战略合作协议，成立"华南农业大学—大疆创新农用无人机联合实验室"，该实验室重点研究农用无人机高效播种关键技术和作业标准，植保无人机、农业航空专用化学品、农业低空遥感信息采集与分析等关键技术和操作标准。此次战略合作，充分聚集各协同创新主体的创新资源，如在合作过程中，发挥华南农业大学的科研资源和人才优势，开发出符合需求的产品完善农业航空应用关键技术标准，突破飞行防护和植保服务技术难点，并为我国农业发展注入更多科技力量。

❖ **案例二十**

安徽亘达信息科技有限公司

安徽工业大学推进学校科技成果的转让和转化，更好地服务地方发展，对本校自主研发"高校财务管理软件"进行资产评估，作价入股至安徽亘达信息科技有限公司，并将作价入股的技术股权部分授予成果完成团队。2016年7月20日安徽亘达信息科技有限公司成立，注册地为安徽省马鞍山市，2017年7月进驻马鞍山慈湖国家高新区。公司主要产品高校财务管理软件，经过几年的发展，业务已经拓展至政府领域。公司的主要做法：

一是高校作价入股的技术股权部分授予成果完成团队，同时出资帮助团队发展。目前，公司已经形成季小明控股、全体自然人绝对控股、两家国有资本参股的股权架构。

二是科技成果持续转化。安徽亘达建立之初，主要产品是安工大科技成果转化"财务软件"，经过几年的科技成果转化，已经拓展为高校财务软件、政府财务软件两个产品。"云杰URP"依托成立了十几年的安徽工业大学ERP研究中心团队，在安徽省财政厅和教育厅专项的支持下，坚持"精细打磨核心系统，快速迭代客户应用"的"一慢一快"产品研发理念，经过 2014 年的技术攻关，实现了高校管理系统的一体化、数字化和智能化，并在移动终端上提供了大量的业务轻应用。该产品已于 2015 年在安徽工业大学投入运行，使用效果和用户体验令人满意，在全国高校产生了巨大的影响，目前已经有 20 多家高校在使用"云杰 URP"高校财务管理软件。2019 年，该财务软件在武汉江汉教育系统正式运行，受到了用户的高度评价。

❖ **案例二十一**

上海电气国轩新能源科技有限公司

上海电气国轩新能源科技有限公司（简称国轩高科）是以磷酸铁锂动力电池新材料、电池芯、电池组及电动汽车等相关产品的研发、生产、销售，延伸开发电动高尔夫车、锂电光伏电源、锂电备用电源等多领域系列产品的科技型企业。主要做法：

一是产业链相关企业的协同。国轩高科以科技创新为基础夯实其在动力电池市场的优势，联合产业链上下游企业上海电气集团股份有限公司合资成立公司，上海电气国轩新能源科技有限公司于 2017 年 12 月在上海嘉定区注册成立，注册资本为 50000 万元人民币，集中攻关电源侧、电网侧储能技术，发挥产业链的协同效用，打造储能领域的全球领先者。

二是聚集科研力量，打造协同创新共同体。为了占领电池储能领域科技制高点，国轩高科与上海电气中央研究院进行深度合作。在电池应用基础领域取得了一系列重大突破，且提供了定制化的技术产品解决方案，拥有广阔的市场前景和发展潜力。

❖ **案例二十二**

西南化工研究设计院有限公司

西南化工研究设计院有限公司（以下简称西南化工）始建于 1958 年，是中国中化控股有限责任公司旗下中国昊华化工集团股份有限公司的全资子公司，是专有化学技术的专利商，是甲级设计资质的工程总承包商，是专业化工产品的供应商，更是汇集技术、设计、产品三个产业链的科技型企业。

西南化工（原四川天一科技股份有限公司）与中石化合作开展了"炼厂干气回收乙烯资源成套工业化技术"的研究开发工作，共同拥有成套工业化技术的知识产权，2005 年在中石化建成了全国第一套变压吸附浓缩净化回收催化裂化干气中乙烯资源的工业化生产装置。该技术可用于回收催化裂化干气中的乙烯资源，产品气是非常好的乙烯分离原料，也可用于回收饱和干气中的乙烯资源，产品气是乙烯裂解炉的优质原料，且在常温和干气原有压力下操作，具有能耗特别低、社会效益和经济效益特别显著的特点。

我国是世界第二大炼油和乙烯生产大国，石油化工的主要原料乙烯和丙烯的市场需求巨大。由于资源的限制，我国的石油路线制乙烯装置均采用以石脑油和轻制原油为主的裂解原料，与中东和北美地区以乙烷、丙烷为原料的装置相比较，乙烯、丙烯收率低，能耗高。结合我国大型炼油化工一体化企业的特点，在炼油装置中寻找优质的乙烯裂解原料是结合我国石油化工生产国情降低乙烯装置的能耗和乙烯生产成本的重要途径。在炼油生产中，大量的炼厂干气（包括催化裂化干气、焦化干气、加氢干气、催化重整尾气等）中含有15%~20%（v/v）的乙烯、丙烯及乙烷、丙烷等组分，是乙烯装置的优质原料，具有很高的回收利用价值。但是，由于炼厂干气组分复杂，回收利用困难，国内大多数炼油厂将其作为燃料燃烧，造成了严重的资源浪费。研究开发低能耗的炼厂干气中回收轻烃的技术可以提升炼油化工厂资源的综合利用水平，明显降低乙烯的生产能耗，提高我国乙烯产品在国际市场的竞争力。

开发炼厂干气回收乙烯技术必须解决的主要技术难点包括：①探索一种经济高效的从催化裂化干气中浓缩乙烯的方法；②在富乙烯条件下脱氧时，如何有效抑制乙烯加氢反应和烯烃裂解反应；③深度脱水流程干燥剂加热再生时，如何有效抑制烯烃裂解积碳；④富乙烯产品与乙烯装置的匹配。

西南化工研究设计院有限公司从20世纪70年代初率先在国内开展了变压吸附气体分离的研究开发工作，经过多年在变压吸附领域坚持不懈的研究和工程开发，成功研究开发了氢、一氧化碳、二氧化碳、甲烷、氮、氧等十多种气体的分离提纯技术，两次获得国家科技进步一等奖，在国内外建立了2000余套变压吸附气体分离工业装置，具有较强的工业气体分离回收技术实力和工程开发能力。

针对炼化企业干气资源无法有效回收的痛点和难点，西南化工从20世纪90年代就投入大量资源研究开发炼厂干气回收乙烯资源技术，经过多年的坚持与不懈努力，首创了变压吸附法浓缩干气中乙烯等C2＋组分的工艺技术，开发了对C4以上烃类组分快速吸附脱附的专用吸附剂，该专用吸附剂还具有对乙烯乙烷较高的吸附选择性和对硫化物及砷化物的耐受性能，高浓度并且高回收率的浓缩回收了干气中的乙烯资源；研制了在富烯烃气体中加氢脱氧的专用脱氧催化剂和脱氧工艺，整个浓缩和精制净化单元不需要其他的工艺介质，使净化回收的乙烯资源能顺利进入乙烯提纯装置，回收乙烯、丙烯和烷烃等乙烯裂解原料，基本解决了炼厂干气回收乙烯技术的主要技术难点。

但是，上述技术开发成果来自于实验室研究，面对工业上炼厂干气复杂多变的情况，是否仍然能够适应，还需要实践来检验。在此背景下，西南化工联合中石化，集合西南化工优势的气体分离技术研发能力，以及中石化丰富的炼厂干气产业资源，在中石化合作建立了全国第一套变压吸附法浓缩净化回收催化裂化干气中乙烯资源的工业装置，并与中石化北京燕山分公司和中石化工程建设公司合作，共同开展了回收炼厂乙烯资源成套工业化技术的研究开发工作，共同拥有成套工业化技术的知识产权。

在合作过程中，针对工业装置出现的实际问题，西南化工专门研制生产了增大吸附剂孔径的吸附剂，可快速吸附解吸干气中沸点较高的组分和分子动力学直径较大的组分。在工艺流程上，研究开发了二段法变压吸附浓缩回收乙烯流程，进一步提高了乙烯资源的纯度和收率，使得该技术具有更高的技术经济性能。中石化也首次引入了预分离塔技术，使催化裂化干气浓缩的富乙烯气体进入乙烯提纯装置的接口更加优化。

通过将西南化工的吸附技术"研究"与中石化的炼化"产业"相结合，最终形成了"炼厂干气回收乙烯资源成套工业化技术"，该成套技术的主要工艺流程如图 5-3 所示：

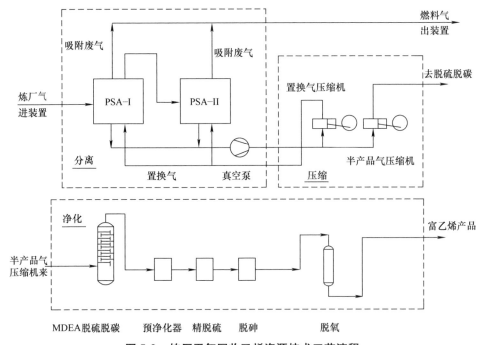

图 5-3 炼厂干气回收乙烯资源技术工艺流程

经过中石化 30000Nm³/h 变压吸附浓缩净化回收炼厂干气乙烯资源工业装置的实际运行，获得了 C2 以上组分浓度大于 85%，乙烯回收率 88% 的运行结果，炼厂干气回收乙烯资源成套技术通过了中国石化集团组织的专家鉴定，取得了明显的社会效益和经济效益。

变压吸附法从炼厂催化裂化干气回收乙烯产品能耗约为 90kg 标油／吨，与之相比，传统蒸汽热裂解乙烯能耗约为 520kg 标油／吨、传统蒸汽热裂解双烯能耗约为 360kg 标油／吨。以一套 20 万吨／年规模催化裂化干气回收乙烯资源装置为例，总投资大约 1.5 亿～2.0 亿元，装置运行一至两年即可回收全部投资费用。

该成套技术荣获 2007 年度中国石化集团科学技术进步一等奖，荣获 2008 年国家科学技术进步二等奖，并且拥有 4 项中国授权发明专利，推广工业装置十余套（见图 5-4）。

图 5-4 获奖证书

利用该技术已经建成并开车运行的工业生产装置有：

1）中石化北京燕山分公司 20 万吨／年催化裂化干气回收乙烯资源装置；

2）中石化茂名分公司 23.5 万吨／年催化裂化干气和焦化干气回收乙烯资源装置；

3）上海石化股份公司 21 万吨／年催化裂化干气和焦化干气回收乙烯资源装置；

4）中国石油兰州炼油厂 17 万吨／年催化裂化干气回收乙烯资源装置；

5）中国石油四川石化股份公司 18 万吨／年催化裂化干气和重整干气提氢解析气回收轻烃装置；

6）中石化扬子石化分公司 18 万吨／年炼厂干气回收轻烃装置；

7）中石化武汉石化分公司 14 万吨／年炼厂干气回收轻烃装置；

8）中石化镇海炼化 18 万吨／年焦化干气回收乙烷装置；

9）中石化天津分公司 30 万吨／年焦化干气加氢干气回收乙烷装置；

10）中石化天津分公司 5 万吨／年催化裂化干气回收乙烯装置。

❖ **案例二十三**

天华化工机械及自动化研究设计院有限公司

天华化工机械及自动化研究设计院有限公司（以下简称天华院）自成立以来，一直坚持科技创新，是我国目前为数不多的几个重要的化工、石化行业专用设备研究院和重大装备试验研发基地、科技成果转化基地及重大装备生产制造基地之一。天华院装备产品技术支持充足，许多专业处于国内相关装备研发、制造高端，一直肩负着我国大型化工、石化、冶金等行业非标设备的研究、开发、设计与制造重任。每年都承担多项国家与省部级重大装备技术攻关项目，与中石化、中石油、中海油、万华化学等大型国有企业建立了长期合作关系，与国内各大工程设计院、大型装备制造企业和用户企业结合紧密。在大中型重点工程中，通过原始创新、集成创新、消化吸收与再创新等方式研制的重大装备及其以重大技术装备为核心的成套单元设备，每年有数十项成果在化工、石化、冶金、有色金属、钢铁、煤化工等领域成功应用，得到了用户的广泛认可，积累了丰富的装备研发与工程应用经验，为我国重大装备技术的发展与壮大作出了贡献，为装备设计与研发培养了大批人才和技术专家。

天华院作为国内早期主要从事石化机械研究设计的部门，与中石化及其下属企业的关系源远流长，其合作最早可追溯到20世纪80年代中石化组织的十条龙科技攻关及乙烯重要装置重大技术装备国产化工作。随着技术合作的不断深入，天华院的科研开发能力得到了中石化的充分认可，尤其"七五"及"八五"期间承担了化工系统大化肥装置重大设备的开发研制，研究成果直接应用于生产装置改造中，不仅加速了国产化进程，同时也为中石化创造了直接经济效益，形成了具有独立知识产权的核心技术与装备。

基于天华院的技术研发实力，为加快石油化工重大技术装备国产化及高新技术产业化进程，中石化与天华院于1999年共同创建了"中石化兰州化工机械及自动化联合研究所"，并在天华院南京分部挂牌成立了"中石化南京工业炉联合研究所"，此举拓宽了技术合作开发渠道，推动了研发、生产和应用的创新协同发展。

此后，中石化与天华院的合作迈入了一个新阶段。成立当年就立项9项，拨付资金累计达592万元，开始对中石化迫切需要的大型迷宫压缩机、连续混炼机高效混炼转子、分子筛预干燥及焙烧成套设备、多头进料式急冷锅炉等核心装备与技术进行立项研发。2001年双方合作进一步细化，合作开发课题开始从单纯的集团总公司委托向技术急需的分公司联合申请研发发展，这一模式也成为目前天华院为中石化提供技术支撑的主要模式。2001年签署课题23项，课题内容涵盖洛阳石化TA蒸汽管回转干燥机研制、扬子石化600m³多流道旋叶式掺混料仓研制和分析仪表成套技术、四川维尼纶厂聚乙烯醇干燥技术及装备研制和长岭炼化 LAY 分子筛电热式焙烧技术等，当年累计获得中石化拨付资金 600 万元。此后，中石化与天华院的技术联合开发广度和深度不断拓展，投入逐年增加，2019 年中石化拨付课题经费更是达到 1265 万元，项目内容也从大型迷宫压缩机、橡塑挤出机、干燥机等重点化工装置的国产化研究与开发向新产品、新技术、成套化开发迈进。

与中石化的合作过程，不仅是中石化相关关键设备国产化、技术进步的过程，同时也是天华院技术积累、形成高科技产品的过程。截至 2020 年，通过双方 20 多年的技术合作与开发，天华院形成了分子筛旋转闪蒸干燥机、焙烧炉、聚丙烯加热器、聚丙烯流化床、乙烯裂解炉低 NOx 燃烧器、橡塑挤出机、PTA 蒸汽管干燥机、加压过滤机等近百个产品系列。以核心产品为基础，形成了 PP 干燥及 PK 包成套装备及技术、PVA 两级干燥成套装备及技术、PTA 溶剂交换制备技术与装备、PTA 干燥技术及装备等多项专利技术。

双方的合作是建立在互信、互利的基础上的。通过技术合作，天华院与中石化旗下的燕山石化、扬子石化、洛阳石化、广州石化、齐鲁石化、茂名石化、长岭石化等都建立了密切的科技开发合作关系。双方通过合作改进企业面临的技术难点及"卡脖子"技术，将工业实践经验与科学理论相结合，开发了多项先进的、具有独立知识产权的技术与装备，使中石化在众多领域保持领先水平，不仅创造了经济价值，同时也创造了社会效益。设备一个新的改进、技术一步新的前进，都凝聚了双方员工的辛勤和汗水，通过协作，双方共同申请了多个专利，共同申报多个奖项，取得了累累硕果，其中，聚丙烯加热器、乙烯裂解炉等相关产品和技术获得了国家级科技进步奖，每年获得中石化的科技奖励不低于 3 项。

❖ **案例二十四**

老板电器

老板电器创立于 1979 年，以生产家用厨房电器产品为核心业务，曾获中国名牌产品、中国驰名商标、全国质量奖等，连续 7 年入围"BrandZ 最具价值中国品牌 100 强"，连续 15 年荣膺"亚洲品牌 500 强"，系垂直领域的领军企业。

2020 年，老板电器联合阿里巴巴实现对生产和营销的全面数字化。在生产环节，对智能制造基地全面改造升级，打造了以九天中枢智能平台为核心，以数字化、网络化、智能化改造为主线，推进 5G、云计算、AI 等技术在制造业的应用，累计投入近 5 亿元，建成占地面积约 50000 平方米的行业首个无人工厂。在营销领域，以阿里巴巴数据中台为基础，构建电商全业务分析体系。

一、主要做法

推进两化的深度融合，依赖于数字中枢的统筹运作，以用户需求为驱动，打通市场端、研发端、供应链端，实现以智能化驱动业务的全价值链管理。为此，老板电器联合阿里云打造九天中枢智能平台，以用户为核心，以数字驱动业务为基础，融合 5G、工业互联、AI 算法引擎等技术，通过数据的自主感知、自主决策、自主分析，帮助企业精确、高效地响应消费者需求。

（一）发挥平台优势，打造数字智能中枢

以阿里云工业互联平台为基础，打造无人工厂工业互联网解决方案，具体包括：①把物联网、边缘计算、云计算等技术应用于生产制造中，实现产线设备、模具和生产数据的断点续传、边缘应用托管及离线工作等功能，为无人工厂打造稳定的神经网络节点；②通过工业互联网平台，将管理、制造、仓储、物流、设备、钉钉等系统打通，缩减传统作业模式的流通环节，完成实物财务的自动流转，推进业务智能化和管理模式创新；③通过云钉一体解决方案，将需要现场执行的管理转化为任务，实现业务过程数据化管理，管理层可通过钉钉查看工业相关数据与预警推送，下达任务，而巡检人员通过钉钉逐一落实。

（二）营销数字化建设，支持全渠道业务运营

以阿里巴巴数据中台为基础，构建电商全业务数据分析体系，实现电商业务数据化运营。具体包括：①通过统一的数据中台，确保电商业务数据的标准、一致、结构清晰；②相关业务数据沉淀后，可构建智能运营平台，将关键指标透明化，既支持营销活动、内容运营的实时监控与分析，又支持流量运营、电商运营的绩效分析，可改进营销策略、提升运营精细化程度；③构建智能运营平台后，品牌商可将产业链数据与经销商共享，提升双方的沟通效率，优化渠道库存结构，加快滞销品的周转。

二、实施成效

1）数字智能制造，为企业降本增效。以九天中枢智能平台为核心，无人工厂建成后，产品品质大幅度提升，生产效率提升 45%，产品研制周期缩短 48%，生产成本降低 21%，运营成本下降 15%。同时也为用户提供了更加个性化、更加便捷、更加优质的产品和服务。

2）实时动态监控，高效协同生产。数智化升级后，可展现车间的实时生产状况，做到产线协同，将工厂运行的 16 条生产线、150 台设备、27 台 AGV 进行工作的数字化，实时展示数字孪生三维场景与动态数据，实现生产过程设备运行参数的实时分析与优化。

3）打造引领行业的未来工厂。2020 年 12 月，浙江省发布首批"未来工厂"名单。作为冠军型的"链主工厂"，老板电器将充分发挥产业链优势，将生产从企业内部扩大到组织外部，实现产业链上下游供应链的有效对接。

4）全渠道运营平台提升供销流转效率。通过共享品牌商与供应链的业务数据，打造全渠道运营平台后，滞销品减少 24%，物流运输费用减少 23%，新品新活动下达市场从 1 个月缩短至 7 天内。

❖ 案例二十五

重庆飞象工业互联网有限公司

重庆飞象工业互联网有限公司（以下简称飞象工业互联网）是由中国电子信息产业发展研究院、阿里云计算有限公司与重庆市南岸区政府三方共同建立的，是全球领先的具有云计算、物联网整体方案等核心服务能力的工业互联网平台运营企业。

长安福特汽车有限公司（以下简称长安福特），成立于2001年4月25日，总部位于重庆市两江新区，由长安汽车股份有限公司和福特汽车公司共同出资成立。长安福特现有重庆、杭州、哈尔滨三个生产基地，其中重庆已成为福特汽车继美国底特律之外全球最大的生产基地。

飞象工业互联网积极探索"平台＋龙头企业"的合作模式，此次携手长安福特共建的汽车行业工业互联网平台，将全面贯穿汽车智能制造全产业链、全生命周期，实现工业互联网数据的全面感知、动态传输、实时分析，贯通客户、整车与零部件供应商之间的业务数据，促进供应链协同创新，优化供应链管理并提升生产效率，为智能制造、个性化定制生产模式创新，提供良好支撑和契机。

一、主要做法

汽车行业是典型的大型离散行业，具有供应链高度分散、生产工艺复杂、产品结构精密等特征，面临研发设计周期长、供应链管理低效、下游需求碎片化、服务要求高端化等行业痛点，亟须加快基于工业互联网平台的数字化转型步伐，全面提升研发设计、生产制造、产供销管理、经营模式等环节的数字化水平。飞象工业互联网与长安福特共建的汽车行业工业互联网平台以帮助链上企业项目开发、生产制造、质量管理、仓储管理、供应链管理为切入点，加速推动长安福特链上企业向协同化、定制化、柔性化方向转型，力争成为行业新范式。主要做法如下：

（一）以平台为载体，为链上企业提供技术支撑

飞象工业互联网与长安福特共建汽车行业工业互联网服务平台，以供应商技术支持为服务切入口，围绕供应商管理、项目立项选点、生产件批准程序、工艺文件、知识图谱、主资源排程、问题改善跟踪等核心管理方向搭建SaaS化应用，将大企业成熟有效的知识经验和能力，通过技术模块化和知识经验软件化，快速向中小企业复制推广，深度链接长安福特一级供应商808家、二级供应商263家，帮助长安福特与供应商在产品开发过程中大幅提升协同效率。

（二）打造工业App应用中心，构建智能发展新格局

在深度调研链上企业需求后，以供应链协同平台为基础，建设工业App应用中心与平台运营中心。工业App应用中心陆续引入如工业数据管理、财务管理、

仓库管理等近百款应用，包含覆盖生产制造的各个环节的软硬件，让链上企业灵活选择采用标准化工业 App 或行业专用 App，借此达到快速导入的效益，同时可依弹性选择减少导入成本，并且大幅降低智能应用导入失败的概率。

（三）多措并举，助力链上中小企业持续健康发展

为进一步提升链上企业的产品质量，破除部分链上企业"不会转、不能转、不敢转"的痛点，引入"智能制造咨询""数字化直播""数字化标杆工厂游学""数字化人才培养"等项目，以咨询、培训等方式，夯实供应链企业在产品追溯、设备预测性维护、人员管理等方面的能力，培育供应商数字化转型的意识，为企业创新发展提供推动力和"新引擎"。

二、实施成效

飞象工业互联网与长安福特共建的汽车行业工业互联网平台自上线以来，运行了 30 余个整车／整机项目，涉及 2000 余个零部件，覆盖长安福特的供应链上企业，提升供应商选点流程效率 30% 左右；所有供应商的信息和绩效都在线管理，在供应商信息和绩效获取的效率上提高约 40%，同时促进了跨越团队的供应商管理；MPR 上线了 168 个经验教训库，涉及 55 个工艺和 113 个零件制造过程。工业 App 中心引入包含云看板、云仓储、云智控、AR 智能视讯等 10 余款通用应用，注塑云、机加云等 20 余款专门针对具体工业场景的 App 应用，还有 AR 眼镜、边缘计算、网关、视频监控、环境监测等百种物联网设备上云硬件产品，与近 300 家供应商做了数字化转型诊断与探讨，助力长安福特全生态链上企业在质量、成本、交付方面转型升级。

第三节　链条协同模式

链条协同是在一些新兴技术领域、新业态下，各领域各行业创新主体为了达成共同的目标进行的前瞻性／颠覆性创新。链条协同以"围绕产业链部署创新链、围绕创新链布局产业链，推动经济高质量发展迈出更大步伐"为目标，通过紧密结合、同向发力、协同联动、互促提高。一是围绕产业链部署创新链，核心在于强调科技支撑作用，重在以问题为导向、解决现实问题，更加注重产业基础高级化的需要和产业链现代化的需求，奔着最紧急的问题去；通过创新链的指向准确和硬核高效，破解产业链的重大技术难题，降低产业链上下游关键核心环节的对外依存度，以科技创新支撑产品创新、组织创新、管理创新、商业模式创新、品牌创新、市场创新，助力产业链延展、价值链提升，推动产业结构调整、经济转型升级。二是围绕创新链布局产业链，关键在于突出科技引领作用，重在效果导向，支撑长远发展，更加注重科技创新成果转化为经济社会发展的现实动力，发掘科学新发现、技术新发明等高质量科技供给的

产业场景应用，前瞻性布局产业链，引领发展科技含量高、市场竞争力强、带动作用大、经济效益好的战略性新兴产业，开辟新的产业发展方向和重点领域，培育新的经济增长点。通过产业链与创新链的整体构建，制定融合规划，畅通协同环节，推动科学技术转化为现实生产力，科技价值转化为经济价值，促进科技与经济的深度融合。

一、创新的特点

产业链上纵向协同创新又叫链条协同创新，是指企业与产业链上下游企业，包括供应商、分销商、零商之间的紧密合作，吸引合作伙伴加入企业新产品的开发研究工作，建立信息共享机制，通过上下游企业间的技术转移，有效利用合作伙伴的专业技术和经验，扬长避短，带动整个产业链的创新，达到减少新产品开发周期、降低开发风险、增强企业核心竞争力的目的。链条协同创新模式大多分布在产业链里的中游企业，即在整个产业链的零部件创新、原材料创新和产品创新环节。链条协同创新既可以是上游企业与中下游企业中的一家企业合作创新，也可以是与中下游企业之间的合作创新。链条协同创新大多以合作为中心，合作可以使产业链上企业之间的技术联系更加紧密，具有更强的产品供应依赖性。从产品的生产过程来看，产业链上下游企业就是供需的双方。为了降低自己的市场风险，上游企业渴望生产出来的产品被较多的下游企业采购，下游企业也希望有稳定的优质的产品供应商。因此，上下游企业技术"链结合"的协同创新模式，能起到分担市场风险的作用。同时，产业链上下游企业进行协同创新，会自动纵向延伸或缩短产业链，提高整个产业链的创新能力，进而实现产业链现代化的目标。

产业链上的协同创新是包括多方面、多层次的协同创新活动。产业链协同创新以价值创造为目标。协同创新的价值增值活动分为两类：契合式价值创新及整体式价值创新。契合式价值创新是投入要素在产业链发展过程中，通过协同发展实现不同环节间的契合创新，并由此提升企业的价值创造。而整体式价值创新是指完成价值创新的所有参与主体结合成一个整体在价值创造中共同合作，获取各种投入要素以推动整体创新，提升企业价值创造。产业链协同创新在追求契合式价值创新和整体式价值创新的过程中，参与主体由各个企业、各个环节和整个产业集群三个层次组成。其中，企业是产业链协同创新实现的基本单位，各个环节是协同创新实现契合式价值创新的基本载体，整个产业集群是协同创新实现整体式价值创新的基础主体。产业链协同创新的特点表现在产业链上下游环节间的协同创新上，而更深层次的特点体现在空间链、信息链、供应链和价值链这四个子链条的协同创新上。产业链协同创新是通过四个子链条的综合性协同进行不同环节间的联合创新。其中，空间链主要强调产业集群的空间分布，信息链主要实现产业集群内各种信息流的传递与交流，供应链是产业集群内对上下游供需关系的及时满足，价值链是完成上下游系列活动的价值增值和创造。由此来看，产业链协同创新表现为四个子链条不断相互影响和动态变化的过程，任一子链条的变化和动态调整，都将影响和改变其余子链条的发展与功能，进而对产业链协同创新造成影响。

二、案例分析

所谓的链条协同就是指设立适当的治理体制，驱使产生协同效应。协同创新发生在多元主体之间。从产业链的角度看，一个企业必然处于特定的产业链条中，下游有客户，中游有竞争者，上游有供应商，企业与产业链中任意部分主体都可能存在合作创新关系。可以将企业与客户的合作称为客户协同，与竞争者的合作称为竞争者协同，与供应商的合作称为供应商协同。

有很多影响协同创新组织合作伙伴确立的因素，比如技术合作动机、产品特征、行业特征，以及候选者自身的特点，如研发资产、声誉等。举例来说，产品新颖性越高，产业链的协同创新就越重要。产品集成的技术越多，需要的合作方也就越多，可能会同时包括产业链横向和纵向的合作伙伴。

这里选取了中国三峡建工（集团）有限公司、中冶赛迪集团有限公司、中蓝长化工程科技有限公司、华润集团、新时代健康产业（集团）有限公司、凯盛科技集团有限公司、北京翼辉信息技术有限公司、传孚科技（厦门）有限公司、苏州鲁信新材料科技有限公司、江苏天麒工业环境科技有限公司、北京星旋世纪科技有限公司、厦门市普识纳米科技有限公司、韦士肯（厦门）智能科技有限公司、深圳中核普达测量科技有限公司、马鞍山雨甜医疗科技有限公司、北京天智航医疗科技股份有限公司、广汽蔚来、海尔 HOPE 平台、清华控股有限公司、浙江开创环保科技股份有限公司、比亚迪股份有限公司 21 家企业，它们的主要特征如下：

1. 通过与上游资源企业、下游战略客户达成合作协议，与上下游企业共同研制解决企业痛点的创新产品及应用

一是与相关科技资源密集的企业合作。如北京翼辉信息技术有限公司围绕核心产品打造嵌入式系统生态圈，与龙芯中科、芯唐电子、紫芯科技等国产硬件厂商签订了全面战略合作协议强化上游硬件供应链；在工业控制领域达成开源协议等；与北京邮电大学、北京航空航天大学、西北工业大学等高等院校建立联合实验室并在相关方面合作攻克项目课题。实验室的产出产品 SylixOS 实时操作系统现已优化为一个稳定可靠、功能全面、易于开发的系统操作平台。江苏天麒工业环境科技有限公司（简称江苏天麒）采用和下游企业（上海电气、马钢股份等）及科研院所联合开发的模式，相关单位提出减振降噪要求，提供所在领域专业知识，江苏天麒提供设计思路，双方共同设计应用方案，共同测试，所得到的最终测试数据及专利也由双方共享。在这种产业创新链有机结合的模式下，江苏天麒的合金产品得到了充分的开发与应用。北京星旋世纪科技有限公司设立专门的子公司与下游企业胜利油田协同进行用于低压气井增压增产、油井套管气回收和油井油气混输的星旋式流体机械产品的研发，这些产品将在未来几年有机会覆盖全国的油田现场。广汽蔚来是广汽集团和蔚来汽车两家集团合资建立的企业，是蔚来汽车车联网技术和广汽集团汽车制造以造车为突破口，创建的新型汽车生态发展平台，是汽车制造行业产业链的上下游公司建立的产研用模式的成功应用。比亚迪股份有限公司与中国建筑科技集团有限公司在深圳坪山比亚迪全球总部签订战略合作协议，双方将在智慧园区、智慧能源、智慧工地、智慧城市等多个方面开展深入合作，为双方创造更多的商业价值，互利共赢。比亚迪和中建科技集团将贯彻党中央、国务院倡导的新基建下的可持续发展战略要求，充分发挥各自长处，以互相促进、平等互利、共同发展的原则为支点，携手提升城市智慧化及基础建设的进程。

二是与产业链企业合作。海尔HOPE平台通过上下协同、内外联动机制提升企业的创新能力。海尔在全球搭建了"10+N"创新支持网络，其中"10"指海尔全球十大研发体系，主要负责承担各类研发任务，以及拓展全球范围内的创新活动及专家。"N"是指海尔设立的全球创新中心和创新合作人社群，通过创新中心及社群可以接收创新课题，并参与创新活动。浙江开创环保科技股份有限公司增强科技创新能力，引进"北控水务""首创股份"两家产业链下游巨头公司的战略投资，并进行全面业务合作，构成了完整环保技术体系链，开创了国有资本平台、民营先进技术多轮驱动的商业模式，通过科技与金融的结合，大大提高了公司的科技研发水平。清华控股有限公司建立华控技术转移公司搭建产学研一体化运营平台，开展各类产学研协同创新活动；创立荷塘投资基金，致力于加快以市场为导向的科技研发成果产业化；创新园区辐射38个城市及地区，并运营了全国首个创业街区，为社会提供全面的创新创业服务；成立辰安科技公司，率先在国内立足公共安全应急领域；在通信芯片领域并购锐迪科和展讯通信公司，优化清华紫光在集成电路领域的布局；联合清华微电子的创新资源，推动通信技术创新发展。

2. 通过与高等院校、科研院所和兄弟企业签订战略合作协议等方式，构建"产学研用"产业链创新体系

一是以科技人才作为合作起点。如苏州鲁信新材料科技有限公司与北京科技大学葛昌纯院士和胡本芙教授进行合作并设立院士工作站，还与北京人工晶体研究院、北京矿冶研究总院等单位的科研团队建立合作关系，加快研发体系的建立，将科研团队技术产品化，打造"产学研用"产业链创新体系。韦士肯（厦门）智能科技有限公司与著名检测专家南京航空航天大学田贵云教授、廖越峰博士、费扬博士等建立专家工作站，并与浙江大学建立联合研发中心，以及引进中国矿业大学博士生工作站等开展多层次技术研发的工作，构建产学研创新模式。

二是以科技链与产业链融合为发展方向。厦门市普识纳米科技有限公司应用"产学研用"模式与厦门大学、军事医学科学院、厦门中山医院、厦门眼科医院、中南湘雅医院等联合进行应用开发，建立谱库，取得了多个国内和国际唯一。马鞍山雨甜医疗科技有限公司与国内高校密切合作，成立了专业的技术创新团队，同时也与海内外相关企业建立了紧密的合作关系，在引进吸收国外最新的科技成果的基础上，通过创

新和技术成果的转化，开发出满足国内市场临床急需的医疗器械和产品，并形成自主知识产权。北京天智航医疗科技股份有限公司同时与高校、科研机构、医院建立"产、学、研、医"的研发体系，共同承担了多项重大科研项目，合作各方通过签署相关协议，对职责、权利、义务和知识产权归属进行明确约定，培养在医疗机器人领域的持续创新能力，建立了在骨科手术机器人领域的产品研发格局，奠定了天智航持续的创新能力。

3. 共担共享是协同创新的核心

以创新链为基础带动高质量发展，形成技术、资源、市场的互补和支撑，达成产业链战略合作。如普达迪泰、中核二三、中核普达将中国核工业二三建设公司的国际领先的核工程综合建造能力、核电站工程管理能力、核安全体系管理能力及北京普达迪泰科技有限公司的国际领先的柔性测量与数据获取技术、数据计算与数据分析技术、智能测控与人工智能技术进行结合，聚焦核工程建设产业价值链的核心环节，建设自主智能装备，协同开发核工程、核电工程、国防工程与大科学工程高端业务市场，实现我国自主可控高精密测控装备产业化与我国核工业建设技术与装备的革命性升级，争取为国家实施军民融合发展战略作出应有的贡献，传孚科技与资本方和产业方合作进行成果转化，共同做大做强关联产业，于 2015 年设立控股的工业研究院公司进行成果转化；于 2017 年通过技术参股方式与上市国控企业——福建龙溪轴承（集团）股份有限公司合作建立专业研发和生产滚动轴承的公司；于 2018 年设立全资子公司——马鞍山传孚传动科技有限公司，该公司将成为传孚科技在离合器业务板块的第一个制造样板工厂。

链条协同实践案例

链条创新的企业围绕着产业链布局创新，与产业链相关企业、高校、中介服务机构等以合作共赢为目的共克难关、共享收益，如表 5-5 所示。

表 5-5 案例样本的业务类型

序号	企业名称	业务类型
1	中国三峡建工（集团）有限公司	三峡集团旗下的中国三峡建工（集团）有限公司（简称三峡建工）以国家重大工程需求为导向，构建"产学研用"一体化创新团队，形成低热水泥混凝土筑坝完备产业链，并在乌东德特高拱坝上全面成功应用，同时在简化温控措施、加快筑坝速度、降低综合造价、实现环境友好等方面取得了突破性成果，引领中国坝工进入低热水泥混凝土时代，形成低热水泥筑坝核心技术

（续）

序号	企业名称	业务类型
2	中冶赛迪集团有限公司	公司前身是成立于1958年的冶金工业部重庆黑色冶金设计院，是国家科研院所转制企业，是钢铁工程技术的提供者、新技术的开创者和"走出去"的引领者，也是中国五矿和中冶集团打造冶金建设国家队的领军企业
3	中蓝长化工程科技有限公司	公司现为中国蓝星（集团）股份有限公司直属企业，隶属于中国化工集团公司，现已发展为集科研、勘察、设计、咨询、监理、总承包为一体的工程技术服务型企业
4	华润集团	集团业务覆盖消费品、电力、地产、燃气、医药、金融、水泥等多个领域，业务延伸至超过100个国家。其创新方向主要聚焦其业务领域内的技术创新
5	新时代健康产业（集团）有限公司	公司隶属于中国新时代控股集团有限公司，是中国节能环保集团的重要子公司，总部位于北京，是一家围绕健康解决方案，通过线下品牌连锁和线上社交电商，向消费者提供产品和服务的大型企业集团
6	凯盛科技集团有限公司	公司是中国建材集团二级子公司，是以玻璃新材料为核心的科技创新产业平台
7	北京翼辉信息技术有限公司	高新技术企业，业务集中于SylixOS自主实时操作系统的开发与更新
8	传孚科技（厦门）有限公司	高新技术企业，业务集中于高端机械基础传动件、高效清洁空气能发动机及新型动力发电的应用研发
9	苏州鲁信新材料科技有限公司	材料科技企业，业务集中于定制、研发和生产全系列高端合金粉末
10	江苏天麒工业环境科技有限公司	高科技企业，业务集中于阻尼功能金属的研制与应用
11	北京星旋世纪科技有限公司	高新技术企业，业务集中于流体机械的研制与应用
12	厦门市普识纳米科技有限公司	高新技术企业，业务集中于开发表面增强拉曼光谱（SERS）及快速检测技术
13	韦士肯（厦门）智能科技有限公司	高新技术企业，业务集中于航空及汽车On-line"智慧"检测整体解决方案
14	深圳中核普达测量科技有限公司	混合所有制科技转化公司，业务集中于精密摄影测量技术，同步发展高精密机器视觉技术

（续）

序号	企业名称	业务类型
15	马鞍山雨甜医疗科技有限公司	医疗科技企业，业务集中于医疗器械研发、制造及健康产业服务平台开发、集成和服务等
16	北京天智航医疗科技股份有限公司	医疗科技企业，业务集中于医疗机器人的开发和应用
17	广汽蔚来	汽车行业公司，业务集中于新能源汽车的研发、制造
18	海尔 HOPE 平台	互联网开放式创新平台，业务集中于帮助企业实现转型升级，构建顾客需求驱动下的生态创新系统等
19	清华控股有限公司	科技创新成果转化平台，业务集中于推动清华大学科技成果转化和产业化，助力社会创新发展，已累计转化 56 项国家级重大科技成果，实现了 62 项重大技术突破，推动实施 3 项国家科技重大专项的项目转化
20	浙江开创环保科技股份有限公司	高新技术企业，业务集中于提供、实施、运营和服务以膜材料为核心的水资源整体解决方案
21	比亚迪股份有限公司	高新技术企业，主要生产商务轿车、家用轿车和电池

❖ 案例一

中国三峡建工（集团）有限公司

大体积混凝土的温控防裂一直是工程界的难题。近代采用"中热水泥＋掺合料＋预冷骨料＋坝内埋管＋适时保温"等措施及分缝分块、薄层浇筑方案，引领世界坝工建设进入 300m 级时代。然而，上述方案仍无法解决温控防裂世界性难题。

乌东德是"西电东送"骨干电源点，千万千瓦级巨型水电工程，为国之重器。大坝是世界上 300m 级最薄双曲拱坝，坝址河谷狭窄边坡陡峭、地质条件复杂，恶劣环境坝体防裂世界罕见。低热水泥具有低能源消耗、低废气排放、低热微膨高抗等特点。将低热水泥这种"生态水泥"与行业结合创新筑坝技术破解温控防裂，可推动筑坝技术向高质量发展，还可助力"3060"碳达标、碳中和目标的实现。

三峡集团旗下的中国三峡建工（集团）有限公司（以下简称三峡建工）以国家重大工程需求为导向，构建"产学研用"一体化创新团队，形成低热水泥混凝土筑坝完备产业链，并在乌东德特高拱坝上全面成功应用，同时在简化温控措施、加快筑坝速度、降低综合造价、实现环境友好等方面取得了突破性成果，引领中国坝工进入低热水泥混凝土时代，形成低热水泥筑坝核心技术。

一、主要做法

超级工程催生超级材料、超级技术。三峡建工作为乌东德水电站建设管理单位，联合国内 14 家单位，包括 3 家科研单位（中国建材总院、中国水科院、长江科学院）、3 家设计单位（长江设计公司、成都院、华东院）、2 家高校（清华大学、南京工业大学）、4 家施工单位（水电四局、水电六局、水电八局、葛洲坝集团）、2 家监理单位（西北监理、二滩国际）的科研团队，依托国家多年滚动科技攻关和企业自主科研项目，形成以建设单位为项目管理中心、以科研咨询单位（专家团队）为技术支撑、以设计施工监理单位为实体大坝建设支柱，开展低热水泥制备、材料性能揭示、温控防裂创新、筑坝技术数字化转型等协同创新，形成了低热水泥混凝土筑坝完备产业链。具体做法如下：

（一）重大工程牵引，链主需求引领，厂家骨干协同，形成制备能力 2500t/d 低热水泥生产线

1）以国家重大工程为需求，牵头联合科研单位中国建材总院提出"高镁微膨、高铁增韧"技术路线，揭示水泥颗粒及熟料矿物对水泥性能影响，确定熟料矿物组成、化学成分、比表面积等指标，形成具有低热、微膨、高强、高抗裂特性水工低热水泥技术标准。

2）联合高校南京工业大学，揭示烧成温度、冷却速率、保温时间等热历程对熟料方镁石晶体的形成影响，形成"高镁配料、低温煅烧、短时保温、慢速冷却"调控技术；研发选择性溶解萃取方镁石定量分析方法，确定熟料方镁石控制参数，为低热水泥微膨胀性可控化奠定基础。

3）联合水泥制备厂家嘉华会东、华新富民，通过对熟料烧成系统工艺参数优化和热历程调控，统筹协调水泥熟料各矿物相及方镁石晶体的形成，提出煅烧工艺关键参数；提出生产控制要点、技术参数，构建驻厂监造管理体系，实现工业化规模化生产。嘉华会东、华新富民水泥厂形成制备能力 2500t/d 生产线，4 年稳定供应乌东德、白鹤滩 120 万 t，质量检测全部优良。

（二）性能揭示驱动，科研单位主导，设计咨询支撑，300m 级特高拱坝率先全坝应用

1）以科研单位长江科学院和中国水科院为主导，开展水泥与不同骨料、含粉煤灰、浸染炭质物质人工砂等相容性试验，确定最佳用水量、骨料最佳级配、最佳砂率及外加剂掺量等范围，配制出低温微膨、高耐高造高抗裂混凝土；同时，对比中、低热混凝土拌和物及硬化后特性，揭示低热水泥混凝土宏观、微观优良性能机理，为全面应用奠定基础。

2）以科研单位中国水科院为主导，开发混凝土开裂仿真试验装备，设计模拟工程环境和温控过程测试技术，开展水化 - 温升 - 降温 - 湿度 - 约束耦合试验，获取混凝土浇筑到硬化全过程（尤其早龄期）温度梯度及应力分布、应力应变历程、

开裂温度及应力、开裂时间等，证实全龄期综合抗裂能力至少提升 10%。

3）以知名高校清华大学为主导，设计更能代表骨料级配随机性全级配试验，分季节现场拌和浇筑养护、不同尺寸（最大至 2.25m）全级配混凝土试件，探明真实环境温度 - 湿度 - 龄期耦合作用湿筛及全级配时变特性和尺寸效应，建立温湿度耦合细观损伤累积计算模型，基于温湿度成熟度理论提出任意环境坝体强度及断裂性能预测模型，证实断裂能力更优。

（三）无缝大坝牵引，业主发挥中心作用，科研咨询发挥技术支撑，设计施工监理发挥建设支柱，开创特高坝防裂新格局

1）以无缝大坝核心需求牵引，联合科研单位中国水科院、高校清华大学深入研究低热水泥混凝土热学和抗裂特性，提出以温度过程可控、应力最优及抗裂安全达标为核心，在结构设计、材料特性等确定基础上，动态调控温控过程，优化温控指标，结合低热水泥混凝土优良特性，形成适应多工况，多结构的柔性温控模型，实现结构防裂、接缝灌浆、悬臂控制相协调，发挥低热水泥混凝土低热、慢热、高强、高抗特性。

2）考虑结构温度应力是约束条件、环境条件、结构特性及混凝土温度过程的综合反映，联合科研单位中国水科院、高校清华大学、设计单位长江设计公司等，提出多因素温控防裂综合计算方法，结合施工进度、拱坝结构和防裂需求，制定相应温控防裂策略，将强约束抗裂安全系数 K 提升到 2.0 以上，且高温季节机口温度可由 7℃ 提升至 12~16℃，低温季节骨料可不预冷，三期通水冷却可优化为二期通水。相比中热混凝土，简化措施，易于温控且温度可控。

3）联合科研单位中国水科院，针对仓面喷雾随意性大弊端，构建喷雾降温计算模型，研发智能喷雾装备，开发喷雾量、送风量和喷射角度智能控制系统，提升干热环境保湿降温效果；发明表面温度应力实时分析评价方法，精准评估保温效果，研判寒潮应力以及时调控预防超标。

（四）坚持以问题导向、高质量发展破局，施工监理主导工艺革新，业主引领数字化转型，创造特高拱高质量施工纪录

1）业主牵头联合施工单位葛洲坝集团等，坚持问题导向破局传统施工工艺弊端，开展室内和现场试验掌握低热水泥混凝土施工特性，提出施工工艺控制核心要素及控制标准，建立施工质量控制体系，确保施工质量和安全；解决有盖重固结灌浆常导致仓面长间歇或岩体抬动致使混凝土开裂问题，建立表封闭、浅加密、深提压灌浆技术；突破传统中热水泥混凝土升层厚度为 1.5~3.0m 的局限，研究提出全坝段大规模浇筑 4.5m 及以上厚升层方案并构建厚升层及特殊部位同步成型技术体系，实现均质均衡高效施工。

2）联合软件开发单位武汉英思公司，聚焦质量验收建立标准化质量参数库，配置标准化质量表格与流程，内置质量评定与验收规则，实现工序、单元质量自

动评价和关键质量指标统计分析，与人员定位相结合，做到岗位、时间、地点与履职相匹配，达到"实地、实据、实时、实物"验收，数据填报效率提升 67%，三检流转效率提升 76%。

二、主要成效

低热水泥混凝土筑坝通过产业链协同创新优化完善了现有温控防裂模式，拓展了高坝温控防裂方法，化解了高坝施工进度制约因素，实现了中国坝工技术核心突破，多项技术属国内首创。

该协同创新成果，助力乌东德大坝优质高效绿色建设，创造单坝段年最大上升高度 122m、全坝年平均上升高度 90m 的最高纪录，实现坝体连续两年上升高度超过 100m、浇筑量破 100 万 m^3，质量、进度、安全全面受控且满足设计要求，为国家重点工程按期蓄水发电提供了坚实的技术支撑，为长江干流骨干工程长期安全运行奠定了坚实基础。

❖ 案例二

中冶赛迪集团有限公司

中冶赛迪集团有限公司（以下简称中冶赛迪）是中国五矿旗下中国中冶核心子企业，前身是成立于 1958 年的冶金工业部重庆黑色冶金设计院，是国家科研院所转制企业，于 2003 年成立股份公司，于 2011 年成立集团，是全球领先的钢铁工程技术企业，是钢铁工程技术的提供者、新技术的开创者和"走出去"的引领者，也是中国五矿和中冶集团打造冶金建设国家队的领军企业。

中冶赛迪坚持科技创新，充分发挥工程技术公司连接应用科学与产业实践的纽带作用，围绕核心技术产品化、产业化，聚焦钢铁智能制造、绿色制造、装备升级等发展方向，以自主创新为主导，带动产业链协同创新，多点开花，成效显著。

一、主要做法

（一）构筑创新共同体，打造具有全球竞争力的钢铁标杆

位于江苏南通海门港新区的中天绿色精品钢项目是由中天钢铁集团投资、中冶赛迪承担规划设计建设的江苏省优化区域产业布局重特大项目，中冶赛迪发挥工程技术公司多学科多专业的系统集成优势，与中天钢铁集团结成了创新共同体，致力于打造面向未来的绿色、高质、高效、智能化的全流程沿海绿地钢厂新标杆。一是在合作周期上，覆盖项目从前期咨询规划、总体设计、总承包建设及管理，到生产运营服务的全生命周期，是中冶赛迪与民营企业在业务层面最深入、最系统的一次合作；二是在建设管理方面，在钢铁行业首创 EPCM+EPC 联合管理模式，双方成立联合指挥部，全面协同管理钢铁建设系统工作，在指挥部、管理部门、单元项目组分级实现人员交叉融合、信息畅通共享、决策共商共议，实现了项目集全维度协同管理；三是合作推动技术和装备创新，中冶赛迪总包项目设备

国产化率达 97% 以上，同时在智能制造、绿色低碳领域协同探索，打造全厂工艺、能源集控的协同平台，近期实现劳动生产率 1600 吨钢 / 人·年，远期达到 2000 吨钢 / 人·年的目标；并就高炉煤气回喷、氢冶炼等前沿技术共同推进产业化应用实践，引领行业高质量发展。

（二）以资本为纽带，技术优势互补，实现人工智能技术在工业场景落地应用

2019 年，中冶赛迪与人工智能独角兽企业创新奇智合资成立以人工智能应用产品为核心的创新型科技企业——赛迪奇智。依托于中冶赛迪在工业智能化及信息化方面的技术优势、系统解决方案的实践经验，以及创新奇智在人工智能领域丰富的人才储备和先进技术实力，研发拥有先进技术内核、契合行业应用痛点、具有良好发展前景和高成长性的人工智能产品。2020 年，赛迪奇智打造的全球首套智慧铁水运输系统在中国宝武湛江钢铁基地投产。该系统融合机器视觉、机器学习、自动驾驶、大数据等前沿技术，突破技术与场景融合的难关，实现铁水运输在钢铁厂区内全天候全流程无人化运输及调度作业，成为无人驾驶技术在工业场景的一次创新实践，在降低企业生产成本、提升生产效率的同时，助力企业打造简单、高效、低成本、高质量的园区物流管理体系。

（三）战略合作互利共赢，推动钢铁生产智能化变革

2020 年，永锋集团与中冶赛迪签订战略合作协议，并积极参与中冶赛迪智能化、信息化板块的混合所有制改革。双方发挥各自在钢铁工业生产制造、精益管理、智能制造、研发、市场发展及产业化等方面的优势，以中冶赛迪自主研发的水土云工业互联网平台为基础，依托永锋临港项目打造冶金行业首个基于工业互联网平台的绿地智能工厂。通过将精益运营与数字化、智能化的深度结合，以数字化、智能化新型技术架构与体系，系统性地支撑永锋钢厂生产流程创新和组织管理创新，提高班组、车间、厂部的生产及管理效率，助力永锋临港整体效能再升级。

（四）以新工艺带动产业链创新，打破核心技术和装备被国外垄断的局面

三辊连轧管机具有优质、高效、低耗的特点，是无缝管热轧生产最先进的机型，其核心技术长期被国外垄断。为攻克这一技术难题，中冶赛迪与江苏诚德钢管股份有限公司强强联合，开展小口径三辊连轧管技术联合创新。一方面发挥中冶赛迪作为设计和研发主体在理论研发、技术创新上的优势；另一方面，充分利用江苏诚德钢管股份有限公司作为钢管生产企业的基础条件，双方合作开发了 Φ76mm 小口径三辊连轧管机试验机组，形成了具有自主特色的"高精度小口径三辊连轧管机成套关键技术"创新成果，已先后应用于十多个工程项目中，不仅打破了该类核心技术被国外垄断的局面，与引进设备相比，单台套可省投资 50% 以上，且首创小口径三辊连轧管机技术，综合成本降低 100~400 元 / 吨钢。

在自主完成主体创新的同时，中冶赛迪充分整合供应链资源，发挥众多专业

供应商的局部技术优势，带动产业链协同创新。比如，与芯棒供应商合作开发小规格芯棒制造技术；与传动轴供应商合作开发适用于小口径三辊连轧管机的传动轴技术；与检测元件供应商合作开发适用于小口径三辊连轧管机的伺服液压缸、检测器等，带动了整个产业链水平的创新提升。

（五）引入市场化机制，推进科技成果转化应用

为加强科技成果转化力度，中冶赛迪在科技创新工作中引入市场化机制，建立风险共担、利益共享的机制，取得较好效果。

比如，中冶赛迪在公司内部设立独立核算的分公司或项目部，以模拟法人的形式开展科技成果的产业化运营。科技成果研发团队参与模拟法人运营准备金的出资，并根据出资比例参与项目利润分红。目前已实施有电液直驱、液压检测、智能加药三个产品模拟法人，共有约 50 名员工参与出资跟投。从实施效果看，项目均在实施第一年获得盈利，员工创业积极性显著增强。

为充分利用中冶赛迪已有的科研条件和相关配套企业、科研院所、高校的科技资源，以科技服务创造经济价值，中冶赛迪建设了西安和重庆两地的科创孵化园，把产业链中的研发团队和企业融入产业链中，实现企业互助共赢。目前中冶赛迪西安孵化器依托于中冶赛迪旗下的西安电炉研究所有限公司，重点打造工业加热领域的企业孵化，已经获得陕西省众创空间授牌，入孵企业 18 家，孵化企业年营业收入达到 9000 多万元。中冶赛迪重庆孵化器依托于中冶赛迪旗下的中冶赛迪技术研究中心有限公司，重点打造冶金智能装备领域的企业孵化，已经获得重庆市两江新区众创空间授牌，入孵企业 20 家，孵化企业年营业收入达到 2500 多万元。

二、创新成效

通过全方位的协同创新和科技成果产业化探索，中冶赛迪进一步增强创新动能、完善创新的产业链条、实现了一批创新成果的首台（套）应用，近年来连续获得两项国家科技进步二等奖，在钢铁全流程攻克了一大批关键技术，有力推动了核心技术产品化、产业化，解决了核心装备"卡脖子"的局面，尤其是持续引领中国钢铁全流程的体系和能力保持世界领先水平，以大型三辊连轧管机、万能轧机等为代表的冶金装备达到世界先进水平，率先开发出一大批全球首创的智能制造、绿色制造核心技术和产品及钢铁领域的首个人工智能项目，引领钢铁工业技术进步、产业升级和装备"走出去"，为推动钢铁供给侧结构性改革和高质量发展作出了积极贡献。

❖ **案例三**

中蓝长化工程科技有限公司

中蓝长化工程科技有限公司（以下简称中蓝长化）始建于 1978 年，其前身为化

学工业部长沙化学矿山设计研究院，是原化工部直属的综合性科研院所，1992年进行企业法人登记，实行企业化管理，1999年转制进入中国蓝星化学清洗总公司，现为中国蓝星（集团）股份有限公司直属企业，隶属于中国化工集团公司。公司现已发展为集科研、勘察、设计、咨询、监理、总承包为一体的工程技术服务型企业。

国投新疆罗布泊钾盐有限责任公司（以下简称国投罗钾）成立于2000年9月，2004年成为国家开发投资集团有限公司控股企业，以开发罗布泊天然卤水资源制取硫酸钾为主业。公司建有年产160万吨硫酸钾生产装置、年产10万吨硫酸钾镁肥生产装置，是世界最大的单体硫酸钾生产企业。

中国是粮食生产大国，中国耕地本身缺钾，钾肥作为化肥的重要品种，对保障我国粮食安全有着重要作用。中国钾矿资源严重匮乏，70%以上的钾肥要长期依靠进口才能满足农业生产需求，这种局面直接威胁到我国的粮食安全。

早在20世纪80年代，地质科学家在罗布泊罗北凹地发现了一个储量4亿吨的超大型钾盐矿床，潜在经济价值超过5000亿元，是世界上已探明的最大硫酸盐型卤水钾盐矿床。但由于自然环境恶劣，交通、电力、通信等基础设施缺乏，发现矿床时，我国并没有硫酸盐型盐湖卤水开发的技术储备，当时唯有美国的大盐湖拥有一套卤水生产硫酸钾的技术，但大盐湖和罗布泊地区的卤水组分差异大、地理环境差异也很大，其工艺技术并不适用于罗布泊，唤醒罗布泊沉睡的钾盐资源，面临世界级的技术难题。

两家单位的合作创新经历了三个阶段。

首先是艰苦创业阶段。从20世纪90年代末开始，中蓝长化与罗布泊资源依托单位形成了紧密的合作关系，针对罗布泊钾资源的综合利用和开发，共同开展技术攻关，解决硫酸镁亚型卤水生产钾肥的世界级难题。

随着国家开发大西北的号召，20世纪90年代末科技部"十五""十一五"期间相继设题，为解决国家缺钾和盐湖矿产资源技术开发等一系列难题，中蓝长化公司派出一批国内最前沿的化工科研人才作为国家首批科研技术攻关人员前往新疆罗布泊，他们踏遍人迹罕至的"死亡之海"新疆罗布泊，克服自然条件恶劣、基础设施缺乏等因素，在荒无人烟的罗布泊腹地开展了盐湖卤水制取钾肥技术、固体可溶性钾矿制取钾肥技术、硫酸镁亚型卤水制取硫酸钾工艺技术、含钾硫酸盐型卤水提取硫酸钾工艺技术等一系列技术成果的探索性试验。

其次是联合攻关建设阶段。2004年国投罗钾进入国家开发投资集团有限公司，进入央企序列，中蓝长化与国投罗钾正式建立战略合作关系，共同组建联合科技攻关团队。

中蓝长化最早派出的科研攻关团队中的部分成员直接进入国投罗钾，成为其公司高管和技术团队的主要力量。基于此，联合攻关团队来自双方主要技术骨干，均有中蓝长化的共同经历和公司文化背景，合作的效率极高，用4年的时间走完了相当于美国大盐湖15年的历程，成功突破了盐湖资源开发这一系列基础理论问题和工程技术问题，完成了工艺开发、实验室试验和中试。随后，团队仅仅花了两年的时间，将工业试验装置成功从2万吨/年扩到4万吨/年，再扩到8万吨/年。接下来又是仅用了两年时间，建成年产120万吨硫酸钾项目装置工程，2008年9月一次试车投产成功。这一阶段中蓝长化和国投罗钾的合作创新，成功解决了罗布泊盐湖钾资源大规模开发的开采、加工技术及装备难题，诞生了目前世界上规模最大的一套硫酸钾生产装置，将昔日沉寂的"死亡之海"变为生机勃勃、造福"三农"的"幸福之海"，获得了十分显著的经济效益和社会效益。自此中国钾肥的自给率提高到了50%。

最后，双方合作进入高质量发展阶段。从2009年开始，中蓝长化与国投罗钾的技术协同创新合作进入新的阶段，在120万吨装置上，双方合作继续深耕硫酸镁亚型卤水综合利用领域的研究和开发，每年双方都投入大量的技术人员和专项资金，共同确立专项研发课题、技改工程项目。中蓝长化的研究院有多个专门为国投罗钾公司设置的课题组；采矿、选矿、化工、分析、仪表、安全、环境等各专业的专家都会长期聚焦国投罗钾生产装置的运行和技术改造。并且，中蓝长化通过对盐湖矿产资源多年的研究与开发，先后成立了全国化工溶解采矿工程技术中心、湖南省钾及伴生物工程技术研究中心、难溶及低品位钾资源综合利用工程研究中心等多个国家和省级研发创新平台。

当前，双方在钾盐化工工艺、选矿工艺、硫酸镁亚型卤水提锂、钾盐产品多元化高附加值化、盐田防渗、盐湖化工智能化、数字化领域等整个卤水制钾盐的全链条开展协同创新。双方合作承担了国家科技部科技支撑计划、国土资源部资源节约与利用示范项目及其他国家、省市等科技攻关项目二十余项，研究成果极大地推动了国投罗钾在生产工艺和工程技术、产品质量、资源利用、安全环保、经济效益方面的全方位提升。2020年公司与国投罗钾等几家企业共同申请的"盐湖化工产业集聚区域网络协同制造集成技术研究与应用示范"项目被列入2020年度国家重点研发计划。

罗布泊硫酸钾的生产改变了我国钾肥长期依赖进口的格局，使我国在进口钾肥的价格谈判中掌握了主动权，保障了我国农业生产和粮食安全，有效缓解了我国钾肥严重依赖进口的不利局面，对繁荣地方经济、稳定边疆具有十分重要的经济意义和深远的政治意义。一种"用含钾硫酸镁亚型卤水制取硫酸钾的方法"盐湖卤水制取硫酸钾关键工艺技术，填补了国内空白，实现了我国硫酸钾产业结构升级，使我国拥有了世界领先的利用硫酸盐型盐湖卤水制取硫酸钾的技术、装备和产能第一的硫酸钾装置，从而使罗布泊一举成为世界规模最大、生产成本最低、技术最先进的硫酸钾生产基地，为我国硫酸盐型盐湖卤水资源开发起到了良好的示范作用，使我国钾肥自给率从不到10%提高到50%以上。基于该项目的科技成果和突出贡献，双方协同创新的努力也获得十多项国家和省部级荣誉。其中，"罗布泊地区钾盐资源开发利用研究"和"罗布泊盐湖 120 万吨 / 年硫酸钾成套技术开发"分别于 2004 年和 2013 年两次获得了国家科技进步一等奖。

中蓝长化深耕钾盐钾肥领域 40 多年，通过与国投罗钾等单位的协同创新，取得了一系列技术成果，成功开发了几十项拥有自主知识产权的专有技术和核心装备，成功实现氯化物型和硫酸盐型盐湖卤水的大规模开发利用，国内 70% 以上氯化钾和 90% 以上硫酸钾生产装置，均采用中蓝长化专有技术并承担项目工程设计。累计申请相关发明专利 160 多项，获得专利授权 120 多项，承担国家和省部级科技项目 40 余项；钾盐钾肥领域荣获国家科技进步一等奖、二等奖、中国专利优秀奖各 2 项。2020 年公司被授予"中国钾盐钾肥工业功勋企业"等荣誉称号，奠定了公司在钾盐钾肥工业领域的技术标杆企业地位。

❖ **案例四**

华润集团

华润集团是世界 500 强企业，其业务不仅包含地产，还包括消费品、电力等多个领域，业务延伸至超过 100 个国家，其创新方向主要聚焦其业务领域内的技术创新。

华润集团的创新核心载体主要为华润大学，旗下的开放式创新平台主要负责生态圈协同创新，主要有科技研发（华润大学高新技术转移中心）、创新基金（华润创新股权投资基金）、创新教育及专家智库（华润凯盛专家团队）四大功能。其中科技研发主要是外部核心技术购买实现对业务板块的技术赋能；创新基金是华润集团为创新业务设立的一支 5.5 亿元人民币的风投基金；创新教育则是针对从外部引入的技术嫁接集团产业资源后的技术培训及再创新教育；而专家智库则是外部生态圈的专家资源对集团创新技术发展的赋能。

华润集团在国内企业中协同创新体系整体成熟度较高。但需注意的是，除了对外部技术的收购能力外，内部转化体系及教育培训体系的搭建是制胜之举。同时合理利用外部专家资源对创新方向提出专业建议也是保障创新方向科学合理性的重要举措。其核心借鉴亮点为：

（一）外部收购 / 无形资产、有形资产赋能：华润大学高新技术转移中心

华润大学开放式创新平台的高新技术转移中心通过外部高新技术购买，为其业务板块，如消费品、电力、地产、水泥、燃气、医药、金融等板块实现前沿技术赋能。

（二）人力赋能 / 联合团队：华润凯盛专家团队

华润大学开放式创新平台通过与各个行业领域的专家实现战略合作，逐步形成具有规模且跨学科的专家智库资源，为其业务发展挑战、前沿技术领域探索、

行业发展趋势洞察等方面提供智库支持。德勤也作为智库专家，多年来助力华润各板块通过多种形式推动内外部创新项目的落地。

（三）成立基金助力创新发展

华润创新股权投资基金是华润资本旗下的一支专注于投资技术创新领域的风投基金，共有投资额度约为 5.5 亿元人民币。通过筛选各领域对前沿技术做创新研发的初创型企业／中小企业，并协同集团整体资源，对被投企业进行专家人才、技术、资金等全方位赋能，协助其创新研发的落地，为华润集团旗下业务领域实现前沿技术赋能。

（四）无形资产输出赋能：创新教育

华润大学开放式创新平台通过外部购买、风险投资等模式实现前沿技术的引进，通过与华润丰富的创新教育资源体系的嫁接（主要包括华润大学的师资力量、集团经理人讲师、华润大学校友等），实现国内技术的培训、本土化应用及再创新，进而实现技术驱动下的产业加速升级。

❖ **案例五**

新时代健康产业（集团）有限公司

新时代健康产业（集团）有限公司（以下简称新时代公司）成立于1995年，注册资本1亿元人民币，隶属于中国新时代控股集团有限公司，是中国节能环保集团的重要子公司，总部位于北京。新时代公司是围绕健康解决方案，通过线下品牌连锁和线上社交电商，向消费者提供产品和服务的大型企业集团。

新时代公司自成立以来，始终坚持协同创新、融合发展，充分发挥头部企业对重点产业链的引领带动作用，有效带动农民增收、原料供应商发展、科研机构创新、个体商户创业和消费者受益，积极推动产业链上下游共同发展。

一、主要做法

新时代公司产品产业链上游包括原材料供应、食品添加剂／药用辅料供应和包装供应；中游包括产品研发和生产；下游包括销售平台，最后到达终端消费者。

（一）设立原料采收基地，防止生态破坏

新时代公司优先在欠发达地区开展松花粉、亚麻籽油、乳粉等生态原料的筛选工作，开发了以松花粉、竹叶、亚麻籽、人参、葛根、余甘子等为主的上百种生态资源，分布在浙、云、贵、川、辽、黑等10余个省市；在国内主要原料产地，设立了松花粉、竹叶、亚麻籽原料采收基地，有计划、有针对性地开展生态原料的种植，防止生态破坏。

（二）组织原料采集和初加工，确保原料质量

新时代公司对原料分类存储，分级管理；对采收的每一批原料进行卫生学指标和营养学指标检测，只有符合质量标准的原料才能进厂，从源头上保证了产品

的品质。新时代公司在原料采收过程中，制定了科学的采摘、初加工等规范，对当地农民、个体工商户和乡镇企业在原料分类存储、分级管理等方面进行培训，累计培训6000人次。作为松花粉行业的龙头企业，新时代公司牵头制定的《松花粉行业标准》（GH/T 1030-2004）于2004年10月正式实施。

（三）自主研发和产学研合作，实现协同创新

新时代公司在不断突破自主研发、牢牢把握拳头产品核心技术的基础上，积极采取自主研发＋产学研合作的产品开发模式，实现协同创新。

一是不断提升科技创新能力，掌握核心技术优势。

新时代公司拥有专业的研发队伍，充分运用现代中医药技术、功效评价与安全评价技术、基因检测及基因组学研究方法、指纹图谱及DNA水平检测鉴定等技术手段进行研发；围绕产品感官、使用便捷性等消费者体验问题，将趣味化、便捷化、零食化等设计理念引入生态产品的设计开发中，扎实开展生态原料的研发和基础研究工作，持续优化工艺技术，不断提升自主创新能力。

二是深入推进产学研合作，联合开展技术攻关。

新时代公司立足优势特色产业，着眼于当前的市场需求及中长期发展需要，深入科研领域的战略研究，整合业内优质资源，与清华大学、北京大学、浙江大学、中国海洋大学、中国科学院、中国医学科学院、中国中医科学院、北京中医药大学、中国食品发酵工业研究院等国内外多所院校和科研机构深度合作交流，建立了产学研合作的长效机制，实现了协同创新的纵深发展。

（四）优化稳定供应链，提升供应链优势

在生产加工环节，新时代公司不断完善和构建供应商管理体系，加强与供应商的紧密合作。对原辅材料合作供应商实施动态选择、比较和淘汰机制，协同开展了与产业链配套关键技术的创新攻关、设备磨合、数字化改造等，有效提高供应链的能力，提升供应链的竞争优势。此外，新时代公司积极构建与供应商的战略合作伙伴关系，优化迭代服务商，提升服务质量，与顺丰、京东等达成物流合作，维护了良好的产业生态。

（五）打造健康生态产品，促进科技成果产业化

新时代公司全力促进科技成果产业化，每年投入大量资金引进世界一流的生产设备，加快实现自动化生产进程，高效提升工作效率，不断提高产品竞争力。新时代公司的烟台生产基地，按照现代化和国际化标准及花园式厂区标准进行规划建设，拥有现代化的产品生产中心、物流仓储中心、质量检测中心、研发技术中心等，规划年产能可达300亿元。成功研制生产出具有自主知识产权的"国珍"牌松花粉，以及以竹康宁为代表的保健食品、保洁用品、化妆品、营养食品四大品类，150余种具有高科技含量、高文化品位、高附加值的健康生态产品，确保产品质量安全，远销海内外，深受市场喜爱。

（六）搭建线上线下销售渠道，为消费者提供优质服务

新时代公司形成了高效专业的经营系统，在全国 31 个省、自治区、直辖市依托个体营业者设立了 1300 多家国珍健康生活馆、9 家国珍健康体验馆；2020 年 12 月 24 日，公司正式获得商务部商业特许经营备案号；顺应"互联网＋"趋势，2019 年 12 月 12 日成立华尚健康（北京）科技股份有限公司；2020 年 4 月 9 日正式上线荐康客电商 App，为消费者提供优质服务和有力支持。

（七）服务消费者的美丽健康需求，助力健康中国的实现

新时代公司根据人民群众健康需求的变化，紧紧围绕"以人为本的全面健康解决方案"，不断迭代升级生态产品和服务，涵盖"衣食住行用乐养"方方面面，有效提升了消费者的健康水平，助力"健康中国 2030"的实现，让更多人过上更加健康美好的生活。

二、主要成效

（一）发挥链主作用，激活产业活力，进一步延伸上下游产业链

一是引导种植生态资源。在采收原料的同时，新时代公司坚持保护性开发方向，引导生态产品原料产地的农民、个体工商户和乡镇企业种植生态资源。2011~2020 年间，新时代公司引导生态产品原料产地的农民、个体工商户和乡镇企业保护或种植 30 余种生态资源，累计保护林地面积 28 万多亩，平均每年 2.8 万亩。

二是助力农民增收、农村发展。新时代公司组织和指导当地农民、个体工商户和乡镇企业进行原料采集和初加工，使其通过有限的人力投入，获得丰厚的经济回报，拓宽了致富渠道，促进了当地农村、乡镇企业的经济发展；调整了当地的产业结构，调动了当地农民、个体工商户和乡镇企业保护和开发林业的积极性。26 年来，新时代公司累计为当地农民、个体工商户和乡镇企业带来超过 20 亿元的收入。

三是解决就业、惠及健康。新时代公司创建品牌连锁管理模式，通过线上、线下的经营销售，为大量经销商和个体创业者提供低门槛、低风险、灵活的事业平台，为几百万人提供了就业机会，有效缓解了社会就业压力，取得了显著的社会效益。新时代公司的生态产品改善了消费者的身体状况，有效提升了人民的健康水平。

（二）强化科技引领与协同创新，助力创新链和产业链融合发展

一是强化科技引领，破解产业链重大技术难题。新时代公司坚定不移地推进科技创新体系与能力建设。以松花粉为例，新时代公司掌握了气流破壁技术、除砂除杂技术、微波干燥灭菌技术等先进技术，在提取工艺、功能功效、质量标准、安全性等方面首创性地开展了多项研究工作，破解松花粉产业性难题，获得了 47 项专利授权。

截至 2021 年 6 月，新时代公司累计申请专利 449 项、授权专利 294 项，先后承担了国家科技支撑计划项目、国家高技术研究发展计划项目、国家星火计划项

目、国家海洋公益性项目、国家"十二五"海洋技术领域863计划项目、国家自然科学基金项目、国家重点研发计划7项国家级科技项目，承担20余项省级技术创新项目，完成并取得了26项省级成果鉴定，获得6项省部级以上科技奖励；牵头和参与松花粉、亚麻籽油、中医药保健服务、玛咖粉、小麦低聚肽粉、干制蛹虫草、代餐食品、乳胶枕头等22项国家、行业和团体标准的制订，主持编写53项企业标准，拥有3个中关村高新技术企业认定资质、3个国家级高新技术企业认定资质、2个CNAS国家认可实验室、2个省级企业技术中心、1个省级工程技术研究中心和多个市级研究中心。

二是强化协同创新，建立科技创新价值共同体。新时代公司注重提高产品的科技含量，扎实开展特色原料基础研究，持续优化工艺技术，逐年增加科研经费，开展了实质性产学研合作。截至2021年6月，新时代公司与外部科研院所完成或正在实施项目达130余项，合作项目计划总投入超过2600万元，上市产品达100余项，联合搭建了食品及发酵工程产学研中心、国珍天然多糖＆稀有糖研究中心、化妆品联合研究中心、中医药大数据共性关键技术联合实验室等近10家研发平台，形成了公司牵头、高校和科研院所支撑、各创新主体相互协同和利益联结的创新联合体，促进高新技术产业化规模化应用。

（三）带动近百家中小企业协同成长，形成稳定循环的供应链和产业链

新时代公司不断提高产业链供应链的稳定性和竞争力，广泛吸纳中小企业，先后与242家原辅材料合作供应商建立了长期生产物资供应的合作，年采购金额达2亿元余元。其中，乳粉原料每年采购金额超3000万元；在合作供应商中，有20%的供应商与新时代公司合作年采购金额占该供应商年销售额50%以上。

❖ **案例六**

凯盛科技集团有限公司

凯盛科技集团有限公司（以下简称凯盛科技）是中国建材集团二级子公司，是以玻璃新材料为核心的科技创新产业平台。凯盛科技始终坚持创新驱动，按照"科改示范行动"要求，在安徽打造中央应用研究院，通过战略归核、治理规范、市场激励、党建引领融合，打造创新链、产业链、价值链，实现创新效益双丰收。凯盛科技现有国家级科研院所4家，国家级科研平台17个，省部级科技创新平台43个，海外研发中心2家。承担"十三五"国家重点专项、863计划、973计划、国家科技支撑计划等国家课题17项，省部级课题77项，获得国家科技进步一等奖1项，国家科技进步二等奖3项等。凯盛科技协同创新主要是以"三方联动"建立一体化的科技成果转化链条，具体做法如下：

（一）布局一体化

在研发方面以产业化为目标，形成以首席科学家为核心、各地研发中心配合

的研发机制。在中试方面，由工程公司负责产品中试和成果工程化，对生产工艺及关键设备进行工业性试验，完成核心设备和操作系统的开发，实现技术工艺的改进改型和完善升级。在产业化方面，针对具体项目，成立控股和参股的产业公司，引入社会资本，对科技成果进行规模化和市场化运作，建立起多方投入、风险共担、利益共享的产业运营机制。

（二）产业链全流程

建立从"砂子"到"产品"的全流程链条。从石英资源起步，生产出TFT玻璃、高强盖板玻璃、超薄触控玻璃等显示玻璃基板；光伏盖板玻璃、光伏背板玻璃、光热玻璃等新能源玻璃；高硼硅防火玻璃、轨道交通玻璃、中性药用玻璃、空心玻璃微珠等其他特种玻璃。再整合生产显示面板、双玻组件、薄膜电池、光热反射镜等产品，并分别应用于显示模组、光伏建筑一体化工程、分布式电站工程、设施农业工程。

（三）研发转化高协同

一方面，"打破藩篱"实现协同化的科技成果转化合作。在研发与中试的协同中，坚持问题导向，在技术和工程化过程中实现双向良性促进；在中试与产业化的协同中，将中试环节的关键科技人员与产业化过程中的核心技术人员组成项目团队，根据市场需求进行成果改进，降低科技成果转化面临的市场不确定性；在研发与产业化的协同中，针对产业化过程中遇到的技术问题，有针对性地组织力量进行攻关，直至产品质量、生产效率达到最佳状态。另一方面，打造"长宽高"模式强化合作，培育创新生态系统，当好玻璃新材料产业链的"链主"。"长"即打造产业集群，不断延伸产业链；"宽"即向相关关联供应链发展；"高"即不断迭代创新，推动产业链迈向高端。

（四）"带土移植""量体裁衣"，激发创新活力

通过"带土移植"将技术与人才移植到产业化环节，派出核心技术骨干进入产业公司董事会，在制度上保证了研发团队的自主决策权；通过"量体裁衣"推行"公司控股、战略投资者参股、技术骨干持股"的激励方案，采用"现金股＋技术股"的成果转化形式，激发各环节的转化活力，人才团队将创新创业"工作"升华为创新创业"事业"。凯胜科技下属公司安徽中创以技术骨干持股的团队仅用9个月时间就攻克了水热法制备高端纳米钛酸钡材料的技术和产业化难题，在同行业技术开发与应用中处于尖端水平。

❖ **案例七**

北京翼辉信息技术有限公司

北京翼辉信息技术有限公司（以下简称翼辉公司）于2015年成立，2017年引入天使轮投资，投资机构是北京汇达高新投资基金中心（有限合伙）。2019年9月，

引入 A 轮投资，投资方为保罗深创投、前海母基金、金星河投资、鼎兴量子、清研陆石，共计投资额为 1.2 亿元。翼辉公司是国内拥有完整自主知识产权的大型实时操作系统高新技术企业。该技术团队拥有 10 多年的嵌入式系统设计经验，且一直专注于为嵌入式操作系统相关应用提供专业解决方案。翼辉公司的主要产品是 SylixOS 实时操作系统、配套的开发工具和各种相关的中间产品及 BSP（板级支持包）。该系统于 2006 年开发。经过这些年持续不断的开发和迭代，SylixOS 实时操作系统已经成为一个功能全面、稳定可靠、易于开发的实时操作系统平台。

翼辉公司的主要协同形式：产业链协同合作打造系统生态圈、科研协作为应用开道、头部资本助力（实时操作系统）。

（一）协同合作完善行业解决方案

在电力、工控、汽车电子行业展开协同创新合作，逐步完善行业解决方案。翼辉公司已和南瑞稳控、国电南自、许继电力、哈工大、埃夫特、新松（工控）、航天科工、航天科技、国汽智联、桑德、上汽大通（汽车电子）等展开正式合作。

（二）产业链协同创新

翼辉公司围绕核心产品打造嵌入式系统生态圈，与上游硬件厂商、行业中间件厂商等建立了产业链合作伙伴关系，同时，翼辉公司建立了大学计划事业部，与国内多所院校建立了合作关系，合作方式包括高校实验室共建、横纵向课题合作、技术资源对接、人才资源对接等。

在硬件合作伙伴方面，翼辉公司已和龙芯中科、芯唐电子、紫芯科技等国产硬件厂商签订了全面战略合作协议，翼辉 SylixOS 不仅适配合作方公司的硬件芯片，同时双方在市场资源上也形成了互补。

在行业中间件厂商合作方面，当前 SylixOS 已经支持工业控制领域 EtherCAT 开源协议栈（北京蒙通商业版 Acontis 和 IGH 开源协议栈）、德国康沙科技的分布式数据分发服务中间件 CoreDX DDS、德国 3S 的 CODESYS 等。

在与高校协同创新方面，翼辉公司目前已与国内多所高校通过联合共建实验室的方式推动应用基础研究，合作的高校包括北京航空航天大学、北京邮电大学、西北工业大学和南京理工大学，同时清华大学、南京理工大学、东南大学已经在计算机相关院系的研究生课程中以翼辉 SylixOS 为实践平台进行操作系统相关的教学工作。翼辉公司还与华中数控大学、南京工程学院、南京航空航天大学等在嵌入式领域的技术攻关方面进行了相关的项目课题合作。

（三）在关键领域与央企或国家级研究机构进行 IP 授权合作，协同创新，拓展应用市场

随着用户需求的变化，只专注于计算机基础技术研发的传统嵌入式操作系统已经与用户需求不匹配了，亟待提供新的技术满足用户对软件的需求变化，在

此背景下，SylixOS 通过在操作系统内核源码 IP 授权的新方式，来搭建计算机基础技术与领域特定需求间的桥梁。被授权方（航天科工、航天科技、龙芯中科、国防科技大学）可根据专业领域的应用需求和特点，在 SylixOS 基础上进行功能裁剪、源码重构、性能优化、中间件研发及更深层次的二次开发，进而定制一款满足领域特定需求的嵌入式操作系统。

（四）科研协同合作为应用铺道

翼辉公司联合中国通号集团申报国际操作系统安全等级认证——SIL 认证，一旦认证通过，未来我国所有走出国门的高铁列车将全部装载翼辉操作系统。如与国家电网智能电网研究院联合在标准方面取得了重大的突破——"可信嵌入式实时操作系统"标准，与南方电网联合开展国家重点研发计划"智能电网技术与装备"专项。

2018 年由倪光南院士牵头，以中国通号集团为战略合作单位，成立南京自主操作系统研究院，致力于轨道交通领域全国产化控制系统平台的研发。

❖ 案例八

传学科技（厦门）有限公司

传孚科技（厦门）有限公司（以下简称传孚科技）成立于 2010 年，是由厦门大学许水电教授领衔创建的高新技术企业，厦门大学持有公司 7.82% 股权。传孚科技先后引进安徽启源基金（2015 年）和科技部科技成果转化子基金——科转一号基金（2018 年）投资入股。传孚科技依托颠覆传统的原创性母技术，专注于高端机械基础传动件、高效清洁空气能发动机及新型动力发电的应用研发与产业对接。

（一）公司主要以"科技 - 产业 - 金融"模式进行深度协同创新

传孚科技的智能摩擦技术是颠覆性的母技术。母技术的特点是会形成诸多子技术簇并衍生出众多的产品。

传孚科技采用的协同模式是以智本为主体，以产业培育为主线，以基金为纽带，通过资源协同、转化及顺向和逆向并购，快速实现产业化。其中，还贯穿典型的"政产学研用"协同创新。

（二）通过产业链、资金链与创新链的融合推动成果转化

目前协同创新合作模式包括技术转让、顺向并购、技术入股、逆向并购等。传孚科技于 2015 年设立控股的工业研究院公司进行成果转化；于 2017 年通过技术参股方式与上市国控企业——福建龙溪轴承（集团）股份有限公司合作建立专业研发和生产滚动轴承的公司；于 2018 年设立全资子公司——马鞍山传孚传动科技有限公司，该公司将成为传孚科技在离合器业务板块的第一个制造样板工厂。

❖ **案例九**

苏州鲁信新材料科技有限公司

苏州鲁信新材料科技有限公司（以下简称苏州鲁信）是一家专注于高端合金粉末的研发、制造和销售的高科技企业，公司成立于 2013 年。2014 年 8 月，苏州鲁信设立全资子公司——南阳裕泰隆粉体材料有限公司；2018 年 1 月，苏州鲁信通过引资，引入两家投资公司：苏州工业园区原点创业投资有限公司（国有投资公司）和北京朗玛永安投资管理股份公司；2018 年 10 月 8 日，苏州鲁信设立湖北中心。

主要协同形式：院士合作、"科技 - 产业 - 金融"资源深度整合。

苏州鲁信在成立初就得到了北京科技大学葛昌纯院士和胡本芙教授的大力支持，并设立院士工作站。葛昌纯院士是我国著名的粉末冶金与先进陶瓷专家。院士工作站的建立，一方面得到了河南省科技厅的大力支持，另一方面也从院士团队获得了巨大的技术支持和市场资源支持。与此同时，苏州鲁信加强与产业链相关单位的协同创新，与北京人工晶体研究院、北京矿冶研究总院等单位建立密切合作关系，攻坚克难。

2018 年 1 月进入的两家投资公司，保障了创新的资金来源。其中，北京朗玛永安投资管理股份公司成立于 2015 年，由北京朗玛峰创业投资管理有限公司（朗玛峰创投）负责管理。朗玛峰创投一直专注于高科技创业投资领域，在 2018 年荣获年度"最活跃私募股权投资机构 10 强"及"中国最佳创业投资机构 50 强"的称号。朗玛峰创投的强势入资，不仅保障了创新的资金来源，还拓展了产业链，以此为平台实现了延长产业链。

❖ **案例十**

江苏天麒工业环境科技有限公司

江苏天麒工业环境科技有限公司（以下简称江苏天麒）成立于 2017 年 4 月 5 日，注册资本 2000 万元，致力于将制振合金这一填补国内空白的阻尼功能金属全面推广应用于各类领域，提升我国装设备的性能和可靠性。公司现已建有制振合金应用开发中心、制振合金产品工程中心、产品工艺工程中心；公司还将进一步建成性能测试中心、表面处理工艺研究中心、热处理工艺研究中心，全面覆盖制振合金从微观到宏观的所有相关的技术领域。江苏天麒完全独立掌握了制振合金材料的制备技术工艺。2017 年国家知识产权局已经受理"一种制振合金及制备方法"的发明专利申请（受理号 CN201710981726.1），另外有 10 项实用新型专利在申请中。

主要协同形式：院士合作、与下游应用协同、与应用方（国企）成立子公司，金融助力整合资源。

"科技 - 产业 - 金融"协同创新混合发展。

江苏天麒在材料和材料应用研发方面与多家科技院校和多个产业平台合作，如与西南交大翟婉明院士团队（轨道交通联合应用团队）、中车集团、马钢股份、太重集团合作，在轨道交通领域的应用突破，有望实现轮对降噪片的进口替代，扩大制振合金产品在轨道交通领域的应用；与吉林大学机械学院、清华大学机械学院、上海电气、株洲钻石刀具有限公司、艾默生环境优化有限公司、凯士比有限公司等合作，其成果在精密机械领域将得到广泛应用；与何琳院士团队和其他高校院所在相关领域开展合作。

另外，鉴于公司研发团队的规模，江苏天麒多采用与相关企业及科研院所联合研发的模式。相关单位提出减振降噪要求，提供所在领域的专业知识，江苏天麒提供设计思路，双方共同设计应用方案，共同测试，所得到的最终测试数据及专利也由双方共享。目前这一模式已与上海电气、马钢股份、常州中车铁马、艾默生环境优化有限公司等在轨道交通、精密机械等领域的龙头企业开展应用合作，并取得了很好的进展。

江苏天麒目前材料的应用重点是高铁轮对降噪和工业设备降噪，并在重点领域与上海电气和中车集团展开协同创新合作。利用上海电气和中车集团的技术和产业领域资源，江苏天麒的制振合金材料得到了充分的应用。

与上海电气的协同创新合作，是指2018年与上海电气中央研究院的合作探讨和实践，合资成立公司，注册地点为常州。上海电气中央研究院实缴资金5000万元，占51%股份。整合上海电气应用技术和工程平台（风电、轨道交通、精密制造）等合作资源，共同开发制振合金应用产品，建设产品应用产业链。

与中联投的协同创新合作，是指引入由中联投牵头的两家投资机构的资金：（1）无锡中车中联投智能装备合伙企业（有限合伙）对江苏天麒出资人民币500万元，成为持有江苏天麒3.1646%股权的股东，资金到位期限为2019年12月31日之前；（2）深圳赤道基金管理有限公司直接或通过所管理的深圳引导资金参与的深圳航运基金对江苏天麒出资人民币3000万元，成为持有江苏天麒18.9873%股权的股东。

融资完成后，创始股东承诺实施资产重组，将其直接或间接持有的与主业及衍生业务存在竞争或关联的所有权益、资产、业务、人员、专利、非专利的专有技术等全部重组注入江苏天麒。

❖ 案例十一

北京星旋世纪科技有限公司

北京星旋世纪科技有限公司（以下简称星旋科技）是一家专注于流体机械的高新技术企业，拥有世界上第一个自主研发的全滚动轴承转子结构核心技术，核心产品包括星旋式泵/压缩机、气动/液压马达和发动机/蒸汽机共六大类，它具有低速、大扭矩/大排量、气液混输、效率高、抗杂质、成本低、使用寿命长、体积小、重量轻、噪声低、维护方便等优点。星旋式泵/压缩机实现低速大排量，气动/液压马达实现低速大扭矩，发动机彻底改变了沿用两个多世纪的曲轴连杆活塞技术和高温高压高转速的现状，全球首创的低转速大扭矩特性使发动机进入了低温低压低转速所带来的低成本、易维护、高效率的高效良性循环，作为核心动力输出装置被广泛应用于泵类系统、压缩机类系统、发电系统、车辆飞机船舶、流体压力能回收等多个行业领域。目前星旋科技以自主创新为主，在全球已申请30多项发明专利，其中28项已获得授权（包括中国21项、美国3项，欧洲国家和日本各2项）。

主要协同形式：股东结构优化、资源协同；应用协同。

（一）股东结构混合优化、资源协同

2013年4月，星旋科技引入国有资本——北京服务新首钢股权创业投资企业（有限合伙）后，星旋式流体机械技术逐渐被社会各界知晓、认可及重视，陆续获得北京市科委、中关村管委会、北京经济技术开发区等创新项目资金的扶持。

2016年6月，北京星油科技有限公司（以下简称星油科技）成立仅半年就引入南通国信君安创业投资有限公司（简称国信君安）的资金，投后估值1亿元。国信君安的出资，确保星旋式油气混输泵研发资金不断流，能够顺利完成产品的研发并进入产业化阶段。

2019年10月，为扩大产品的生产制造能力，星油科技与江苏省泰州市合作成立泰州星油流体机械设备有限公司，在泰州市建立应用于油气行业的星旋式流体机械产品生产基地，泰州市通过相关投资平台向星油科技投资3000万元。

（二）应用开发协同（天然气压力能回收）

一是天然气从高压管网进入低压管网时，通过天然气调压站内调压阀进行降压，存在着巨大的压力能损失。针对此技术难点，星旋式气动马达的技术特点特别适用于天然气压力能回收发电，星旋科技与华南理工大学天然气利用研究中心合作，共同开展星旋式气动马达在天然气压力能回收领域的应用开发，双方通过技术互补、资源共享，在较短时间内就成功在北京燃气集团建成多个天然气压力能回收示范点，并且得到来自北京市科委的资助。

二是随着人们对油气资源需求的日益增加，催生出油气多相混输这一颇有难度的新兴技术，其核心是多相混输泵。多相混输泵虽然开发问世已经二十多年，但由于油气井自然条件复杂多变，油气井产出油中含水、含气、含砂，且含水率和油气比范围变化大，使油气多相混输成为技术难点。这些无法解决的技术难点迫使各大石油公司一直把突破油气混合输送技术列入公司的重点攻关课题。

星旋式泵的结构特点适用于多种混合介质，为解决油气混输这项世界级难题，星旋科技与中石化合作，在胜利油田开展星旋式泵油气混输的应用开发，借助胜利油田的资源进行产品的应用研发。这些有复杂工况的采油站大幅提升了产品研发进度，使得星旋式泵能够早日实现产业化，并依托产品成立产业化公司——星油科技。

星油科技通过与胜利油田协同进行应用开发，陆续完成用于低压气井增压增产、油井套管气回收和油井油气混输的星旋式流体机械产品的研发，产品研发均取得成功并投入市场，已经在中石化胜利油田、华北油田和中石油长庆油田、新疆油田等油田现场开展作业服务，获得油田用户的一致好评。

❖ 案例十二

厦门市普识纳米科技有限公司

厦门市普识纳米科技有限公司（简称普识科技）由国际领先的拉曼技术研究组——厦门大学田中群院士拉曼研究团队于2013年成立，专注于开发表面增强拉曼光谱（SERS）及快速检测技术，提供拉曼光谱应用领域整体解决方案。同时，普识科技也是"十二五"国家重大科学仪器设备开发专项拉曼光谱检测技术产业化应用与推广单位公司，公司首席科学家由田中群院士担任。

主要协同形式政策链、创新链、产业链、资金链四链融合协同创新。

（一）"产学研用"获取谱库

对于科学仪器而言，物质谱库的建设非常关键。普识科技与厦门大学、公安部、军事医学科学院、厦门中山医院、厦门眼科医院、中南湘雅医院等联合进行应用开发，建立谱库，取得了多个国内外唯一称号。

（二）在关键应用领域，开展协同创新，实现应用突破

食品、药品应用领域牵涉的检测对象和场景繁多。由于普识科技开发的技术是一项全新的快检技术，在应用层面，要有大量科研成果作为支撑，需要不断获得外部的学术资源来进一步增强普识科技的技术能力。2018年，普识科技参与了由南京理工大学牵头的科技部"食品安全化学污染物现场快速检测技术及相关产品研发"国家重大专项申请工作，与厦门大学、南昌大学、江西省食品药品监督管理局联合申请"食品安全快速检测技术国家重点实验室"。

在公共安全领域，毒品的快速检测是公安部当前非常关心的技术。普识科技与公安部开展合作，建立毒品和新精神药物检测标准（自上而下），同时与福建、河北、湖南几个地市公安系统的禁毒部门，与上海、南京等公安系统合作，进行成果推广及应用，并形成示范（自下而上）。通过协同合作，公司的SERS技术成为国内唯一能检测实际毒品[含混合毒品、高荧光背景的毒品（海洛因）]的快检技术，可把传统技术20%~30%的毒品快速检测范围提升到95%，同时，公司的拉曼系统是国内唯一通过公安部禁毒技术中心（受公安部交管系统委托）毒驾检测

技术测试的系统。

（三）在机构投资方协作下与地方合作共赢

公司机构投资方主要为马鞍山科转一号投资管理中心。该基金的管理方为马鞍山支点创科科技产业投资有限公司（上海支点投资管理有限公司、上海科启投资管理有限公司、马鞍山经济技术开发区建设投资有限公司、马鞍山江东产业投资有限公司四方组建的混合制投资机构）。考虑到厦门总部的研发与办公空间偏小及长三角的人才与市场资源优势，投资方帮助企业在杭州经济技术开发区（简称杭州经开区）建立了暂行的研发与制造平台，平台得到杭州经开区在资金上的大力支持。

❖ **案例十三**

韦士肯（厦门）智能科技有限公司

韦士肯（厦门）智能科技有限公司（简称韦士肯）是一家由海归学者创办的创业创新的高新技术企业。公司成立于 2015 年 6 月，以陈金贵博士为首的海归多位博士创业团队，分别入选科技部人才中心"创新创业人才计划"、江苏"太湖精英"、厦门"双百人才"。

主要协同形式：以协同创新撬动创新发展的支点。

（一）技术研发协同

韦士肯与我国著名检测专家南京航空航天大学田贵云教授、廖越峰博士、费扬博士等建立专家工作站，并与浙江大学建立联合研发中心，以及引进中国矿业大学博士生工作站等开展多层次技术研发的工作。

（二）应用开发协同

为了加强工业方面使用国产化检测设备的重要性和保密性，韦士肯与航空航天企业建立 NDT（无损检测）新技术的协作，目标是替代进口检测设备和解决部分高精度进口受限问题，同时提升公司的技术显示度。在双方共担财务风险基础上，通过协同，全面提升了零件的质量检测与寿命评估，解决了困扰企业核心安全件遇到的产品质量问题。

为了加强汽车零部件（包括新能源汽车的三电系统零件）领域的协同应用，公司与万向钱潮股份有限公司、中原内配集团股份有限公司、渤海活塞动力系统股份有限公司、宁波圣龙动力股份有限公司、湖南湘火炬股份有限公司、浙江亚太机电股份有限公司、浙江五洲新春股份有限公司、天马轴承集团股份有限公司等十多家上市企业协同开发 On-line"智慧"检测装备系统（Intelligent Inspection System, IIS）"，为企业解决产品的质量检测核心问题，同时降低检测的成本，提升客户企业的"信息化、数字化工厂的升级与建立"。

（三）"科技 - 产业 - 金融"协同

韦士肯目前已经获得6家外部投资机构入资，包括上海昊君股权投资、福建稳通实业、厦门火炬高新创投、厦门科技产业基金的投资；企业通过每年一轮的融资，充分利用投资机构对韦士肯这样的技术科技型企业的规范化指导，帮助自己梳理商业模式，进行产品定位。投资机构对企业市场开拓、内部管控等给予重要的指导，弥补技术型创业人才在企业管理方面的不足，形成非常好的"科技 - 产业 - 金融"协同，真正符合国家发展与鼓励、支持"科创板"的内在目的，即好的科学技术再加上好的产业方向，利用金融的帮助，实现科技产业的腾飞。

❖ **案例十四**

深圳中核普达测量科技有限公司

深圳中核普达测量科技有限公司（简称中核普达）成立于2018年11月8日，注册资本1000万，由北京普达迪泰科技有限公司（简称普达迪泰）与中国核工业二三建设有限公司（简称中核二三）合资组建，作为国资委"双百行动"混合所有制改革试点落地企业及混合所有制科技转化公司，在成立之初就受到高度关注。以"补强民族工业羽翼，擦亮数字社会之眼"为己任，中核普达专注发展作为现代工业关键基础技术之一的精密摄影测量技术，同步发展高精密机器视觉技术，为百工百业转型升级提供基础技术支撑，助力百工百业打通大数据时代的最后一公里。

主要协同形式：央企子公司与民企联合建立混合制公司，民企相对控股的股权合作模式。

公司控股股东普达迪泰，拥有自主知识产权、国际领先的精密摄影测量技术，致力于发展我国自主可控高精密测控装备产业化，是国际技术领先的精密测量设备与测量综合解决方案供应商。作为国家高新技术企业，公司主要从事工业制造和工业大数据技术融合攻关。目前，公司的产品已成功应用于航天、核工业等多个领域。公司在服务于高端客户的过程中，打通了从精密测量到工业控制，再到数据计算和数据分析的整个通道，走向了工业制造和工业大数据的技术融合，在业内享有"中国精度，丈量世界"的美誉。

参股股东中核二三作为中核集团重要成员单位，是我国规模最大的核工程综合安装企业。中核普达以核工业领域为基点，不断向国防工程领域、民用领域延伸，提供高精密超复杂专业测量、AI与大数据应用、先进工业智能装备研发、智慧系统整体解决方案等方面的产品和服务，开展生产制造系统智能化升级服务与技术咨询、多传感器系统集成与信息化测绘、测绘工程承包、仪器仪表销售维修、计算机软硬件开发、数据处理、数字摄影测量、三维工业测量、精密工程测量相关的咨询、开发、研制、生产和销售方面的经营。

（一）产业链与创新链融合

普达迪泰、中核二三、中核普达以股权纽带形成技术、资源、市场的互补和支撑，实现三方投资收益保障、优质业务拓展与核心能力升级。以中核二三的核工业技术资源为支点及普达迪泰国际领先的柔性测量与数据获取技术，整合创新资源，协同开发核工业建设自主智能装备，协同开发核工程、核电工程、国防工程与大科学工程高端业务市场，并以此向民用领域延伸，协同更多用户展开相关领域的技术开发与创新、技术成果转化与产业化进程，实现我国自主可控高精密测控装备产业化与中国核工业建设技术与装备的革命性升级，争取为国家实施军民融合发展战略作出应有的贡献。

（二）协同创新研发

中核普达把中核二三对核建智能装备需求与普达迪泰具有的产业化技术基础连接起来，与普达迪泰、中核二三联合成立"智慧核建联合研发工作室"，展开"一基两层三线四协"的智能装备协同研制与精密测量技术的研发。

（三）协同业务开发

一是协助中核二三设计公司中标大连三岛设计勘察、桂林红岭场地设计勘察等项目；协助中核二三设计公司中标 SEC 技术改造与 BIM（建筑信息模型）建模项目，使中核二三设计公司在大型核电技改设计项目中获得新的不对称优势。

二是协助中核二三建设事业部中标多项重点项目，获得甲方高度认可。

三是协助中核二三核能事业部中标核电厂智能孔洞盖板采购、岭核柴油机连接管更换测量等项目，获得甲方高度认可。

（四）"资学研产销"式的科技与产业协同平台

中核普达在构建协同创新研发的基础上，积极展开科技协同研发的产业化运营探索，计划以核工业建设主力军装备革命为牵引，构建更为开放、包容、共享的科技协同研发产业化运营平台，力求实现"资学研产销"的多方共赢发展。

❖ **案例十五**

马鞍山雨甜医疗科技有限公司

成立于 2016 年 8 月的马鞍山雨甜医疗科技有限公司，注册资本 6000 万元，是一家专业从事精准医学领域的医疗器械研发、制造及健康产业服务平台开发、集成和服务的创新技术型企业。目前公司开发的产品包括 QAS-R 右心室量化产品分析、QAS 合成产品、QAS 集成产品、QAS 四腔室等心脏检测产品，通过引进 - 吸收 - 再创新的形式实现了技术替代。

主要协同形式：多种股权形式（国有、民营个人股东和外资股东共同组成）叠加协同发展。

公司与国内高校密切合作，成立了专业的技术创新团队，同时也与海内外相关企业建立了紧密的合作关系。在引进吸收国外最新的科技成果的基础上，通过创新和技术成果的转化，开发出满足国内市场临床急需的医疗器械和产品，并形成自主知识产权。产品核心技术"二维超声影像序列上的任意点构建点云数据的方法及系统"在 2017 年 8 月 14 日申请专利，在 2019 年 10 月 18 日获得授权。

目前项目公司的主要团队在医疗设备销售方面相对比较薄弱，已引入马鞍山本地国有资本安徽省高新创业投资有限责任公司和马鞍山经济技术开发区创业投资有限公司。马鞍山本地资源的输入，对于快速拓展销售渠道、开拓市场有一定的战略意义。

❖ 案例十六

北京天智航医疗科技股份有限公司

成立于 2005 年的北京天智航医疗科技股份有限公司（以下简称天智航），注册资本 3.76 亿元。公司主要从事骨科手术机器人的研发、生产和临床应用，是中国第一家、世界第五家获得医疗机器人注册许可证的企业，也是中国机器人十强会员企业、北京二十国集团成员企业、北京市医疗机器人会员企业。

（一）主要协同形式："产、学、研、医"协同创新，多种资本助力，目标指向 IPO

公司以自主创新为基础，采用协同创新的模式推动创新发展。协同创新的主体包括国内外知名高校、知名医院、科研院所和医疗设备制造商，涵盖医疗机器人研发的相关领域，如机械、软件、控制、临床等医疗机器人，涉及骨科手术导航定位机器人关键技术研究、产品标准制定、注册检测、临床试验和质量管理等医疗机器人产品研制与业务转化的各个环节。

在协同创新过程中，根据各创新主体的特点，整合创新资源。如与大学和研究机构的合作是以基础共性技术研究为重点，为产品开发提供支持；与医院的合作主要是医院负责提出临床需求，进行临床应用验证；公司作为协同创新的主体，担负着突破产品研发关键技术，实现科技成果产业化的重任。

（二）与科研机构和高校深入合作

依托"医疗机器人北京市工程实验室""医疗机器人国家地方联合工程研究中心""北京市医疗机器人产业创新中心"等科技力量，与清华大学、北京航空航天大学、北京大学等知名高校开展合作；与中国工业大学、解放军总医院等优势医疗机构建立了成果推广和转化的试验基地。通过以上实践，天智航提升了医疗机器人领域的科技创新实力，建立了"一代预研、一代转化、一代创新"的产品研发格局，实现了骨科手术机器人领域的"一代上市"，奠定了天智航持续的创新能力。

（三）获得战略投资注入创新动力

天智航成立后先后获得了多家国有及民间资本的青睐，特别是国投创新投资、国投招商投资、中信建投资本等大型投资公司的战略注资，使得公司可以在研发方面不遗余力地投入。公司于2019年8月申报科创板。

❖ 案例十七

广汽蔚来

成立于2005年6月的广州汽车集团股份有限公司（广汽集团）是国内首家实现A+H股整体上市的大型国有控股股份制汽车集团，公司一直坚持合资合作与自主创新共同发展，在发展过程中先后与本田、丰田、菲亚特克莱斯勒及三菱等汽车企业成立合资公司。它也是国内汽车产业链最完整的集团之一，业务涵盖汽车、零部件及金融等。

（一）与造车新势力开创新的合作模式

面对国内外市场的各种压力，伴随着新能源汽车的发展，广汽集团一直寻找新的发展路径，在多方协作下，达成了与民营企业蔚来的合作模式。蔚来作为中国造车新势力的代表，背靠大股东，通过全球化布局，并因地制宜侧重研发分工，整合各地资源来完善业务体系，创新销售模式，贴近用户体验，在高端产品定位媲美特斯拉。2018年4月10日，为了推动公司的科技创新发展，广汽蔚来新能源汽车科技有限公司成立了，新公司的注册资本达到5亿元，其中广汽集团和广汽新能源分别出资11250万元，总占比达到45%；蔚来汽车与蔚来基金合资占比45%；剩下的由公司团队占10%。新公司聚焦于新能源汽车的研发、制造，以及车联网和自动驾驶等科技前沿的研发。

（二）中心-外围型创新模式

1）以平台为基础，汇聚创新资源。广汽蔚来结合蔚来的服务体系，通过提供新的汽车生态发展平台，汇聚了汽车行业的大量科技型企业，并以此为基础构建一个"开放、共享的智能＋出行生态平台"。

2）整合股东创新资源，实现创新高效迭代。如公司的首款产品HYCAN 007，其市场定位是中高端纯电动车市场，这一产品是在继承了广汽集团和蔚来汽车创新的基础上实现的。

❖ 案例十八

海尔HOPE平台

海尔HOPE平台是在业界具有足够影响力和代表性的平台。HOPE平台通过上下协同、内外联动的运行机理，探索提升企业创新能力的具体路径。本案例对于传统制造企业如何通过"平台"实现转型升级、构建顾客需求驱动下的生态创新系统具有重要的现实意义和政策启示。

一是海尔 HOPE 平台协同创新组织模式。海尔 HOPE 平台成立于 2013 年，平台的主要目的是在全球范围内寻求先进技术和产品解决方案。在随后的 HOPE 2.0 版本中，平台设置了新闻和创新社区两个全新的模块，在新闻模块中向用户提供技术创新的重要新闻，在创新社区中面向全球用户发布技术需求和技术解决方案，实现了技术的自由交互。2015 年 8 月 HOPE 3.0 版本推出，提出 A-gent（创新合伙人）计划，把原本讨论和分享信息的创新社区，升级为领域内专家分享知识和开展项目研发的平台，创新社群模式逐渐开启。为进一步激发创新合伙人的社群效应，海尔 HOPE 平台此次推出了专家咨询的业务，即通过访谈、线上项目组、专题交流等方式发挥平台上专家的创新才能。此外，海尔在全球还搭建了"10+N"创新支持网络，其中"10"指海尔全球十大研发体系，主要负责承担各类研发任务，以及拓展全球范围内的创新活动及专家，"N"是指海尔设立的全球创新中心和创新合作人社群。通过平台创新中心及社群可以接收创新课题，并参与创新活动。

二是利益分配机制。海尔集团广为人知的"人单合一"利益分配机制，把公司的价值和个人价值紧密捆绑在一起。随着实践的不断探索，这一模式得到不断地深化。"人"不再局限于海尔员工，任何人都可以竞争上岗。"单"不再依赖于上级分配，而是抢来的，并不断实现动态优化。因此，"竞单上岗、按单聚散"。此外，平台一方面会支付给产品创新参与者一部分经济收益，另一方面也关注到众多合作伙伴拥有非经济性的利益诉求。例如，科研人员、研究机构参与平台项目的主要目的是建立广阔的社交网络、积累自身的社会资本。在此基础上，海尔构建了创新网络，已累积吸引 1000 万人加入。为了进一步增加创新合伙人参与创新的积极性，HOPE 平台还推出了影响力积分制度，即基于专家的平台行为，包括发布课题、提交方案、邀请行业专家等行为，计算其贡献度。专家可通过积分兑换高级权益，如发布技术研发需求、召开企业对接会和技术研讨会等。

❖ **案例十九**

清华控股有限公司

成立于 2003 年 9 月的清华控股有限公司（以下简称清华控股）在 2018 年的"中国企业 500 强"研发强度排行榜中位列第三，其创新模式可以概括为"二链融合"和"五条路径"。

（一）三链（创新链、产业链、资本链）融合的协同创新模式

"创新链"是指利用科技成果产业化实现技术创新。例如，创建华控技术转移公司搭建产学研一体化运营平台，开展各类产学研协同创新活动；创立荷塘投资基金，推动科技成果转化；打造创新园区，辐射 38 个城市及地区，并运营了全国

首个创业街区，为社会提供全面的创新创业服务。

"产业链"是指培育创业生态系统，推动关系国计民生、国家战略安全和有重大社会意义的产业发展。如孵化成立辰安科技公司，在公共安全应急产业方面领先国内发展；通过并购展讯通信公司和锐迪科，在通信芯片领域，形成了电路产业的布局；联合清华微电子，推动通信技术的创新发展。

"资本链"是指运用资本孕育科技创新生态。清华控股在证券、保险、财务等领域积极布局金融牌照业务，建立了包括母基金、并购基金、PE（私募股权投资基金）在内的全线基金，积极探索互联网金融业务。清华控股凭借人才、科研优势，实现产业、资本和市场的融合推进，在孵化、运营、投资等各板块都实现了协调快速发展。

（二）五条路径

"五条路径"包括创新迭代、竞合发展、产融互动、跨界融合、聚合孵化。

1）创新迭代：以市场为导向优化协同创新体制机制。在体制机制方面，清华控股在混合所有制、决策机制、干部聘任机制、考核激励机制与监督机制方面各有创新，释放了企业活力；在业务层面，清华产业注重先进技术，深耕集成电路、生命健康、先进制造、能源环保等领域，在上述领域打造了多家领军企业。

2）竞合发展：在全球化和专业分工日趋深化的时代，企业间的关系由最初的竞争走向竞合。清华控股协同英特尔为展锐科技注资，与惠普合作共同建设"新华三"集团，协同国家开发银行做强集成电路产业等。上述协同创新活动充分展现了清华控股的竞合思路。

3）产融互动：清华紫光斥资200亿元收购展讯通信公司和锐迪科，以金融资本助力产业资本发展，以产业资本促进金融资本优化配置，积极布局集成电路产业。清华控股、启迪控股以70亿元并购桑德环境，布局能源环保；紫光股份以150亿元收购华三科技等。

4）跨界融合：积极融合新兴产业和传统产业，在数字经济背景下推出在线教育、互联网金融、供应链金融。运用技术创新激发新兴市场潜力，将能源、制造与软件领域、与技术创新相结合，分别开发出第四代核电、高端装备与公共应急系统。

5）聚合孵化：清华控股积极聚合空间、资本、服务等要素，推进全球协同创新网络的搭建，打造了全球最大的大学科技园和我国首个创业街区，并与欧美等国家和地区建立创新基地。

❖ **案例二十**

浙江开创环保科技股份有限公司

成立于2008年的浙江开创环保科技股份有限公司（以下简称开创环保），是国家级高新技术企业，设有院士工作站、省级研发中心、省级研究院，承担国家科技部、省、市多项重大科技项目，现有核心专利及专有技术近百项，是国内少数具备完整环保技术体系、以膜技术为核心的水资源整体解决方案提供、实施、运营和服务的高科技型企业，是从膜材料的研发制造到膜装备制造、膜系统应用，涵盖整个膜体系的专业化的高科技公司。公司的业务覆盖工业废水深度处理及资源化利用、市政污水提标扩容改造、市政自来水净化、村镇污水治理及水环境治理等领域。

公司在成立后5年内，致力于膜技术的开发和销售。在研发上，2012年获得科技部中小企业创新基金支持，2013年砼式复合膜研制成功并获得国家发明专利。公司注重与浙江大学、海洋二所开展科研合作，并建立了院士工作站。

在成果转化方面，公司与中国海洋大学化学与化学工程学院合作，充分利用各自的创新资源和优势，共同致力于高抗污染表面荷电超滤膜技术的研发、发酵工业膜技术的应用等相关技术，获得杭州政府的高度认可。

2013年，公司与中国工程院院士高从堦合作，并成立市级院士工作站。建站以来，由高从堦院士领衔，已对15个项目进行联合攻关，聚焦饮用水深度处理、集成膜法印染废水资源化、工业废水高倍浓缩等课题，致力于推动污水处理的技术升级革新。公司已有14个项目完成研发，并进行了科技成果转化。工作站运行期间，也带动了企业人才培养，实现人才学历、职称提升共计34人次。公司的创新成果丰硕，对推动行业创新发展起到了引领示范作用。

❖ 案例二十一

比亚迪股份有限公司

成立于1995年2月的比亚迪股份有限公司（以下简称比亚迪），是一家一直致力于汽车行业创新发展的高新技术企业。比亚迪的业务布局从汽车行业拓展到电子、新能源及轨道交通等领域，并开始逐渐占领行业的制高点。

协同创新模式：以战略合作方式推动公司创新发展。

强强联合，占领创新制高点。2020年12月1日，比亚迪与中国建筑科技集团有限公司（以下简称中建科技）在深圳坪山比亚迪全球总部签署战略合作协议。作为"智能建筑"和"智能制造"领域的领军企业，中建科技和比亚迪都在引领各自行业的发展。为解决城市交通拥堵问题，比亚迪坚持以比亚迪为驱动力的云交通技术创新。同时，在一些新型领域开展战略合作，如在智能能源、智能园区、智能城市、智能工地等领域开展深入合作，为双方创造更大的商业价值，实现互利共赢。按照目前的规划，中建科技和比亚迪将充分发挥各自的创新资源优势，努力打磨，争取创造出更多的创新发展领域。

第四节　资本协同模式

资本协同就是以资本为纽带进行的协同创新，如采取创新风险投资或科技并购方式，通过研究资助方式进行创新，构建国际创新网络，跟踪、收集与整合全球范围的前沿科学技术；或者采取创新风险投资或科技并购方式，获取利用全球范围内的新技术创新载体等。资本协同体现了推动基础前瞻研究、技术攻关、成果孵化和转化、产业化等工作开展的各类资金间的衔接关系，强调科技创新的创新投入，即集中资源、形成合力，保证足够的资金投入规模、多元化的经费来源及合理的创新经费支出结构。足够的资金投入规模主要是指保证适度领先的研发强度，坚持技术扎根，将技术创新作为协同创新长远发展、高质量发展的战略支撑；多元化的经费来源是指拓宽创新活动的融资视野，从单一由内部投入转变为由多方共担共享，探索"科技＋金融"的有效落地途径。

一、创新的特点

科技资本协同模式是指公司的控制权由几个大股东共享，大股东间形成相互制衡和监督的格局，有效抑制大股东"掏空"行为的一种动态股权安排⊖。该模式在一定程度上解决了内部人控制的公司治理问题，平衡了不同性质资本主体间的利益冲突，实现国企民企优势互补⊜，进而提高创新绩效。在该模式下，国企民企股权制衡有助于国有资本、民营资本的有机融合，通过双方优势资源的互补整合和利益的动态平衡，最终实现企业整体创新绩效的提高。同时，股权制衡有效保障异质资本间的话语权，提高民营企业参与协同创新的积极性。进而在股权制衡下，国企能够实现产业布局、经营机制和治理机制的优化调整，还有助于高管任命"去行政化"。以市场化原则聘任，有助于公司建立市场化的治理结构。

不同创新主体通过优化股权结构实现创新资源有机整合。其中，国企能够发挥规模优势、资源优势、人才优势和品牌优势，民企可以发挥灵活的体制机制优势、敏捷的市场反应能力和较高的自主创新能力等，通过股权结构的优化促进国企民企在不同领域展开创新合作⊜，进而实现产业结构的调整和创新能力的全面提升。政府则保持大股东的地位，从过去的"管人管事管资产"过渡到"管资本"，充分发挥监管职能，激发投资方参与科技创新的积极性和主动性。国企的混合制改革及民企的引资等都属于科技资本协同模式的应用。

⊖　佟岩，陈莎莎 . 生命周期视角下的股权制衡与企业价值 [J]. 南开管理评论，2010（1）：108-115.

⊜　郎好运 . 引资扩股、去行政化与国企混合所有制改革——以"平起平坐"云南白药新模式为例 [J]. 华北金融，2018，（11）：68-74.

⊜　齐平，宿柔嘉 . 国企民企资源整合与创新行为的内在互动耦合机制研究 [J]. 理论探讨，2018，204（05）：109-115.

完成股权资本引入后，企业还会面向员工和高管进行激励机制改革。在薪酬体系设计中，员工引入持股机会，由公司设立员工持股会，统一管理所有员工股东的出资。员工持股模式实现了股东、公司、员工利益的有机统一，保障了核心团队的稳定性和创新活力，为全体股东创造了更高的价值。此外，由于员工与企业的利益紧密相连，能够很好地行使监督权力，进而保护国有资产安全。在高管层面，建立市场化的高管薪酬机制，不再遵循国有企业的"限薪令"，取消国企高管领导的领导身份和职级待遇，大幅提升高管薪酬。一些混改后的企业还采用高管持股制度将管理层利益与公司的发展进行长期绑定，促使高管以主人翁的意识开展日常工作，率先垂范，在一定程度上刺激企业的长短期绩效。

但同时，该模式也有其不足之处。首先，资本引入后，不同所有制资本的交叉持股和相互融合容易带来资本利用率高、资本成本过高的问题，影响企业的预期收益率。其次，在该模式下，企业容易出现反复谈判、相互博弈的情况，导致企业错失关键的发展机会。即使最终作出了决策，该决策也是股东们追求各自利益权力制定的合作方案，不利于企业的长期稳定发展。最后，容易出现初始股东通过股权转让向大股东输出利益，进而减少其他股东的监督，掠夺小股东的利益的状况。因此，选择合适的企业、单位等商谈引资合作进而促进协同创新能力是该模式的重中之重。

二、案例分析

所谓资本协同即充分利用资本优势，吸收整合创新资源。通过采取创新风险投资或科技并购方式，获取利用全球范围内的新技术创新载体。通过研究资助方式，构建国际创新网络，跟踪、收集与整合全球范围的前沿科学技术。本研究选取了中国联合网络通信集团有限公司、湖南航天有限责任公司、中国电子信息产业集团有限公司、东方航空物流有限公司、中化环境控股有限公司、中化资本数字科技有限公司、中节能大地环境修复有限公司、中国黄金集团黄金珠宝股份有限公司、光启技术股份有限公司、北京新能源汽车股份有限公司、一汽富维、江苏毅达股权投资基金管理有限公司、北京四维图新科技股份有限公司、福建省福州物联网开放实验室有限公司、苏州纳新新能源科技有限公司、山东省交通运输集团有限公司 16 家企业，它们的主要特征如下：

1. 资金链与创新链的深度融合

一是以资金链融入创新链。以资源整合为日标的股权多元化，促进国有企业与民营企业充分开展研发协同、应用开发协同、市场（累验）协同、标准协同。光启技术股份有限公司联合近百名投资人获得启动资金，通过成立光启高等理工研究院，致力于将超材料产业化应用在前沿武器装备上。同时还成立了大鹏光启科技有限公司，并与迈瑞医疗、松禾资本合作，打造科技金融共同体。中国电子信息产业集团有限公司以基金形式增持地方国控企业，通过深度资源整合提升被投企业的技术水平、行业地位、整体价值；以基金形式与智本合资，把不同协同创新主体的产业布局和职业经理人的专业能力有效结合起来，打造"事业合伙人"。江苏毅达股权投资基金管理有限公司致力于打造中国常青藤创投机构，从加强研究能力、提升项目尽职调查能力和增强决策效率三个角度，强化"稳、准、快"的专业化水平，构建以 TMT（科技、媒体、通信）、材料和装备、清洁技术、现代服务、文化产业、生物医药为主体的产业投资布局。东方航空物流有限公司与联想，根据官方表述，双方目前主要在跨境物流、生鲜冷链、物流金融等领域实现全方位对接，通过"资本＋业务"的双重纽带，实现双方的合作共赢，其与各方股东合作，开拓各种与航空物流有关的投资潜力，并在生鲜冷链物流、跨境电商物流等方面进行协同，提前布局未来企业的发展体系。中国黄金集团黄金珠宝股份有限公司与京东的协同合作依靠原先双方坚实的合作基础及京东在物流、新零售、云计算等方面的突出优势，推动完善了公司线上线下相结合的发展体系，也使公司的内控管理制度和公司管理体系得到进一步优化。中国黄金集团黄金珠宝股份有限公司还在拥有一定战略协同效应的金融机构中筛选出中信证券、中融信托、兴业银行、越秀金控、建信信托、浚源资本、京东等 7 家机构作为优质投资者，为公司将来 IPO 进入资本市场且在金融供应链领域布局进行铺垫。

二是以混改促进创新资源优化配置。湖南航天管理局依靠透明、公开的程序，筛选出 4 家战略投资者，分别是国改双百发展基金管理有限公司、中国国有资本风险投资基金股份有限公司（以下简称国风投）、农银金融资产投资有限公司和江苏疌泉航天工融债转股投资基金，采取引智力、引机制、引资金、引资源等措施，实施创新协同、产业协同、人才协同和资源协同，进一步优化实施市场化的激励机制和企业法人治理结构，充分激发公司活力，实现企业的高效发展，把湖南航天有限责任公司建造为一个拥有核心竞争力的一流军工企业。一汽富维作为一汽集团"双百"改革排头兵，此前发布公告，就股权多元化和混合所有制改革、完善市场化机制、健全激励机制提出明确时间表，而此次股份转让则完成多元化和混合所有制改革方案。一汽富维主要业务为车灯、汽车车轮、汽车保险杠等产品，是一汽集团的汽车制造零部件的提供者。依照一汽集团目前的整合计划，作为中央企业的一汽集团将重点关注整车业务，不再发展汽车零部件业务。而亚东投资作为吉林国资背景的财务投资平台，一汽富维引入亚东投资有利于不断提升公司的经营效率。中国联合网络通信集团有限公司在云计算领域，与百度、腾讯等企业陆续进行云联网、公有云等方向协同，云网协同不断增强公司的业务发展能力。在大数据方面，公司与腾讯共同出资成立的智慧文旅公司已在全国成立多个重点项目。合营公司智慧足迹成功获得京东投资，并已成为人口统计和规划大数据方面国内最大的服务商。在物联网方面，在智能穿戴、出行服务、移动支付等方面进行物联网智能连接深入协同，全年新增的连接数量接近 1000 万。而在产业互联网、支付金融、内容聚合、5G+AI 及基础通信等方面，继续进行资本和业务的深入合作。

三是凝聚创新力量增强创新能力。在北京四维图新科技股份有限公司与腾讯的战略合作中，其在保持公司的独立性基础上，成功引入互联网领域的巨头企业。公司并没有完全依赖腾讯的资源和技术，而是利用其先进的管理经验及技术、资金等资源，不断完善地图业务，推出车联网产品，提高自身的创新能力，提升了企业在信息时代的核心竞争力。2012年，中节能大地环境修复有限公司邀请了民营资本杭州普捷环保科技有限公司（以下简称普捷公司）入股企业并开展进一步合作，通过与普捷公司的协同合作为公司带来了相关前沿技术，同时还聘请民营企业家进入公司管理层，为公司的管理机制带来了革新。

2. 以资本为纽带打造超级孵化器

一是通过研究资助方式，构建国际创新网络，跟踪、收集与整合全球范围的前沿科学技术。光启技术股份有限公司通过跨境收购的方式获得全球高科技人才，公司在全球收购高科技企业，以提升自身的研究基础。洛阳钼业从力拓集团收购了澳洲北帕克斯铜金矿，开启了公司海外征程，随后从自由港集团和英美资源集团成功收购非洲刚果（金）的世界级TenkeFungurume铜钴矿项目控股权及巴西铌磷业务之后，洛阳钼业的科研聚集全球资源的优势进行本行业的科技创新，目前已经成为全球领先的特种金属生产商，拥有钼、钨、钴、铌四个品种；安徽黄河水处理科技股份有限公司在多方协调努力下，2017年引入国有资本安徽省高新创业投资有限责任公司，而安徽省高新创业投资有限责任公司的实际控制人为马鞍山市国有资产监督管理委员会，引入国有资本后，安徽黄河水处理科技股份有限公司在污水处理技术、餐厨垃圾处理技术等方面获得很大提升。

二是国家级科研机构与地方政府联合举办"公司型新型研究机构"和建立重大科技转化平台（如福州物联网开放实验室有限公司），这是成功实践"政研产用金"协同创新的新路径。中国科学院深圳先进技术研究院与地方（开发区）构建母子集群式公司型的新型研究机构的协同创新路径也值得推广。珠海中科先进技术研究院是由中国科学院深圳先进技术研究院与珠海市人民政府共同建立的新兴科研单位，着眼于当地科技进步和产业升级的实际需要，引进世界前沿的科技成果、高端人才等创新资源，大力发展医疗器械、生物医药、大数据、云计算和微电子材料等前沿领域；致力于在新兴战略产业领域增强核心技术攻关，打造成果转化基地，实现技术、资金、人才的结合，创建珠海市创业创新和人才高地。苏州工业园区入股苏州纳新新能源科技有限公司（简称苏州纳新），使苏州纳新实现了工业园区参股，优化股权结构，工业园区为企业持续提供金融需求服务；苏州纳新开展产学研的摄入合作，通过人才引进及培训平台的有力搭建，展开园区企业人力资源、法务需求调研，从而提供精准服务；苏州纳新组织多期"园区人才引进"系列活动，整合联动社会、高校人力资源，为园区入驻企业注入持续的新鲜血液。

3. 以登陆资本市场为导向的国企混改路径

一是近年来，以"管理层与员工激励＋（资产重组＋）国有或社会资本引入＋公司治理再改进＋采用换股、投资、并购、收购的整合战略强化核心竞争力"，进而目标指向登陆资本市场（直接上市或者借壳上市）的协同创新路径值得关注。北京新能源汽车股份有限公司通过引入资本、员工持股、业绩提振、借壳上市等一系列的深化改革的措施，率先实现了从概念设计、研发创新、生产制造、营销推广到租赁服务等全价值链的联盟化布局，孵化出轻享科技、恒誉新能源、匠芯电池、北汽特来电等20余家新能源汽车相关企业，充分发挥出"产业龙头"的带动作用；军工企业哈一机集团是哈尔滨北方防务的母公司。哈一机集团占股40%，放弃国有绝对控股地位，并且设立员工持股、骨干激励的原则，造就了由民营资本、国有资本、省外投资及经营团队持股的资本结构。哈尔滨北方防务特种装备股份有限公司规划用三年左右时间培育成科技型上市公司，在军品、民品、资本市场多个领域实现规模与效益的快速增长。

二是实施激励促进协同创新。陕西华达科技首先成为陕西省军民融合混改试验单位，完成了员工股权激励，引入外部投资人后，公司资本金有了较大的提升，同时内部治理结构日趋完善；山东省交通运输集团有限公司混合制改革采用"股权转让＋员工持股＋增资扩股"的方式；混改结束后，国惠投资拥有的股份从开始的70%调整为37%并依旧保留最大的股东地位，多家战略投资者一共占据33%的股份，员工持股平台拥有30%的股份，造就了"国有资本＋战略投资者＋骨干员工"共同持股模式；山东省交通运输集团有限公司依靠资产整合，其主营业务更加集中、优势更加明显，为未来上市和持续发展打下了基础；武汉锐科光纤激光技术股份有限公司（简称锐科激光）吸引航天三江收购股权，航天三江入股之后为锐科激光发布任务，指导其科技创新走向更高层次。航天三江在锐科激光建立创新特区，在薪酬体系、人才引进等方面都提供了特殊政策，缩减审批流程，增强团队创新活力；在研究产出上，锐科激光引入航天检测体系及工艺管控，考据航天质量管控体系，让质量意识和质量文化融入企业文化，产品的质量和可靠性得到大幅提升；在市场经营上，航天三江十分尊重锐科激光对行情的判断，并颁布相关政策激励营销人员。

资本协同实践案例

以资本为纽带进行协同创新的企业，借助风险投资和并购等手段，构建创新网络，对创新进行整体布局，获得先进的技术，如表5-6所示。

表 5-6　案例样本的业务类型

序号	企业名称	业务类型
1	中国联合网络通信集团有限公司	主要经营 GSM、WCDMA 和 FDD-LTE 制式移动网络业务，固定通信业务，卫星国际专线业务，国内、国际通信设施服务业务、数据通信业务、网络接入业务和各类电信增值业务，与通信信息业务相关的系统集成业务等

（续）

序号	企业名称	业务类型
2	湖南航天有限责任公司	湖南航天有限责任公司，也称湖南航天管理局，主要从事浮空器、惯性产品、隐身材料、伪装与示假器材、微波器件、磁性材料与器件、金属基复合材料、材料制备机械等领域产品的研制和生产
3	中国电子信息产业集团有限公司	以提供电子信息技术产品与服务为主营业务，核心业务关系国家信息安全和国民经济发展命脉
4	东方航空物流有限公司	现代物流服务企业，致力于为国内外客户提供高效、安全、便捷、精准的全程综合物流服务
5	中化环境控股有限公司	京泰环保10万吨/年工业污盐资源化循环利用项目是公司采用自主开发的污盐资源化技术，完成设计、施工、运营的污盐资源化领域国内首台（套）设备项目
6	中化资本数字科技有限公司	中化资本数字科技有限公司是中国中化产业金融板块中负责金融科技创新与应用的创新平台，公司起源于内部孵化的Fintech小组，历经数年探索后于2020年成立实体公司
7	中节能大地环境修复有限公司	公司是中国节能环保集团有限公司子公司，业务集中于建设用地和农用地污染土壤及地下水调查、评估与修复，存量垃圾填埋场调查、评估及治理，环境综合服务等
8	中国黄金集团黄金珠宝股份有限公司	公司主要经营范围包括钻石、黄金、白银、玉石珠宝制品的设计、生产、销售等
9	光启技术股份有限公司	专业汽车零件制造商，汽车座椅相关功能件领域的龙头企业之一
10	北京新能源汽车股份有限公司	新能源汽车研发生产销售企业，是国内首家进行混改的新能源汽车企业，也是北京市第一家启动混改的国企
11	一汽富维	生产汽车零部件，公司是入围"双百行动"的汽车行业的唯一央企上市公司
12	江苏毅达股权投资基金管理有限公司	从事资产管理、基金投资等业务
13	北京四维图新科技股份有限公司	智能出行科技公司，业务集中于中国导航地图产业，是导航地图、导航软件、动态交通信息等领域的领导者
14	福建省福州物联网开放实验室有限公司	物联网应用服务平台，主要业务包括物联网共性技术研发、行业标准制定及一站式产业化服务
15	苏州纳新新能源科技有限公司	高新技术企业，业务集中于新能源汽车锂离子电池的研发和应用
16	山东省交通运输集团有限公司	大型专业运输集团，业务集中于运输物流

❖ **案例一**

中国联合网络通信集团有限公司

中国联合网络通信集团有限公司（以下简称中国联通或联通）于 2009 年 1 月在原中国网通和原中国联通的基础上合并组建而成。中国联通在国内外多个国家和地区设有分支机构，是国内唯一在纽约、香港、上海三地同时上市的电信运营企业，连续多年入选"世界 500 强企业"。

"央企整体混改的样板"

中国联通混改借力外部资源，引入战略投资者实现战略业务协同，并建立有效的公司治理机制和市场化激励机制，创造更好的股东和员工回报。联通混改引入了互联网公司"龙头"：百度、腾讯、京东等；垂直行业领先企业：光启集团、网宿科技、用友软件、宜通世纪等。

2019 年 4 月 26 日，9 家企业签约成为智网科技的战略投资者，智网科技成为中国联通旗下首个完成混改的专业子公司，中国联通在智网的股份占比由 100% 稀释到 68.88%。引入的 9 家战略投资者涵盖了车厂类、工业互联网类、技术与资源类、资本类等具有战略协同效应的顶尖企业。

2019 年，中国联通将利用投资股东的优势资源和能力，继续深化和创新合作模式，战略合作的协同效应将进一步显现。

在触点领域方面，继续推进与合作伙伴的线上触点和股权合作，推动不同行业的线下合作。2I2C 计费用户规模保持在近 1 亿人。

在智能家居领域，深度融合了基础通信能力、智能硬件和内容应用，成功打造了一批新产品。

在云计算方面，联通继续与腾讯、百度等开展合作，包括公有云和云联网，通过云网协同促进业务发展的能力不断增强。

在大数据方面，通过联通与腾讯合资的智慧文化旅游公司，在全国实施了一批重点项目，掌握了一手旅游出行信息，目前成为国内首家规划和人口大数据领域的服务商。

在物联网方面，联通在移动支付、旅游服务、智能穿戴等领域开展了全面合作，全年新增连接近 1000 万条，并且继续深化工业互联网、5G+AI、内容聚合、支付金融、基础通信等领域的业务合作和资本合作。

中国联通也在不断深化体制创新和改革。云南分公司实施全球社会化合作承包经营后，广西分公司社会化合作经营改革整体推进，合资公司智慧足迹成功引入京东作为战略投资者；子公司智能网络技术已成功引进一汽、东风、广汽等 9 家战略投资者。

❖ 案例二

湖南航天有限责任公司

湖南航天有限责任公司，也称湖南航天管理局、湖南航空，隶属于中国航天科工集团公司，始建于1970年，是周恩来总理批准的军品系统科研生产三线基地。

在浮空器总体设计、自动控制、惯性技术、新材料、环保系统工程等领域具有较强的科技创新能力，已获数百项专利，年增长率超过30%，部分专业处于国内领先水平，数十项产品和技术获省部级以上科技进步奖。

2019年9月，在北京证券交易所正式挂牌了湖南航天的增资项目。通过公开透明的程序，最终引进了中国国有资本创业投资基金、国改双百发展基金、江苏万泉航天产业金融债转股投资基金、农行金融资产4家战略投资者。投资有限公司增资扩股后，原单一股东中国航天科工集团有限公司减持其股权至68.35%。湖南航天已转变为混合所有制企业，引入战略投资者和实施骨干员工持股实现了公司资产证券化的道路，成为军民融合、主业突出、机制灵活、市场化运作的高科技上市企业。

在这次混合所有制改革中，湖南航天形成了"汇聚社会资源、优化治理结构、转换经营机制、强化基础主业"的改革思路。湖南航天混合所有制改革是航天科工集团深化国有企业改革的战略部署。这是探索产业结构转型升级、实践资本资产结构优化调整的重要试点，是具有典型性和代表性的混合所有制改革路径。

❖ 案例三

中国电子信息产业集团有限公司

中国电子信息产业集团有限公司（以下简称中国电子）是1989年5月由原电子工业部企业行政规划成立的。中国电子是中央管理的重要国有骨干企业，是国务院认定的以网络信息产业为核心业务的中央企业，多年入选"世界500强企业"。中国电子的主营业务是提供电子信息技术产品和服务，其核心业务关系到国家信息安全和国民经济发展的生命线，企业具备较强的电子信息产品研发能力和产业竞争优势。

混改及协同形式：以基金形式增持地方国控企业，通过进行深度资源整合提升被投企业的技术水平、行业地位、整体价值；以基金形式与智慧资本合资，将中央企业产业布局与职业经理人专业能力有效结合，打造"商业伙伴"。

中国电子积极发展混合所有制经济，积极调动各类投资者。中国电子多次与民营企业合作创新，推动网络信息产业蓬勃发展。

（一）增资盛科网络（苏州）有限公司

盛科网络（苏州）有限公司（以下简称盛科）在苏州工业园区正式注册成立。盛科公司核心管理层在国际著名通信设备制造企业拥有十多年的研发和管理经验，是全球领先的以太网芯片制造商。目前，盛科能提供从高性能以太网设备核心芯片到定制系统平台的全套解决方案，并拥有完全自主知识产权。

在企业发展过程中，盛科曾面临资金短缺、品牌知名度低、市场拓展困难等问题。市场担心的是，像盛科这样的民营初创企业能否在与国际巨头的竞争中生存，能否持续提供产品和服务，不断加大投入，提高产品和技术水平。

2014年，中国电子以现金方式对盛科进行投资，通过自主投资和引进国家集成电路基金，解决了盛科急需解决的资金问题；通过战略引导和股东支持，大大增强了市场对盛科的信心；通过盛科与中国电子的产业协同效应，应用于城市领域，市场迅速打开。同时，盛科加大了技术研发投入，创新能力得到提高。"智桥"SDN智能高密度万兆交换芯片已达到国际领先水平，对保障我国国民经济数据安全具有重要意义。与中国电子合作后，盛科的技术水平、行业地位和整体价值都有了很大提高，经营业绩也有了很大改善。

（二）中国电子与贺卫东为核心的职业化经营团队成立中国电力长城互联网应用有限公司（以下简称中电长城）

2012年，中国电子引入知名网络安全领域企业家贺卫东，邀请他带领核心管理团队。在这种模式下，中电长城成立，将中央企业的工业设计与职业经理人创造"商业伙伴"的能力有效结合起来，共同推动工作；中电长城以年均速度65.9%快速发展，圆满完成了二十国集团杭州峰会等全国性重大活动中的网络安全任务。公司成立5年来，已成为中国网络安全"攻防战"中的一支生力军，全力发挥中央企业的带动引领作用，搭建联合创新平台，建设公共创新园，促进公私企业齐头并进。

❖ 案例四

东方航空物流有限公司

成立于2004年8月的东方航空物流有限公司（以下简称东方航空物流），作为东航集团下属的专门从事物流服务的供应商，其业务主要是从事国内的物流及物流相关服务，业务范围覆盖全球大部分国家／地区。东方航空物流从成立之初，就致力于自主创新提升服务的品质。

协同模式：以混改为手段，实现创新链与产业链的协同创新。

东方航空物流的混改始于2017年6月，参与混改的企业包括联想控股股份有限公司（战略投资者）持有25%股份、德邦物流股份有限公司（战略投资者）持有10%股份、普洛斯投资（上海）有限公司（战略投资者）持有5%股份、绿地金融投资控股集团有限公司（财务投资者）持有10%股份。混改之后，东航集团在东方航空物流的持股比例由全资拥有降至50%以下的相对控股。

东方航空物流主要通过"资本＋业务"的双重纽带固化协同创新各主体之间的关系，如与联想集团就跨境物流、物流金融、生鲜冷链等方面合作，目前正在加紧进行业务版图的拓展，以创新链带动产业链的发展。

❖ 案例五

中化环境控股有限公司

京泰环保10万吨/年工业污盐资源化循环利用项目是中化环境控股有限公司（以下简称中化环境）采用自主开发的污盐资源化技术，完成设计、施工、运营的污盐资源化领域国内首台（套）设备项目。

项目在研究设计阶段针对国内主流"直接热氧化除杂"研究路线，创新性地提出污盐处理"热氧化＋电氧化＋蒸发结晶"提纯工艺路线。该工艺路线充分结合了热氧化与盐水电氧化处理工艺的优势，将两种工艺有机结合，取长补短实现低成本处理工业污盐（见图5-5）。

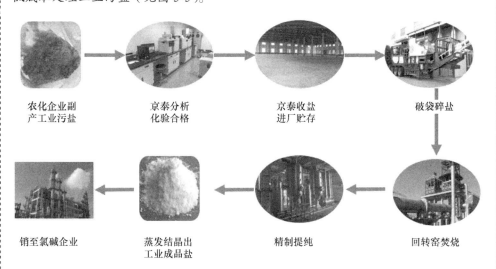

农化企业副　　　　京泰分析　　　　京泰收盐　　　　破袋碎盐
产工业污盐　　　　化验合格　　　　进厂贮存

销至氯碱企业　　蒸发结晶出　　　　精制提纯　　　　回转窑焚烧
　　　　　　　　工业成品盐

图 5-5　京泰污盐资源化循环利用项目工艺流程

京泰环保工业污盐资源化循环利用项目是中化环境构建以科技创新驱动的核心竞争力、践行中化集团"科学至上、知行合一"理念的重点项目，是创新合作模式、实现资本协同和产融协同的典型代表。项目于2019年8月实现并购重组，由中化环境、瓴岳基金和兆禾投资三家企业共同持股，项目列入山东省"十三五"危废处置设施建设规划。

项目初期通过精准定位确定技术方向，目标直指来自农药、制药、精细化工、印染等行业的污盐处理问题。相关领域生产经营中产生的污盐极易溶于水，填埋环境风险极高，无法通过柔性场地填埋，因而制约了整个行业的发展。

在项目推进中，中化环境作为牵头企业，充分发挥资本整合协调能力，组织合作方进行市场端调研，确定该技术领域市场的巨大发展空间和潜能，对污盐分布地域、区位优势进行全方位深度了解，从而进行项目选点布局。同时确定了将资源化产品成本降至 2000 元/吨左右，切入 200 亿元/年的污盐处置市场的战略要求。

一方面，中化环境在资本端灵活开发运用资本协同方式，采用"技术、管理输出＋属地市场资源＋外部资金导入"发展模式，与瓴岳基金深度产融协同，引入他方资本，放大国资功能；与此同时，在技术端充分借助"产学研用"一体化组织优势，依托环境公司自有热氧化技术，联合牛军峰团队研发的深度氧化技术，并集成国家技术发明二等奖"基于高能效纳晶薄膜电极的工业废水电催化深度处理技术及应用"技术，在充分进行"自有＋外部"专家论证后完成了新工艺的联合研发。

项目全局由公司副总经理李兵任总指挥。2018 年 8 月项目获取后即安派技术员到项目现场开展中试验证试验。2018 年 12 月通过中化环境公司技术委员会组织国内专家技术鉴定。2019 年 5 月完成工艺包开发，8 月完成初设，9 月完成施工图。项目团队入驻现场不分昼夜，攻坚克难，科学管理，于当年 12 月 26 日热氧化系统成功点火，实现项目重要里程碑。2020 年受新冠肺炎疫情影响，项目团队和京泰公司积极组织复工复产，克服重重困难，于 2020 年 7 月 23 日组织系统联动调试，成功获得项目经营许可证。2020 年 10 月京泰公司委托沈化测评公司，开展资源化的产品盐鉴定，2021 年 2 月经过国内资深专家评审，认定该技术处理后的盐不再具备危险特性，可以作为工业资源利用。京泰项目就此成为污盐资源化领域构建示范技术装备的典型案例。

通过多方协同创新，中化环境将污盐处理成本由 2500 元/吨降至 2000 元/吨，在低成本条件下成功处理工业污盐中的大量 TOC 和氨氮，生产的氯化钠纯度大于99.8%，TOC 浓度低于 20PPM。此外，基于项目的研发成果，公司取得 1 项实用新型专利授权，另有 1 项发明专利正在实审阶段。

京泰项目建成达产后，将实现 10 万吨/年工业废盐资源化利用，实现了使农药、医药等企业副产污盐（危废）处理达到工业氯碱原料标准，实现工业污盐（危废）的循环再利用，社会及环境意义重大。项目具有较强产业整合示范作用，推动中国中化集团形成"废盐产生—无害化处理—资源化利用"的完整环保产业链，支撑无危废集团构建。该项目案例较好实现了市场端、技术端、资金端、工程端的协同，是链主协同的典型案例（见图 5-6）。

图 5-6　项目实景

注：①管廊及焚烧装置；②深度氧化装置；③污盐贮存库；④精制装置；⑤中央控制室；⑥项目成功
点火烘炉。

❖ 案例六

中化资本数字科技有限公司

十九大以来，党中央和国务院对发展普惠金融高度重视。供应链金融近年来受到国家层面多项政策鼓励，是我国融资结构改革，资金服务实体经济、服务中小企业的重要抓手。

2021 年 3 月 31 日，经国务院批准，中国中化集团有限公司与中国化工集团有限公司实施联合重组，成立中国中化控股有限责任公司（以下简称中国中化）。重组完成后，中国中化业务范围覆盖生命科学、材料科学、基础化工、环境科学、橡胶轮胎、机械装备、城市运营、产业金融八大领域，是全球规模最大的综合性化工企业。中国中化拥有丰富的产业链资源，其产业链上拥有庞大的小微企业客群。这些小微企业一方面普遍存在融资难、融资贵、资金周转不便、传统金融服务门槛高等问题；另一方面核心企业也存在销售端应收账款占用、对下游客户授信规模有限及相应保费成本高、向小微企业客户下沉促进业务增长和自身风控管理存在矛盾、传统金融机构要求核心企业回购或承担连带责任等各种痛点。

中化资本数字科技有限公司（以下简称中化资本数科）是中国中化产业金融板块中负责金融科技创新与应用的创新平台，公司起源于内部孵化的 Fintech 小组，历经数年探索后于 2020 年成立实体公司。公司在"创新金融服务，助力中国产业，成就美好生活"的使命指引下，坚定科技引领和创新驱动，为金融扎根实体经济探索行之有效的路径，以金融科技赋能金融服务，进而支持中国中化的产业升级、巩固下游市场、切实解决中国中化产业链及其上下游客户的痛点。

在中国中化"科学至上"理念的指引下，为进一步发挥供应链链长对供应链的核心作用，解决链条上小微企业客户的融资需求，由中化资本数科牵头研发了中化产融服务开放平台。在金融端协同中化保理公司、外贸信托公司及商业银行等内外部机构；在产业端与中化塑料、中化化肥等链主企业合作，运行中坚持"产业＋科技＋金融"的有机结合，可以为中国中化产业链上的客户提供多种供应链金融产品和服务。

该平台充分结合了中国中化产融协同和融融协同的优势，通过提供供应链金融产品和服务，赋能中小微企业等"节点"企业，帮助其解决融资难、融资贵的问题，进而赋能整个产业链条，为健全产业供应链生态、提高供应链安全发展水平、提升全球供应链地位提供助力，为国家在农业、化工等战略产业领域的安全稳定提供保障（见图5-7、图5-8）。

目前，产融服务开放平台上重点推介，同时也是最具协同创新特色的金融产品为"数据订单贷"。该产品是基于产业链上下游销售的交易数据分析和风控模型判断，实现场景和客户识别、风控建模与管理、在线运营与贷后管理，最终通过金融产品设计对接合适的资金端，向小微企业客户发放短期纯信用流动资金贷款，用于企业备货或支付订单采购款。

该产品对于小微企业来说具有无抵押无担保、纯信用、全线上操作、随借随还、贷款资金小额分散、用途特定、手续简便、利率低等特点，同时该产品可以帮助核心企业由赊销业务转变为现款现货业务，加快回款、压降两金；提高资金周转率、优化财务数据、压降两金规模，在不承担任何担保责任的前提下绑定下游客户，扩大销售规模。

无论是从产融服务开放平台的构想到实施，还是"数据订单贷"产品的创设和推广，中化资本数科始终坚持科技赋能金融、金融服务产业的思路，与中国中化各产业BU（业务单元）探索和尝试新模式，希望通过协同创新的方式，既发挥出产业方懂产业、懂市场、懂客户的优势，又发挥出金融方在科技、风控、合规方面的核心能力。

在产融协同创新方面，平台首先实现了与产业方核心企业的数据打通，通过与核心企业ERP的直连，可以实时获取核心企业的历史销售数据，并随时进行订单数据的校验。基于产业端数据并整合工商、司法、征信数据，依托数据风控模型进行数据分析，实现了对下游小微客户的分层和综合评价，为金融机构提供了准确的客户画像和授信依据。在融融协同创新方面，平台实现了与信托、保理、银行等金融机构的核心系统对接，支持从客户注册、进件、申请、审批、出额、支用、还款的全线上操作流程，同时为客户提供了手机App、H5页面、微信小程序等多种线上渠道。在技术架构方面，产融服务开放平台采用"开源＋云原生"

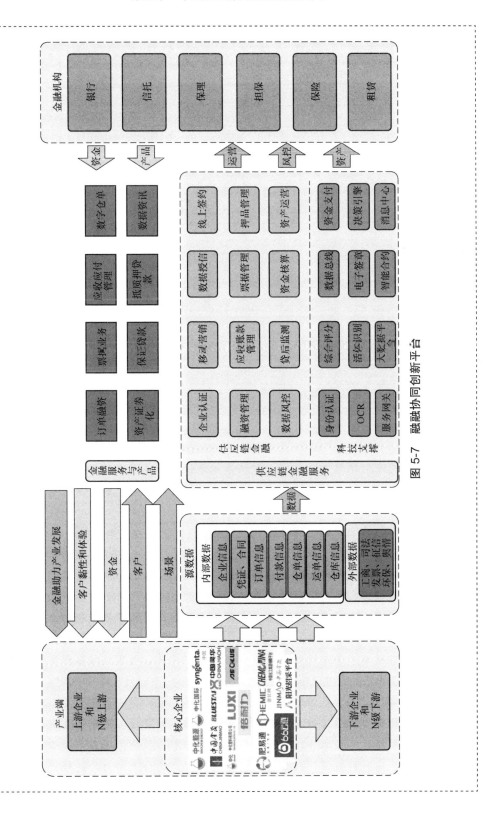

图 5-7 融融协同创新平台

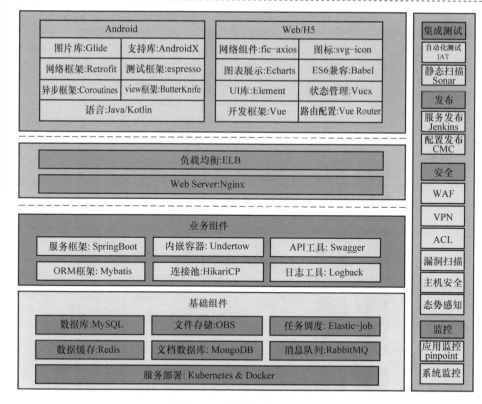

图 5-8　产融协同创新平台

技术栈，对标互联网技术架构，保持技术先进性，并通过大数据、人工智能等金融科技手段，真正做到信息流、资金流、物流的三流合一，最终实现了小微企业从融资至资金到账的分钟级服务体验。

在"数据订单贷"的产品结构中，中化资本数科作为金融科技的能力提供方，负责数据的提取、分析、测算；负责保障产业端数据的安全性；负责风控模型的设计、交叉验证和风险管理；负责各系统间对接和产品的研发。外贸信托公司作为金融业务通道方，负责放款通道即信托计划的成立、清算、核算，确保资金使用的合规。保理公司作为资金方，负责信贷资金的提供和基于保理的交易结构支持。中国中化的产业 BU 作为核心企业，负责提供历史交易数据，针对行业趋势、产业政策、市场环境等系统性风险提供产业专家意见，对通过数据模型的白名单客户进行融资资格的再确认和风险监测，必要时协助平台对货物进行处置和调剂。

产融服务开放平台的另外一个特点是能够满足核心企业在数据安全和定制化的需求，中化资本数科通过数据脱敏、加密存储、加密验签传输等方式，再结合区块链、电子签章等技术手段实现了数据安全和不可篡改，保护了核心企业的数据资产安全。同时针对不同核心企业的行业和客户的特点，为其进行产品的深度定制化，最大化满足核心企业在销售、财务、风控等方面的管理要求。

产融服务开放平台坚持以客户为中心的建设理念，依托产业，服务产业，切实解决产业痛点，持续迭代优化现有产品的流程和客户体验，并在数据不断丰富的基础上，通过探索引入发票、税务等其他外部数据持续完善风控模型，持续扩大客群覆盖度和场景渗透率，努力为产业客户提供更加便捷、丰富的金融科技产品和服务。

产融服务开放平台已于 2020 年 12 月 15 日正式上线运营，平台采用业内流行的分布式微服务架构，整合生物识别、电子签章、OCR、大数据等技术服务，由对标互联网的 DevOps 体系进行支撑，具有模块化、易扩展、稳定、安全、开放的特点（见图 5-9）。平台共设"产融协作门户、运管平台、金融服务接入平台、数据智能风控平台"四个子平台，是资金端和资产端的重要连接工具，产业核心客户端通过直连核心企业 ERP 等数据系统，对资产端交易、物流等有效数据进行分析，实现场景分析与识别、风控建模与管理，最终通过产品设计对接合适的资金端；资金端通过为中化内部金融机构定制开发，或与外部金融机构系统对接等方式，实现在线审批、签约、支用及还款。风控端通过构建基于场景的客户筛选、额度策略、评分卡、早期预警、反欺诈等系列数据风控模型，可实现在线受理客户融资需求、即刻出额、即刻到账；而产业链上的中小微企业客户作为该平台的最终用户，可通过平台提供的全线上方式获取便捷优质的融资等金融服务。

目前产融服务平台为中化塑料有限公司、中化化肥有限公司两个核心企业场景打造的产品"化塑贷""肥易贷"相继推出。其中，在"化塑贷"场景下，筛选出首批工程塑料白名单客户 352 户，该客群交易额占中化塑料有限公司工程塑料交易总额的 55.4%，交易订单数占交易总订单数的 45.33%。根据推广计划，预计到 2021 年年底可覆盖客户 175 家，实现累计放款 5.65 亿元。在"肥易贷"场景下，已确定白名单客户 1102 户，该客群交易额占中化化肥氮肥交易总额的 55.4%，交易订单数占交易总订单数的 49.7%，市场规模约 74.5 亿元。预计到 2021 年年底可覆盖客户 600 家以上，实现累计放款规模超过 10 亿元。此外，中化资本与中化石化销售有限公司联合推出的"壹化贷"已于 2021 年 7 月上线。同时推进中的产业场景还包括中化蓝天、南通星辰、星火有机硅等中国中化核心企业以及其他两家大型央企。

"两化"合并后，中国中化拥有万亿级的市场规模及数十万的上下游客户，具备在相关领域的全球地位及行业影响力与号召力。随着平台的后续推广和完善，将进一步提高供应链产业链的运行效率，降低企业成本；支持产业链稳定升级和国家战略布局；提高小微企业应收账款融资效率；增强对供应链金融的风险保障支持。中化产融服务开放平台承担着助力中国中化的产业发展，提升产业链整体金融服务水平的使命和愿景，必将迎来更为广阔的市场机遇和成长空间。

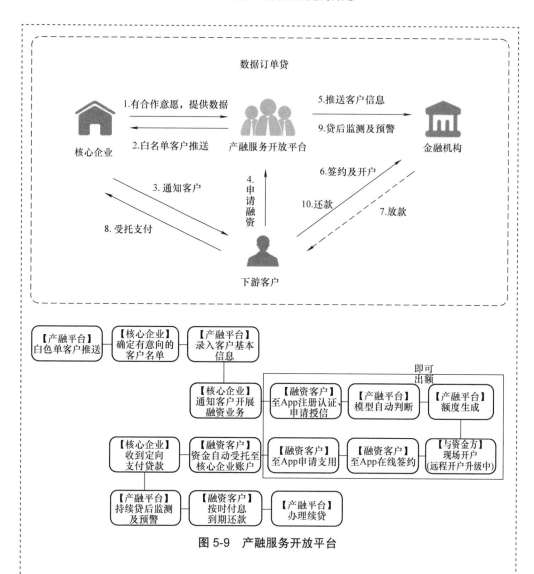

图 5-9　产融服务开放平台

❖ **案例七**

中节能大地环境修复有限公司

成立于 2012 年的中节能大地环境修复有限公司（以下简称中节能大地）是一家从事土壤污染及地下水调查、评估与修复的以环境综合治理为目标的科技型企业，其母公司为中国节能环保集团有限公司。目前公司有"国家环境保护工业污染场地及地下水修复工程技术中心"这一国家级的创新平台，业务遍布全国各地，其中中节能大地参与承担的"危险废物回转式多段热解焚烧及污染物协同控制关键技术"荣获 2017 年度国家科技进步二等奖。

主要模式：以混改促进公司创新发展。

2012 年，中节能大地通过引入民营资本——杭州普捷环保科技有限公司，开展技术的深入合作，新引入的杭州普捷环保科技有限公司为中节能大地带来了相关技术。

❖ **案例八**

中国黄金集团黄金珠宝股份有限公司

作为中国黄金集团公司二级子公司的中国黄金集团黄金珠宝股份有限公司（以下简称中金珠宝）是一家典型的混合所有制企业，目前的股权分布情况如下：中国黄金集团持股约 90%，两家民营资本持股约 10%。公司于 2017 年被列入第二批混改试点。中金珠宝以通过增资扩股成功引入中信证券、兴业银行、京东、中融信托、浚源资本、建信信托、越秀金控投资机构。

主要模式：资金链与创新链融合协同创新模式。

2017 年通过引入 7 家投资机构开始了中金珠宝混改的序幕，7 家战略投资者的持股比例共计 24.52%。同时，引入一家产业投资者——北京彩凤金鑫，其持股比例为 9.81%。在此次混改中，引入了员工持股计划，股权多元化有效形成了创新合力，提高了创新活力。

以混改实行协同创新。如依托其国有企业的背景，加强与政府部门的深入融合，同时与中国集邮和中国工商银行合作，推进销售网络的搭建，拓展黄金的销售渠道。

混改完成之后，中金珠宝致力于推动产业协同、产融结合：

一是以创新链带动产业链。中金珠宝依托其在物联网方面的优势，与京东建立战略合作伙伴关系，推动其在新零售、云计算及物流等方面的突出优势，打造新的利润增长点。

二是通过引入 7 家优质的机构投资者，为公司创新发展聚集了资金资源。同时，为未来上市进入资本市场奠定了坚实的基础。

三是延长产业链。依托混改，中金珠宝共引入了 30 家优质加盟商。通过与加盟商的深度合作，在创新节点上实现了散点式的突破，延长了产业链。

❖ **案例九**

光启技术股份有限公司

光启技术股份有限公司（以下简称光启技术）是从事汽车座椅部件、汽车座椅金属部件等的生产的龙头企业之一。2017 年，光启技术收购光启尖端，通过重大资产重组买入 100% 股权。此后，光启技术实现了超材料尖端装备领域的业务布局。光启尖端是国内最早实现超材料技术应用的企业之一，主要从事超材料前沿技术，致力于研究尖端装备超材料和产品生产，具有较强的技术领先优势。公司已与多家集团建立良好的合作关系，为其提供技术研发及产品生产等服务。

（一）破茧：当技术遇上资本，创新包容是关键

以光启技术的董事长刘若鹏为代表的5个海归创业者，为了在深圳开启和拓展公司业务，寻求启动资金，接触了百名知名投资人。然而在当初，企业的技术还没有成型，不能量化业务产生的现金流，工程产品的方向也不能被理解，直到团队通过深圳科协联系到了冯冠平（时任深圳清华大学研究院副院长）。企业创始团队终于获得资金，并且能够按照政策落户深圳。光启高等理工研究学院成立的同时还成立了大鹏光启科技有限公司，团队将发展目标定位在将超材料产业化应用在前沿武器装备上。与此同时，时任迈瑞医疗董事长的徐航和松禾资本董事长的厉伟也都加入了投资人行列。

（二）军民融合创新，助力成长

在航空行业的发展中，其研发、生产、运营方面都带有很强的军民兼备属性。

即使是隐形飞机等军用飞机，也离不开私营部门的资源、科技和相应能力的支持。军工集团除了整体研发和测试环节外，仍然会将民营科研生产能力所能承担的部分材料或零部件交给民营企业。

（三）资本与人才协同，并购为有效载体

由于航空作战装备的专业化，具有制造周期长、转换成本高、人才引进难等特点。特别是在人才引进方面，打开国际交流的大门并不容易。为了弥补人才不足，增强基础研究能力，光启技术通过跨国并购获得全球高技术人才。光启技术通过资本市场融资，在全世界范围内并购高科技公司，为公司储备人才。

❖ 案例十

北京新能源汽车股份有限公司

成立于2009年的北京新能源汽车股份有限公司（以下简称北汽新能源），是北汽集团的全资子公司，是国内首家进行混改的新能源汽车企业，同时也是北京市第一家启动混改的国有企业。

"引入资本、员工持股，业绩提振、借壳上市"

2016年3月，通过增资扩股工作，公司开始实施A轮融资，此轮融资一共吸引了22家非国有资本入股，这22家非国有资本的持股比例达到37.5%。2017年，公司启动B轮融资，吸引了中央企业、地方企业、新能源汽车产业链合作伙伴等投资者，包括中国信达、中冀投资、星网产业园、国轩投资等14家投资者，融资总额111.18亿元。国有及国有控股股东持股67.55%，员工持股平台持股0.41%，社会资本持股32.04%。完成B轮融资后，北汽新能源估值280亿元。北汽新能源成为一家国有控股的混合所有制公司，其控股股东北汽集团及其关联方合计持有公司

41.19% 股份。员工持股平台：共计 96 名管理、技术等方面的骨干员工，持股比例占公司总股本的 0.41%。2018 年公司借壳成功上市，成为国内新能源整车第一股。

在创新方面，公司通过混改，融合不同的创新主体，实现新能源产业的产业链布局。以此孵化出匠芯电池等 20 余家新能源汽车相关科技型企业，并在新能源汽车领域起到了较大的带动作用。

2017 年 9 月，以"中国·蓝谷"为核心建立的北汽新能源科技创新中心成立了。该中心致力于建设具有世界影响力的新能源汽车科技研发高地，已经推出 50 余款创新产品，大部分产品已经实现了科技成果转化。

2017 年 8~9 月，公司的 EC 系列新能源汽车获得了全球新能源汽车月度销量排行榜的冠军，产品得到了市场的高度认可。

❖ 案例十一

一汽富维

成立于 1993 年的一汽富维，于 1996 年在上交所挂牌，是一家大型汽车制造企业。公司非常重视科技创新，以科技创新带动企业发展。2018 年 8 月，一汽集团旗下长春一汽富维汽车零部件股份有限公司成为入围"双百行动"中的唯一央企上市公司。

公司以混改为手段推动创新发展。2019 年 11 月，一汽集团向亚东投资转让其持有的 2538 万股股份。目前，亚东投资持股 16.55%，一汽集团持有公司 76867469 股股份，持股 15.14%。完成股权转让之后，公司开始致力于协同创新发展，聚焦汽车产业链与创新链的关键节点进行协同创新，包括汽车的保险杠、汽车车轮、车灯等，很多技术已经申请专利，部分产品已经走出国门。结合一汽集团目前的整合计划来看，身为央企的一汽集团将重点发力整车业务，而零部件等配套业务或交由吉林省政府国资委负责。

❖ 案例十二

江苏毅达股权投资基金管理有限公司

2014 年 2 月成立的江苏毅达股权投资基金管理有限公司（以下简称毅达资本）毅达资本，是由江苏高科技投资集团（以下简称江苏高投）混改组建而成，在国有创投改革探索中率先进行市场化实践，管理团队持股 65% 的破壳之举在业内引起强烈反响。该混改实践入选"2017 中国改革年度十大案例"，是唯一入选的企业案例。5 年后，当初混改"尝鲜者"资产管理规模增长超过 15 倍，截至 2019 年 11 月月底，毅达资本所管理的基金规模达到 1066 亿元，共投资企业超过 800 家，并助推 175 家企业成功登陆境内外资本市场。此外，还有一大批优秀企业在培育之中。截止到 2021 年，毅达资本稳居国内创投行业第一梯队。

主要模式：创新内部管理，构建独特的投资文化。

一是扁平管理、效率优先。公司不使用层级管理方式，不以领导者的身份做投资决策，合伙人是大工程师，投资经理是小工程师，实行团队化管理。工作流程简单，效率随之快速提高，市场化运作更加灵活。公司扁平化的管理结构能够极大地提升效率，任何时候任何人都可以直接对话领导层，为了项目在最短时间内推进，团队内任何需要配合的人都能迅速作出回应。

二是工匠精神，产品思维。公司内部崇尚主导项目一定要先将行业吃透，然后把每个企业都视为自己的产品，做到经典。投资是从发现价值、创造价值到实现价值的过程，要以合适的价格、较好的条款谈下好的项目，同时要厘清其中的风险及应对措施，这都需要有产品思维。

三是大平台协同，小分队建制。所谓的大平台协同，指的是投资团队、财务团队、法务团队三线作战，上会前投资团队、财务团队、法务团队需要经过充分沟通再上会讨论。任何一个项目最终能否投资，都取决于这三个团队联合作战的成果。而小分队建制，指的是公司根据各区域、各行业打造了30多个小分队，每一个分队的人数可能不多，两三个成员，但这30多个小分队就是一个个"尖刀连"，拉出去能独立作战。这个行业拼的不是人的数量，而是人的质量，毅达资本要求每个人出去都能够在各自的领域独当一面。

改革后，毅达资本完全按照业界规则去运作，以完全市场化的方式参与行业竞争和合作。在发展的过程中博采众长，既延续了江苏高投国企的规范、严谨和责任感，又有市场化机构的灵敏、高效和进取心。目前，江苏高投的工作重点在于谋划发展战略、整合资源。毅达资本则是江苏高投市场化业务的平台和专业人才高地，为江苏高投更好地承载政府专业抓手的作用，为服务区域经济高质量发展提供保障。

❖ **案例十三**

北京四维图新科技股份有限公司

北京四维图新科技股份有限公司（以下简称四维图新）的前身为北京四维图新导航信息技术有限公司，成立于2002年12月3日。经过近20年发展，四维图新已经形成数字地图、智联网络、位置大数据、汽车电子芯片和自动驾驶"五位一体"的业务布局。

在引入腾讯后，腾讯持有股份为11.28%，成为四维图新的第二大股东。而中国四维测绘技术有限公司（以下简称中国四维）持有的四维图新股份减少到了12.58%，但持有比例仍高于腾讯。因此，中国四维与腾讯之间形成了相对制衡的持股结构。

四维图新与腾讯的战略合作在保持公司独立性的基础上，成功引入互联网领域的"巨头"。四维图新并没有完全依赖腾讯的资源和技术，而是利用其先进的管理经验及技术、资金等资源，不断完善地图业务，推出车联网产品，增强企业的创新能力，提高企业在信息时代的核心竞争力。

腾讯以第二大股东的身份进入四维图新后，从战略协作方面将四维图新纳入腾讯生态圈，共同协作产品研发和商业化进程，共同深度挖掘用户需求和客户痛点，制定新的发展竞争战略，为市场竞争力的提升夯实了基础。在业务方面，不断加强合作开发，腾讯的进入帮助四维图新加快向新业务转型升级。主营业务新增三个类别：一是车联网；二是芯片业务；三是自动驾驶业务。在2015~2019年，三大业务合计实现4.9亿元、5.49亿元、10.38亿元、11.83亿元、12.39亿元的成绩，占营收的比重分别为32.5%、34.66%、48.14%、55.44%、53.64%。

四维图新通过出让股权的形式引入战略投资者，使其共享市场经验、销售渠道、技术资源，有助于四维图新抓住产业转型的机遇和先机。同时，民营资本拥有董事会相应席位和较高的话语权，对董事选聘和绩效考核的相关制度都展开了积极的改革，让董事会内部形成了有效的权责匹配，在决策体系中能制约彼此。实行高管任命去行政化，不再保留国有企业的级别和待遇，打破了原有国有资本的行政干预。借鉴民营企业的激励约束措施，率先实施职业经理人制度，将高管利益与企业利益绑定，改善了委托代理问题，激发了管理层的创新活力。而国有资本、民营资本共同决定监事委派，且民营资本占监事会的席位按照比例计算，优化改善了监事人员结构，有利于监事会客观、公正、高效地履行监督职能。

❖ 案例十四

福建省福州物联网开放实验室有限公司

福州物联网开放实验室（以下简称实验室）以窄带物联网为契机，以5G为代表的未来物联网技术为指导，与中国科学院上海微系统与信息技术研究所（依托单位），于2017年3月在马尾成功建成，得到福州市政府和马尾区政府及华为的全力支持。福州物联网开放实验室致力于成为全球物联网行业标准的领导者和物联网实景应用仿真的先驱，并为产业提供物联网"一站式""端到端"解决方案。实验室借鉴国际知名科研机构的先进运营理念，以市场为导向，以产业合作为重心，以企业化运营为基础，结合国内实际产业情况，建立创新的运营模式。

这是国家级科研机构与地方政府联合成立"企业型新型研究机构"和建立重大科技转化平台的一个重大创新创举，成功实践"政研产用金"协同创新路径。

实验室拥有深厚的技术背景和国际化的运营管理团队，以高腾博士为代表的国际化管理团队，具备国际知名机构IMEC、上海微技术工业研究院等一流机构的成功建设经验，大多数团队成员均有博士学位和国际化产业公司经验。以中科院杨旸教授为代表的技术专家团队，承载过多项国家重大专项、科技部国际合作、省市级科研项目等，具有广泛的产学研合作经验。

实验室本质上是企业，全称为"福州物联网开放实验室有限公司"，是国家科研机构与地方政府联合组建的企业型新型研究机构。企业型新型研究机构需要一定的资本输入，但更注重通过科技创新与转化路径实现自身造血。

❖ 案例十五

苏州纳新新能源科技有限公司

成立于2011年的苏州纳新新能源科技有限公司是一家高新技术企业，公司主要从事以新能源材料为基础的研究开发工作。公司在成立之初就是以协同创新为创新的根源和起点，协同创新主体包括中国科学院苏州纳米技术与纳米仿生研究所。公司同时加强与苏州大学等高校的合作，目前已经成功研发了高安全、高性能的能量型和功率型锂电池，且拥有多项自主知识产权专利，主要技术指标处于行业领先水平，为推动现代交通发展提供了较强的技术支撑。

一是寻找协同创新共同体。

公司积极寻找协同创新共同体，目前，已引入两家单位共同构建协同创新共同体，分别为上海纳晓能源科技有限公司和苏州工业园区领军创业投资有限公司，两家单位的持股比例分别为82.2%和17.8%。上海纳晓能源科技有限公司是一家民营企业，实际控制人为创始人吴晓东，苏州工业园区领军创业投资有限公司是由苏州工业园区百分之百控股的一家单位，实质上相当于引进了公司实现工业园区参股，有效实现了股权结构的优化。

二是实现创新资源的优化配置。

通过运营定位的产业集群对接、金融平台的搭建，展开与金融机构进行对接联动及筹建投资基金的工作，工业园区为企业持续提供金融服务。公司通过产学研的摄入合作，通过人才引进及培训平台的有力搭建，展开园区企业人力资源、法务需求的调研，从而提供精准服务；公司组织多期"园区人才引进"系列活动，整合社会、高校人力资源，为园区入驻企业持续注入新鲜血液。

❖ 案例十六

山东省交通运输集团有限公司

山东省交通运输集团有限公司（以下简称山东交运）成立于1989年，在山东交通运输业中占有重要地位，是省内国资委独资的省级一级国有企业。

"股权转让+增资扩股+员工持股"混搭助力混改

山东交运在混改前有过两次股权划拨。从最初的省国资委独资企业成为山东国惠投资有限公司（简称国惠投资）二级公司持有70%股权，山东省社会保障基金理事会持有30%股权。此次混改采用"股权转让""增资扩股""员工持股"三种方式同时进行。混改完成后，国惠投资持股由 70% 变成 37%，多家战略投资者总共持股 33%，员工持股平台持股 30%，形成了"国有资本＋战投＋骨干员工"共同持股模式。

引入的参与者包括：战略投资者普洛斯（股权 4.25%）。以私募基金的形式引入的投资者包括：济南国惠兴鲁股权投资基金合伙企业（有限合伙）（股权 5%）；济南福道长瑞股权投资基金合伙企业（有限合伙）（股权 11%）；新余鸿运健隆投资中心（有限合伙）（股权 12.75%）。社会资本方面的多家战略投资者包括：首汽约车、建信投资、长城资本、尚信资本、山东国赢等。山东交运逐步形成以客运为主业，以物流、旅游、网上汽车租赁、汽车售后服务作为协同产业。

根据上市对象，本次混改进行了产业链整合和资产结构设计，重点对资产进行了变革。混改前，将 6 家主营业务相关企业划归山东交运，将 12 家"僵尸企业"和不良资产打包剥离，交由山东国惠进行专业处置。通过资产调整，山东交运的主营业务更加集中，优势更加集中，为其未来的可持续发展和上市奠定了基础。

第五节　实践经验与启示

当前，中国企业越来越重视协同创新，不断加大协同创新力度，合作形式有签署战略合作协议、成立技术创新联盟、建立实体合作研发平台等，合作对象囊括了国内外的高校、科研院所、产业链上下游企业。通过吸纳借鉴成功经验，获取宝贵的"他山之石"，为进一步推进中国企业协同创新，抢占新一轮全球科技竞争制高点提供可借鉴的参考模式。

一、经验

（一）强化协同创新政策保障

以"稳住一头，放开一片"为导向，加强对中国企业实施创新驱动的战略指导。企业主导型的科技创新并非在任何领域都能发挥有效作用，在具有高研发风险、高投入成本创新领域，还需政府发挥引导、协调、规范、监督、服务等作用。具体而言，为推动前瞻性、关键性、产业共性等各类技术的研发和应用，政府可通过科技立项的方式鼓励科研基础和经济基础雄厚的协同创新组织承担国家重大、重点项目研究，并通过提供专项基金、鼓励金融机构帮扶、减免企业税收等政策，为基础研究和应用研究之间的缺位而补位，为地区产业结构调和和产业升级提供服务。同时，为了鼓励各类主体开展协同创新，从中央到地方各级政府层面还应继续出台包括发展战略、产业规划、财税优惠、经贸政策等在内的多层次、全方位政策体系，从而有效解决协同创新中存在的体制机制问题，建立风险共担机制，形成政府引导、企业主导、多主体积极参与的协同创新良性运作机制。

（二）尊重市场规律与创新规律

市场需求是企业开展各类协同创新活动的根本驱动力，特别是全球化时代的到来，全球竞争促使中国企业更加积极主动地寻求与不同创新主体进行合作，以缩短创新时间、整合优势资源、提高创新效率和创新质量，从而增强企业在全球市场上的竞争地位，提高企业的经济效益。根据市场需求确定协同创新的工作重点，从用户层面出发加速企业生产方式和创新思维方式转型，通过不同类型的协作模式实现全球范围内的创新资源优化配置，是协同创新获取成功的关键。在合作过程中不同创新主体需发挥不同作用，例如政府要根据市场需求完善外部环境、提供政策支持，企业有针对性地转化相对科研成果，大学和科研机构根据市场需求变化调整创新方向，集齐各方力量完成技术难题攻坚和技术成果转化，最终实现技术创新总体效益的提升。

（三）多方合力共同提升科技创新水平

协同创新有利于企业利用创新主体间的比较优势，形成合力。企业所选择的合作伙伴通常与自身的研发需求、市场需求相匹配，合作双方在创新资源上具有优势互补的特点，如技术互补、人才共享、营销渠道网络共享等，从而形成知识耦合，产生创新集聚效应。为达到最优的协同创新效果，企业在寻求创新合作时，还应当评估对方的创新能力与自身创新战略是否契合及双方的知识势差是否在合适的范围之内。合作双方的资源和能力差异过大会增加协同成本，差距过小则难以开展有效的知识转移、吸收及转化。主体间存在适当的知识势差则能有效进行知识耦合，为技术的良好融合与协同奠定基础，增强参与主体间的协同积极性和效果。

（四）以机制优化释放活力

协同创新必然涉及多个主体，由于所有制、行业属性、管理体制、发展历程等多种因素影响，不同主体之间通常具有多元化的战略目标。一是以目标为导向的混改促进了各创新主体科技体制机制优化。为了激励员工参与创新活动，企业可以将学术性指标加入绩效考核，而大学和科研机构为了调动科学家科技成果转化的积极性，则可以加入经济性指标考核绩效。通过在协同创新联合体层面建立完善的制度协调机制，最终将实现协同主体间目标的协调和统一。二是通过协同创新，借助产权市场、证券市场等完成"混"的任务。再完善治理结构、转变管理机制等"改"的任务中，大部分科技型企业在混改后均建立了"三会一层"制度，持续完善治理结构，推动创新科学决策、规范行权等治理机制的优化。在管理机制方面，通过三项制度改革、科技项目管理、科技成果转化，推动完善现代企业制度、转换经营机制、提高经营效率、激发经营活力和动力，促进企业管理创新。

二、启示

（一）共性技术联合研发平台 / 机制，是协同创新高效运转的先导

我国已经建立起产业技术创新联盟、国家技术创新中心、重点研发计划等多种形式的产学研融合模式。但企业在协同创新实践中发现，共性技术联合研发平台 / 机制才是促进协同创新高效运转的基础。

1）政产学研共性技术联合攻关要实现可持续运行，关键在于选择合适的产学研融合模式，形成各创新主体一致的价值共识与规范等系统性框架。一是明确产学研联合创新的主要功能，以解决产业竞争前技术、产业共同挑战问题为出发点；二是明确创新主体在产业共性技术攻关中的角色，厘清政府前期财政配套资助、大学（科研机构）科研供给与行业技术需求三者间的关系和合作方式；三是形成创新主体之间的价值认同和权责平衡，确定财政资金与社会资本的联合资助方式、产业界研究项目的筛选机制、内部组织管理架构、项目评估体系等。

2）政产学研共性技术联合攻关产业竞争前技术的支撑，要避免违反相关国际规则，减少对市场运行的干扰。面向经济主战场、解决社会需求的重大科技问题及行业关键共性技术问题，需要政产学研融合形成"科学共同体"与"产业共同体"的创新合力。尽管美国科学基金会（NSF）的产业 / 大学合作研究中心（I/UCRC）计划的主要任务在于解决产业竞争前的基础研究与前沿技术问题，但是该计划没有将研究中心建在企业，而是建在大学，以规避关于政府一般不应直接资助企业的国际惯例。此外，大学具有丰富的科研资源和人才培养的优势，以项目为平台可增加科研人员和学生参与产业应用创新的机会，形成人才供需的良性互动。同时，向所有大中小企业开放的模式，增加了公平性和互通性，这值得我国在设计促进大学、科研机构和企业融通创新的机制时借鉴。

3）要形成大学、企业和政府间有效、良性、持续的互动，关键在于合作机制的创新。一是探索多元投入方式，发挥财政资金撬动社会资本的杠杆作用，推动公私合作攻关基础应用研究和产业共性技术。二是构建满足企业参与和与激励相容的约束条件与合作机制，分担研发成本，攻克行业会员共同关心的产业基础性问题，共享科研成果。三是形成类似产业咨询委员会的嵌入式决策机制，确保精准对接产业共性技术需求，实行会员制，由会员主导的产业咨询委员会筛选研究项目，增加企业研究开发的话语权和合作的积极性。同时，企业在创新链前端更早地参与引领性、前沿探索性的基础研究，可以保证政府支持的财政经费真正投入到产业发展需要的应用基础研究中。

四是强化社会经济效益的评价导向，对于面向经济主战场、解决产业共性问题的项目，要以"市场为验金石"为准则，关注产业实际技术问题的解决，对其评价应强化社会效益，弱化学术价值。将会员技术改进、效率提升等实际收益反馈纳入评价，发挥企业在产业咨询委员会中的作用，增加技术的市场应用性。

4）创新组织机制，完善保障机制，扫除由于权责不清、成果收益不明导致的创新主体合作不畅。我国产学研联合攻关的项目涉及的相关权责制度、知识产权分配等一般以非正式的协商协议居多，无形中增加了合作的不确定性，不利于产学研合作的可持续性。一是应设立以会员为基础的类似合作研究中心项目。探索在国家自然科学基金、重点研发专项下设立相应的子计划或者项目，试点产业会员制的制度架构，以限期配套方式资助产业竞争前的基础研究，形成由行业出题出资、大学（或科研院所）承担研发任务、中央财政配套资助的产学研合作机制，通过财政"杠杆效应"撬动社会大众参与，实现自我驱动的可持续的协同模式。二是优化产学研合作的保障细则，完善产权归属、成果共享和利益分配的相关配套制度，特别是受财政资助，攻克产业共性技术问题的产学研合作研发项目。在计划项目立项前，形成企业、高校、科研院所各方取得的知识产权归属、成果的扩散与传播，以及政府监测与介入的方式。

（二）以协同创新带动产业创新，是解决"市场失灵"的有效途径

在投资布局上注重国家战略需要，注重长远发展，提供首台（套）的应用机会，解决市场当中依靠单个企业力量难以实现首次应用和产业化的难题。

1）链主主导下的协同创新会产生强大的组织能力，是保证创新取得成功的关键因素。特别是链主作为重大工程的统筹协调机构，能紧密对接政府战略决策，提出明确的工程建设目标、标准与计划，负责全面组织、协调和推进工程建设，组织开展技术装备协同创新等各方面活动，对工程建设中重大问题作出决策，全面把控工程安全、质量与进度要求。而重大工程的成功均建立在清晰的目标统筹下，有序开展科技创新、工程建设等活动。如国家电网公司用不到4年时间，全面攻克了特高压交流输电技术难关，在特高压交流输电技术和装备制造领域取得重大创新突破，占领了国际高压输电技术制高点，并迅速在±800kV特高压直流输电、特高压交流串联补偿、特高压交流同塔双回路输电、高端输变电设备制造等高技术领域领先世界取得一系列重大创新成果，创造了一大批世界纪录，进一步巩固、扩大了我国在高压输电技术开发、装备制造和工程应用领域的国际领先优势，带动了相关装备制造产业的升级发展。

2）依托协同创新，可以提供新的应用机会，解决市场当中依靠单个企业力量难以实现初次应用和产业化的难题。协同创新可以在一定程度上解决当前针对技术领先企业研发的首台（套）设备面临的市场推广应用困难的情况，弥补"经济-科技"断层的问题，不仅提高高校与科研院所的成果转化效率，还能减少企业的研发成本和研发

风险，实现要素资源的优化配置，加快产品的更新换代，提升技术创新活动的可持续性，而且有利于企业创新活动的顺利开展。提高要素生产效率，实现产业组织结构的高效化。

3）协同创新可以提升科技成果转化水平。通过调动各创新主体的优势资源与联合创新的积极性，能更好地从需求出发，将技术研发、设备研制与应用过程有机衔接，支撑创新顺利推进。协同创新中企业可以根据自己所处的市场环境，把握对市场机会要素的协调能力。一是通过提升创新成果的市场供应能力，准确洞悉市场要素，贴近市场，满足甚至引导市场的未来走势。提升自身的市场供应能力需要提升项目自身的创新能力和动态调整能力，通过不断引导项目吸收外部信息并与已有知识结合，提升自身的市场供应能力以快速响应市场变化，从而正确引导创新项目确立动态、准确的市场定位，有效化解未来各个阶段项目经营的风险。当企业凭借自身力量无法协调市场要素时，可以充分发挥政府、高校等其他创新主体的力量，营造有利于创新发展的市场环境，并能够在用户市场为创新创造舆论环境。此外，中介机构等创新主体的支持也有助于创新成果快速打破局面赢得市场空间。

（二）创新主体优势互补和高效协同，能够打造创新能力强的攻坚力量

协同创新作为一种新型的、复杂的创新组织方式，涉及不同种类创新主体间的沟通与协作。同时，它基于资源共享，各主体间能高效、有效、携手进行一系列科研创新活动。协同创新的推进需要不同创新主体协同互动，只有认清不同创新主体为开展协同创新带来的机遇，发挥其比较优势，才能实现创新产出的最大化和最优化。从我国企业协同实践凝练出的链主协同、节点协同、链条协同、资本协同四种模式可以看出，不同模式下不同类型的主体发挥作用存在差距，不同创新主体通过优势互补，才能共同推动创新迈向新阶段。

1. 国有企业优势

国有企业在协同创新中的优势主要体现在三个方面：第一，战略控制；第二，组织整合；第三，财务优势。国有企业对资源的组织整合优势主要体现在其政治关联特征上，凭借特殊的政治资源优势，国有企业能够依托产业政策构建以自己为核心的创新体系，充足的资金还能够使国有企业开展有条件的并购业务，同时基于并购子公司现有技术进行持续渐进式创新。国有企业的财务承诺优势说明其对创新带来的不确定性有着强大的风险承担能力，除了能够从政府层面获得专项科研资金外，最终控制权的特殊性也使其相较于其他类型企业更容易获得来自金融机构的贷款。[一] 国有企业得天独厚的优势可以有效解决各主体在创新协作过程中的资金甚至是资源约束问题，而国有企业协同他方获得的创新成果也能够弥补自身创新能力不足的缺陷，增强自身综合实力。因此，国有企业当前的优势成为协同创新顺利推进的重要切入口。

〇 贾根良，李家瑞.国有企业的创新优势——基于演化经济学的分析 [J].山东大学学报（哲学社会科学版），2018（04）：1-11.

2. 民营企业优势

相对于其他创新主体，民营企业拥有明晰的产权及完善的自我约束和激励机制。民营企业能够及时、敏感地捕捉到市场环境的变化，基于对效率和效益最大化的追求，民营企业对创新有着强烈的紧迫感，这也有利于民营企业形成较高的创新效率。国家统计局数据显示，99%以上的民营企业为中小型企业，由于管理层级较少，管理权较大且更集中，企业决策力度更强。规模小的民营企业还具有信息沟通便捷、及时、流畅的优势，便于管理层做出具有针对性和实效性的决策，一旦捕捉到市场机会往往能够及时开展技术创新活动。此外，企业的创新活动还在很大程度上受到企业家精神的影响，民营企业家有着强烈的创新热情和实现自我价值的迫切要求，他们敢于突破现状、敢于试错、敢担风险，能够营造出有利于创新的企业文化和机制，从而比较容易在特定领域实现技术上的突破与创新。民营企业作为技术创新的主体，拥有在协同创新过程中各主体所必需的生产要素与生产条件，同时精简的内部机构、高效的执行效率及企业家精神等都能够为各主体在协同过程中提供借鉴，提升协同创新成果的产出效率。

3. 高校与科研机构优势

协同创新关键在于协同与创新，高校和科研机构拥有各领域专业人才，作为协同创新的智库，能够为协同创新各参与主体提供智力保障。除了能够获得自身科研产出商业化收益外，还能够获得科研资金，进一步增强自身研发实力，实现协同创新的高效推进。首先，人才作为创新活动过程中最活跃、最核心的因素，决定了整个创新的效率与成败，而高校和科研机构集聚着不同领域、不同院系和不同学科的大批高层次优秀创新人才，能够根据不同类型的科研任务灵活进行人才组织调整，具有非常突出的技术创新和协同创新能力。其次，作为人才聚集地和培养平台，高校和科研机构有着专业化的人才队伍和一流的创新全局视角，能够紧跟世界科技潮流和创新前沿，为不同经济主体间的协同创新提供智力保障。同时，高校与科研机构也通过为各创新主体提供雄厚的人才储备力量来实现创新活动的持续开展。最后，高校和科研机构作为基础型和应用型平台，已经成功构建一套成熟、稳定的研究体系，并在重要学科和领域积累了厚重的学术基础，基础和应用方面的研究优势使得其在协同创新发展过程中能够比较容易提出新的理论和研究方法，从而能够实现协同创新的快速推进。

4. 外资企业优势

受所有权性质、母国经营环境及技术获取方式等因素的影响，不同所有权性质的外资企业在管理方式、技术创新等方面也存在差别。外资企业依托其母国科技实力，凭借母国技术优势在中国开展技术的本土化活动，用较少的研发支出实现高效率的创新成果商业化，以获取高额的市场利润。[一] 因此，在进行协同创新的过程中，其他创新主体能够加快对外资企业技术的吸收消化，并紧跟世界前沿技术，同时还有利于学

[一] 钱丽，王文平，肖仁桥. 产权性质、技术差距与高技术企业创新效率 [J]. 科技进步与对策，2019，36（12）：105-114.

习外资企业先进的公司治理模式和创新模式，弥补各创新主体创新能力不足、创新模式落后的缺陷。从外资企业的角度来看，协同创新可以弥补外资企业在创新过程中生产资源缺乏的劣势，资源互补和优势互补还可以降低外资企业在市场中的交易成本，实现企业价值的提升。因此，外资企业的技术优势和创新过程中先进的管理模式为当前我国开展协同创新提供了重要的机遇。

除了上述创新主体之外，协会组织、金融机构、中介平台等也都在协同创新过程中发挥着重要作用，各行为主体虽然没有直接参与协同创新的过程，但也都发挥出了自己的比较优势，保障着协同创新的顺利进行。

第六章

国内外企业协同创新实践比较分析

第一节 政策层面比较分析

一、制度体系比较分析

在制度体系方面，西方发达国家高度重视协同创新制度体系的顶层设计，具有比较完备的协同创新法律保障和战略计划体系，政策指导性较强，条例更加明晰，企业能够根据自身情况遵循相应的指导政策。美国自 1983 年起相继成立美国竞争力委员会、国家科技委员会和科学技术顾问委员会等机构推动协同创新，并出台《综合贸易与竞争力法》《史蒂文森—威德勒技术创新法》《美国竞争法》《振兴美国制造业和创新法案 2014》《合作研究与技术促进法案》等确保产学研创新主体间的有效合作。德国成立中央咨询委员会，专门负责推动创新战略落实。日本修订《研究交流促进法》和《大学技术转移促进法》，并实施《产业竞争力强化法》，促使企业与科研院所、大学展开研究合作。

中国政府同样重视创新制度体系的顶层设计，但是现阶段还缺少专门的部门统筹管理协同创新，尽管已经从人才、资金、税收优惠、法律制度等维度出台了支持政策，但是同一类政策出自多个部门，各个部门各司其职，在政策设计和制定上缺少统筹考虑，在政策落实和监管方面缺少跨部门协调，导致政策设计交叉重复，政策执行过程成本提升、效率降低。我国对于企业协同创新的法律法规现在仍处于不完善阶段，尽管近年来我国实施了一系列支撑企业创新的战略决策，同时还发布了相关的税收优惠、财政补贴等政策文件，但针对企业协同创新的法律法规依旧十分匮乏，现存的法律法规并不适合协同创新的形势要求和发展态势。中国目前有关创新的法律法规的层次和范围基本还停留在初级阶段，实用性、针对性等操作性不强。比如，中国知识产权保护法律法规中部分科技成果转化运用的条款缺乏实施细则，不利于实际操作。协同创新的法律法规体系仍存在大量空白问题。比如有些知识产权问题无法可依，造成知识产权冲突频频发生，阻碍创新项目的健康运行。再比如，科技创新型企业所实施的同股不同权制度尚未得到法律认可，不利于事业合伙人模式的推行。为了保障企业协同创新可持续发展，亟待完善法律制度环境。制度建设也存在很多漏洞。由于中国缺少健全的监督管理制度、惩罚问责制度和社会信用体系，协同创新合作协议中往往对权利、责任、利益的界定不清楚，这为后续的利益分配埋下隐患。此外，由于缺少成果转化的风险分担制度和成果价值评估制度，进一步抑制了科技成果的转化和交易。

二、财税支持政策比较分析

在协同创新的财税支持政策方面，美国税收优惠手段丰富，不仅能有效激励企业创新，还能弥补企业研发投入对全社会收益的溢出效应。比如，为了激励企业参加产学研协同创新，美国提出有针对性的减税政策，包括：所有资助大学展开科研的企业可获得较高比例的科研费用税收抵冲优惠；对委托高校进行基础研究的企业允许用其科研投入的 20% 抵冲应纳税款；税法还规定各类科研机构可免于纳税，这些大力度的针对性减税政策为协同创新提供了强有力的资金支持。此外，美国的《减税与就业法案》，将企业所得税由 35% 降至 21%，据美国国会测算办公室（CBO）测算，由于债务融资利息支出税前可抵扣等原因，2012 年美国企业的有效税率为 18.6%，如果考虑研发税收抵免，符合上述法案的美国企业的有效税率仅为 13.3%。此次大力度减税将进一步降低企业成本，提振企业的研发创新投资意愿。

近年来，中国虽然减税方式趋于多元化，但是在目前企业所得税率是 25% 的基础上，高科技企业享受 15% 优惠税率，实际有效税率大致在 20%~24%。相比美国，中国低税率的优势正逐渐丧失，这在很大程度上影响了企业的创新发展，针对企业协同创新的优惠减税措施亟待结构性调整。此外，中国对企业、高校、科研院所和创新平台制定了相应的税收支持政策，税收政策减免力度较大，但是对于各创新主体之间深度融合、协同创新，还缺少针对性的财税支持政策，这导致高校和科研机构更关注科学研究，忽视与企业互动；企业更关注生产和市场开发，忽视科技创新研发等问题。协同创新扶持政策的缺失导致创新主体注重自身发展，不注重合作，产学研协同发展的聚集效应很难形成，抑制了科技创新的整体活力[一]。

三、金融扶持政策比较分析

发达国家的协同创新金融服务体系，通常针对企业所处的不同阶段实施针对性的金融扶持政策。参照美国和日本等国家的经验（见图 6-1）。

一　包健.创新驱动发展战略下我国科技税收政策分析 [J].税务研究，2019（10）：48-52.

图 6-1　发达国家不同生命周期企业金融扶持策略

政府积极培育多元化社会资本，构建多层次金融服务系统，根据不同生命周期的创新主体施行差异化的金融扶持政策。对于初创期企业，重点在于产品创新和市场创新，这一阶段企业生产规模小、产品单一、知名度低、市场占有率低、资金实力不足，需要加强财政帮扶力度，比如美国小企业管理局（SBA）为新成立的公司提供了良好的担保和贷款服务，除了有财政资金直接扶持外，还可以通过建立政府引导基金撬动更多的社会资本，同时也可以求助于天使投资或私募基金等，指引企业摆脱种子期融资困境。对于成长期企业，其注重于组织创新和技术创新，在不断扩大生产规模的同时，市场地位有所提高，风险应对能力有所提升，较容易获得银行信贷支持，可以加大银行贷款支持并探索投贷联动模式，强化搭建信用担保体系，为成长期企业争取更多的信贷支持；对于优秀的成长期企业，则可以选择上市。1971 年美国建立了纳斯达克市场，针对中小企业和高科技企业提供融资服务，上市的成长期企业可以获得稳定持续的融资，还可以拓展市场、寻求合作创新。此外，美国有规模庞大的风投市场，通过风险投资的帮扶，成长期企业不仅可以得到资金注入，还能获得风险投资公司带来的优质的咨询服务。对于成熟期企业，企业进入了产品、技术、市场、资源配置和组织的全方位创新阶段，具有相对稳定的竞争优势，这时要充分发挥直接融资的支持作用，通过发行企业债券、组建股权投资基金等方式为企业提供直接融资。

而在中国，由于金融服务体系不健全，企业各阶段的创新尚不能得到持续、稳定的融资保障。主要问题体现在：一是多层次的资本市场体系还没有搭建完成，特别是重点瞄准创新的科创板市场的建设不足，相关的法律法规、审核监管制度、信息披露制度、市场约束机制、惩戒机制等制度建设尚不成形；二是资本市场风险控制与监管存在多重问题；三是传统金融机构存在风险控制的要求，无法使更多中小企业得到融资服务；四是中国资本市场的融资平台及投融资工具创新不足，企业无法有效满足融资需求。尽管互联网金融在一定程度上填补了企业融资需求，但是互联网金融尚未成熟，在概念界定、发展模式、监管方式等多方面也需进一步完善。而初创企业的融资面临更大的难题。由于投融资银行的门槛较高、审批手续烦琐，民间金融的渗透率不足，初创企业缺乏抵押物，增加了从银行获取贷款的难度，天使投资不愿介入，风险投资很难进入，政府财政扶持资金体量太小，融资方式单一、融资渠道狭窄，企业因此只能采用高成本融资方式，严重影响了企业的发展和生存，造成很多创业项目"胎死腹中"[⊖]。

四、产权保护比较分析

（一）国际合作知识产权保护

全球范围对于国际知识产权的保护设立了一系列的国际公约和条约，1883 年，国际上的知识产权保护主要通过双边国际条约保障。1883 年后多边的国际协定陆续签订，主要包括：一是 1883 年的《保护工业产权巴黎公约》。中国在 1985 年加入该公约，现在已经有 177 个国家成为该公约的公约成员国。二是 1970 年的《专利合作条约》（PCT），它是在《保护工业产权巴黎公约》出现之后，一个专利领域具有里程碑式意义的国际条约，中国于 1994 年成为条约缔约国。三是 1971 年《保护工业产权巴黎公约》签署国在法国的斯德拉斯堡共同签署的《专利国际分类斯德拉斯堡协定》，中国在 1997 年加入该合约，现在世界上 40 多个国家的专利局采取这种统一的专利分类法。四是 1994 年 WTO 成员方签署的《与贸易有关的知识产权协定》（TRIPs）。它是当今影响力最大的知识产权相关的法制国际条约。

随着经济全球化的深入推进，国际科技合作趋势愈加明显。比如美国基础科学领域大部分对外开放，印度与法国联合建立科技中心等。中国的协同创新也不能局限于国内企业、政府、高校、协会等多方主体的合作，要放眼全球，充分发挥各国的人才、技术、资本等要素的比较优势，推动跨国科技合作，通过开放式协同创新，促进要素资源更高效地流动，创造出顶尖、更受益于全球的研究成果。推动跨国协同创新，就需要打造有效的国际合作的治理机制，通过制定统一、平等、互利互惠的国际专利制度、国际标准制度、国际科技制度、国际知识产权制度、国际技术贸易制度等国际规则，消除国家之间在专利申请、标准不一上的障碍，促进创新要素在国际上自由流动，保障各国的权力和利益，为国际协同创新提供更加开放和便利的制度环境。然而，现阶段，世界上关于开放式科技创新的国际协定和规则还极为匮乏，中国在参与国际创新合作的相关规则的制定和修订及治理体系建设方面发挥的作用还有待加强。

综上分析，中国始终积极加入国际合作知识产权保护的法规。然而，随着技术的高速发展，特别是进入信息时代，人工智能、物联网、5G 等新一轮技术革命日渐繁荣，之前有关知识产权保护的世界性条约和公约难以很好地适应日趋多样化的知识产权保护的需求，也不能适应新的世界经济政治形势下逐渐复杂的国际技术合作关系。而且关于创新要素流动、技术标准、技术贸易、技术合作、技术转让等国际协定和公约还

⊖ 沈泽洋. 大众创业、万众创新的制约因素与对策——基于中小微企业发展状况分析 [J]. 经济研究参考，2015（65）: 97-101.

几乎处于空白状态，严重制约了中国推进开放式国际协同创新的步伐。作为发展中大国，中国亟待领衔参与制定国际协同创新的相关规则，为发展跨国的技术、科技创新合作营造良好的政策环境。

（二）国家内部知识产权保护

以色列、日本等国通过立法明确了协同创新主体之间的权利义务和利益分配，保护了创新主体的合法权益。例如，以色列制定了《专利法》《商标条例》《版权法》等一系列法律法规。日本政府借助制度创新的优势，不断推陈出新，完善知识产权立法，并鼓励企业及个人积极参与知识产权立法，使之成为日本的"全民工程"。

中国在知识产权立法方面还比较欠缺，制度建设尚不健全，存在侵权情况较多、维权困难等问题。目前，我国加大力度保护知识产权，并出台多项法律条文，但在实践层面仍需完善管理。涉及尖端、前沿疑难复杂技术的专利案件，涉及市场占有率和知名品牌保护的商标纠纷案件，涉及信息网络传播的著作权纠纷和维护市场竞争秩序的竞争纠纷不断增多。在知识产权保护制度体系中，周期长、举证难、赔偿低、保护方式单一、保护能力有限、维权成本高等问题仍然非常突出。据统计，中国专利侵权实际赔偿额平均只有8万多元，商标侵权赔偿只有7万元，著作权侵权赔偿只有1.5万元，远低于一些发达国家的标准。由于侵权成本低，有些不法商人甚至利用侵权方式牟取利益。在实践中，中国侵权易发多发的现象仍然普遍，2019年，全国法院新收各类知识产权案件481793件，审结475853件（含旧存）（见图6-2）。

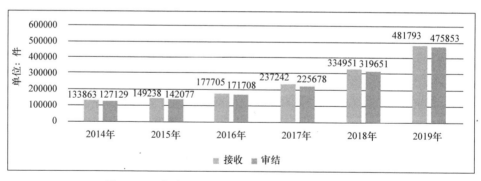

图6-2 历年全国法院接收和审结知识产权案件数量

数据来源：历年《中国法院知识产权司法保护状况》。

此外，我国知识产权保护还面临以下问题：第一，涉及知识产权管理的各环节工作较为分散，如科研项目管理、成果转化和知识产权管理就分属于不同部门负责，统筹管理难度大；第二，知识产权的审批流程较复杂，导致创新成果转化的时效性差；第三，知识产权的运营能力仍然不够。知识产权运营需要综合使用多个领域的专业知识，发达国家的高等院校组成数十人规模的专业团队，但在我国，高校知识产权管理部门大多是由几位管理人员组成，人员不足，专业能力欠缺，难以满足知识产权体系化运营的需要。

五、小结

一是协同创新政策系统性和引导力需要增强。中国目前有关创新的法律法规的层次和范围基本还停留在初级阶段，存在实用性、针对性等操作性不强等问题。由于我国缺少健全的监督管理制度、惩罚问责制度和社会信用体系，协同创新合作协议中往往对权利、责任、利益的界定不清楚，这为后续的利益分配埋下隐患。由于缺少成果转化的风险分担制度和成果价值评估制度，进一步抑制了科技成果的转化和交易。

二是政府需要转变角色，从有为政府向有效政府转变，在协同创新中"边界性"有待加强。我国政府的角色是协同创新的强力参与者，但在实践中，政府部门热衷于出台"选择性"的政策，过分干预企业创新活动，形成了市场"政府先知先觉"的预期，往往导致被扶持领域过热，创新链的延展性远远不够。政策与创新链的衔接远不如与产业链的衔接。代表全球技术前沿的创新形态具有高度的不确定性，产业专家、技术专家和政府官员都不能事先准确判断新兴技术的发展方向，政策如果与产业挂钩，其主要效果将会是诱导企业一味扩大生产性投资，致使我国在科技创新领域很难走出"重复引进和产能过剩"的怪圈。

第二节 市场机会比较分析

一、要素市场化比较分析

在协同创新的市场化方面，许多参与主体本身都遵从市场化运营规则，研究成果也得以市场化。例如，在市场化的国家实验室方面，美国国家实验室是全球最大的科研系统之一，在人事、财务和管理等方面都相对独立。根据运营管理的主体不同，美国国家实验室可以分为政府拥有政府运营、由合同单位运营两种管理模式。美国国家实验室通过市场化运作，以协议分配的模式，利用技术转让、项目委托、委托运营等手段，进行协同创新的利益分配，保障各自权益。美国一部分国家实验室不仅仅是科研机构，还具有包括管理公司、联合研究共同体等混合协同创新的功能，这些实验室早期由政府投资创办，并由大学运营。

中国协同创新存在市场化不完全的情况。一是部分企业为了完成政策任务而开展协同创新业务，在实践中不愿投入费用。部分协同创新联盟是由政府主导进行建设的，如高新科技园区、产业技术研究院等，政府部门运用财政拨款、科研项目、绩效考核、学科专业评估等政策工具推进协同创新建设，导致协同创新其他主体处于被动状态，缺乏参与创新的积极性。例如，部分高校参与此类型的协同创新活动，是为了应付上级主管部门的工作要求，尚未从服务市场需求出发，开展有效的技术研发。部分协同创新联盟很多流于形式，比如工作推进会、对接活动、信息采集等，虽然促进了供需双方的对接，但是消耗过多精力，成效不佳[一]。这些问题将进一步导致合作方之间协同程度不高，难以形成合力。二是协同创新主体之间尚未形成健全的合作机制。科研机构、高校参与科技创新的主要目的是获取更多基础学科领域的研发经费支持，通过协同取得更多原创性科研成果，发表高水平论文。而企业参与协同创新的目的是获取技术竞争优势，满足市场需求并获得超额利润。两者在目标任务、动机机制等方面存在较大差别，因此，伙伴间的信任关系难以维护，难以充分调动协同创新主体的积极性。

二、企业主体作用比较分析

企业是协同创新的核心要素，应在协同创新中起到主导作用。例如，美国企业科技创新是创新成果的重要来源，在科技创新的过程当中，企业发挥着主体作用。企业间构成了联系紧密的协作创新网络，有效促进科技信息的高效流转，不论是大型企业还是中小型企业均对美国协同创新起着不可或缺的作用。韩国是大型企业集团推动协同创新实践的国家。韩国采用"政府＋大型企业集团"的创新体制，在这一体制下，政府主要承担引导和支持作用，对大型企业集团提供一定的政策保护，大型企业集团进行研发活动，中小企业作为大型企业集团的分包商。韩国的整体经济形态凸显出大型企业集团的主导性。在发展的过程当中，韩国的大型企业集团越来越重视研发机构的积极作用，利用多元化的经营策略，集中资源快速抢占市场。以色列的企业则通过获得政府资助的方式对其他公司进行反哺和推动，同时通过成果转化、解决就业问题，服务于社会。

相比世界上的主要创新型国家，中国的企业作为协同创新主体，掌握着丰富的市场信息资源，但由于缺乏协同共享意识而没有及时将这些信息传达给科研主体，造成生产和需求的不匹配；科研主体又常出现专注科技成果研发论证而忽视市场需求的现象，以至于科研成果无法有效转化，被束之高阁。创新资源尚未向企业聚集，科技创新主体之间缺乏协同共享，各创新主体的创新要素流动不充分，在项目、人才、仪器、实验室等资源方面都存在共享不足的现象：如一些大学的重点实验室不能完全开放共享，企业在参与国家重大创新政策及创新规划的制定，以及在国家重大创新决策中的话语权较低，企业参与国家重大科技项目指南编制的机制不健全，未能充分反映社会和市场技术创新的诉求等。

一　李明，高向辉，刘晓伟.产学研协同创新联盟建设问题与对策[J].现代教育管理，2019（10）：47-53.

三、运作资本化比较分析

在当前国际国内"双循环"的背景下，企业需要将自己有限的资源高度聚焦于相对集中的行业，充分利用市场，发挥市场在资源配置中的作用，争取在质量上达到世界先进水平，通过横向与纵向整合，形成规模经济与范围经济。在全面提高我国企业国际竞争力和发展世界级企业的过程中，竞争的载体是建立紧密业务联系和掌握核心技术的大型企业或者大公司，或是采用不相关多元化战略和控股公司模式的"企业集团"，实施适度相关多元化发展战略并发挥"资本+"功能，通过合理运营并购重组、合资合作、上市等资本运作手段发挥多元业务之间的协同效应，做实做深以融助产，构建具有竞争力、影响力和带动力的世界一流企业。

美国联邦政府的资助与支持如何由单纯的科学价值逻辑转向兼顾市场价值逻辑，美国各界经历了长时间的政策讨论和实践探索。20世纪70年代，随着技术变革加剧，产业发展涉及的创新问题与日俱增，建立一种切实可行、可持续发展的大学与产业之间新型的合作关系更加迫切。经过实践探索和不断调整，高校与产业界联合研究模式实现了政产学研深度合作，形成了财政资助逐渐退坡、产业界资金扩大维持运营的良性循环，其对美国技术创新的积极作用得到了政府公共部门认可，最终以美国国家科学基金会（NSF）资助的产业/大学合作研究中心（I/UCRC）计划形式获得政策长期支持。一套行之有效的制度体系是使产业/大学合作研究中心得以可持续运行、并有效推动政产学研融合的关键基础。美国国家科学基金会建立了较为完善的制度架构，以保证产业/大学合作研究中心的高效运行。政府、企业及其他机构与产业/大学合作研究中心开展合作研究，以缴纳会费成为会员的方式参与、分享科研成果，加入前与产业/大学合作研究中心签订一份会员合同，规定相关的权利、义务和责任。产业/大学合作研究中心设立会员基金，会员分为一般会员和协作会员，协作会员指有明确技术研发需求的企业，需要缴纳更高的会费，高出一般会员费的分配给研究基金。根据会员资助经费的多寡确定会员级别，并决定其在产业咨询委员会（Industrial Advisory Board，IAB）的投票权。

此外，从国外企业协同创新的实践来看，国外更注重坚持科技创新与知识产权工作的结合，加强重点创新领域的知识产权创造、应用、管理和保护能力；更注重加强重点领域关键核心技术的知识产权储备，构建产业化导向的专利组合和战略布局；更注重加强知识产权成果的运用，重视知识产权的许可和转让，提高知识产权成果的资本化运作水平，强化跨国知识产权许可管理能力，从而形成核心竞争力壁垒。

中国企业在协同创新资本化运作方面将推进混合所有制改革作为企业转型升级的突破口和重要途径。通过提升混改定位、拓展混改范围、提升混改深度等，持续引入产业升级所需的技术、资金、市场等关键资源，优化产业布局，加快构建协同创新生态圈。不仅注重单向引入非公资本，进一步完善企业各类业务链条，还瞄准产业链的关键环节，通过投资、兼并重组、设立基金等多种方式参与非公投资，更加突出对行业的带动作用。更大范围、更高层次、更多路径推进混改。因企制宜选择引入战略投资者、上市、资产重组、并购等"混资本"方式，加快引入战略投资者，加快转变二级单位资产形态，持续释放体制机制活力。

四、小结

一是要充分实现创新资源要素的市场化。"营造各种所有制主体依法平等使用资源要素、公开公平公正参与竞争、同等受到法律保护的市场环境。"形成竞合关系，协同推动行业、产业技术进步，达成多方共赢的局面。

二是中国协同创新市场化还需要将制度优势和巨大的、有活力的市场充分结合起来，推动创新主体间协同创新发展合作的积极性。进一步发挥协同创新参与主体的创造性，着重加强企业在协同创新中的重点主体作用，激发企业协同创新的积极性。

三是"资本+"的作用需要进一步放大。注重发挥混合所有制改革在优化创新要素配置、调整产业结构、构建协同创新生态中的关键作用，将混合所有制改革作为推进协同创新战略实施、促进产业升级的重要抓手。当前最为紧迫的任务是布局在创新链中具有半公共产品性质的应用开发和中间试验环节，构建混合所有制协同合作格局，形成"大中小"企业的分工协作关系。同时，立足长远，以稳链、强链、延链、补链为目的推进混改，不断引入新技术、新模式、新业态，提升产业基础高级化、产业链现代化水平。通过股权多元化、引入战略投资者、重组整合等方式，建立产业间相互投资、交叉持股的资本纽带关系，共享共用技术、市场、资本、人才等关键资源。抓住董事会治理、任期制和契约化管理、中长期激励三个"牛鼻子"，加快放权授权，真正推动协同创新发展。

第三节　创新资源比较分析

一、人才支持体系比较分析

企业协同创新对高级技术人才和管理人才提出了更高的要求，但是相比发达国家针对创新人才吸引、培养和激励大力度的支持政策，我国当前的宏观政策条件对人才的吸引力仍然不足，致使优秀人才匮乏、流失严重，制约了创新发展。具体如下：

在高校和企业的衔接方面，社会上仍然以学历作为评判人才的基本依据，硕士、博士等高学历人才被作为社会重点培养群体，而对本科和职业教育学生的创新能力培养重视不够，在劳动力市场人才选拔任用上对本科和职业教育学生重视度也明显不够，存在认识上的不足，缺少德国等国家施行的"高校教育、职业教育"双轨制教育体系；

高校在人才培养上依然以守成性教育作为主导，美国等发达国家普遍采用的启发式教学、探究式教学、研讨式教学、导学式教学等有助于培养创新思维的新模式、新方法尚未得到广泛运用，对于学生的评价过于重视知识获得而忽视了能力培养，综合测评也没有将思维、个性、创新等纳入其中；高校为培养创新人才需要设置必要的学科和项目，也可能根据市场需求设置专门的学位，但是目前高校的学科设置和学位制度还必须经过教育部审批，高校缺少自主权。由于审批程序烦琐、审批时间长，很有可能导致高校错失发展的机会，致使人才培养与市场创新需求脱节。在企业培训方面，由于缺少针对性的扶持政策，企业领导和员工的培训大多是被动完成，缺少德国等发达国家终身学习的理念，尚未形成人人主动学习、探索创新的文化氛围。

在海外人才引进渠道方面，一是过度依赖政府主导，聘请外国专家也大多由政府"牵头"，市场的积极性和主动性没有得到充分调动，引进的人才也不能满足协同创新多样化的市场需求，而美国企业每年雇佣超过 300 万名科研人员，占美国全国科研人员总数的三分之二。美国 2015 年颁布的《美国国家创新战略》提出多种措施留住留学生和海外人才。二是我国对海外人才在税收优惠、知识产权保护、技术成果转化等方面的激励不足，人才发展的软环境建设不强，缺少引进海外高端人才的专门的绿色通道，海外人才流入意愿还有待提升。而日本早在 2007 年便提出了"世界顶级研究基地形成促进计划"，在物质保障、研究体系、研发环境及研发内容等方面，都给予海外人才极大的自由决策权。

对中小企业和初创企业创新人才的支持力度方面，相比成熟企业和大企业，新成立企业和中小企业，规模小、收入少、分工不明确，创业者创业实践经验、个人素质连同高端人才的储备等方面都存在先天不足，企业发展前景、管理机制、员工待遇、个人发展等问题受限，现有人才也存在不断流失的现象，而我国政府对这部分群体的支持力度不够，导致企业因缺少人才而创新力量不足。

二、共性基础研究投入力度比较分析

基础研究是国家提升原创能力最重要的载体，强化基础研究是建设科技强国战略的必然选择，更是推动协同创新的重要基础。

当前，中国政府高度重视基础研究，自 2006 年以来，中国研发投入以年均 22.7% 的幅度快速增长。然而，与发达国家相比，中国基础研究仍存在较大差距，主要体现在缺少推动学科发展的重大科学发现，创新人才短缺，因基础研究能力不足导致核心技术缺失，缺少前沿科研成果让很多企业也失去了孵化动力，即便找到了资金也因缺少好的项目而丧失创新机会，由此限制了中国产业升级，更对协同创新的推进造成非常不利影响。究其原因，最主要是基础研究的投入存在诸多问题：一是基础研究投入总量不足，占全社会研发经费比例长期过低。据统计，2016 年中国基础研究投入 237 亿美元，占研发总支出的 5.20%，而世界主要创新型国家基础研究投入比重基本在

12.60%~23.80%（见图 6-3）。2019 年，中国的基础研究经费为 1335.6 亿元，占研发比重的 6.03%，首次突破 6%，相比世界科技强国，中国基础研究投入还远远不够。二是对基础研究经费执行结构性失衡，中国基础研究活动是由公共部门主导，2016 年高校占基础研究总支出的比例为 52.60%，研究机构占 44.30%，而企业的基础研究十分薄弱，仅占 3.20%。2019 年，企业对基础研究贡献达到了 10.40%，但仍远低于 2016 年日本和韩国的 46.70% 和 57.70%，与英国 26.40% 美国 25.80% 的占比也相差较远（见图 6-4）。此外，基础研究领域的社会环境还需要进一步优化，项目管理不灵活、人才流失严重、激励机制匮乏、评价体系单一、学风道德建设不够等问题还普遍存在。

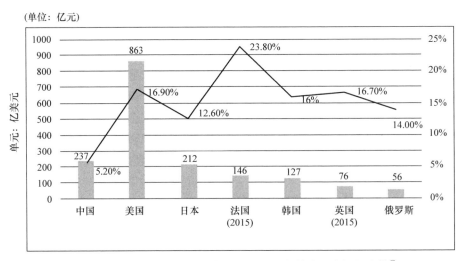

图 6-3　2016 年中国与世界主要创新型国家基础研究投入比较[一]

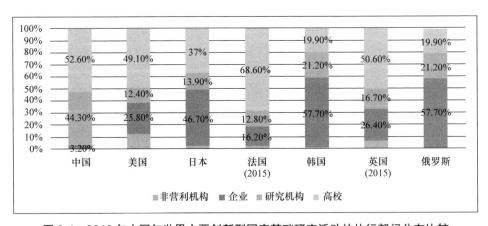

图 6-4　2016 年中国与世界主要创新型国家基础研究活动的执行部门分布比较

[一]　姜桂兴、程如烟.我国与主要创新型国家基础研究投入比较研究 [J]. 世界科技研究与发展，2019（1）：537-548.

三、中小型企业所获资源比较分析

近几年，为发展企业创新，我国中央和地方政府颁布了很多帮扶创新企业的优惠政策，但是多数优惠政策都是针对特定类型的创新企业，对企业设定了较高门槛，门槛以下的创新企业由于无法享受优惠政策，在实际应用中差距被拉大。而在实践中，已取得国家级认定资格或者其他权威资格的创新企业，往往都是发展比较好、运营比较成熟的创新企业，大多已形成了较稳健的盈利机制，对优惠政策的依赖程度并不高。相比之下，一般尚处于初创阶段的企业或中小企业是难以取得资格的创新企业群体，正处于急需政策扶持的时期，而政策资源对于这类企业恰恰是空白，导致中小企业特别是初创企业失败率较高。例如，在中山生物医药产业调研中我们发现，中山市政府对生物医药产业补贴较多，但主要集中在固定资产投资、设备购置、经营管理等，对研发环节的投入力度远远不足，特别是对中小企业和初创企业的资金支持极其薄弱，导致很多中小企业和初创企业难以度过最艰难的研发环节。

与世界主要创新型国家相比，我国对于中小企业发展的政策支持力度亟待加强。比如中小企业在融资方面，美国成立联邦小企业管理局（SBA），为当地中小企业提供金融服务，为中小企业发展提供创新投资和长期贷款，并实施一系列法律法规为中小企业融资提供制度保护。根据美国《联邦采购条例》，如果服务采购项目、货物额度大于50万美元，或工程项目采购超过100万美元，必须将合同价值的23%转让给中小企业。此外，美国还推出"制造业扩展伙伴计划（MEP）""小企业创新研究计划""国家制造业创新网络计划（NNMI）"等创新计划，加大对中小企业立足先进制造业领域的金融支持力度。日本早在1937年就成立了中小企业保证协会，在全国各地设立信贷担保公司，后来政府又成立了中央金融公库，为中小企业提供债务担保和再担保。而在中国，还缺少专门针对中小企业融资的政府部门和政策性金融机构。另外，虽然中国信用担保机构快速发展，但绝大多数还集中在中心城市，无法惠及更多的地处县城乃至乡镇的中小企业。

四、第三方创新服务体系比较分析

第三方创新服务体系在美国多种多样，涵盖了技术转移服务、人力资源服务、法律事务服务、金融资本服务、管理信息咨询服务等。其中，信息传递、咨询评估等科技中介服务，促进了科技创新成果的转化和传播，在各部分创新主体间发挥了很好的"纽带"作用。英国建立了完备的信息技术交流网络，促进创新主体间的沟通交流，同时建成了知识转移网络、技术转移办公室等，推动科技成果向企业转移。相比发达国家，中国的第三方服务体系尚不发达，比如，科技中介机构发展尚不健全，中国科技中介机构大多缺乏处理信息与风险不对称的能力，阻碍了创新主体间优势互补，降低了凝聚力和创新力，从而阻碍了协同创新活动。由于缺少交流平台，国企民企之间，企业与科研单位、高校、融资机构之间缺乏有效的信息交流，金融信息和科技信息分布不对称，协同创新各方主体无法均衡掌握信息，给各方的沟通增加了难度。研发主体缺乏对市场需求的了解，企业对研发团队的研究进展和成果应用也缺乏认识，信息传递不及时、不准确，直接扰乱了协同创新的顺利推进。此外，风险投资机构、技术转移机构、孵化器、金融服务机构、法律咨询机构等服务机构资源也十分短缺，阻碍了协同创新有序发展。

五、小结

一是我国共性技术研发供给能力不足。共性技术研发功能退化成为我国诸多产业部门创新体系结构性缺陷的症结所在。从发展历史来看，多数重点行业、科研院所企业化改制源于政府机构改革和职能转变，但随后并没有配套增量改革跟进，造成旧的共性技术研发机制被打破，新的共性技术研发机制没有建立起来。

二是我国现有的国家（重点）实验室功能定位不准的问题严重。美国国家实验室在人事、财务和管理等方面都相对独立于大学，而中国的实验室则完全依托大学和院系，这导致我国大学和院系教授主导的国家实验室实际上成为学科建设和基础研究发展的平台，任务导向型、战略性的前沿技术研究主体在中国的创新体系中十分稀缺。同时，我国实验室都是单一学科的，反观美国和德国的跨学科的、综合性国家实验室建设，旨在解决大学学科交叉不足的问题。我国的国家实验室在研究项目设立方面没有区别于既有的高校和科研院所，因而造成了较为严重的重复建设。其中一个突出的问题就是国家实验室的研究成果通常需经过二三十年的积累和转化才能形成经济效益。

三是科技中介机构的能力亟待提升。中国科技中介机构大多缺乏处理信息与风险不对称的能力，妨碍了创新主体间的优势互补，降低了它们的凝聚力和创新力，从而阻碍协同创新活动。

第四节　创新机制比较分析

一、决策机制比较分析

协同创新发展良好的国家都有较为完善的决策机制。世界各国，如美国、日本等，其创新决策机制总体呈现出一些共同的特征，一是协同创新的主体都以企业为主，二是政产学研协同创新，以市场为导向。具体情况又根据各国的文化传统、政策体制等不同有着差异，具有各国特点。例如，美国鼓励产学研直接面对市场化的自由合作，政府通过建立制度和政策体系促进产学研合作。

中国企业在协同创新联盟建设过程中，由于协同创新决策机制不健全，参与主体协作程度不够高，导致很多协同组织缺乏技术转移机构、风投机构、金融服务机构、孵化器、法律咨询机构等创新主体的积极参与，如云南白药、吉利的协同对象较为单一，以民营企业或外企为主。

二、研发投入机制比较分析

国外部分发达国家已经形成较为完善的研发投入机制。例如，美国研发总投入遥遥领先且稳定增长，政府每年投入大量研发资金，支持企业和科研机构开展创新活动，保证科研创新的连续性，促进企业和科研机构开发新技术，增强国家科技实力。其中，美国政府在基础研究领域投入较多。据统计，美国基础研究投入占全社会研发投入的15%，其中资本投入大部分来自政府[一]。德国政府资金原则上只能用于基础研究和进入市场竞争前的应用基础研究。其使用原则是：一是公开；二是保护竞争；三是独立控制科研机构。德国还建立了详细的资金供应协议，重点支持科研创新能力强的科研区域[二]。可以看出，国外研发投入机制重视基础研发的投入。此外，国外也有专门的风险投资资金加入创新成果的开发、产品化及产业化等步骤，如专门的金融投资支持或是政府专门拨款等。在部分发达国家设有专门的合作基金，如英国和日本的科学基金、教育与企业合作的奖励基金等。

中国在研发投入机制方面，从产业端来看，协同创新的风险投资体系建设不完全，未能为各主体方合作与创新提供宽松的投融资环境；从资金需求方来看，高等院校、科研机构科技成果转化能力弱，而且资金可投入量较少，创新之路面临较大的试错成本和不可控风险。我国的科技政策偏向于管理、成果转化等环节，但是在前瞻性引领等方面还亟待加强战略规划和顶层设计。此外，目前我国政府本身支持协同创新的补贴扶持政策较少，同时对有关参与协同创新的社会资金政策支持力度尚不充分，相关专项政策的缺少使得协同创新的创造活力未能得到充分发挥，各协同创新主体方缺少合作资金的稳定来源，进行协同创新的能动性受到了抑制[三]。从资金提供方来看，由于协同创新成本高，投资风险大，投资方也不清楚如何筛选能够带来盈利的优秀创新标的，目前对于投资方的倾斜保护政策尚不完备、不详细，对在协同创新过程中出现的问题尚未有明确的政策说明与指导，在一定层面上约束了资金提供者的投资效率与投资动力。

⊖ 罗敏静. 战略性新兴产业协同创新的政策支撑体系研究 [D]. 南宁：广西大学，2017.
⊜ 薛万新. 德国产学研协同创新驱动机制及其对我国的启示 [J]. 创新科技，2017（1）: 4-8.
⊝ 张在群. 政府引导下的产学研协同创新机制研究 [D]. 大连：大连理工大学，2013.

三、成果转化机制比较分析

各国政府越来越重视学校在科研成果产业化方面所发挥的作用。据统计，世界发达国家转化率都高于40%[⊖]，而中国高校科技成果转化率却低于30%；国外发达国家科技进步对经济增长的贡献已经达到50%~70%，中国科技进步对经济增长的贡献只占约30%。可以看出，国外协同创新的成果转化效率更高。例如，德国在2016年启动"创新高校"项目，将高校"成果转化与创新"提升到和教学、科研对等的地位。日本几乎每个较大的地区都设立了一个"高科技市场"，且其选址主要集中在大学和科研机构密集地。

在创新驱动发展战略的指导下，我国的创新水平虽然有了很大的提升，创新成果大量涌现，但存在成果市场化不足的问题。一是科技专利存在泡沫化现象。当前科技专利数量多但质量不高，市场适应性较差。例如，创新脱离市场需求，目前高校和科研院所作为研发的主要力量，在科研过程中缺乏与企业的交流，多通过间接渠道了解市场信息，无法准确掌握市场需求。科研人员往往选择的是本领域某个专业的具体细节，很少从本技术发展的前景、技术与经济的融合视角进行科学研究，更较少将市场因素考虑在内，所以研究成果也不能对企业产生吸引力，导致学术成果与企业有效需求的结构性失衡。此外，企业的"短视效应"也导致成果转化不足，企业追求短期收益而引发低端技术锁定也是创新成果供给不足的原因。一些企业缺乏长远目标和战略规划，在短期收益面前，往往会放弃长期技术投资。二是在创新成果转化过程中存在的转化机制不通畅等问题，使优秀的创新成果不得不束之高阁，无法得到有效利用。各参与主体间存在的信息不对称问题成为制约创新成果转化的客观因素。研究方不知道转化方的支付能力和支付意愿，转化方也不确定创新成果的成熟度和未来市场价值。三是转化风险大导致转化不充分。目前我国科技成果转化的资金来源主要有政府拨款、自筹资金和金融融资，但政府的科技投入仍然不足。企业虽然是技术创新的受益者，有较强的创新动力，但基于成本收益分析，不愿承担转化失败带来的损失，对成果转化望而却步。此外，我国金融市场对科技成果转化支持不够，特别缺乏投资风险基金的支持。以上原因，加之没有相对健全的投资风险共同承担机制，导致了优秀的创新成果仅仅停留在实验室阶段，造成了资源的浪费。

四、考核评价机制比较分析

国外在协同创新的考评方面主要以市场导向为主。例如，美国政府协同创新的考评重要目标之一就是推动技术创新。美国政府在鼓励创新时，建立政府与企业、科研机构等主体间的协同创新机制，并保持机制内良性互动。在该机制中，政府与科研机

⊖ 中华人民共和国教育部科学技术司.2015年高等学校科技统计资料汇编[M].北京：高等教育出版社，2016.

构依靠契约精神展开合作，通过签订合同进行协同创新，政府主要负责提出技术需求、提供购买及研发资金，企业和科研机构等主体可以独立进行市场化判断，同时享有技术研发创新活动的自主权。考评后存在技术调试期，政府选择具备一定基础和市场前景的技术产品给予重点支持，给予企业及科研机构调试和完善技术的时间，并通过继续签订政府采购合同，推动创新技术逐步走向成熟。在技术成熟期，政府部门可以优先通过加大订购技术创新产品助推技术创新产品的市场化，给予市场良好预期，再逐渐退出对技术创新产品的扶持。

中国尚未建立符合协同创新特征的考核评价体系。在企业方面，不少企业的创新产出评价仅用于对研发部门的考核。然而，企业创新应该是贯穿研发、设计、生产、销售、服务、全流程与职能通力协作的结果，其成果也应体现在各职能的考核上。同时，考核多数关注商业化转化，对基础科学、前沿领域、产业标准、内部创新管理、外部协同创新效果等全维度能力考核的体系缺失。在高校与科研院所方面，许多高校现有的科技创新绩效评价机制不完善，评价方式主要以论文、专利数量为主要指标，而关于专利实施、成果转化及经济效益等衡量专利实用性的指标占比较小，重视试验结果，忽视转化效果，没有真正将科技成果转化工作纳入考评体系中，导致高校内部对专利转化的积极性不高。

五、培养与激励机制比较分析

协同创新发展多年的国家十分注重对于人才的培养与激励。例如，美国持续推行技术移民和本土培养并重的策略，多次修改移民政策，促进技术移民，目前1/3的在美科学家和工程师来自国外。英国大学学制改革采用实践教学模式和综合培养模式，探索知识创新与技术创新的协同发展路径。日本重视吸收和培养海外科技人才，在物质基础、研究体系、研究环境乃至研究内容选择等方面给予了国外高层次人才很大的自由裁量权[一]。

中国协同创新的培养与激励机制存在不完善的方面。例如，目前国有企业对科技研发人才的创新激励相对不足。国企的传统管理模式强调层级和管理，人事决策权在上级主管单位，下属的科研单位或研发部门缺少自主权，对于研发课题的选择、研发人员的管理、研发经费的发放由上级单位确定，在评选研究成果时更注重数量规模，对于人才的选拔任用和晋升更看重工作年限、利润贡献等因素，缺少对研发人员和创新知识成果的尊重，由此降低了国企创新活力。此外，中国科研机构的研究产出与市场需求不一致，欠缺针对应用型科研的专项基金扶持和正向激励政策。大学及科研机构是协同创新的重要主体，是基础性研发的源头，只有针对科研工作者的激励偏好制定政策，才能调动科研工作者的创新积极性。同时，已有的涉及科技成果发明者的物

㊀ 贺德方，乌云其其格. 日本"世界顶级研究基地形成促进计划"及其启示 [J]. 中国科技论坛，2011（12）：156-160.

质奖励制度实施程序烦琐，如作价入股后的科技成果被认定为国有股权，对技术发明者的股权激励需要依靠国有股权交易系统实施，需要经过十几个政府部门审批，激励制度中周期长、环节多、利益不确定性高，从而减少了利益引导的效益。

六、小结

一是我国协同创新组织机制由于权责不清、成果收益不明导致创新主体合作不畅。我国产学研联合攻关的项目涉及的相关权责制度、知识产权分配等一般以非正式的协商协议居多，无形中增加了合作的不确定性，不利于产学研合作的可持续性。如设立以产业会员制为基础的类似合作研究中心项目，探索在国家自然科学基金、重点研发专项下设立相应的子计划或者项目，试点产业会员制的制度架构，以限期配套方式资助产业竞争前的基础研究，形成由行业出题出资、大学（或科研院所）承担研发任务、中央财政配套资助的产学研合作机制，通过财政"杠杆效应"撬动社会化参与，实现自我驱动的可持续的协同模式。

二是协同创新特征的管理机制需要进一步优化。不少企业的创新产出评价仅用于对研发部门的考核。然而，企业创新应该是贯穿研发、设计、生产、销售、服务、全流程与职能通力协作的结果，其成果也应体现在各职能的考核上。同时，考核多数关注商业化转化，对基础科学、前沿领域、产业标准、内部创新管理、外部协同创新效果等全维度能力考核的体系缺失。协同创新的体制机制障碍依然存在。大型企业尤其是国有企业是协同创新的重要力量，但国有企业受制于现有考核指标等硬性要求，对协同开展基础研究和前沿技术研究的热情大打折扣。国有企业特别是大型央企作为我国经济和产业技术发展中的主导性力量，在开展基础研究和前沿技术方面的独立研究及协同创新方面具有更好的科研基础和潜力。但现有的国有企业管理制度及相应的审计监察制度体系对其投入基础研究缺乏有效的支持和激励，制约了其基础研究投入的积极性。

第七章

中国企业协同创新建设目标路径

第一节　指导思想

中国企业协同创新本质上是各创新主体以实现科技自立自强，促进产业基础高级化、产业链现代化，有效支撑经济社会高质量发展为牵引，突破相互之间的壁垒，充分释放"人才、资本、信息、技术"等创新要素活力，加强创新协作，提高创新资源生产质量和配置效率效益，营造良好的创新生态，促进科技与经济融合发展。

目标引领，支撑战略。以实现科技自立自强为主要目标，围绕"优"（优化市场环境）和"带"（带动行业转型升级），集中各主体创新力量、协同攻关，加快国家创新体系建设，助力新发展格局，推动经济高质量发展。

立足当前，着眼长远。持续开展行业及技术发展趋势研判，加强创新战略谋划，明确技术研发方向与重点，建设支撑不同创新主体开展战略性、前瞻性、基础性的研究体制机制，加强未来技术储备，培育长远竞争优势。

问题导向，突出重点。重点解决工业核心基础零部件元器件、关键基础材料、产业技术基础、先进基础工艺和基础软件（简称"五基"）等受制于人的问题，夯实产业基础能力，推动产业基础"从无到有"的突破和"从有到优"的升级，实现产业基础高级化，提升产业链、供应链现代化水平。

需求牵引，科技推动。坚持需求牵引和科技推动相互作用，探索并突破新技术，形成创新成果，主动实现价值增值，形成战略优势，占领科技创新制高点，扩大市场份额，形成核心竞争力。

以我为主，开放共荣。以强化自主创新能力为主，通过产业链上下游协同，生产制造、研发设计和市场协同，大中小企业协同，各类创新要素协同，实现重点突破，掌握一批具有自主知识产权的核心技术。在具有良好发展基础的重点领域形成"领跑"优势，逐步打造产业从全球价值链的中低端向中高端迈进，带动技术、制造、标准全方位走出国门。

第二节　构建目标

协同创新是推动科技创新、促进科技与经济融合发展的重要抓手。中国企业协同创新的目标是：提升创新资源配置能力，促进科技自立自强，创造一批世界领先的颠覆性科技成果，形成一批世界一流创新型企业，构建良好的协同创新生态体系。

创造一批世界领先的颠覆性科技成果。在重点行业和重要领域攻克一大批关键核心技术，掌握一批核心技术领域的高质量专利，主导形成一批产业领域的国际标准，在关键领域产出一批国际领跑的创新成果，占领科技创新制高点。

形成一批世界一流的创新型企业。对标国际同行业先进水平，加大研发投入强度，搭建更多具备国际先进水平的实验室和试验基地等科研平台，掌握一批具有自主知识产权的关键核心技术，突破制约行业／产业发展的技术"瓶颈"，引领行业技术进步。提高科技创新成果商业化转化能力，实现多维度创新，增强企业竞争壁垒，发展一批细分领域"专精特新"隐形冠军，勇当原创技术"策源地"和现代产业链"链长"。

构建良好的协同创新生态体系。建立以企业为主体，以市场为导向，产业链、供应链、创新链、资本链有效衔接，各类创新主体分工明确、协作高效，产学研深度融合的技术协同创新生态体系。

第三节　实现路径

在立足新发展阶段、贯彻新发展理念、构建新发展格局的时代背景下，中国企业协同创新发展是构建新型举国体制、助力重大科技创新的重要途径。中国企业协同创新的总体思路可以概括为：深入贯彻党的十八大以来党中央对协同创新的一系列重要部署和论述，落实深化科技体制改革和国家创新驱动发展战略要求，以增强大中小企业和各类主体融通创新为总体要求，以提高协同创新能力提升为主线，以理顺协同创新组织架构为重点，以完善协同创新机制为核心，以规范创新管理为基础，强化科技战略引领，强化资源统筹配置，强化成果转化与应用，强化人才培养和激励，着力解决制约科技创新的体制机制问题，打造优质的协同创新体系。

中国企业协同创新的实现路径可以概括为："一个引领，两个体系，三个步骤，四个提升，五个机制，六个保障"，即以"科技自立自强"为引领，推进"自主创新体系、开放创新体系"两个体系的建设，遵循"协同创新攻坚期、协同创新突破期、协同创新融汇期"三个步骤，实现"推动协同创新动力提升、推动协同创新方式提升、推动协同创新管理提升、推动协同创新效果提升"四个提升，深入推进"研发投入机制、协同创新决策机制、成果转化机制、考核评价机制、容错纠错机制"五个机制的完善，增强"政策保障、市场保障、组织保障、人才保障、服务保障、平台保障"六个保障。

这是中国企业协同创新要坚持的重要发展思路。研发投入机制、协同创新决策机制、成果转化机制、考核评价机制、容错纠错机制是适应创新发展、市场发展和战略转型等内外部形势要求提出的新举措。"一个引领，两个体系，三个步骤，四个提升，五个机制，六个保障"共同形成了中国企业协同创新的道路指引。

一、一个引领

党的十九届五中全会提出坚持创新在中国现代化建设全局中的核心地位，把科技自立自强作为国家发展的战略支撑，为新时代建设创新型国家提供了重要遵循。

中国企业协同创新建设要以"科技自立自强"为引领，这是立足新发展阶段，应对错综复杂的国际环境、深度参与并赢得新一轮科技革命和产业变革竞争的必然举措。

提升自主创新能力。"自主创新是企业的生命，是企业爬坡过坎、发展壮大的根本。关键核心技术必须牢牢掌握在自己手里。"企业必须不断在核心技术上实现突破，拥有更多具有自主知识产权的关键技术，把握行业发展的主导权。

突出"独创独有"。增强原始创新能力，致力于更多的非对称性"撒手锏"的开发，把发展主动权、科技自主权牢牢攥在自己手中，推动中国科技发展取得历史性成就，产生颠覆性革新。

强调战略导向。"面向世界科技前沿、面向经济主战场、面向国家重大需求、面向人民生命健康"，把握科技创新规律，攻克国家发展的战略难题，在战略必争领域获得新突破，抢占科技制高点。

二、两个体系

中国企业协同创新建设要构建"自主创新体系、开放创新体系"两个体系，是在中国特色社会主义市场经济条件下对原有举国体制的创新发展，体现了与时俱进的创新性。

构建自主创新体系。面向科技长远目标进行系统性布局，大力发展原始创新，重点加强关键技术、基础技术和前沿技术研究，不断完善有利于激励创新、成果转化的利益共享和分配机制，充分利用技术市场和资本市场，建立起促进创新的科技金融体系，形成以企业为主体的自主创新体系。

构建开放创新体系。集成不同创新主体力量办大事，加强大中小企业与高校、科研院所、科技中介等主体间的创新协作，促进国内外创新资源有效衔接，形成布局合理、层次清晰、分工明确、协作高效的开放创新体系。

三、三个步骤

基于科技自立自强战略体系下的协同创新不是一蹴而就的，而是应当在当前创新驱动发展的战略框架体系内，分步骤、分重点、分时期展开。协同创新受创新主体、政策环境、市场机制等影响，实施路径可以细化分解为攻坚期、突破期、融汇期三个步骤：

协同创新攻坚期。协同创新攻坚期是 2021~2025 年，这一阶段的主要特征是打破各创新主体间的壁垒，促进各创新主体的良性互动，打造一批具有国际竞争力的协同创新型企业和产业集群，初步形成具有中国特色的协同创新体系。

协同创新突破期。协同创新突破期是 2026~2030 年，这一阶段的主要特征是协同创新体系更加完备，区域协同创新和产业协同创新格局基本形成，成果转化的速度和效益大大提升，协同创新的主要领域进入全球价值链中高端。

协同创新融汇期。协同创新融汇期是 2031~2050 年，这一阶段的主要特征是形成良好的协同创新生态，实现科技与经济深度融合、相互促进，中国成为世界主要科学中心和协同创新的策源地。

四、四个提升

中国企业协同创新要实现"动力提升、方式提升、管理提升、效果提升"四个提升。

推动协同创新动力提升。由依靠企业家驱动向全员创新驱动提升，由依靠技术进步驱动向技术、市场和资本融合的"三轮"驱动提升。一方面，进一步发挥企业家在协同创新中的作用，搭建员工创新创业事业平台，增强自下而上的基层员工创造力，与自上而下的顶层推动相结合，形成可持续的强大创新动力；另一方面，强化市场需求在企业应用技术和实验开发项目立项、管理和资源配置中的话语权，实现市场驱动与发展基础性、战略性和前瞻性研究的技术驱动的有机结合，同时强化技术与资本的融合，发挥科技金融创新对协同创新的助推作用，快速推动科技成果的转化应用。

推动协同创新方式提升。由引进、集成和原创并存向以原创和集成为主、引进为辅的方向提升，由以现有价值链优化改进为导向的"流创新"向以创造新价值、新需求为导向的"源创新"提升。一方面，充分利用市场掌控力和科研基础能力强的优势，集成创新链和产业链相关方优势技术，形成以原创和集成为主、引进为辅的创新格局，真正掌握科技竞争和企业发展的主动权，培育具有国际竞争力的自主品牌；另一方面，加强以新价值、新需求创造为导向的"源创新"，提升各创新主体的活力和影响力，为科技自立自强培育未来增长引擎。

推动协同创新管理提升。由仿照"生产管理"向"人本管理"提升，由聚焦研发环节的科研管理向面向全链条的创新管理提升，由以本土配置资源为主向全球统筹配置资源提升。一是基于科研工作的创新性和不确定性，充分赋予科技人员宽松自由的创新空间，营造尊重人才、尊重知识、尊重创意的创新氛围，充分激发创新活力和热情；二是围绕产业链布局创新链和资金链，改变过去单一部门为研发主体的管理模式，变为多部门、多主体共同参与合作研发的协同模式；三是加快全球创新资源配置步伐，加大海外高端科技人才的引进，加强海外研发平台的建设，凝聚国内外优势研发力量，聚集全球智力资源，更加积极主动地融入全球创新网络，实现全球创新资源的整合利用，同时积极推进技术和标准的海外输出，实现向创新资源全球化统筹配置转变。

推动协同创新效果提升。在技术水平上，由部分技术领域突破引领向核心技术领域全面引领提升；在功能作用上，由以支撑服务为主向引领支撑并重提升。投资有巨大市场潜力并对创新发展有重要影响的创新载体，实现向核心技术全面引领转变；集合优势资源，增强支撑创新发展的源头供给能力，形成一批具有国际影响力的原创技术策源地，实现科技自立自强。

五、五个机制

从国际来看，较为完善且具有代表性的国家创新体系，均需通过完善机制设计来保障创新；从国内来看，各创新主体协作关系的优化，亟待通过机制优化来助推，引导资源向各创新主体集聚和优化配置。面向不同行业、不同层次的协同创新主体参与者，从"研发投入机制、协同创新决策机制、成果转化机制、考核评价机制、容错纠错机制"全寿命周期协同创新管理视角优化相关机制，实现"政策法规保障、科技中坚力量保障、科技人才保障、财政税收保障、投融资资金保障、市场化资源配置保障"等更多保障。

（一）深入推进研发投入机制

构建适合协同创新发展的研发投入机制，合理布局研发经费的投入方向，推动科研与产业资源投入的合理联动，按照"多元化投资、市场化运作、精益化管控"的原则，广泛积极地吸纳社会资金参与创新攻关与建设，合理筹措债务性资金，积极争取政府的创新支持，强化投资过程控制，多措并举保障创新成效，合理降低资金成本，实现经济目标。

建立多元化筹资渠道。建立企业资本金、社会股权融资、银行贷款、专项债券等多渠道筹融资组合，实施多元化融资。一方面，推动链主企业成为创新引领者，重视应用基础研究，在核心关键技术上成为掌控者和领跑者，全方位创造引领机会、引导消费，并根据行业的不同、企业规模的不同、项目进入市场时间的不同，按照不同比例调整研发经费的投入。以 GE 为例，进入市场 10 年以上的长期技术研究经费约占总研发投入的 10%，5~10 年的中期技术研究经费约占总研发投入的 20%，5 年内进入市场的技术研发项目经费约占总研发投入的 70%。另一方面，在协同创新组织内部，设立创新基金，支持"计划外创新"。对于国有大型企业集团，既要坚持集团计划刚性，又要兼顾柔性。建议每年拿出一定额度的资金，在集团层面设立创新基金，专门用于资助"计划外"的重要研发和创新活动。对这部分的资金项目，建议实行"能进能出"的灵活项目管理方式。

合理筹措债务性资金。 发挥创新主体资信优势，按照"保障创新发展、降低资金成本"的原则，积极筹措债务性资金。细化资金预算管理，合理安排资金筹措规模和时序，减少资金冗余；准确把握时机，签订大额长期锁定资金成本的固定资产贷款合同，降低建设期利息；合理安排债务资金结构，保障资金需要和降低未来还款压力；细化合同条款，尽最大能力减少建设期的利息支出。

强化投资过程控制。 坚持全寿命周期的资金管理理念，建立协同创新投资管控体系，制定投资控制流程，明确各创新主体在项目可行性研究、工程设计、招投标、竣工决算，以及整个项目资金流成本控制及资金筹措等过程中的具体职责，确保各创新主体在协同创新各个环节的有序衔接、高效协作。

（二）深入推进协同创新决策机制

建立分级协同创新决策机构。 实行多级法人结构的分级决策模式，集团层面谋求战略发展，关注中长期重大协同创新决策事项；产业子企业关注当前产品研发任务决策事项，快速响应市场需求并及时做出调整。集团协同创新决策领导小组由集团领导、各部门负责人组成，负责审议集团协同创新战略、中长期科技发展规划、年度研发项目计划、重大协同创新事项、对外合作事项、协同创新管理政策制度。下属产业单位协同创新决策领导小组由单位领导、各部门负责人组成，负责审议创新战略与规划、年度研发项目计划、产品研发任务事项及协同创新管理制度等。

加强协同创新风险防控管理。 一是针对协同创新风险的特性，采用正向与逆向相结合的双向论证。运用正向可行性论证对协同创新的必要性、关键设计原则、技术路线、技术可行性、设备国产化方案及远景规划等重大问题进行系统科学的研究论证。运用逆向不可行性论证识别协同创新中或协同创新后可能存在的不确定性和风险因素，以及可能产生的后果。将正向可行性论证与逆向不可行性论证相结合，为全面研判各类主要风险对协同创新的影响提供双向的、有价值的参考与借鉴。

二是依托项目扎实推进首件先行与示范引路。以协同创新的单项工程创新及重点专题为重点，制定首件先行认可机制，集中力量把各类单项创新中的首件作为重点，经评议得到各方一致认可后，总结形成相关原则、标准和方案，再全面推广实施。通过建设示范工程，加强调试运行监督，积极组织交流经验教训，提升风险认知与防控水平，总结推广协同创新示范经验，以示范引路扎实推进规模化应用。

三是严把关键领域关口，加强源头风险管控。严把各关键领域的源头风险，着力将防控机制的关口前移，力争在萌芽阶段消除风险或者使风险始终处于可控、在控范围。在科研攻关领域，加强数学量化模型及大数据等新兴信息技术的辅助应用，充分利用试验测试技术及仿真模拟工具，从科研攻关前端业务发现并合理解决重大风险。在工程设计领域，引入设计监理制度，在施工图阶段狠抓事先指导、中间检查、成品校审三个环节，提高设计内部审核标准和要求，确保从工程设计的风险源头形成有效防控。在设备研制领域，统一技术路线和重大设计原则，组织厂家互校产品设计，组织第三方专业机构进行专题设计校核，确保设计方案的高可靠性和最优化，促使设备研制先天具有抵抗风险的"强健"体质。在施工建设领域，推动全面科学的安全预案与应急管理，健全风险源识别、预案编制审核、预案执行反馈的安全预案管理体系，从根本上预防风险事故发生。

四是健全前瞻周密的分类分级管理规制和体系。结合协同创新特性，在充分总结、借鉴国内外同类或相似经验教训的基础上，按照超前研究、周密策划的原则，遵循事前谨慎预防，事中可控、能控、在控，事后认真检查总结的思路，建立健全由创新管理纲要、专项工作大纲和实施方案组成的"纲要 - 大纲 - 方案"三级管理制度体系，统一管理程序和工作流程，保证各环节业务与目标的一致性和有效衔接，从而全面有效地指导协同创新推进的各项工作，合理稳固地规避或降低各领域、各环节的潜在风险。

五是重视法律法规保障，依法合规防范风险。坚持"科研攻关、设备研制、工程建设和标准化工作同步推进"的原则，由链主单位积极推动设立标准化工作机构，组织相关领域、先进单位的专家学者组成关键科技标准化技术工作委员会。依托协同创新，结合核心技术研究、关键设备研制和工程应用，建立涵盖系统集成、工程设计、设备制造、施工安装、调试试验和运行维护等方面的全套核心技术和关键设备的标准与规范，为形成协同创新的可推广、可应用的整套技术和工艺方法奠定良好基础，有效规避知识经验积累、创新成果转化、专业人才流失等方面的潜在风险。

（三）深入推进成果转化机制

加强企业与高校及科研院所的高效协同，支持高校及科研院所设立专业化科技成果转化办公室，各协同主体可提取高于10%的科技成果转化收益进行机构综合能力建设及科研人员绩效奖励。在协同创新各创新主体成员之间，打造科技成果转化激励的"试验田"，可将成果转化收益的70%~95%一次性奖励给科研人员。针对专利成果现存的"重申请，轻实施"的问题，采取专利成果转化促保护的政策理念，加大落地专利成果的奖励力度。鼓励有条件的企业、高校及科研院所采取成立研究院、控股企业、产教融合基地、科研分支机构等多样化的形式推动成果转化。

健全成果转化收益分享机制。根据各创新主体对科技成果的贡献度，建立有效的收益分享机制，有效解决各创新主体参与成果转化的动力问题。对于专利成果归属为科研机构的，可采用"基本收益 + 后续提成"的方式；对于成果预期收益不确定、定价较困难、一次性购买价格较高的，可采取后续提成的方式；对于科研机构和企业共同研发的项目，成果归属为双方所有，成果转化可按照科研机构技术入股或固定比例分红的形式，共同孵化成果。

强化科研全过程成果应用导向。针对应用型科技研发项目，从立项、研发、验收和成果转化的全过程加强成果应用导向和市场导向管理，使得成果从起始阶段便以应用为目标，提高成果最终转化应用的成功率。

建立产学研用一体化协同合作机制。一是协同制定科技创新规划。企业参与审定科研机构的技术规划制定，科研机构参与企业的产品规划制定；二是建立长效的沟通交流机制。建立协同创新主体定期交流机制，了解对方资源、需求和发展动态，跟进创新项目进展情况；三是建立项目制人员内部流动机制。探索科研机构研发团队成员随成果进入需求单位"驻厂"，进一步根据市场产品需求完善开发成果，确保成果能够转化为市场需要的产品。

探索重大成果联合孵化机制。支持科研机构以技术作价入股的方式与企业成立合资实体平台，联合孵化重大成果，从本质上解决技术出资人利益分配机制的问题，有效调动技术出资人积极实现成果的转化，推动科研成果商业化。

（四）深入推进考核评价机制

建立差异化协同创新的考核体系。基于不同类型创新主体的功能定位、核心业务及创新特点具有明显差异，分类构建创新考核指标体系。例如，针对企业研发经费投入强度，参照不同行业的国际先进标准，采取差异化目标管理和考核实施办法；针对高校建立多元化的考核评价体系，将高校内部评价与考核导向和企业创新发展的实际需要及产业技术瓶颈相结合、相挂钩，强化科研人员的协同创新意识，鼓励和引导科研人员与企业、科研机构合作，开发产出具有经济效益的科研成果。

建设绩效导向的分类薪酬体系。基于协同创新工作的三类价值，即企业激励、市场激励、产权激励，提出适用于协同创新的四种基本激励模式，即高基薪激励、提成制激励、专项奖励和长期激励。不同协同创新模式可以根据本体系定位、目标等选择不同激励方式（见表 7-1）。

表 7-1　协同创新激励模式的基本类型及适用性

激励体现	激励模式基本类型	适用性	扩展类型
企业激励	高基薪激励	基础前瞻性、共性技术研究的激励	核心骨干人员高基薪
		长期性／大项目／企业整体的激励	团队高基薪
市场激励	提成制激励	针对项目的激励	项目收益提成
		针对产品销售的激励	销售提成
		针对发明专利的激励	转让收益提成／许可实施收益提成／自行实施收益提成
产权激励	专项奖励	针对发明专利的激励	专利发明奖励
		针对个人和项目成果的事后奖励	优秀创新个人奖／创新成果奖
	长期激励	针对企业经营管理者、核心员工的激励	长期（股权）激励
		针对科技成果转化（产业化）的激励	技术奖励、技术折股、企业分红

　　根据不同科技创新工作类别的差异性和特点，定义重点激励对象及其特征，结合上面的四种科技企业基本激励模式，采用适用性的激励方案，有效激发科技人员的创新潜能（见表 7-2）。

表 7-2　不同创新主体激励模式

科技创新工作分类	重点激励主体			激励方法	
				针对性	全面性
基础前瞻性、共性技术研究工作	高校的科技领军人才、科研骨干			高基薪	长期激励
小规模科技成果转化项目研究	高校的科技领军人才、科研骨干	中介服务机构及企业技术与市场复合型人才		提成制	
大规模科技成果产业化	高校的科技领军人才、科研骨干	中介服务机构及企业技术与市场复合型人才	企业经营管理者	长期（授权）激励	

　　以上各激励模式并非完全独立运作，企业应在实施过程中对以上激励模式进行组合运用，以达到最好的综合激励效果。

　　建立多层次的激励约束机制。从协同创新组织体系和体系内人员两个层面，分别建立激励约束机制，调动科技成果转化的积极性。在协同创新组织层面，设立产业化基金、科技创新专项基金等，对重大技术成果与产业化推广合作项目予以重点支持；对科研单位设置科技成果转移率指标，对产业单位设置成果转化成功率指标；可采用分层收益的方式，提升各主体参与成果转化的积极性。在体系内人员层面，采用薪酬激励、分红激励、股权激励等多种激励方式，将成果转化应用与科研人员利益分享相挂钩，充分调动科研人员推动成果转化应用的积极性和主动性。

　　完善企业家的考核机制。突出国有企业领导者选任与提拔的创新导向，加大协同创新在企业负责人绩效考核中的权重，完善评价体系和实施方案，开展国有企业创新发展经营绩效考核改革行动，提供有益于改革创新精神产生和成长的制度安排和商业环境，激发企业家的创新活力。

　　（五）深入推进容错纠错机制

　　增强协同创新体系成员包容性。针对创新风险性强的特点，建立包括人员流动、资本提供、技术支持、成果转化、考核激励等在内的创新容错机制，切实打消企业家及员工开展企业创新活动的顾虑。明确容错的基本原则和认定标准，设立科学合理的退出机制，进一步明确组织责任、实施责任、个人责任或免除责任的相应条款，并配套建立决策纠错机制，加强动态跟踪调控，把风险和损失降到最低，营造鼓励冒险、包容失败的氛围。

针对不同的协同创新主体构建有针对性的容错体系。积极妥善处理好协同创新的顶层设计，密切跟踪和科学应对协同创新中出现的新情况、新问题，及时出台和完善更加细致规范的操作流程和方案，扫除协同创新体制机制障碍；建立健全政府各部门密切配合、协调运转的工作机制，以国家相关部委联合发文的方式，明确免责条例，降低国资监管机构和国企负责人承担因市场变化产生风险的顾虑，减轻民营企业的顾虑；在组织巡视、纪检监察、审计等环节对协同创新设立"容错机制"，允许在改革目标与效果之间保留一定的空间，对不是因个人贪污腐败、决策程序缺失等因素造成的损失视情免责；建立改革申诉机制和专业评判制度，对有争议的改革追责，成立以法律、财务、审计、管理等专业人士为主的专家组，依据商业原则进行评判。

健全企业家容错制度。针对国有企业领导普遍惧怕国有资产流失的问题，明确区分探索精神与违纪违法行为，构建敢于创新的氛围，不让干事创新者受委屈、想不开、背包袱。对于恶意侵吞国有资产、打着创新旗号骗取国家补贴等情况的国企领导人加重处罚，建立良好的创新保障机制，既监督到位，又免除国企企业家在协同创新时的后顾之忧。

营造容错的社会舆论环境。在社会价值体系和舆论引导上加大对创新创业的宣传和推动力度，让国企企业家赢得更多的社会支持、尊重和认可，鼓励企业家的冒险精神、探索精神和试错精神。

六、六个保障

中国企业协同创新建设要增强"政策保障、市场保障、组织保障、人才保障、服务保障、平台保障"六个保障。

（一）政策保障

完善协同创新法律法规体系。充分认识中国经济运行规律，结合中国企业发展实际和改革需要，依照现实中科技成果转化所遇到的各种新情况、新问题颁布制定相关的新法律法规，持续完善和健全中国科技创新成果转化的法律体系，为彻底实现以协同创新全面促进中国产业结构转型升级提供法律支撑。⊖

打破协同创新各主体间的体制机制阻碍。针对不同所有制企业间的协同创新，科学界定国有资本绝对控股混合所有制企业和相对控股混合所有制企业的政策区别，科学界定国有资本出资人对国有绝对控股、相对控股及参股混合所有制企业的监管边界，探索有别于国有独资公司的监管模式，进一步理顺政府与企业之间、股东与企业之间、决策与执行之间的三种关系，增强协同创新各主体的发展活力、提高创新产出效率。针对企业与高校、科研院所的协同创新，在政府指导规划框架下完善产学研三方签约

⊖ 袁航. 创新驱动对中国产业结构转型升级的影响研究 [D]. 北京：北京邮电大学，2019.

机制，设立产学研协同创新管理委员会，明确企业、高校、科研院所在应用基础研究、应用技术研发、中试孵化、研发成果进入产品化和产业化等协同创新链条上的分工，各主体相互了解研发成果信息、借调互换研发人员、联合组建攻关团队。形成以市场需求为导向、以企业为主体，高校及科研机构发挥主动性的长效机制，在相同或相近领域技术创新攻关上形成更大合力。

建立结构性的税收优惠体系。灵活运用财政补贴、财政贴息、事后奖励、政府采购等多种财政手段，使资金的激励效果最大化。对于开展协同创新，且在应用基础研究等方面取得重大成果的企业给予一定的税收优惠，并针对实现科技协同的企业，采取结构化的税收优惠体系。一是进一步完善研发费用加计扣除等支持企业研发投入的税收优惠政策。完善现有企业研发投入加计扣除政策，根据战略需要加大对重点行业和领域的税收优惠，引导企业加大研发投入。动态更新企业海外购置国内空白的用于科研的设备清单，对符合条件的企业执行全额进口退税。二是加大对风险投资和成果转化阶段的税收激励力度。进一步引导社会资本加大对初创企业的资金投入，对公司制创业投资企业、有限合伙制创业投资企业、天使投资等风险投资机构和个人加大税收优惠力度，探索构建企业成果转化应用环节的税收激励模式，鼓励企业将研发的成果进行商品化。三是完善对企业科技人才个人所得税优惠政策。进一步完善个人所得税税收优惠方面的落地政策。细化企业科研人员股权激励、技术入股递延纳税政策[一]。四是建立支持中小企业技术创新的税收激励制度。提高中小企业研发费用加计扣除比率，并对不足抵扣部分给予税收返还或允许无限期向后结转。对一定期限内投资科技型中小企业的所有投资者给予投资额 70% 的税前扣除[二]，投资损失允许抵扣普通所得。

加大财政支持力度。瞄准世界科技前沿，重点对关键性共性技术、前沿引领技术、颠覆性技术等加大财政资金投入，积极将协同创新的技术领域纳入国家科技创新体系、科技规划及产业规划，争取国家科技创新的政策支持和资金投入，在企业自建科研设施、土地资源、政策性贷款等方面获得相应支持。加大对公共科技创新平台和科技企业孵化器等有利于科技成果转化的财政资金扶持力度。充分考虑企业技术创新需求，优化五类财政支持科技计划投入结构。划拨部分财政资金，用于支持企业牵头开展的行业共性技术研究；在国家重大专项中，划拨部分资金支持企业的"卡脖子"技术攻关，鼓励企业开展核心技术攻关；在国家重点研发计划中，划拨部分资金用于支撑企业牵头开展产业链协同技术创新。对于在应用基础领域取得重大突破的企业，通过申请认定，给予适当财政补贴，引导企业敢于啃"硬骨头"；实施"产学研合作项目财政支持行动计划"，对企业自发牵头组织开展的产学研合作项目给予 1∶1 的财政补贴支持。

㊀ 《财政部国家税务总局关于完善股权激励和技术入股有关所得税政策的通知》（财税〔2016〕101 号，简称财税〔2016〕101 号文）。

㊁ 薛薇．完善我国支持企业技术创新税收政策的建议 [J].经济研究参考，2015（48）：110.

（二）市场保障

增强企业协同创新中的主体地位。 推进协同创新发展必须坚持市场化改革的方向，建设良好的创新、营商环境，完善企业改革和监管的政策环境，让市场在资源配置中更好地发挥决定性作用，把市场的活力激发出来，使企业成为自主经营、自负盈亏、自担风险、自我约束、自我发展、充满活力的独立市场主体。

营造良好的协同创新市场环境。 坚持"两个毫不动摇"，全面贯彻落实党中央、国务院关于发展混合所有制经济、创新发展的方针政策和战略举措，以协同创新为切入点，加强国有企业与民营企业在科技创新中的协作，支持国有企业带动产业链上中下游、大中小微企业同步快速包容性成长，在公平公正的国内外市场环境中平等竞争，最大限度实现资源的合理配置；鼓励民营企业参与国有企业的改革创新发展，赢得更广阔的发展平台，促进国有经济与民营经济互利共赢、合作同进，实现行业及国民经济持续健康发展。

增强资本市场对协同创新的助力。 加强科技资源和金融资源的结合，进一步完善有利于科技创新的多层次市场体系，根据企业规模和定位提供多元化的金融服务，发挥好创业板、科创板、区域性股权市场科技创新专板、政府引导基金的作用，进一步鼓励 PE、VC 等私募股权机构发展，创新融资工具，并加强各板块之间的互联互通，增强对科创企业全寿命周期的融资发展服务。

（三）组织保障

探索完善科技创新新型举国体制。 针对协同创新特点，新型举国体制应采取针对性设计。针对战略目标多元化，加强统一的决策指挥，确保各类创新主体围绕核心目标形成合力；针对资源配置多元化，探索专门的组织管理流程，既要形成相对稳定的战略科技力量，又要充分动员全社会的科技创新力量；针对成果目标多元化，从论证之初就加强与市场的衔接，探索一边攻关一边应用的机制；针对创新主体多元化，按照不同主体的定位、活动规律，有针对性地进行考核、激励等制度设计；针对制度环境多元化，围绕战略目标加强改革协调和政策衔接，破除组织实施中的制度障碍。

根据不同创新主体的特点配置资源。 构建科学合理的分工协作机制，引导和激励各创新主体有效衔接、高效运行。**根据科研与产业协同需要，** 企业提出技术研发需求，提供研发资金支持，参与科技成果的评估，与高校、科研院所等其他创新主体协同完成新产品研制和示范应用，实现科技成果向产品商业化的转化；高校、科研院所以实现技术转移和成果转化为目标导向，为企业提供具备转化条件的技术成果，提供产品定型、产品改进技术支持和产品试验检测验证，配合企业完成新产品研制和示范应用。**根据不同创新主体的资源条件，** 企业作为面向市场的生产经营单位，其生产、营销部门承担创新链的后端职能。企业发展具有核心竞争力的高端产品，负责新产品的生产制造和市场推广，实现科技创新的经济价值，是成果转化的应用主体和利润中心。科研院所作为协同创新的源头，应侧重于创新链中端，以产品开发为重点，专注于在特定业务领域开展满足当前或短期市场需求的产品研发活动，以市场需求为导向，主要承担研发活动中"发"的职能，服务企业生产经营活动，为企业未来发展寻求新技术和新业务增长点，同时也为企业当前的事业发展提供技术支撑。高校作为企业的基础研究平台，应侧重于创新链前端，主要承担研发活动中"研"的职能，开展对创新链长远发展具有战略意义的基础前瞻性研究，以及各创新主体发展需要的关键技术及共性技术基础研究，为企业发展、管理创新及行业可持续发展提供决策支撑和智力支持。

（四）人才保障

加强协同创新各主体人才培养力度。加强系统、全面的内部培训；建立企业研发知识库，使新员工快速了解所需知识，实现自我学习成长；为了方便检索使用，全面推进研发知识库的信息化；培养兼有管理能力和技术水平的复合型研发管理人才；与高水平外部机构交流合作，能够有效提高研发员工的技术水平和管理水平，包括开展技术合作项目、引进管理和技术培训、参加论坛和标准化组织等。建设研发人才梯队，形成高中低合理搭配的研发人才队伍。

加大科技人才引进力度。建立更加理性、合规的海外人才引进制度，对人才引进中的子女教育、住房、配偶工作等做出合理安排，探索国际人才管理改革试验特区；尝试成立国际人才信息交流中心、海外高层次人才项目孵化中心及高层次人才服务中心，使得目标人才群体能够享受到更多人才引进优惠政策。

探索科研人才双向流动机制。探索建立灵活的外部科学家聘任机制，建立科学家学术访问制度，以全职、特聘岗位、高级咨询等短期聘任方式，聘任高校和科研机构的专家学者到协同创新主体开展研究工作，灵活借助外脑攻克技术难题，加强前沿科技领域信息的共享；鼓励科研人员到高校及科研机构兼职及交流，支持协同创新主体科研人员到高校及科研机构兼职科研、讲课工作或开展交流活动，传授应用性技术技能和创新实践经验，促进科技资源和知识的共享。

（五）服务保障

坚持"共担风险，但不分享收益"的原则，设立官方或半官方科技中介服务机构，实行市场化运营管理，建立一套灵活的投资方式和严密的投资效益评价方法及其指标体系，为技术、融资、管理等相关问题牵线搭桥，一方面，根据各创新主体发展的不同阶段，提供相应的信息服务、人才培训、评估咨询、风险投资、融资担保、市场开拓、成果推广等；另一方面，针对不同科技企业、不同创新主体的孵化，在初创阶段风险较高时，政府出资与企业共担风险，对于进入孵化器的企业，政府提供无息优惠贷款，创业失败的企业无须承担偿还责任，降低创新创业风险，提高协同创新的成功率。

（六）平台保障

加强协同创新平台建设。一是充分发挥中试基地在中国产业创新体系中的作用和优势。优化、整合、升级、开放现有中试基地，培育新型中试基地，改变经营模式，走向产业化，面向全社会开放，尝试将中试基地交给民营企业或专业的产业孵化机构来运营，激活协同创新活力；二是在国家层面搭建国有企业协同运作平台，建立由龙头企业牵头的"协同创新平台"，统筹各类主体创新资源，突破当前各主体间的体制机制限制，加强当前"卡脖子"及应用基础领域的合作，共享创新资源和成果，实现攻关克难，打造创新的新据点；三是进一步发挥好国家级研究机构的创新能力，根据中国现有科技实力，深化协同创新合作机制，依托最有优势的创新单元，综合全国创新资源，建设突破性、引领型的国家科技研发平台，加强前瞻领域的针对性研究，形成中国独有的科技领先优势。

构建国际研发平台。以全球视野谋划创新，积极参与国际创新资源的配置，明确海外研发机构的战略定位，以共建机构、自建机构、技术并购等多样化方式建设海外研发机构，打造拥有若干轴心、资源要素互联互通的多层次海外创新网络体系，覆盖全球重要的创新资源集聚地和主要的海外市场，增强我国企业在人脉、语言、技术、人才和资本等方面的优势，促进海外研发机构融入所在国乃至全球科技创新网络。

第八章

中国企业深化协同创新的政策建议

第一节　完善协同创新政策体系

一、完善公平融合的法律法规体系

一是系统梳理和分析现有法律法规，结合我国企业发展实际和改革需要，找准我国目前协同创新相关法律法规及政策中存在的问题和矛盾，借鉴主要发达国家相关成熟的法律法规，加大对相关法律法规、政策措施的立、改、废、释力度，从立法的角度平衡和保障各创新主体的利益、激发全社会的创新动力和活力。

二是充分认识我国经济运行规律、企业发展规律，加快对《中华人民共和国合同法》《中华人民共和国物权法》《中华人民共和国公司法》《中华人民共和国企业国有资产法》《中华人民共和国企业破产法》等相关法律法规的修订工作，推动税费、资产评估、资产划转、劳动关系、土地处置、债权债务等方面规定适用于企业协同创新，为国有企业带动大中小企业融通发展提供更加有力的法治保障。

三是根据企业协同创新发展需要，建立健全产权保护、激励创新、公平竞争、国际合作、协同创新、成果共享等政策法规体系，为各创新主体建成风险共担、利益共享体制机制提供法律法规依据。同时，在融资、税负、管制、市场准入等方面平等对待各创新主体，构建不同经济成分融通竞合的市场环境，为实现以创新驱动全面促进中国高质量发展提供法律支撑。

二、完善知识产权制度

一是完善知识产权政策体系建设。进一步降低专利权损害赔偿的证明责任相关标准，将侵权获利的举证责任倒置给被告方。降低侵权及假冒伪劣等行为的刑事责任最低标准，依法没收违法所得，销毁侵权产品，责令侵权者对知识产权人所造成的一切损失加以赔偿[一]。

二是加大知识产权保护力度。建立完善知识产权审核与监督制度，充分运用区块链、人工智能、大数据等技术搭建智能审查和监督系统，提高知识产权审查与监督的质量、效率；构建知识产权研发管理平台，方便知识产权转化；完善知识产权风险评估与防控机制，遏制创新型产业对知识产权的盲目竞争。

三是引导和支持市场主体创造和运用知识产权。引导企业已有知识产权应用与二次开发，降低创新成本，培育核心技术，实现资源的最大化利用。同时，以鼓励知识产权利益分享为纽带加速创新成果知识产权化，激发企业的创新积极性和科研人员的创新热情，强化知识产权制度对协同创新的基本保障作用。

三、深化财税金融激励政策

一是加大财政对协同创新的支持力度。坚持市场运作和政府调节相结合，结合我国企业技术创新的特点和规律，从创新源、创新动力、创新能力和创新过程等环节入手，综合运用政府采购、财政贴息、发放创新券、事后奖励、鼓励社会资本支持创新产品的应用示范及扩大生产等措施，鼓励企业加大研发投入、购买新技术。灵活运用财政补贴、政府采购等多种财政手段，最大化财政支持的激励效果。

二是提高税收优惠政策的普惠性和激励力度。首先，建立支持中小企业技术创新的税收激励制度。提高中小企业研发费用加计扣除比率，并对不足抵扣部分给予税收返还或允许无限期向后结转。对一定期限内投资科技型中小企业的所有投资者给予投资额 70% 的税前扣除[二]，投资损失允许抵扣普通所得。允许技术入股个人延期到股权转让时纳税。允许科技型中小企业经营亏损向前结转 3 年或允许成立 5 年的企业亏损无限期向后结转等[三]。其次，加大对风险投资和成果转化阶段的税收激励力度。允许投资机构参照其投资的高科技企业所得税税率缴纳所得税，对重点领域的投资收益给予一定比例的税收减免或退税优惠。对企业专利产品市场收入实行税收抵免政策或减税政策，鼓励企业将研发的成果进行商品化。最后，完善对企业科技人才个人所得税的优惠政策。细化企业科研人员股权激励、技术入股递延纳税政策[四]，基于持股年限、转让收益增值情况等因素差异化设置个人所得税缴纳税率。加快出台针对企业科研人员成果转让、科研奖励等激励收入的个人所得税优惠政策，进一步激发企业优秀科研人才的创新热情。

三是提升金融支持协同创新的匹配度和融合度。完善银行支持协同创新的投贷联动模式。鼓励商业银行加大与投资、保险等金融机构的投贷联动，支持企业创新，加

○ 曹致玮，董涛. 新形势下我国知识产权保护问题分析与应对思考 [J]. 知识产权，2019（07）: 66-74.
○ 薛薇. 完善我国支持企业技术创新税收政策的建议 [J]. 经济研究参考，2015（48）: 15.
○ 薛薇. 发达国家支持企业创新税收政策的特点及启示 [J]. 经济纵横，2015（5）: 110.
○ 《财政部国家税务总局关于完善股权激励和技术入股有关所得税政策的通知》（财税〔2016〕101 号）。

强对承担政府重大科技专项、重点研发计划和重要科技成果转化等项目企业的专项支持。同时，建立正负清单，逐步取消保险基金等对股权投资的限制，增强长周期资金与协同创新需求的匹配度。不断加强投资机构助力协同创新的能力建设，完善全寿命周期投资管理体系，培育技术趋势研判、产业资源组合、优质项目打造及投后管理服务等能力，扶持更多具有颠覆性、跨越性和实用性的企业创新项目。

第二节　营造共创共赢的协同创新生态环境

一、强化协同创新文化基础

一是加强协同创新引领。积极建立各创新主体都认同的文化价值基础，使各个创新主体聚集在一起，消除文化价值冲突，实现协同效应[一]。大力宣传国有企业与民营企业协同创新、融通发展的成功案例，特别是总结改革创新过程中可复制、可推广的成功经验，引导社会各界积极支持和广泛参与协同创新发展。

二是营造开放的合作环境。鼓励企业、高校、科研机构等各类创新主体采取开放式、多元化合作方式，拓宽不同类型企业创新发展的合作通道和路径，鼓励非公资本以多种形式参与国有企业技术创新合作，支持国有资本依据产业链、价值链优势互补的原则积极入股非国有企业，优化创新资源配置，加强产业链分工协作，促进国有企业与大中小企业在科技创新中取长补短协同发展，推动关键核心技术、产业共性技术群体跃进。

三是强化企业领导者的协同创新意识。企业作为协同创新的重要主体，其领导者要从思想意识上深刻领会企业与其他创新主体开展协同创新的重要意义，把有效地推进企业协同创新工作作为自己的责任，在企业战略谋划及组织管理、生产经营中，将混合协同创新与企业发展这一中心紧密挂钩，自上而下倡导协同创新的价值理念。

四是健全协同创新的容错纠错机制。增强对各协同创新主体失败的包容和调整，探索制定适用于各协同创新主体的容错纠错、免责、免罚清单和可量化协同创新容错指标体系，科学划清"可容"与"不容"的明确界限，限定容错项目个数、项目金额等，在可接受的范围内，允许各创新主体和科技人员大胆试错，营造出包容失败的内部容错环境。

二、明确各创新主体分工定位

一是推动政府由科技创新活动强力参与者向科技创新服务提供者的转变。首先，

㊀　杨升华. 企业实现协同创新的路径选择 [D]. 南昌：南昌大学，2015.

在国家创新生态系统中，政府作为创新主体之一，应针对协同创新发展的不同领域、不同主体、不同环节，综合运用政府购买服务、无偿资助、业务奖励、财税补贴等方式，支持国有企业与中小型企业、高校、科研机构共同开展技术研发、转化、产业化，促进企业间的良性竞争和创新资源在各创新主体间流动，构建符合我国各创新主体协同创新发展实际需求的治理机制。其次，在基础性共性技术和产业共性技术的研发中，政府应发挥主导作用，以重大科技项目为载体，以财政资金为支撑，推动各创新主体协同创新；在一般竞争领域技术创新中，政府应发挥服务作用，以企业为主导，为加强金融与研发的结合提供有利的政策环境，为研发项目引入金融资本、社会资本，解决资金问题。再次，在企业、高校和科研机构等创新主体混合协同创新实践中，政府应发挥积极引导作用，引导各创新主体建立利益分配机制和风险控制机制，整合并提升创新效率与经济效益。最后，把握好政府规制力的强度与激励企业创新的准度。我国政府应以创造良好创新环境为目标，找准国家战略与市场导向的有机结合点，提升科创资金补助的力度和准度，达到突破前瞻性基础研究、推动科技成果转化和精准引导各类创新主体协同创新发展的效果。

二是突出企业在协同创新中的主体地位。首先，鼓励企业开拓科技创新发展新路径，积极探索科技创新发展模式及路径，通过"多元化创新""开放式创新""协同创新""集成创新""技术联盟"等方式最大限度地整合并调动创新资源。其次，加强产业链上下游及跨行业的协同创新，形成优势互补、分工明确、成果共享、风险共担的开放式合作机制，发挥龙头企业的规模优势与技术优势，不断促进创新链和产业链精准对接，集中突破一批对产业竞争力整体提升具有全局性影响、带动性强的关键共性技术。再次，加强各类"技术创新联盟"运营模式和机制的研究，特别是以"龙头"企业为主体的创新联盟，要充分发挥企业在国家创新体系建设、重大产业技术攻关及产学研用协同创新中的主体、主力、主导地位和作用，有效集聚并利用领先的创新理念、技术和知识，塑造全产业链乃至跨行业的创新优势，促进各关键技术交叉融合，群体跃进。最后，发挥企业在资金、利率与汇率等方面的比较优势，探索"借力""共享""共赢"等模式并购国外技术创新"龙头"企业，迅速抢占全球技术制高点和解决"卡脖子"问题，重点突破一批制约行业、企业发展的共性、关键性、基础性技术，逐步实现在新兴创新领域的"同跑"，乃至于"领跑"。

三是发挥高校、科研机构的技术供给作用。一方面，支持高校及科研机构的科研人员以技术入股、技术持股、提成等多种形式与企业风险共担、利益共享，促进科研人员在高校、科研机构和企业间的流动，促使科学家转变为企业家、高校及科研机构的科研成果转化成企业的高科技产品。另一方面，将高校内部评价与考核导向与企业创新发展的实际需要及产业技术瓶颈相结合、相挂钩，强化科研人员的协同创新意识，鼓励和引导科研人员与企业、科研机构合作，开发产出具有经济效益的科研成果。

三、破除协同创新体制机制枷锁

一是打造创新区域集群，缩短创新主体间的距离。美国、日本和以色列等国家的企业、高校等各类创新主体在创新集群效应下高效协作，技术成果转化成功率较高，值得学习借鉴。首先，组建和发展一批科研衍生企业，以高校和科研机构研究成果转化为前提，提供产品和服务，推动学术成果转化。其次，按照技术专业领域、共性技术功能，由大型国有企业主导，整合各类创新主体，集中力量攻破关键共性技术难点和"卡脖子"技术困境。再次，要在地理位置上缩短企业与高校、科研机构等各创新主体间的距离，实现从"物理相邻"向"化学相融"的转变。最后，由政府部门牵头成立技术转化办公室作为基础研究与应用研究对接的窗口，缩短技术产出转化和技术落地向市场成果转化的周期，着力提高技术转化效率。

二是积极打造国有民营企业互动融合的格局。深化国企和民企联合、混合的互动机制，形成优势互补、机制灵活、结构多元、分配公平的混合所有制经济。一方面，打造"国有＋""民营＋"的互动格局，探索国企混改纳入上下游有条件的关联民营中小企业的路径，以大带小；引入外部非国有资本实现股权多元化，并且在股权多元化的基础上，通过体制机制的创新改革，实现国企经营效率的改善、经营活力的提高，进而促进国企释放发展潜力，实现更高效的增长。另一方面，创新国有民营的互动形式。运用市场机制让国企和民企主动"攀亲结对"，主动精准对接和相互遴选，更好发挥政府牵线搭桥的作用，支持业务领域相近、优势互补较强的国企和民企优先混合，形成"精准遴选 - 优先混合 - 托底共济"的互动新方式，实现国有民营经济的有效融合和高效协同。

三是实现"资本＋技术"双轮驱动。首先，加强科技创新金融平台建设，逐步构建多层级创新发展基金体系，支持企业主导协同创新发展和培育新兴产业，促进科技创新成果转化，提升企业核心竞争力，推动企业向产业链中高端发展。其次，研究探索建立国家层面的"企业科技创新保险公司"，以市场化机制为国有企业提供创新失败的风险规避途径，有效分散和化解科技创新风险，最大限度发挥国有企业科技创新主体的能动性和主导性。最后，完善风险资本投资机制，组建以政府、金融机构为主体、其他资本为辅助的科技成果转化风险基金，介入早期科技成果的形成和熟化过程，为科技成果的转化提供必要的资金保证，并将投资风险降到最低。

第三节　构建协同攻关的新型举国体制

一、抓牢基础研究

一是提升企业承担和参与国家基础研究项目的广度和深度。首先，优化和健全国家基础研究领域/类别清单，分领域、分类别择优把企业基础研究项目纳入国家基础项目库；其次，设置基础研究重大专项计划，在许可范围内定向委托或定向择优给"特专精尖""隐形冠军"等细分领域领先的企业承担或牵头组织实施；最后，综合考虑不同所有制、不同类型、不同行业、不同规模的企业特点，差异化设置企业牵头基础研究项目的比例，在基础性关键研究领域明确鼓励企业组建创新联合体，增强研究的应用导向。

二是加强共性技术联合攻关。推进科研院所分类改革，引导企业加快回归基础研究，发挥我国新型举国体制优势，加强企业基础研究领域的创新资源整合，打造创新"策源地"。一方面，强化企业基础研究业务布局。落实《基础研究十年行动方案（2021—2030）》，以方案为指引，围绕国有企业参与的重点领域、牵头承担的重大项目/专项，集中优势力量联合攻关，加快国产化替代。另一方面，促进高水平基础研究资源共享。发挥"龙头"企业在协同创新中的主导和推动作用，打造世界领先水平的实验室，聚焦关键核心技术和行业共性技术联合各类创新主体开展基础研究，加快创新要素的合理流动和高效聚集，实现资源共享、供需对接、能力复用、成果收益分享，提升基础研究资源的利用效率。

三是推进基础创新区域化与国际化建设。继续鼓励国有企业"走出去"，深化与欧盟、中东欧等地区的经贸融合，力争在经贸协议中纳入保障科技合作、技术及人才自由流动的约束性条款。首先，扩展地缘创新版图。聚焦"一带一路"倡议、RCEP（区域全面经济伙伴关系协定）协议等地理范围，以"科技合作伙伴"为基础，构建"基础研发区"，分领域、分批次推动区域内基础科研设施彼此优先共享。其次，加大高端人才引进力度和创新人才引进方式。继续实施国际人才战略，点对点引进高端人才，优先引进华人华侨，助推海外人才"回流"，制定"双聘人才"实施细则，确保招聘合规合法。最后，拓展多样化的科技交流合作方式。除继续推动和加强与欧美国家的科技交流之外，加强与日本、韩国、俄罗斯、乌克兰等在科技上有比较优势的国家及"一带一路"沿线国家和地区的科技交流，不断提升国际科技合作交流的频次。

二、夯实应用研究

一是加强产学研需求对接。从市场需求出发，加强企业与高校、科研院所的有机衔接，使科研符合市场趋势。一方面，鼓励高校、科研院所的研发人才深入企业生产一线，了解企业需求及生产难题，逐步树立科研成果产业化、市场化的意识，为企业、社会输送大量技术及管理等方面的高层次复合型人才，进一步发挥人才资源在协同创新中的推动作用；另一方面，通过针对性的科研选题，将高校、科研院所的研究目标瞄准学科前沿、市场需求及国家、地方和企业急需解决的共性、关键性及重大科学问题，促成前沿技术与企业需求高效对接，推动产业落地的经济收益反哺科研，形成产学研深度协作的良性循环。

二是整合优势创新资源。一方面，面向世界科技前沿、面向经济主战场、面向国家重大需要、面向"卡脖子"技术，站在提升国家竞争力的角度整合全球创新资源，研究探索建立国家层面的"企业技术创新集团公司"，瞄准战略前沿技术、重大基础技术和产业共性技术等领域进行重大突破，支持并参与企业技术创新项目研发，实现从过去"各自为战"向"集团军作战"转变。另一方面，以企业需求为导向，建立"企业出题、先行投入、协同攻关、市场验收、政府补助"的科技项目投入和管理机制，提高科技成果商业化、产业化的效率。

三是打通科技成果转化"最后一公里"。建立成熟的科技服务中介平台和专业评估机制，加速科技发明成果转化。支持专利信托类中介机构的发展，在税收等方面给予政策倾斜，并利用现代信息技术构建资源平台，实现专利交易。通过信托公司对专利进行市场评估和包装，提升技术评价、筛选、转移和商业化运作等环节的效率，实现发明专利拍卖转让，专利权人和信托公司按一定的比例分成。

三、建强创新平台

一是提升对关键共性技术的支持力度。鼓励和支持新型产学融合协同创新载体和平台发展，形成一批面向市场和应用、引领和支撑协同创新发展和共性关键技术研发、产学研深度融合的产业技术创新中心和平台。出台产业共性技术专项研究规划，调整国家科技计划支持的内容和重点，设立产业共性技术专项研究计划，引导和鼓励合作研究开发共性技术，促进共性技术的供给和扩散。加大关键共性技术的研发资金投入，对协同创新进行前期培育，形成研发支撑。创建关键共性技术研发的政企产学研综合体系，充分发挥统筹兼顾的战略思维；创建聚合政企产学研的关键共性技术供给体系，实现关键共性技术突破和技术自主创新的战略目标的同时，提升和激励相关群体创新发展能力。

二是构建国有企业与科研院所及民营企业的联合创新机制。一方面，国有企业可以与科研院所构建联合实验室，推进技术合作和知识产权的转化。双方以"围绕产业链、构建创新链、实现价值链"为目标，共同推进项目研发、成果转化、基地（平台）建设、试验示范等方面的合作深化。另一方面，建立国有企业与民营企业的协同创新创造机制。依托市场建立国有和民营协同创新平台，配套协同创新基金、创造风险基金鼓励支持科技创新，将技术、人才、资金等要素资源整合集聚，提高要素资源的流动性和使用效率，形成技术协同创新、成果均衡分配的新机制，充分发挥国企和央企技术研发实力的创新溢出效应和乘数效应，促进民企技术升级和持续稳定发展。

三是打造协同创新孵化体系。针对不同行业、不同地域及不同类型的孵化器，制定差异化的支持政策，将孵化器的建设与培育产业集群和创新集群结合起来。鼓励大学与企业分享研究资源和知识，共建孵化器、联合实验室、博士后工作站等创新载体，加大联合培养硕士、博士等高层次人才力度。在国家科技计划项目或自然科学基金项目中，设置校企（院企）合作奖励基金，以鼓励在产学研融合协同创新方面做出贡献的高校、科研院所、企业和团队，支持开展高水平、长期性的战略性合作。在国家重点实验室和国家技术创新中心建设及科技创新 2030 重大项目的部署中，优先支持具有良好产学研合作基础的企业和高校开展联合攻关，实现深度融合、协同创新。

后　记

科技是国家强盛之基，创新是社会进步之魂。协同创新提升科技水平已成为当今世界创新发展的重要范式之一。特别是未来 5~10 年，全球产业链、供应链和价值链分工体系竞争激烈，全球治理体系和规则体系变革加剧，科技发展呈现出不同学科交叉融合、不同应用领域跨界融合的特征，协同创新是各国科技自立自强、经济实现高质量发展的必然选择。

进入新时代，中国作为拥有全球最全工业门类和超大规模消费市场的主要经济体，为企业协同创新发展提供了良好的政策和市场环境。党的十九届五中全会通过的《中共中央关于制定国民经济和社会发展第十四个五年规划和二〇三五年远景目标的建议》提出："发挥大企业引领支撑作用，支持创新型中小微企业成长为创新重要发源地，加强共性技术平台建设，推动产业链上中下游、大中小企业融通创新。"进一步为中国企业协同创新发展提供了基本依据。国务院国资委主任郝鹏 2020 年 8 月在接受新华社采访时提到："不论是国有企业还是民营企业，都是中国企业，国资委将坚定不移地推动各类所有制企业上下游贯通，大中小融合，各类市场主体协同发展、创新发展，共同打造一批世界一流企业。"

国务院国有资产监督管理委员会研究中心（以下简称国资委研究中心）以承担"世界银行贷款中国经济改革促进与能力加强技术援助项目"（TCC6）"促进国有企业与民营企业协同创新、混合发展"子项目为契机，梳理中国协同创新发展的理论依据与政策体系，对国内外协同创新实践做法进行了归纳总结和对比分析，提炼出中国企业协同创新的四种模式，研究提出中国企业协同创新发展的路径建议与政策建议，以期为促成更多中国企业协同创新发展实践提供参考借鉴。由国资委研究中心主要负责人麻健同志任撰写委员会主任，国资委研究中心黄吉海任副主任，贾尽裴和王佳佳任执行副主任，国资委研究中心黄大千、贾默骐、任昊天等研究人员和国网能源研究院常燕共同执笔完成，参考借鉴了配合分担上述世界银行项目子项目研究工作的清华大学创新发展研究院刘涛雄团队、德勤华永会计师事务所李鹏和桂晏团队、浙江之江协同创新研究院潘建臣、陈建明和关勇辉团队的咨询报告。麻健负责梳理本书的总体思路、进行研究讨论、撰写目录提纲、牵头协调沟通出版事宜并组织全书的编校、统稿等工作。黄吉海、贾尽裴和王佳佳相互配合负责各章节内容的统稿、协调、整合与进程衔接及督导工作。各章节的具体执笔人是：第一章，王佳佳、贾尽裴；第二章，常燕、任昊天、刘涛雄团队；第三章，黄吉海、李鹏和桂晏团队；第四章，黄大千、贾默骐、常燕、刘涛雄团队；第五章，黄吉海、贾默骐、常燕、潘建臣、陈建明和关勇辉团队；第六章，常燕、黄大千、贾默骐；第七章，贾尽裴、王佳佳；第八章，王佳佳、贾尽裴。

全书布局调整优化、统筹协调工作由麻健同志总体指导，黄吉海、贾尽裴、王佳佳等同志牵头具体撰写和组织全书统一编校的工作。参加统一编校工作的同志还有黄大千、贾默骐、任昊天等。

在本课题书稿的形成过程中，我们得到了国务院国资委改革局、科创局等相关业务厅局领导专家、中央企业智库联盟成员等单位领导专家及国资委研究中心同事们的宝贵建议，中国石油、国家电网、南方电网、中国三峡集团、中国中化、中国五矿、中国节能、中国建材、中国中车等中央企业和民营企业提供了典型案例，国资委研究中心尚成波、郭越对课题提供了财务管理支持，在此一并表示衷心的感谢！机械工业出版社自承接本书的出版工作以来，戴思杨编辑给予了大力支持和热情帮助，特此表示诚挚谢意！

本书编写组在大家的帮助和支持下，尽可能创作对广大读者有所帮助的读物，但仍存在一些不完善不成熟之处，有待进一步深入研究，再加上受调研积累和研究水平所限，本书难免有疏漏、不足甚至是错误之处，诚请广大读者批评指正。（意见反馈邮箱：yjzx@sasac.gov.cn）

本书编写组
2021 年 8 月